Sabine Tofahrn **Strafrecht Besonderer Teil III**

JURIQ Erfolgstraining

Strafrecht Besonderer Teil III

Straftaten gegen Gemeinschaftswerte

von
Sabine Tofahrn

5., neu bearbeitete Auflage

Bibliografische Information der Deutschen Nationalbibliothek
Die Deutsche Nationalbibliothek verzeichnet diese Publikation in der Deutschen Nationalbibliografie; detaillierte bibliografische Daten sind im Internet über <https://portal.dnb.de> abrufbar.

ISBN: 978-3-8114-6356-1
ePub: 978-3-8114-9143-4

E-Mail: kundenservice@cfmueller.de
Telefon: +49 06221/1859-599
Telefax: +49 06221/1859-589

www.cfmueller.de

Satz: TypoScript, München
Illustrationen: Mattfeldt & Sänger, München
Druck: CPI books, Leck

Liebe Leserinnen und Leser,

die Reihe „JURIQ Erfolgstraining“ zur Klausur- und Prüfungsvorbereitung verbindet sowohl für Studienanfänger als auch für höhere Semester die Vorzüge des klassischen Lehrbuchs mit meiner Unterrichtserfahrung zu einem umfassenden Lernkonzept aus Skript und Online-Training.

In einem ersten Schritt geht es um das **Erlernen** der nach Prüfungsrelevanz ausgewählten und gewichteten Inhalte und Themenstellungen. Einleitende Prüfungsschemata sorgen für eine klare Struktur und weisen auf die typischen Problemkreise hin, die Sie in einer Klausur kennen und beherrschen müssen. Neu ist die **visuelle Lernunterstützung** durch

- ein nach didaktischen Gesichtspunkten ausgewähltes Farblayout
- optische Verstärkung durch einprägsame Graphiken und
- wiederkehrende Symbole am Rand

= Definition zum Auswendiglernen und Wiederholen

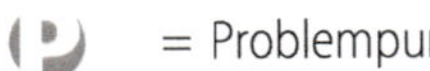
= Problempunkt

= Online-Wissens-Check

Illustrationen als „Lernanker“ für schwierige Beispiele und Fallkonstellationen steigern die Merk- und Erinnerungsleistung Ihres Langzeitgedächtnisses.

Auf die Phase des Lernens folgt das **Wiederholen und Überprüfen** des Erlernten im **Online-Wissens-Check**: Wenn Sie im Internet unter **www.juracademy.de/skripte/login** das speziell auf das Skript abgestimmte Wissens-, Definitions- und Aufbautraining absolvieren, erhalten Sie ein direktes Feedback zum eigenen Wissensstand und kontrollieren Ihren individuellen Lernfortschritt. Durch dieses aktive Lernen vertiefen Sie zudem nachhaltig und damit erfolgreich Ihre **strafrechtlichen** Kenntnisse!

Frage 1 (Punkte: 1)

Ein auf Holzblöcke gestellter Wohnwagen ist

Antwort

Aussagen	Antwort	Aussagerichtigkeit und Kommentar
a) eine Hütte gem §306 Abs. 1 Nr. 1 StGB?	☑ ✓	Richtig. Der Wohnwagen bedeckt eine nicht ganz geringfügige Bodenfläche und ist durch Wände und das Dach genügend dauerhaft und fest gegen äußere Einwirkungen abgeschirmt.
b) ein Gebäude gem. § 306 Abs. 1 Nr. 1?	☐ ✓	Falsch. Erforderlich für ein Gebäude ist, dass dieses mit dem Erdboden fest verbunden ist. Der Wohnwagen kann jedoch jederzeit fortbewegt werden, sodass er diese Anforderung nicht erfüllt.
c) ein Kraftfahrzeug gem. § 306 Abs. 1 Nr. 4 StGB?	☐ ✓	Falsch. Im Gegensatz zu einem Wohnmobil wird ein Wohnwagen nicht durch eigene Maschinenkraft fortbewegt. Dies ist jedoch Voraussetzung für den Begriff des Kraftfahrzeuges.

→ **Richtig**
Punkte für diese Antwort: 1/1.

Schließlich geht es um das **Anwenden und Einüben** des Lernstoffes anhand von Übungsfällen verschiedener Schwierigkeitsstufen, die im Gutachtenstil gelöst werden. Die JURIQ **Klausurtipps** zu gängigen Fallkonstellationen und häufigen Fehlerquellen weisen Ihnen dabei den Weg durch den Problemdschungel in der Prüfungssituation.

Das **Lerncoaching** jenseits der rein juristischen Inhalte ist als zusätzlicher Service zum Informieren und Sammeln gedacht: Ein erfahrener Psychologe stellt u.a. Themen wie Motivation, Leistungsfähigkeit und Zeitmanagement anschaulich dar, zeigt Wege zur Analyse und Verbesserung des eigenen Lernstils auf und gibt Tipps für eine optimale Nutzung der Lernzeit und zur Überwindung evtl. Lernblockaden.

Dieses Skript behandelt die Straftaten gegen Gemeinschaftswerte, der Band Strafrecht Besonderer Teil I die Straftaten gegen die Persönlichkeitswerte und im Strafrecht Besonderer Teil II setzen wir fort mit denjenigen gegen Vermögenswerte.

Auf geht's – ich wünsche Ihnen viel Freude und Erfolg beim Erarbeiten des Stoffs!

Und noch etwas: Das Examen kann jeder schaffen, der sein juristisches Handwerkszeug beherrscht und kontinuierlich anwendet. Jura ist kein „Hexenwerk". Setzen Sie nie ausschließlich auf auswendig gelerntes Wissen, sondern auf Ihr Systemverständnis und ein solides methodisches Handwerk. Wenn Sie Hilfe brauchen, Anregungen haben oder sonst etwas loswerden möchten, sind wir für Sie da. Wenden Sie sich gerne an die C.F. Müller GmbH, Waldhofer Str. 100, 69123 Heidelberg, E-Mail: kundenservice@cfmueller.de. Dort werden auch Hinweise auf Druckfehler sehr dankbar entgegen genommen, die sich leider nie ganz ausschließen lassen.

Köln, im Juli 2024 *Sabine Tofahrn*

Mit dem Kauf dieses Skripts aus der Reihe **„JURIQ Erfolgstraining"** haben Sie gleichzeitig eine Zugangsberechtigung für den Online-Wissens-Check erworben – ohne weiteres Entgelt. Die Nutzung ist freiwillig und unverbindlich.

Was bieten wir Ihnen im Online-Wissens-Check an?

- Sie erhalten einen individuellen Zugriff auf **Testfragen zur Wiederholung und Überprüfung des vermittelten Stoffs**, passend zu jedem Kapitel Ihres Skripts.
- Eine individuelle **Lernfortschrittskontrolle** zeigt Ihren eigenen Wissensstand durch Auswertung Ihrer persönlichen Testergebnisse.

Wie nutzen Sie diese Möglichkeit?

Online-Wissens-Check

Registrieren Sie sich einfach für Ihren kostenfreien Zugang auf **www.juracademy.de/skripte/login** und schalten sich dann mit Hilfe des Codes für Ihren persönlichen Online-Wissens-Check frei.

Ihr persönlicher User-Code: 400564415

Der Online-Wissens-Check und die Lernfortschrittskontrolle stehen Ihnen für die **Dauer von 24 Monaten** zur Verfügung. Die Frist beginnt erst, wenn Sie sich mit Hilfe des Zugangscodes in den Online-Wissens-Check zu diesem Skript eingeloggt haben. Den Starttermin haben Sie also selbst in der Hand.

Für den technischen Betrieb des Online-Wissens-Checks ist die JURIQ GmbH, Littenstraße 11, 10179 Berlin zuständig. Bei Fragen oder Problemen können Sie sich jederzeit an das JURIQ-Team wenden, und zwar per E-Mail an: team@juriq.de.

Inhaltsverzeichnis

Literaturverzeichnis

Dencker/Struensee/Nelles/Stein	Einführung in das 6. StrRG, 1998
Fischer	Strafgesetzbuch, 71. Aufl. 2024
Jäger	Examens-Repetitorium Strafrecht Besonderer Teil, 10. Aufl. 2024
Joecks/Jäger	Studienkommentar Strafgesetzbuch, 13. Aufl. 2021
Küper/Zopfs	Strafrecht Besonderer Teil, 11. Aufl. 2022
Lackner/Kühl/Heger	Strafgesetzbuch, 30. Aufl. 2023
Leipziger Kommentar	Strafgesetzbuch, 12. Aufl. ab 2006
Maurach/Schroeder/Maiwald	Strafrecht Besonderer Teil I, 11. Aufl. 2019
Münchener Kommentar	Strafgesetzbuch, 2006 ff. (5. Aufl.)
Nomos Kommentar	Strafgesetzbuch, 1995 ff. (3. Aufl. 2010)
Otto	Grundkurs Strafrecht Die einzelnen Delikte, 8. Aufl. 2014
Rengier	Strafrecht Besonderer Teil II, 25. Aufl. 2024
Schmidhäuser	Strafrecht Besonderer Teil II, 2. Aufl. 1983
Systematischer Kommentar	Strafgesetzbuch, Band II, 5–7. Aufl. (Stand 2011)
Schönke/Schröder	Strafgesetzbuch, 30. Aufl. 2019
Wessels/Hettinger/Engländer	Strafrecht Besonderer Teil I, 47. Aufl. 2023

Tipps vom Lerncoach

Warum Lerntipps in einem Jura-Skript?

Es gibt in Deutschland ca. 1,6 Millionen Studierende, deren tägliche Beschäftigung das Lernen ist. Lernende, die stets ohne Anstrengung erfolgreich sind, die nie kleinere oder größere Lernprobleme hatten, sind eher selten. Besonders juristische Lerninhalte sind komplex und anspruchsvoll. Unsere Skripte sind deshalb fachlich und didaktisch sinnvoll aufgebaut, um das Lernen zu erleichtern.

Über fundierte Lerntipps wollen wir darüber hinaus all diejenigen ansprechen, die ihr Lern- und Arbeitsverhalten verbessern und unangenehme Lernphasen schneller überwinden wollen.

Diese Tipps stammen von *Frank Wenderoth,* der als Diplom-Psychologe seit vielen Jahren in der Personal- und Organisationsentwicklung als Berater und Personal Coach tätig ist und außerdem Jurastudierende in der Prüfungsvorbereitung und bei beruflichen Weichenstellungen berät.

Wie lernen Menschen?

Die Wunschvorstellung ist häufig, ohne Anstrengung oder ohne eigene Aktivität „à la Nürnberger Trichter" lernen zu können. Die modernen Neurowissenschaften und auch die Psychologie zeigen jedoch, dass Lernen ein aktiver Aufnahme- und Verarbeitungsprozess ist, der auch nur durch aktive Methoden verbessert werden kann. Sie müssen sich also für sich selbst einsetzen, um Ihre Lernprozesse zu fördern. Sie verbuchen die Erfolge dann auch stets für sich.

Gibt es wichtigere und weniger wichtige Lerntipps?

Auch das bestimmen Sie selbst. Die Lerntipps sind als Anregungen zu verstehen, die Sie aktiv einsetzen, erproben und ganz individuell auf Ihre Lernsituation anpassen können. Die Tipps sind pro Rechtsgebiet thematisch aufeinander abgestimmt und ergänzen sich von Skript zu Skript, können aber auch unabhängig voneinander genutzt werden.

Verstehen Sie die Lerntipps „à la carte"! Sie wählen das aus, was Ihnen nützlich erscheint, um Ihre Lernprozesse noch effektiver und ökonomischer gestalten zu können!

Lernthema 5
Mentale Techniken und Entspannung

Im Folgenden finden Sie konkrete Anwendungs- und Übungsvorschläge, um Ihre Aufmerksamkeit so zu lenken, dass es Ihnen leichter fällt, sich zu entspannen oder sich nach Arbeitsphasen zu regenerieren. Jeder Mensch besitzt die Fähigkeit, das natürliche Phänomen der Alltagshypnose oder Trance gezielt zu nutzen. Sie haben es selbst schon erlebt, z.B. bei Tagträumen mit offenen Augen, wenn Ihre Aufmerksamkeit „wegdriftet"! Sie können auch absichtlich Ihre Gedanken und Aufmerksamkeit in bestimmte Richtungen lenken, so dass Sie sich entspannter, leichter, motivierter oder auch kompetenter fühlen. Ihre Aufmerksamkeitslenkung bestimmt also auch Ihr Erleben und die damit verbundenen Gefühle. Diese Trancefähigkeit von Menschen macht man sich bei Hypnoseverfahren in der Psychotherapie und Medizin zu Nutze (Ängste, Schlafstörungen, Depressionen oder starke Schmerzen). Im Führungskräftecoaching nutzt man mentale Techniken, die den Umgang mit Stress und Konflikten erleichtern. Warum sollten wir diese nicht auch zur Entspannung beim Prüfungslernen nutzen?!

Lerntipps

Nutzen Sie Ihre mentalen Möglichkeiten stärker als bisher aus!

Damit Sie sich in Trance „hypnotisieren", müssen Sie aktiv mitarbeiten und üben. Nur wenn Sie wollen, können Sie sich aktiv auf bestimmte für Sie vielleicht neue Vorgehensweisen, Gedanken und Innenbilder einlassen. Mit mentalen Techniken kann man durch relativ einfache Übungen schnell eine tiefe Entspannung erreichen. Entspannung dient der Erholung, dem Stressabbau und der Wiederherstellung körperlicher und seelischer Ausgeglichenheit. Mit viel Übung z.B. auch in einem „Selbsthypnosetraining" bei einem Coach können Sie innerhalb weniger Minuten, häufig manchmal sogar Sekunden sich tiefenentspannen oder akute Blockaden lösen. Weil wir in Trance für Anweisungen (Suggestionen) empfänglicher sind, können Sie geeignete Autosuggestionen sogar nutzen, um Ihr Lernverhalten positiv zu beeinflussen.

Es geht los mit einem Bild – wählen Sie Ihr Ruhebild aus!

In allen „Hypnosesitzungen" ist das „Ruhebild" zum Einstieg zentral. Es dient dazu, die Entspannung zu verbessern und so das innere Gleichgewicht leichter herzustellen. Das Bild sollte angenehm und mit Ruhe verbunden sein. Häufig werden als angenehm erlebte Szenen aus dem Urlaub gewählt, wie z.B. der Blick von einer Alpenwiese auf die Berge, oder man betrachtet die Hügel der Toskana, man liegt auf einer Wiese oder am Strand, schaut auf das Meer oder geht im Wald spazieren. In diesen Bildern sollten Sie ausreichend Zeit haben und länger dort verweilen können. Das Interessante ist, dass unser Gehirn in der Wirkung plastische Innenbilder nicht von äußeren Gegebenheiten unterscheidet. Eine kleine Anmerkung: Das ist bei Problemen und Ängsten übrigens genauso. Wir sind es letztendlich selbst, die diese erzeugen und das können wir auch in förderlicher Weise nutzen.

Lassen Sie die Sinneseindrücke auf sich wirken!

Wenn Sie Ihre Augen schließen, können Sie die Sinneseindrücke noch besser auf sich wirken lassen. Die Eindrücke werden mit der Zeit plastischer und reichhaltiger. Auch wenn jeder von Ihnen ein anderes Bild und Erleben haben wird, lassen Sie sich von dieser Beschreibung animieren.

„Ruhe am Meer"

Sie sitzen am Meer und sehen die Wellen, den Horizont … Sie spüren dabei die angenehme Wärme, die über Ihre Stirn und die Wangen streicht. Sie merken mitunter, dass ein angenehm frischer Luftzug Ihre Stirn kühlt. Sie hören dann die typischen Geräusche der Szenerie, das Kommen und Gehen der Wellen, vielleicht auch den Ruf der Möwen … Sie fühlen die unterschiedlichen Berührungen an den Händen, den feinen Sand, den Sie vielleicht in die Hand nehmen und durch die Finger rieseln lassen. Sie nehmen auch die typischen Gerüche wahr, die würzig-salzige Meeresluft und spüren sogar etwas Salz auf den Lippen … Vielleicht legen Sie sich jetzt hin und schließen die Augen …

Lesen Sie die Zeilen noch einmal und achten darauf, in Richtung welcher Wahrnehmungsqualitäten Sie Ihre Aufmerksamkeit gerichtet haben (Sehen, Fühlen, Hören, Riechen, Schmecken).

Positive Innenbilder fördern!

Begünstigen Sie Ihre Innenbilder, indem Sie stets mehreren Sinneskanälen Beachtung schenken. Je komplexer und plastischer das Bild, umso stärker werden die an die Wahrnehmung gekoppelten Erlebenskomponenten aktiviert, also die Gefühle. Die Innenrealität wirkt am besten, wenn Sie sich von der Außenrealität und Außenreizen abschirmen. Halten Sie die Augen geschlossen – Sie können auch eine Augenbinde oder Augenmaske zu Hilfe nehmen (siehe auch unten den Lerntipp zur Augenfixierung).

Da unsere Innenbilder vielfältige innere Verarbeitungsprozesse hervorrufen und damit verbunden sind, können auch unangenehme Gefühle auftreten, die uns nicht erklärbar sind. Damit sollten Sie ganz gelassen umgehen, weil das normal ist und die Gelassenheit schon ein Abklingen bewirken kann.

Falls Bilder erscheinen, die unangenehm sind und sich „verfestigen", so brechen Sie abrupt ab und schalten bewusst auf ein schönes Bild, eine schöne Erinnerung um. Sie brauchen lernförderliche Bilder.

Finden Sie einen geeigneten Rahmen!

Schalten Sie vor der Entspannung mögliche Störgeräusche aus (Telefon, geöffnetes Fenster). Achten Sie darauf, dass Sie nicht gestört werden (Schild an die Tür …). Benutzen Sie einen bequemen Sessel, Stuhl oder ein Sofa, auf dem Sie abschalten können. Achten Sie darauf, dass die Übungen räumlich in Ihrem Freizeitbereich, also nicht im Arbeitsbereich durchgeführt werden, wenn es Ihnen möglich ist. Legen Sie zu Beginn jeder Übung fest, wie lange sie dauern soll (Ruhebild in der Trainingsphase z.B. nach 15 Minuten die Augen öffnen). Verlassen Sie sich darauf, dass Sie nach Ihrer Zeitvorgabe, die Augen wieder öffnen, stellen sie sich eventuell einen leise summenden Wecker, den Sie bald aber entbehren können. Entspannung erreichen Sie natürlich nach viel Kaffee- oder Colakonsum nur schlecht. Bei Übermüdung oder nach Alkoholgenuss wird man wahrscheinlich nur durch eine Portion Schlaf frischer.

Leiten Sie Ihre „Selbsthypnose" durch eine Augenfixierung ein!

Die Einleitung verschiedener mentaler Techniken besteht darin, die Aufmerksamkeit von äußeren Geschehnissen weg immer mehr zu innerem Erleben zu lenken.

Das können Sie folgendermaßen leichter erreichen:

- Setzen Sie sich bequem hin und rücken Sie sich gemütlich zurecht.
- Suchen Sie sich einen kleinen Punkt im Raum in Augenhöhe vor möglichst ruhigem Hintergrund, damit Sie sich gut konzentrieren können.
- Sie können auch einen Papierschnipsel aus einem Aktenlocher nehmen und ihn an eine bestimmte Stelle kleben.
- Verwenden Sie in der Übungsphase möglichst den gleichen Stuhl und den gleichen Fixationspunkt.
- Sie beobachten den Punkt intensiv und werden feststellen, dass der Hintergrund und die Ränder verschwimmen, milchig werden, mal ist der Punkt scharf, dann wieder unscharf zu sehen.
- Betrachten Sie den Punkt mit Geduld, die Augen werden automatisch müder. Sie können die Augen dann schließen, wieder leicht öffnen, schließen …
- Beobachten Sie dann Ihre Atmung und bemerken, wie Sie ruhig ein- und ausatmen. Mit jedem Atemzug werden Sie und Ihr Körper lockerer und entspannter.
- Wenn Sie Umweltgeräusche zu Beginn lauter hören, arbeiten Sie nicht dagegen an.
- Richten Sie die Aufmerksamkeit dann verstärkt auf Ihren Körper, z.B. die Bauchdecke, die sich hebt und senkt, die Füße, Beine, das Gesäß … die Hände, die Arme … die Geräusche werden Ihnen gleichgültiger.
- Stellen Sie sich nun Ihr Ruhebild vor – so lange Sie wollen.
- Wenn Sie sich entspannt fühlen und die Augen öffnen möchten, zählen Sie rückwärts von 3 bis 0.
- Stehen Sie dann auf und Sie werden sich frischer fühlen.

Jeden Tag das gleiche Ritual, nach einer Woche können Sie das!

Wahrscheinlich werden Sie feststellen, dass Sie die erlebten Prozesse auch aus dem Alltag kennen (Dösen, Tagträume, mit offenen Augen andere Inhalte sehen, während die Realität in den Hintergrund tritt …). Diese andere Welt des Alltags ist der menschliche Trancezustand und wird hier methodisch nutzbar gemacht. Folgende methodische Hinweise dazu:

- Üben Sie das Vorgehen der Augenfixierung und des Ruhebildes täglich möglichst zweimal.
- Planen Sie die Übungszeiten fest als Erholungszeit in größeren Zwischenpausen für ca. 15 Minuten ein, vielleicht nach einer Arbeitseinheit von 90 Minuten am späten Vormittag oder am Nachmittag (wenn das Lerntief naht).
- Manche setzen die Übung auch direkt nach dem Wachwerden, also vor Lernbeginn ein, manche werden dann müder.
- Auch wenn die Übung anfangs noch als unangenehme Pflicht erlebt wird, werden Sie schnellen Erfolg haben.
- Nach ca. 1 Woche täglichen Übens werden Sie die Übung als hilfreich erleben und sich darauf freuen.
- Nach ca. 2 Wochen und täglich zweimal üben können Sie schon die Kurzform der Autohypnose ausprobieren, es wird auf jeden Fall schneller gehen, sich zu entspannen

Falls Ruhebilder – selbst die schönsten – nicht mehr wirken, so ersetzen Sie diese durch andere.

Nutzen Sie die Entspannung auch für gezielte Autosuggestionen!

Nach ca. 1 bis 2 Wochen täglicher Übung werden Sie die Einleitung der Autohypnose zielgerichtet kombiniert mit „Selbstbeauftragungen“ und „Autosuggestionen“ einsetzen können, z.B. zu Beginn einer Lernphase. Nach einer Pause können Sie sich z.B. das wieder „Warmlaufen“ erleichtern.

Beispiel „Gezielte Lernvorbereitung“:

Verschaffen Sie sich einen kurzen Überblick über die gestellte Aufgabe, indem Sie sich orientieren, z.B.

- Definition einmal durchlesen, in einem Kapitel eines Buches Überschriften, Stichworte ansehen, ohne sie sich merken zu wollen.
- Aufbauschemata durchlesen.
- Bei schriftlichen Ausarbeitungen die Gliederung ansehen, Stichworte lesen.

Das dauert nur wenige Minuten. Durch diese Übersicht ist Ihr Arbeitsspeicher auf die zukünftige Arbeit vorbereitet. Das Gehirn hat Grobinformationen für den kommenden Auftrag und stellt seine Mittel bereit.

Mentale Techniken und Entspannung

Nun legen Sie eine Pause von einer knappen Minute mit einer Kurzentspannung mit geschlossenen Augen ohne Ruhebild ein und betrachten die anstehenden Aufgaben. Jetzt ist der Auftrag (Suggestion) erteilt und Sie können zügig mit der Weiterarbeit beginnen.

Überlegen Sie sich Ihre Autosuggestionen oder „Selbstbeauftragungen" vor der Entspannung. Es kann z.B. auch motivationsförderliches Selbstlob sein („Ich habe schon etwas länger arbeiten können, Pausen besser eingehalten, folgende Dinge erledigt …") oder andere lernförderliche Übungen und Selbstverbalisierungen.

Diese Lerntipps helfen und haben ihre Grenzen!

Autohypnose hilft nur, wenn sie regelmäßig und konsequent, also in der Übungsphase auch mehrmals täglich angewendet wird. Wenn Sie sehr viele Tagträume haben, die eher in Richtung Angstphantasien, Schwarzmalereien oder Realitätsflucht gehen, sollten Sie vorsichtiger mit der Anwendung sein. Sie können natürlich auch einen Experten wie einen Coach zu Rate ziehen. Bei sehr starken Lern- und Leistungsstörungen oder Depressionen, Ängsten, Lebenskrisen sollten Sie einen Psychotherapeuten oder eine Beratungsstelle konsultieren. Unsere Übungen können kein Ersatz dafür sein, sind aber eine hervorragende Grundlage zur direkten Entspannung, aber auch um seine mentalen Techniken an anderer Stelle weiterzuentwickeln (durch Bücher, in Übungsgruppen).

1. Teil
Einführung

Im Strafrecht wird nach den geschützten Rechtsgütern unterschieden zwischen Straftaten gegen Persönlichkeitswerte und Straftaten gegen Gemeinschaftswerte. 1

Zu den **Persönlichkeitswerten**, auch Individualrechstgüter genannt, gehören u.a. Leib, Leben, Freiheit, Ehre, Eigentum und Vermögen. Straftaten, die diese Rechtsgüter verletzen, sind Gegenstand der Skripte „Strafrecht BT I" (Straftaten gegen Persönlichkeitswerte) und „Strafrecht BT II" (Straftaten gegen das Vermögen).

In diesem Skript werden wir uns mit den **Straftaten gegen Gemeinschaftswerte**, auch Universalrechtsgüter genannt, beschäftigen, die für Sie im Examen relevant sind. Dazu gehören die Sicherheit des Straßenverkehrs, die Funktionsfähigkeit der Rechtspflege, das Vertrauen des Rechtsverkehrs in die Echtheit, inhaltliche Richtigkeit und den Bestand von Urkunden sowie die Sicherheit der Allgemeinheit bei gemeingefährdenden Brandlegungen. 2

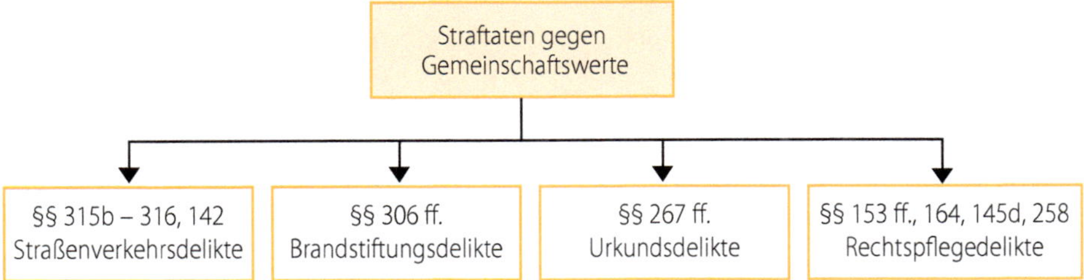

Die **Sicherheit des Straßenverkehrs** wird geschützt in den §§ 315b–316. Seit dem 13.10.2017 ist – als Reaktion insbesondere auf Fälle wie den „Berliner Raser" – in § 315d auch die Teilnahme an einem unerlaubten Kraftfahrzeugrennen unter Strafe gestellt. Zu dieser Norm sind mittlerweile einige interessante Entscheidungen von *BGH & Co* ergangen, weswegen sie eine erhöhte Klausurrelevanz besitzt. 3

Zu den sog. „Straßenverkehrsdelikten" gehört zudem das unerlaubte Entfernen vom Unfallort gem. § 142, auch wenn das geschützte Rechtsgut nicht die allgemeine Sicherheit des Straßenverkehrs, sondern das private Feststellungsinteresse eines Unfallbeteiligten ist. Da in der Klausur die Straßenverkehrsdelikte häufig in Zusammenhang mit § 20 und damit auch der actio libera in causa geprüft werden, wird der dann relevante § 323a (Rauschtat) als „Exkurs" zu den Straßenverkehrsdelikten dargestellt.

Die **Funktionsfähigkeit der Rechtspflege** wird in den Aussagedelikten gem. §§ 153 ff. sowie der falschen Verdächtigung gem. § 164, dem Vortäuschen einer Straftat sowie der Strafvereitelung gem. §§ 258, 258a geschützt. 4

Das **Vertrauen des Rechtsverkehrs in die Echtheit, inhaltliche Richtigkeit sowie den Bestand von Urkunden** ist das geschützte Rechtsgut der §§ 267 ff. Der Schutz wird in § 268 auf technische Aufzeichnungen und in § 269 auf beweiserhebliche Daten erweitert. 5

Der Schutz der Allgemeinheit vor **gemeingefährdenden Brandlegungen** erfolgt mit den §§ 306 ff.

2. Teil
Straßenverkehrsdelikte

A. Überblick

6 Straßenverkehrsdelikte spielen in Klausuren durchaus eine relevante Rolle.

Sofern in Ihrem Klausursachverhalt also ein Kraftfahrzeug involviert ist, sollten Sie stets auch an die nachgenannten Vorschriften sowie an § 21 StVG, der hier nicht erörtert wird, denken.

Prüfungsrelevant sind die Normen **§ 315b** (Gefährlicher Eingriff in den Straßenverkehr), **§ 315c** (Gefährdung des Straßenverkehrs) und als Auffangtatbestand **§ 316** (Trunkenheit im Straßenverkehr) sowie **§ 315d,** mit welcher der Gesetzgeber in 2017 das Ausrichten und Durchführen von sowie die Teilnahme an verbotenen Kraftfahrzeugrennen unter Strafe gestellt hat.

Geschütztes Rechtsgut dieser Normen ist zum einen die **Sicherheit des öffentlichen Straßenverkehrs** zum anderen bei den §§ 315b, c und d (Abs. 2 und 5) darüber hinaus auch das **Leben, die körperliche Unversehrtheit und fremdes Eigentum**.

» Lesen Sie die §§ 315b bis 315e und finden Sie die Unterschiede heraus, bevor Sie die nachfolgenden Ausführungen durcharbeiten. «

7 **§§ 315b und c** sowie **§ 315d Abs. 2** sind **konkrete Gefährdungsdelikte**, bei welchen der Täter durch die Tathandlung entweder Leib und Leben eines anderen oder fremde Sachen von bedeutendem Wert konkret gefährdet haben muss. Die konkrete Gefahr ist der tatbestandliche Erfolg, der kausal und zurechenbar durch die Handlung herbeigeführt worden sein muss.

Bei **§§ 315d Abs. 1 und 316** hingegen ist eine solche konkrete Gefahr nicht erforderlich. Strafgrund ist hier die **abstrakte Gefahr**, die in der Vornahme der jeweiligen Tathandlungen unter den genannten Voraussetzungen liegt.

§ 315d Abs. 5 ist eine Erfolgsqualifikation, bei der es durch die Tat nach **§ 315d Abs. 2** nicht nur zu einer Gefahr, sondern zum Eintritt einer besonderen Folge gekommen ist.

Über den Verweis in **§ 315b Abs. 3** auf **§ 315 Abs. 3** ist auch der gefährliche Eingriff in den Straßenverkehr (erfolgs-)qualifizierbar.

8 Wie sich dem Wortlaut der Normen entnehmen lässt, erfasst **§ 315b** gefährliche **Eingriffe, die von außen in den Straßenverkehr hineinwirken**. Im Gegensatz dazu wird der Straßenverkehr bei **§§ 315c** und **d** dadurch gefährdet, dass Verkehrsteilnehmer **aus dem Straßenverkehr heraus oder im Vorfeld mit Wirkung für den Straßenverkehr Fehlleistungen** erbringen.

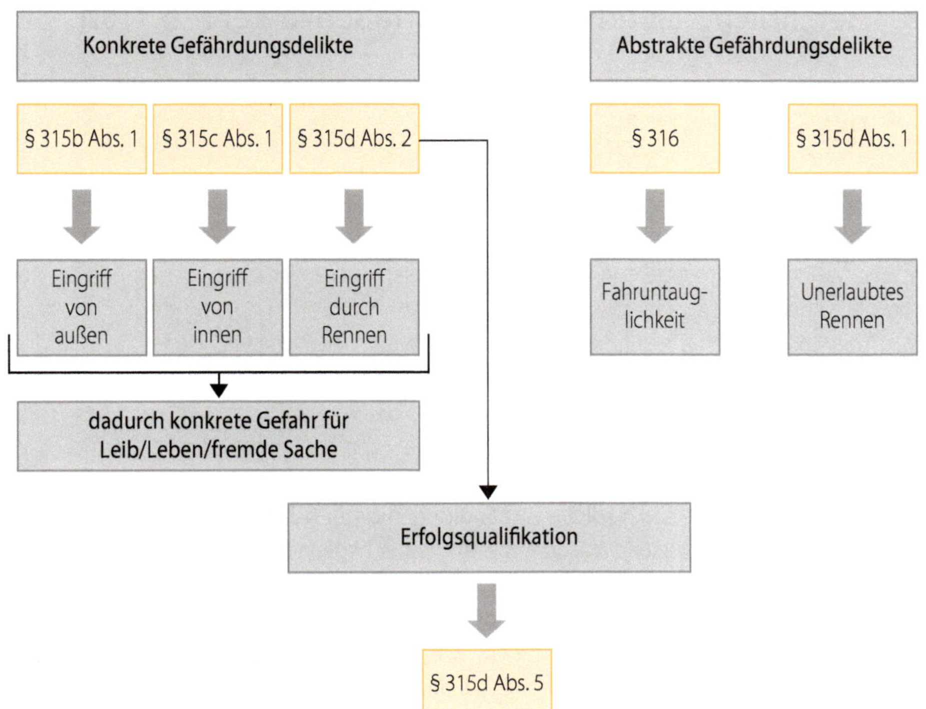

Hinweis 9

§ 316a (Räuberischer Angriff auf Kraftfahrer) ist zwar bei den Straßenverkehrsdelikten normiert, wird aber allgemein wegen der Absicht des Täters, einen Raub, räuberischen Diebstahl oder eine räuberische Erpressung zu begehen, als raubähnliches Delikt begriffen. Die **geschützten Rechtsgüter** sind dementsprechend das **Eigentum und das Vermögen** sowie darüber hinaus die **Sicherheit des Straßenverkehrs.** Aufgrund seines Bezuges zu den Vermögensdelikten haben wir diesen Straftatbestand in dem Skript „Strafrecht BT II" ausführlich erörtert.

§ 142 (Unerlaubtes Entfernen vom Unfallort) schützt das **private Feststellungsinteresse eines Unfallbeteiligten** zur Durchsetzung bzw. Abwehr zivilrechtlicher Ansprüche. Da dieses Interesse aus den Gefahren des Straßenverkehrs resultiert, wird § 142 thematisch zu den Straßenverkehrsdelikten gezählt. 10

Die §§ 315, 315a beschäftigen sich mit der Sicherheit des Bahn-, Schiffs- und Luftverkehrs und sind mit Ausnahme des § 315 Abs. 3 nicht sonderlich klausurrelevant. **Auf § 315 Abs. 3 wird in § 315b Abs. 3 verwiesen**, so dass dieser bei den Straßenverkehrsdelikten Anwendung findet. 11

B. Gefährliche Eingriffe in den Straßenverkehr, § 315b

I. Überblick

12 Wie bereits ausgeführt, erfasst § 315b grundsätzlich nur **Eingriffe**, die **von außen** in den Straßenverkehr hinein wirken. Dies ergibt sich insbesondere aus einem Vergleich des § 315b mit § 315c, welcher insbesondere in Abs. 1 Nr. 2 verkehrstypische Verhaltensweisen erfasst, welche die Sicherheit des Straßenverkehrs gefährden können. Da der Katalog des § 315c Abs. 1 Nr. 2 (die sog. „sieben Todsünden des Straßenverkehrs") abschließend ist (ergänzt wird er allerdings in § 315d um die Teilnahme an verbotenen Kraftfahrzeugrennen), können Strafbarkeitslücken entstehen bei Verhaltensweisen, die von der Vorwerfbarkeit her jenen des § 315c Abs. 1 Nr. 2 entsprechen, dort aber nicht aufgelistet sind. Um diese Strafbarkeitslücken zu schließen, durchbrechen der **BGH** und weitestgehend auch die Literatur den Grundsatz des § 315b und subsumieren **auch solche Tathandlungen unter § 315b**, die aus dem fließenden oder ruhenden Straßenverkehr, also **von innen heraus** begangen werden. Voraussetzung ist jedoch, dass diese Tathandlungen einen verkehrsfeindlichen Charakter besitzen und somit ihrer Natur nach wieder solchen Einwirkungen gleichstehen, die von außen in den Straßenverkehr hineinwirken. Mit den vom *BGH* entwickelten Anforderungen werden wir uns ausführlich im objektiven Tatbestand unter Rn. 23 beschäftigen.

13 Die Tathandlung, die der Täter bei § 315b vornimmt, muss zum einen zu einer **Beeinträchtigung der Sicherheit des Straßenverkehrs** und zum anderen zu einer **konkreten Gefahr** für Leib oder Leben eines anderen Menschen oder eine fremde Sache von bedeutendem Wert führen.

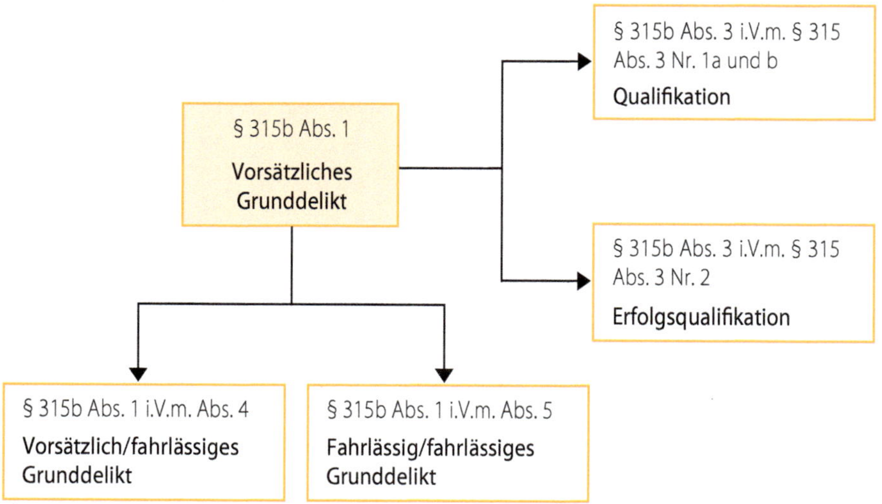

14 Aufgrund des Verweises in § 315b Abs. 3 auf § 315 Abs. 3 gibt es zu § 315b Abs. 1 sowohl Qualifikationen als auch eine Erfolgsqualifikation. Die **Qualifikationen** sind in **§ 315 Abs. 3 Nr. 1a und b** geregelt und zeichnen sich durch eine besondere Absicht aus. Eine **Erfolgsqualifikation** gem. **§ 315 Abs. 3 Nr. 2** liegt vor, wenn der Täter durch den gefährlichen Eingriff eine schwere Gesundheitsschädigung eines anderen Menschen oder eine Gesundheitsschädigung einer großen Zahl von Menschen verursacht hat.

JURIQ-Klausurtipp

Die **Unterscheidung zwischen Qualifikation und Erfolgsqualifikation** ist wichtig für den Aufbau und die Prüfungsvoraussetzungen.

Die **Qualifikation des § 315 Abs. 3 Nr. 1a** und b zeichnet sich dadurch aus, dass der Täter den Eingriff in einer besonderen Absicht vorgenommen hat. Für die Klausur bedeutet dies, dass Sie den Grundtatbestand des § 315b Abs. 1 und die Qualifikation gem. § 315b Abs. 3 i.V.m. § 315 Abs. 3 Nr. 1a oder b zusammen prüfen. Im objektiven Tatbestand werden die Voraussetzungen des § 315b Abs. 1 geprüft. Im subjektiven Tatbestand muss zunächst der Vorsatz hinsichtlich der objektiven Voraussetzungen des § 315b und alsdann die besondere Absicht gem. § 315 Abs. 3 Nr. 1a oder b geprüft werden.

Auch die **Erfolgsqualifikation** können Sie zusammen mit dem Grunddelikt prüfen. In diesem Fall prüfen Sie zunächst den objektiven und subjektiven Tatbestand des § 315b Abs. 1. Nach dem subjektiven Tatbestand und vor der Rechtswidrigkeit prüfen Sie die Voraussetzungen der Erfolgsqualifikation. Zu beachten ist in diesem Zusammenhang, dass hinsichtlich des Eintritts der Folge **gem. § 18 lediglich Fahrlässigkeit** erforderlich ist. Zu den weiteren Voraussetzungen vgl. Rn. 42.

Beachten Sie, dass § 315b sowohl vorsätzlich, als auch vorsätzlich/fahrlässig und fahrlässig/ fahrlässig begangen werden kann. Mit diesen verschiedenen Begehungsformen beschäftigen sich die Abs. 4 und 5. **15**

Gem. **§ 315b Abs. 4** macht sich der Täter strafbar, wenn er die Tathandlung **vorsätzlich** vornimmt, dabei die Gefahr aber nur **fahrlässig** verursacht. § 315b enthält damit – ebenso wie § 315c – eine Vorsatz-Fahrlässigkeits-Kombination. Gem. **§ 11 Abs. 2** handelt es sich auch in diesen Fällen noch um eine **Vorsatztat**, so dass eine **Teilnahme** möglich bleibt.

§ 315b Abs. 5 ist anwendbar, wenn der Täter die Handlung **fahrlässig** begeht und dabei zugleich **fahrlässig** die Gefahr herbeiführt. In diesem Fall handelt es sich um ein vollständiges Fahrlässigkeitsdelikt, so dass eine Teilnahme gem. §§ 26, 27 nicht möglich ist.

JURIQ-Klausurtipp

Die Abs. 4 und 5 des § 315b sind immer in Verbindung mit Abs. 1 anwendbar. Sofern sie in der Klausur in Betracht kommen sollten, sollten Sie sie im **Obersatz** bereits erwähnen, indem Sie z.B. ausführen: *„A könnte sich wegen eines gefährlichen Eingriffs in den Straßenverkehr gem. § 315b Abs. 1 i.V.m. Abs. 4 strafbar gemacht haben, indem er …“.*

16 Die Abs. 4 und 5 haben Auswirkungen auf den Prüfungsaufbau in der Klausur. Diese werden wir unter Rn. 41 ff. ausführlich erörtern. **Der Aufbau des vorsätzlichen § 315b Abs. 1** sieht wie folgt aus:

PRÜFUNGSSCHEMA

Gefährliche Eingriffe in den Straßenverkehr, § 315b Abs. 1

I. Objektiver Tatbestand
1. Tathandlung: Eingriff in den Straßenverkehr durch
   a) Nr. 1: Zerstören, Beschädigen oder Beseitigen von Anlagen oder Fahrzeugen
   b) Nr. 2: Bereiten eines Hindernisses
   c) Nr. 3: Vornahme eines ähnlichen, ebenso gefährlichen Eingriffs
      P Eingriffe aus dem Straßenverkehr als verkehrsfeindliche Einwirkung Rn. 23
      P Verhalten des Beifahrers Rn. 29
2. Taterfolg
   a) dadurch Beeinträchtigung der Sicherheit des Straßenverkehrs
   b) dadurch konkrete Gefahr für
      aa) Leib oder Leben eines anderen Menschen
         P Tatbeteiligte Rn. 32
      bb) fremde Sache von bedeutendem Wert

II. Subjektiver Tatbestand
1. Vorsatz, wobei dolus eventualis reicht
2. Evtl. gem. § 315b Abs. 3 i.V.m. § 315 Abs. 3 Nr. 1: Absicht
   a) einen Unglücksfall herbeizuführen
   b) eine andere Straftat zu ermöglichen oder zu verdecken

III. Rechtswidrigkeit

IV. Schuld

II. Objektiver Tatbestand

17 Der objektive Tatbestand ist verwirklicht, wenn der Täter durch einen in Abs. 1 Nr. 1–3 genannten Eingriff zunächst abstrakt die Sicherheit des Straßenverkehrs beeinträchtigt und dadurch konkret Leib oder Leben eines anderen Menschen oder fremde Sachen von bedeutendem Wert gefährdet hat.

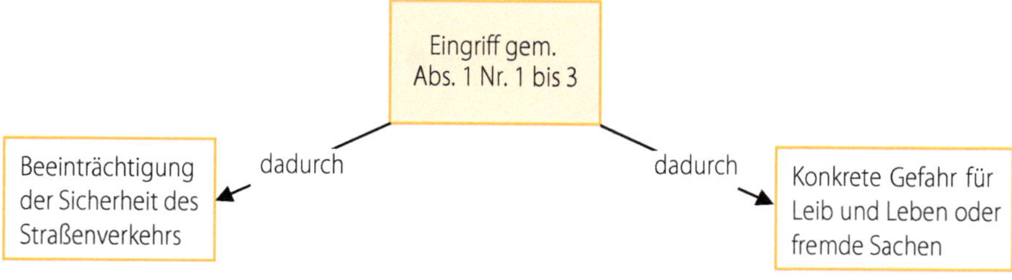

1. Eingriff in den Straßenverkehr, § 315b Abs. 1 Nr. 1–3

a) § 315b Abs. 1 Nr. 1

Der Eingriff in den Straßenverkehr kann in dem Zerstören, Beschädigen oder Beseitigen von Anlagen oder Fahrzeugen bestehen. **18**

Die Begriffe des Beschädigens und Zerstörens sollten Ihnen aus § 303 bekannt sein. Die dort verwendeten Definitionen sind entsprechend bei § 315b anwendbar.

Beschädigen ist eine nicht ganz unerhebliche Verletzung der Substanz sowie darüber hinaus eine nicht ganz unerhebliche Beeinträchtigung der bestimmungsgemäßen Brauchbarkeit der Sache.[1]

Das **Zerstören** ist eine so weitgehende Beschädigung der Sache, dass ihre Gebrauchsfähigkeit vollständig aufgehoben ist.[2]

Beispiel Das Durchtrennen von Bremsschläuchen stellt ebenso eine Beschädigung dar wie die Zersplitterung einer Glasscheibe durch Auftreffen eines schweren Gegenstandes, der von einer Brücke auf das Fahrzeug geworfen wird.[3] Wirft der Täter bei Nacht einen 58 kg schweren Granitstein auf die mittlere Fahrspur der Autobahn und fährt anschließend ein Fahrzeug dort auf, so kommt das Bereiten eines Hindernisses gem. Nr. 2 in Betracht. Denken Sie in diesen Fällen auch immer an die §§ 212, 211 (heimtückische Tötung mit gemeingefährlichen Mitteln) und die §§ 223 ff.[4] ■

Ein **Beseitigen** liegt vor, wenn der bestimmungsgemäße Gebrauch durch örtliche Veränderung erheblich beeinträchtigt ist.[5]

Beispiel Entfernen eines Stoppschildes, Wegwerfen eines Gullydeckels.[6] ■

Die von diesen Tathandlungen betroffenen Tatobjekte sind gem. § 315b Abs. 1 Nr. 1 Anlagen oder Fahrzeuge. **19**

Unter **Anlagen** sind sämtliche dauerhaften Einrichtungen zu verstehen, die dem Straßenverkehr dienen.[7]

Beispiel Dazu zählen Verkehrszeichen, Ampeln, Schranken an Bahnübergängen sowie sonstige Einrichtungen, die in § 43 StVO beispielhaft aufgezählt sind. Darüber hinaus zählen zu den Anlagen aber auch die Straße selbst samt dem Zubehör, wie z.B. Gullydeckel oder Leitplanken. ■

---

1 BGHSt 13, 207; 44, 34.
2 *Fischer* § 303 Rn. 14.
3 *BGH* NStZ 2003, 206.
4 *BGH* Urteil vom 14.1.2010, Az: 4 StR 450/09, abrufbar unter www.bundesgerichtshof.de.
5 *Fischer* § 315 Rn. 8a.
6 *BGH* NStZ 2002, 648.
7 *Fischer* § 315 Rn. 8a.

Unter **Fahrzeugen** sind sämtliche im Straßenverkehr vorkommenden Beförderungsmittel ohne Rücksicht auf ihre Antriebsart zu verstehen.[8]

Beispiel Zu den Fahrzeugen gehören mithin sowohl Kraftfahrzeuge als auch Straßenbahnen, Fahrräder und Motorräder sowie motorisierte Rollstühle. Nicht erfasst sind Inline-skates oder Skateboards.

b) § 315b Abs. 1 Nr. 2

20 Der Eingriff in den Straßenverkehr kann auch durch das Bereiten eines Hindernisses erfolgen.

Ein **Hindernis bereitet**, wer eine Einwirkung auf den Straßenkörper vornimmt, die geeignet ist, den reibungslosen Verkehrsablauf zu hemmen oder zu gefährden.[9]

Beispiel Das Errichten einer Straßensperre[10], das Spannen eines Drahtseils quer über die Fahrbahn[11] stellt ebenso ein Hindernis dar wie das Zu-Boden-Werfen eines Menschen auf die Fahrspur einer Autobahn, wobei sich der Täter zum Fixieren des Opfers auf das Opfer setzt, damit dieses nicht von der Straße fliehen kann.[12]

c) § 315b Abs. 1 Nr. 3

21 Schließlich kann ein Eingriff in den Straßenverkehr **durch Vornahme eines ähnlichen, ebenso gefährlichen Eingriffs** erfolgen. Diese Tathandlungsalternative hat einen Auffangcharakter und ist aus diesem Grund vom Wortlaut her weit gefasst. Damit das in Art. 103 Abs. 2 GG verankerte **Bestimmtheitsgebot** nicht verletzt wird, ist ein Täterverhalten zu fordern, welches in seiner Gefährlichkeit den in § 315b Abs. 1 Nr. 1 und 2 genannten Tathandlungsalternativen gleichsteht.[13]

Beispiel Als ähnliche, ebenso gefährliche Eingriffe wurden angesehen das Herabgießen von Farbe von einer Autobahnbrücke auf fahrende Autos[14], das Deponieren von benzingefüllten Plastikbeuteln im Motorraum zur Herbeiführung einer Explosion[15].

d) Eingriff durch Unterlassen

22 Die Tathandlungen gem. § 315b Abs. 1 Nr. 1–3 können auch durch ein Unterlassen begangen werden, sofern die Voraussetzungen des § 13 gegeben sind. Dies kommt insbesondere dann in Betracht, wenn ein Kraftfahrer ein **Hindernis nicht beseitigt**, das er durch einen eigenen Unfall oder ein eigenes Fahrverhalten auf der Fahrbahn errichtet hat.[16]

---

8 *Joecks/Jäger* § 315b Rn. 4.
9 BGHSt 41, 234.
10 *OLG Frankfurt* VRS 28, 423.
11 *OLG Hamm* NJW 1965, 2167.
12 *BGH* NZV 2006, 483.
13 BGHSt 22, 365.
14 BGHSt 48, 119.
15 *Fischer* § 315b Rn. 8.
16 BGHSt 5, 394; 7, 311; *BayObLG* NJW 69, 2026; *Fischer* § 315 b Rn. 15.

Beispiel An dem Anhänger des von A geführten Lkw platzt im Verlauf der Fahrt einer der mittleren Reifen, so dass das Fahrzeug kurzfristig ins Schleudern gerät. Dabei löst sich eine nur unsachgemäß befestigte Holzpaneele, die auf der rechten Fahrbahn liegen bleibt. A bringt sein Fahrzeug einige hundert Meter weiter zum Stehen, bemerkt zwar die Holzpaneele, glaubt aber, zunächst wichtigere Dinge erledigen zu müssen. Der nachfolgende Lkw-Fahrer L sieht diese Holzpaneele zu spät und kann einen Unfall mit dem überholenden Porschefahrer P nur noch dadurch vermeiden, dass er sein Fahrzeug nach rechts in die Leitplanke fährt.

Eine Strafbarkeit nach § 315b Abs. 1 Nr. 2 scheidet zunächst aus, weil A nicht durch einen verkehrsfremden Eingriff in den Straßenverkehr ein Hindernis bereitet hat. Die Holzpaneele hat sich infolge eines verkehrstypischen Vorganges gelöst, welcher auch nicht unter Berücksichtigung der *BGH*-Rechtsprechung zu einem verkehrsfeindlichen Eingriff umgedeutet werden kann.

In Betracht kommen kann jedoch eine Strafbarkeit gem. §§ 315b Abs. 1 Nr. 2, 13. Der *BGH* hat in Fällen vergleichbarer Art das Bereiten eines Hindernisses durch Unterlassen der Entfernung desselben bejaht.[17] Die Garantenstellung ergibt sich im vorliegenden *Beispiel* aus Ingerenz, da die nicht ordnungsgemäße Befestigung der Ladung ein pflichtwidriges Vorverhalten darstellt. Teilweise wird in der Literatur die Entsprechungsklausel verneint. Demnach muss das Unterlassen von seiner Vorwerfbarkeit her einem aktiven Tun entsprechen (§ 13). Ein Täter, der aber lediglich ein Hindernis nicht beseitige, weise weniger kriminelle Energie auf als ein solcher, der aktiv ein solches Hindernis schaffe.[18] ■

e) Verkehrsfeindliche Einwirkungen aus dem Straßenverkehr heraus

Wie bereits eingangs erwähnt, soll § 315b grundsätzlich nur Eingriffe erfassen, die von außen **23**

in den Straßenverkehr einwirken. Um im besonderen Einzelfall Strafbarkeitslücken zu vermeiden, sollen nach Auffassung des *BGH*[19], der sich die Literatur weitestgehend angeschlossen hat[20], allerdings auch solche Tathandlungen von § 315b erfasst werden, die aus dem fließenden oder ruhenden Straßenverkehr heraus begangen wurden, sofern sie aufgrund ihres besonderen Charakters verkehrsfeindlichen Einwirkungen von außen gleichstehen.

JURIQ-Klausurtipp

Sollten Sie in der Klausur § 315b prüfen müssen, dann wird Ihnen in den meisten Fällen die nachfolgend dargestellte Problematik begegnen. Bei genauer **Kenntnis der BGH-Rechtsprechung** dürfte Ihnen die Abgrenzung zwischen einem strafbaren Eingriff gem. § 315b und einem weder von dieser Norm noch ggfs. von § 315c erfassten und damit straflosen Eingriff jedoch leicht fallen.

Diese Eingriffe können entweder das **Bereiten eines Hindernisses** gem. § 315b Abs. 1 Nr. 2 **24**
oder aber die **Vornahme eines ähnlichen, ebenso gefährlichen Eingriffs** gem. § 315b Abs. 1 Nr. 3 darstellen. Voraussetzung ist jedoch, dass sie sich nicht in einer Verletzung von Verkehrsregeln und in einer fehlerhaften Verkehrsteilnahme erschöpfen, da insoweit § 315c Abs. 1

17 BGHSt 5, 394; 7, 311.
18 Schönke/Schröder-*Hecker* § 315b Rn. 11.
19 *BGH* NStZ 2024, 234.
20 *Fischer* § 315b Rn. 9; *Jäger* Strafrecht BT Rn. 688.

Nr. 2 abschließend ist. Die **Verkehrsbehinderung**, die durch den zweckentfremdeten Einsatz des Kraftfahrzeuges erreicht wird, muss **von einigem Gewicht sein.**

Erforderlich ist mithin, dass

- die Eingriffe aufgrund einer **Zweckentfremdung des Fahrzeuges** und der damit verbundenen Gefahrverursachung den Charakter von **verkehrsfeindlichen Einwirkungen** annehmen, und
- der Täter in der Absicht handelt, den Verkehrsvorgang zu einem Eingriff in den Straßenverkehr zu pervertieren und dadurch die Sicherheit des Straßenverkehrs zu beeinträchtigen. Diese **„Pervertierungsabsicht"** setzt dolus directus 1. Grades voraus.

25 Zusätzlich verlangt der *BGH* beim Einsatz eines Fahrzeuges als Waffe oder Schadenswerkzeug einen **Schädigungsvorsatz**, wobei dolus eventualis genügt. Der Täter muss also zumindest billigend in Kauf nehmen, dass entweder ein anderer Mensch oder eine fremde Sache von bedeutendem Wert durch sein Verhalten geschädigt wird. Insofern sind die Anforderungen an den Vorsatz bei Eingriffen dieser Art höher, da es bei § 315b grundsätzlich ausreicht, dass der Täter nur die **Gefährdung** eines anderen Menschen bzw. einer fremden Sache von bedeutendem Wert billigend in Kauf nimmt.[21]

Hinweis

Damit kann *§ 315b* in diesen Fällen nur als Vorsatz-Vorsatz-Kombination gem. Abs. 1 verwirklicht werden.

Beispiel Das Falschfahren auf der Autobahn (sog. „Geisterfahrer")[22], das gezielte Zufahren auf einen anderen Menschen[23], das vorsätzliche Rammen eines anderen Fahrzeugs bei hoher Geschwindigkeit sind als verkehrsfeindliche Eingriffe angesehen worden[24]. Auch das Abschütteln eines Polizisten, der sich zum Zwecke der Festnahme auf die Motorhaube gelegt hat, ist ein verkehrsfeindlicher Eingriff.[25] ■

26 Nach Auffassung des *BGH* kann eine bewusste Zweckentfremdung sogar dann vorliegen, wenn sich der Täter objektiv **verkehrsgerecht verhält**, dabei aber die **Absicht** hat, **einen Verkehrsunfall herbeizuführen**.[26]

Beispiel A positioniert sich mit seinem Fahrzeug an einer unfallträchtigen und schwer einsehbaren Straßeneinmündung, bei welcher die Verkehrsteilnehmer die Vorfahrtsregel „rechts vor links" gewohnheitsmäßig übersehen. Nachdem er von seinem Freund F über Handy darüber informiert wurde, dass Verkehrsteilnehmer V sich mit überhöhter Geschwindigkeit der Einmündung nähert, biegt er mit seinem Fahrzeug von rechts kommend in die Straßeneinmündung ein und verursacht auf diese Art und Weise einen Verkehrsunfall, bei dem ein nicht unerheblicher Fahrzeugschaden sowohl an seinem als auch an dem gegnerischen Fahrzeug entsteht.

---

21 BGHSt 41, 231; 48, 233; zustimmend u.a. *Rengier* Strafrecht BT II 10. Kapitel Rn. 16.
22 *BGH* NStZ, 2006, 503.
23 *BGH* DAR 2006, 30.
24 *BGH* NJW 2002, 626.
25 *Fischer* 315b Rn. 12.
26 *BGH* NJW 1999, 3132.

Da A hier das Fahrzeug verwendet hat, um Ansprüche gegenüber der gegnerischen Versicherung zu begründen, hat er es nicht in erster Linie als Fortbewegungsmittel eingesetzt, sondern bewusst als Unfallfahrzeug zweckentfremdet. Auf diese Zweckentfremdung kam es ihm auch an. Darüber hinaus kann ihm der entsprechende Schädigungsvorsatz unterstellt werden, da der zivilrechtliche Schadensersatzanspruch nur bei Realisierung eines Verkehrsunfalls ausgelöst wird. ■

Eine Strafbarkeit gem. § 315b in Fällen der soeben genannten Art wird in der **Literatur** teilweise abgelehnt. Es wird darauf hingewiesen, dass ein **verkehrsgerechtes Verhalten** des Täters, welches nur aufgrund eines Fehlverhaltens eines Dritten zu einer Schädigung führen kann, nicht von § 315b erfasst werden könne.[27] Die andere in der Literatur vertretene Ansicht verweist allerdings darauf, dass ein Unfall provozierendes Verhalten gegen *§ 1 Abs. 2 StVO* verstoße und deswegen gerade nicht verkehrsgerecht sei, womit der Anwendungsbereich der §§ 315b ff wieder eröffnet sei.[28] 27

JURIQ-Klausurtipp

Da der *BGH* zur Bestimmung der Tatbestandsmäßigkeit des verkehrsfeindlichen Eingriffs maßgeblich auf subjektive Komponenten wie die Pervertierungsabsicht und den Schädigungsvorsatz abstellt, stellt sich für Sie in der Klausur die Frage, wo und wie diese *BGH*-Rechtsprechung dargestellt werden muss. Eine Aufteilung dergestalt, dass im objektiven Tatbestand zunächst danach gefragt wird, ob eine Einwirkung von einigem Gewicht vorliegt und erst im subjektiven Tatbestand der Schädigungsvorsatz und die Absicht diskutiert werden, empfiehlt sich nicht, da die Einwirkung nur dann tatbestandsmäßig ist, wenn die subjektiven Anforderungen erfüllt sind. Dementsprechend kann bei diesen Problemfällen die **BGH-Rechtsprechung** mit ihren subjektiven Anforderungen nur **im objektiven Tatbestand dargestellt** werden. Um kritische Anmerkungen des Korrektors zu vermeiden, sollten Sie in Fällen dieser Art nicht zwischen objektivem und subjektivem Tatbestand unterscheiden, sondern Ihre Ausführungen mit *„I. Tatbestand"* übertiteln und unter dieser Überschrift dann einheitlich die objektiven und subjektiven Voraussetzungen des § 315b prüfen.

Klausurrelevant sind in diesem Zusammenhang auch die Fälle der sog. **„Polizeiflucht"**. Die frühere *BGH*-Rechtsprechung hat § 315b Abs. 1 Nr. 3 bejaht, wenn der Täter gezielt auf einen ihn anhaltenden Polizisten zufährt, um ihn zu zwingen, den Weg freizugeben und dabei vorhat, dem Polizisten im letzten Augenblick auszuweichen. Voraussetzung war jedoch, dass der 28

27 *Wessels/Hettinger/Engländer* Strafrecht BT 1 Rn. 987.
28 *Rengier* Strafrecht BT II 10. Kapitel Rn. 30.

Täter das Fahrzeug nicht nur lediglich als Fluchtmittel nutzen wollte (dann kein verkehrsfeindlicher Eingriff), sondern zugleich als Werkzeug zur Nötigung „pervertieren" wollte, um sich einen Fluchtweg zu eröffnen.[29]

Nach **jetziger BGH-Rechtsprechung** wäre nunmehr in Fällen dieser Art zusätzlich erforderlich, dass der Täter mit der Möglichkeit der Verletzung des Polizeibeamten gerechnet und diese billigend in Kauf genommen hat. Gleiches gilt für die Fälle, in denen der Täter verfolgende Polizeifahrzeuge durch verkehrswidriges Verhalten abdrängen möchte. Nimmt er nur eine Behinderung und Gefährdung der Polizisten als Folge seines Verhaltens billigend in Kauf, so ist eine Strafbarkeit gem. § 315b Abs. 1 Nr. 2 zu verneinen, da der Täter in diesen Fällen das Fahrzeug überwiegend als Fluchtmittel benutzt, so dass ein Eingriff vorliegt, der überwiegend aus dem Straßenverkehr heraus erfolgt und nicht verkehrsfeindlich ist. Nimmt der Täter hingegen auch hier z.B. eine Körperverletzung der verfolgenden Polizeibeamten billigend in Kauf, setzt er das Fahrzeug nicht nur als Fluchtmittel, sondern verkehrswidrig als Werkzeug zur Nötigung und Körperverletzung ein, so dass das Bereiten eines Hindernisses gem. § 315b Abs. 1 Nr. 2 bejaht werden kann.[30]

JURIQ-Klausurtipp

Im letztgenannten *Beispiel* kommt natürlich auch eine Strafbarkeit gem. *§ 315c Abs. 1 Nr. 2* in Betracht. Zu bedenken ist aber, dass nur § 315b über Abs. 3 die Möglichkeit der (Erfolgs-) Qualifikation eröffnet ist, weswegen beide Normen in Tateinheit gem. *§ 52* stehen können und in der Klausur zu prüfen sind.

Beispiel A will sich dem Zugriff der ihn verfolgenden Polizei entziehen. Hierzu biegt er mit dem von ihm geführten Pkw auf einen einspurigen asphaltierten Waldweg ab. Neben dem beidseits 1,5 Meter breiten Grünstreifen begann jeweils die Bewaldung. Auf dem Waldweg kommt A ein ziviles Einsatzfahrzeug der Polizei entgegen, welches inmitten des Waldweges mit voller Beleuchtung anhält. Da A seine Fahrt bei einer Geschwindigkeit von 66 km/h fortsetzt, entscheidet sich Polizist P, seinen Pkw auf der Fahrerseite in die Bewaldung zu verlassen. Er steigt zunächst aus und bleibt etwa einen Schritt von der Fahrertür entfernt stehen. Da ihm aber nun ein Ausweichen nach links nicht mehr sicher möglich erscheint, versucht er, sich über das Einsatzfahrzeug hinweg in Sicherheit zu bringen. In diesem Augenblick kollidiert das Fahrzeug des A mit einer Geschwindigkeit nicht unter 38 km/h mit der geöffneten Fahrertür. Diese wird zugeschlagen und klemmt P in Höhe des Oberschenkels zwischen Dach- und Türoberkante ein, was u.a. zu einer Prellung führt. A war bei dem Fahrmanöver in Anbetracht der beengten örtlichen Gegebenheiten bewusst, dass P hierdurch erheblich verletzt werden könnte. Dies nimmt er jedoch billigend in Kauf, um seine Flucht erfolgreich fortsetzen zu können.

Der *BGH* hob die Verurteilung aus § 315b Abs. 1 auf, weil nach seiner Auffassung das *LG* keine überzeugenden Feststellungen zur Pervertierungsabsicht des A getroffen hatte. Zu bedenken ist, dass es A primär um die Flucht ging. § 315b Abs. 1 läge nur dann vor, wenn er sich zusätzlich den „Weg frei rammen" wollte.[31] ■

29 BGHSt 22, 6; 28, 87; *OLG Hamm* NStZ-RR 01, 104.

30 BGHSt 48, 233.

31 *BGH* NStZ 2024, 234.

Bei **Eingriffen des Beifahrers in den Verkehrsvorgang** ist streitig, ob diese von *§ 315b I Nr. 3* erfasst sein sollen. 29

Beispiel Das Abziehen des Zündschlüssels durch den Beifahrer während der Fahrt, so dass die Lenkradsperre ausgelöst wird[32] oder aber das Ziehen der Handbremse bei 140 km/h, um den Fahrer zu einem langsameren Fahren zu veranlassen. ■

In Rechtsprechung und Teilen der Literatur wird die Auffassung vertreten, dass die Handlungen des Beifahrers nur dann erfasst sein sollen, wenn dieser das Fahrzeug pervertiert.[33] Insofern **gelten für den Beifahrer die gleichen Anforderungen wie für den Fahrer.** Der Beifahrer wird damit als normaler Verkehrsteilnehmer angesehen. Liegt eine Pervertierung nicht vor, handelt es sich um einen aus dem Straßenverkehr stammenden Eingriff, der nicht von *§ 315b* erfasst sein soll. Da *§ 315c* in derartigen Fällen nicht verwirklicht sein kann, ist das Verhalten jedenfalls nicht nach den Straßenverkehrsdelikten strafbar.

Eine starke **Gegenmeinung**[34] **widerspricht** einer dadurch eintretenden **Privilegierung des Beifahrers** und stuft Eingriffe des Beifahrers als verkehrsfremde Eingriffe von außen in den Straßenverkehr ein, die regelmäßig von *§ 315b* erfasst werden. Damit ist jedenfalls eine Bestrafung nach den Straßenverkehrsdelikten möglich.

2. Beeinträchtigung der Sicherheit des öffentlichen Straßenverkehrs

Wie bereits ausgeführt, müssen die Tathandlungen der Nr. 1–3 zunächst einmal eine abstrakte verkehrsspezifische Gefahr für die Sicherheit des öffentlichen Straßenverkehrs schaffen, was regelmäßig der Fall sein dürfte. 30

Die **abstrakte Gefahr** kann bejaht werden, wenn der Eingriff störend auf Verkehrsvorgänge wirkt und so zu einer Steigerung der allgemeinen Betriebsgefahr führt.[35]

JURIQ-Klausurtipp

In der Fallbearbeitung ist daher normalerweise keine ausführliche Erörterung dieses Tatbestandsmerkmals erforderlich. Es reicht aus, dass Sie feststellend erwähnen, dass die Sicherheit des öffentlichen Straßenverkehrs durch die Vornahme der Tathandlung beeinträchtigt ist. Die tatbestandlichen Voraussetzungen können nur dann in der Klausur interessant werden, wenn der Eingriff außerhalb des öffentlichen Straßenverkehrs stattgefunden hat oder aber zum Zeitpunkt des Eingriffs Straßenverkehr z.B. wegen der nächtlichen Uhrzeit, nicht stattfand.

Auch wenn im Tatbestand des § 315b Abs. 1 nicht von „öffentlichem" Straßenverkehr gesprochen wird, so ergibt sich die Öffentlichkeit doch aus dem Schutzzweck der Norm.

Zum **öffentlichen Straßenverkehr** gehören neben den allgemeinen, dem Straßenverkehr gewidmeten Straßen, Wegen und Plätzen auch solche Verkehrsflächen, die jedermann oder nach allgemeinen Merkmalen bestimmte größere Gruppen von Verkehrsteilnehmern dauernd oder vorübergehend zur Benutzung offen stehen.[36]

32 *OLG Karlsruhe* NJW 78, 1391.
33 *BGH* NZV 90, 34; *OLG Hamm* NJW 2000, 2686; *Rengier* Strafrecht BT II 10. Kapitel Rn. 33.
34 *SK/Wolters* § 315b Rn. 15, 16a; *LK/König* 12. Aufl. 315b Rn. 18, 54.
35 Schönke/Schröder-*Hecker* § 315b Rn. 3.
36 *Wessels/Hettinger/Engländer* Strafrecht BT 1 Rn. 983.

Beispiel Hierzu zählen u.a. Tankstellen, Parkplätze und Parkhäuser sowie das Firmengelände. Kein öffentlicher Verkehrsraum sind jedoch Parkhäuser außerhalb der normalen Betriebszeit sowie Kasernengelände, sofern nicht der Zugang vorübergehend für jedermann freigegeben ist.[37]

3. Konkrete Gefahr für Leib oder Leben eines anderen Menschen oder eine fremde Sache von bedeutendem Wert

31 Als **Taterfolg** muss durch die Tathandlung gem. § 315b Abs. 1 Nr. 1–3 Leib oder Leben eines anderen Menschen oder einer fremden Sache von bedeutendem Wert gefährdet worden sein. Im Gegensatz zu der **abstrakten Gefahr** für die Sicherheit des Straßenverkehrs handelt es sich bei dieser Gefahr um eine **konkrete Gefahr**. Eine konkrete Gefahr kann regelmäßig bejaht werden, wenn es sogar zu einer Verletzung der genannten Rechtsgüter gekommen ist. Ansonsten gilt folgende Definition:

Eine **konkrete Gefahr** liegt vor, wenn die Sicherheit des Rechtsguts derart beeinträchtigt ist, dass sich das Ausbleiben eines Schadens nach objektiv nachträglicher Prognose als Zufall darstellt.[38]

Beispiel Eine konkrete Gefahr liegt vor, wenn jemand einen schweren Betonstein von einer Brücke auf eine dicht befahrene Autobahn wirft, da es hier lediglich vom Zufall abhängt, ob der Täter damit einen schweren Unfall mit Personen- und Sachschaden herbeiführt oder nicht.

Nimmt hingegen jemand eine Manipulation an den Bremsen eines Fahrzeuges vor, die zu einer verminderten Bremsleistung führt, so kann eine konkrete Gefahr nur dann angenommen werden, wenn es infolge dieser verminderten Bremsleistung zu einem **„Beinahe-Unfall"** gekommen ist. Konnte hingegen der Fahrer des Fahrzeuges mit einem beherzten Durchtreten der Bremsen das Fahrzeug noch vor einer Ampel zum Stehen bringen, muss eine konkrete Gefahr abgelehnt werden.[39]

Beachten Sie, dass es sich bei der konkreten Gefahr und eine **verkehrsspezifische Gefahr** handeln muss. Eine solche liegt dann vor, wenn sie auf die Wirkungsweise der für Verkehrsvorgänge typischen Fortbewegungskräfte zurückzuführen ist, also das Fahrverhalten oder die Fahrsicherheit beeinträchtigt.[40]

Beispiel A wirft von einer Brücke große Steine auf fahrende Fahrzeuge, was zu Schäden an der Motorhaube führt. Hier hat der *BGH*[41] die verkehrsspezifische Gefahr bejaht, da der Schaden mit den Bewegungskräften zusammenhänge.

Beispiel A wirft einen Bolzenschneider in die Windschutzscheibe eines Eisverkaufswagens, der gerade erst dabei ist, loszufahren. Hier hat der *BGH* ausgeführt, es liege eher fern, *„dass die mit dem Eingriff unmittelbar einhergehende Beschädigung der Windschutzscheibe und*

37 Vgl. zu weiteren Bsp. *Fischer* § 315b Rn. 4.
38 *Fischer* § 315b Rn. 18.
39 *OLG München* NJW 2006, 3364.
40 *BGH* NStZ 2009, 100; *Rengier* Strafrecht BT II 10. Kapitel Rn. 24.
41 BGHSt 48, 119; anders hingegen *BGH* JuS 2022, 462 beim Wurf kleinerer Steine, die nur zu einem Schaden am Dach geführt haben, ohne dass der Fahrer reagiert hat.

Gefährdung der körperlichen Integrität des Zeugen in einem relevanten Zusammenhang mit der Eigendynamik des gerade erst langsam anfahrenden Eisverkaufswagens standen." Es liege vielmehr nahe, *„dass beides allein auf die Intensität des Wurfs zurückzuführen war."*[42]

Diese Gefahr kann zunächst für Leib und Leben eines anderen Menschen bestehen. Fraglich und umstritten ist, ob **Tatbeteiligte als „andere Menschen"** angesehen werden können. Die **herrschende Meinung** verneint die Einbeziehung eines Teilnehmers in den Schutzbereich des § 315b. § 315b enthalte einen gemeingefährlichen Straftatbestand, der die Interessen der Allgemeinheit schütze. Es könne mithin nicht Zweck dieser Norm sein, Personen zu schützen, welche zugleich wegen derselben Handlung aus dieser Norm zu bestrafen seien.[43] Eine in der Literatur vertretene **Gegenauffassung** verweist jedoch darauf, dass es durch das Erfordernis einer konkreten Gefährdung einer anderen Person zu einer Individualisierung des geschützten Objekts durch das Gesetz gekommen sei. Da § 315b insoweit auch den Schutz des Einzelnen verfolge, müssten auch Teilnehmer in den Schutzbereich einbezogen werden.[44] 32

JURIQ-Klausurtipp

In diesen Fällen wird die Strafbarkeit des Täters häufig aufgrund einer **eigenverantwortlichen Selbstgefährdung** des Teilnehmers zu verneinen sein, so dass eine Streitentscheidung in der Klausur nicht erforderlich sein wird. Sie müssen jedoch gleichwohl die unterschiedlichen Meinungen darstellen.

Sofern der Täter nicht Leib oder Leben eines anderen Menschen, sondern eine Sache gefährdet, muss diese fremd sein und von bedeutendem Wert. 33

Der **Wert** der Sache hängt dabei weniger vom Verkehrswert ab, sondern v.a. von dem **drohenden Schaden**, der anhand der Reparaturkosten ermittelt werden kann. Nach Auffassung des *BGH*[45] liegt dieser Wert noch immer bei **750,00 €**. Nach der Gegenauffassung ist die Grenze bei ca. **1300 €** anzusetzen.[46]

Fremd sind die Tatobjekte, wenn sie weder im Allein- oder Miteigentum des Täters stehen noch herrenlos sind.[47]

Damit scheidet das eigene Fahrzeug des Täters aus. 34

Sofern der Täter mittels des Fahrzeugs einen ausnahmsweise von § 315b erfassten Eingriff vornimmt und dabei zugleich nur dieses Fahrzeug gefährdet, scheidet nach überwiegender Auffassung auch dieses Fahrzeug als Tatobjekt aus, da das notwendige **Tatmittel nicht zugleich** das geschützte **Tatobjekt** sein kann.[48]

---

42 *BGH* NStZ 2021, 743.
43 *BGH* NJW 1991, 1120; *BGH* NStZ 1992, 233; *Fischer* § 315b Rn. 17.
44 Schönke/Schröder-*Hecker* § 315b Rn. 33.
45 *BGH* NStZ 2013, 167, 2011, 215.
46 Schönke/Schröder-*Hecker* § 315c Rn. 31; *Rengier* Strafrecht BT II 10. Kapitel Rn. 21.
47 *Joecks/Jäger* Vor § 242 Rn. 9f.
48 *BGH* NStZ 1992, 233; *Fischer* § 315c Rn. 15c; a.A. Schönke/Schröder-*Hecker* § 315b Rn. 14.

> **Hinweis**
>
> Dieses Problem wird eher bei § 315c relevant, da hier der Eingriff immer durch das Führen eines Fahrzeugs bewirkt wird. „Durch" dieses Führen muss dann eine Gefahr für andere Rechtsgüter u.a. auch für fremde Sachen entstehen. Hier ergibt sich schon aus dem Wortlaut, dass eine Gefahr, die „durch" ein Fahrzeug verursacht werden muss, nicht zugleich auch eine Gefahr „für" das Fahrzeug sein kann.

35 Die konkrete Gefährdung muss **„durch"** eine der Tathandlungen der Nr. 1 bis 3 eingetreten sein. Dies ist der Fall, wenn

- die Tathandlung i.S.d. conditio-sine-qua-non-Formel **kausal** für die eingetretene Gefahr war und
- die konkrete Gefahr **unmittelbar** (objektiv zurechenbar) auf der Tathandlung beruht.[49] Dies bedeutet, dass sich die spezifische Gefährlichkeit der Tathandlung in typischer Weise in der konkreten Gefahr realisiert haben muss.

» In diesem Zusammenhang können sämtliche Fallgruppen relevant werden, die Ihnen von der objektiven Zurechnung bekannt sind, insbesondere die eigenverantwortliche Selbstgefährdung des Opfers. Sofern Sie Zeit haben, können Sie an dieser Stelle die Gelegenheit nutzen und Sie sich erneut mit diesen Fallgruppen auseinandersetzen, die im Skript „Strafrecht AT I" dargestellt werden. «

Beispiel Aktivist A hat die Nase voll vom Feinstaub. Er möchte aus Protest die durch den Wald führende Landstraße blockieren und nimmt dabei auch Gefahren für die Autofahrer in Kauf. Als er den ersten Baum fällt, der eine Fahrspur blockieren soll, stellt er sich so dilettantisch an, dass der Baum auf einen zufällig anwesenden Spaziergänger fällt und diesen tötet.

Hier könnte A zwar mit dem Fällen des Baumes ein Hindernis bereitet haben. Die Gefahr für den Spaziergänger ist aber keine verkehrsspezifische, so dass eine Strafbarkeit gem. § 315b ausscheidet, sofern keine weitere Gefahr eingetreten ist.

III. Subjektiver Tatbestand

1. Subjektiver Tatbestand des § 315b Abs. 1

36 Der Täter muss mit Wissen und Wollen der Tatbestandsverwirklichung handeln, wobei dolus eventualis ausreicht. Beachten Sie, dass der Vorsatz des Täters sich **lediglich auf die konkrete Gefährdung** von Leib oder Leben bzw. der Beschädigung einer fremden Sache von bedeutendem Wert beziehen muss. Es ist nicht erforderlich, dass der Täter auch mit der Verletzung des Tatobjektes rechnet, es sei denn, der Täter hat sein Kraftfahrzeug in verkehrsfeindlicher Absicht pervertiert, da in diesen Fällen ausnahmsweise ein Schädigungsvorsatz vorliegen muss.

2. Qualifikation gemäß § 315b Abs. 3 i.V.m. § 315 Abs. 3 Nr. 1a und b

37 § 315 Abs. 3 Nr. 1 ist aufgrund der Verweisung des Abs. 3 in § 315b eine **Qualifikation zu § 315b Abs. 1**. Diese Qualifikation zeichnet sich dadurch aus, dass der Täter zusätzlich zu dem normalen Tatbestandsvorsatz eine Absicht hat.

Gem. § 315 Abs. 3 Nr. 1a hat er die Absicht, durch die Tat einen Unglücksfall herbeizuführen.

> Ein **Unglücksfall** liegt vor bei einem plötzlichen Eintritt eines erheblichen Personen- oder Sachschadens.[50]

---

49 *Jäger* Strafrecht BT Rn. 688; BGHSt 8, 28.
50 *Fischer* § 315 Rn. 22.

Gem. **§ 315 Abs. 3 Nr. 1b** ist die Tat qualifiziert, wenn der Täter in der **Absicht** handelt, eine **andere Straftat zu ermöglichen oder zu verdecken**. Dabei muss die Handlung gem. § 315b Abs. 1 Nr. 1 bis 3 das Mittel zur Verdeckung oder Ermöglichung der Tat sein, sie darf nicht die Tat selbst sein. Wie bei § 211 auch ist es nicht erforderlich, dass tatsächlich eine Straftat begangen wurde. Beachten Sie, dass es nur auf die subjektive Vorstellung des Täters ankommt. 38

Unter Absicht ist in beiden Fällen **dolus directus 1. Grades** zu verstehen.

IV. Rechtswidrigkeit

Bei der Rechtswidrigkeit kann diskutiert werden, ob eine Einwilligung des gefährdeten Rechtsgutsträgers eine Strafbarkeit des Täters nach § 315b ausschließt. Umstritten ist, ob ein disponibles Rechtsgut vorliegt, in dessen Verletzung der Gefährdete einwilligen kann. In der Klausur werden solche Fälle **überwiegend in Zusammenhang mit § 315c** diskutiert, wenn ein Beifahrer in Kenntnis der Alkoholisierung des Fahrers zu diesem ins Fahrzeug steigt und es zu einem Beinahe-Unfall kommt, bei welchem lediglich der Beifahrer konkret gefährdet wurde. Wir werden uns daher mit dieser Problematik ausführlich bei § 315c, dort unter Rn. 66 auseinandersetzen. Die dortigen Ausführungen können entsprechend auf § 315b übertragen werden. 39

Im Übrigen gelten die allgemeinen Grundsätze.

V. Vorsatz-Fahrlässigkeits-Kombination gem. § 315b Abs. 1 i.V.m. Abs. 4

Gem. § 315b Abs. 1 i.V.m. Abs. 4 kann der Täter zwar vorsätzlich eine der Tathandlungen vornehmen und dadurch die Sicherheit des öffentlichen Straßenverkehrs gefährden, aber nur **fahrlässig hinsichtlich der Gefahr** handeln. Von Relevanz wird diese Kombination vor allem wieder bei § 315c. An dieser Stelle sollten Sie sich aber schon einmal folgenden, für beide Normen relevanten Aufbau einprägen: 40

PRÜFUNGSSCHEMA

Gefährliche Eingriffe in den Straßenverkehr, § 315b Abs. 1 i.V.m. Abs. 4

I. Objektiver Tatbestand

II. Vorsatz im Hinblick auf die Vornahme der Tathandlung gem. Nr. 1 bis 3 und die dadurch eingetretene Beeinträchtigung der Sicherheit des Straßenverkehrs

III. Fahrlässigkeit gem. § 315b Abs. 4 im Hinblick auf die Gefahr
objektive Sorgfaltspflichtverletzung bei objektiver Vorhersehbarkeit der Gefahr

IV. Rechtswidrigkeit

V. Schuld
Subjektiver Fahrlässigkeitsvorwurf

VI. Fahrlässigkeits-Fahrlässigkeits-Kombination gemäß § 315b Abs. 1 i.V.m. Abs. 5

41 Möglich ist auch, dass der Täter sowohl hinsichtlich der Einwirkung auf den Straßenverkehr als auch hinsichtlich der Gefahrverursachung fahrlässig handelt. In diesem Fall stellt § 315b ein ganz **normales Fahrlässigkeitsdelikt** dar, das wie folgt geprüft werden sollte:

PRÜFUNGSSCHEMA

Gefährliche Eingriffe in den Straßenverkehr, § 315b Abs. 1 i.V.m. Abs. 5

I. Tatbestand

1. Tathandlung gem. § 315b Abs. 1 Nr. 1–3
2. Beeinträchtigung der Sicherheit des Straßenverkehrs
3. Eintritt der konkreten Gefahr für Leib oder Leben eines anderen Menschen oder einer fremden Sache von bedeutendem Wert
4. Kausalität
5. Objektive Sorgfaltspflichtverletzung bei objektiver Vorhersehbarkeit der Gefahr (Fahrlässigkeit)
6. Objektive Zurechnung

II. Rechtswidrigkeit

III. Schuld

Subjektiver Fahrlässigkeitsvorwurf

VII. Erfolgsqualifikation gemäß § 315b Abs. 3 i.V.m. § 315 Abs. 3 Nr. 2

Verursacht der Täter durch die Tat eine schwere Gesundheitsschädigung eines anderen Menschen oder eine Gesundheitsschädigung einer großen Zahl von Menschen, so verwirklicht er die **Erfolgsqualifikation des § 315 Abs. 3 Nr. 2**, welcher aufgrund der Verweisung in § 315b Abs. 3 auf diese Norm anwendbar ist. Erfolgsqualifikationen werden Ihnen schon an anderer Stelle begegnet sein, so vor allem bei § 227, der Körperverletzung mit Todesfolge. Dort wie auch hier sieht der Aufbau einer Erfolgsqualifikation wie folgt aus: **42**

Gefährliche Eingriffe in den Straßenverkehr, § 315b Abs. 3 i.V.m. § 315 Abs. 3 Nr. 2

PRÜFUNGSSCHEMA

I. Voraussetzungen des Grunddeliktes
1. Objektiver Tatbestand des § 315b
2. Subjektiver Tatbestand des § 315b Abs. 1
(Bei Vorsatz-Fahrlässigkeits-Kombination bzw. bei Fahrlässigkeits-Fahrlässigkeits-Kombination wählen Sie den oben dargestellten Aufbau.)

II. Voraussetzungen des § 315 Abs. 3 Nr. 2
1. Eintritt der Folge
a) Schwere Gesundheitsschädigung eines anderen Menschen
b) Gesundheitsschädigung einer großen Zahl von Menschen
2. Kausalität zwischen Grunddelikt und schwerer Folge
3. Unmittelbarkeitszusammenhang zwischen Grunddelikt und schwerer Folge
4. Fahrlässigkeit gem. § 18

III. Rechtswidrigkeit

IV. Schuld

Selbstverständlich müssen Sie in der Klausur die Voraussetzungen der Erfolgsqualifikation nicht zusammen mit jenen des Grunddelikts prüfen. Sollten Sie sich für einen getrennten Aufbau entscheiden, dann prüfen Sie zunächst komplett die Voraussetzungen des § 315b. Alsdann beginnen Sie mit einem neuen Prüfungspunkt, unter welchem Sie die Voraussetzungen des § 315 Abs. 3 Nr. 2 entsprechend den o.g. Aufbauschemata prüfen, anschließend Rechtswidrigkeit und Schuld. **43**

Die Folge des § 315 Abs. 3 besteht zum einen in einer schweren Gesundheitsschädigung eines anderen Menschen. **44**

Unter **schweren Gesundheitsschädigungen** sind solche zu verstehen, die zum einen vergleichbar oder identisch sind mit den schweren Körperverletzungen des § 226, daneben aber auch sonstige langwierige und ernsthafte Erkrankungen, die einen längeren Krankenhausaufenthalt und evtl. auch eine Minderung der Erwerbstätigkeit nach sich ziehen.[51]

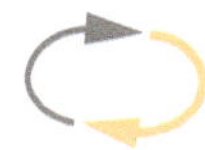

51 *Fischer* § 306b Rn. 4.

Sie können sich hinsichtlich der Schwere der Gesundheitsschädigung also durchaus an § 226 orientieren. Beachten Sie jedoch, dass auch bei Verletzungsfolgen, die dort nicht aufgelistet sind, eine schwere Gesundheitsschädigung in Betracht kommt, so z.B. beim Verlust eines inneren Organs, welches nach h.M. nicht von § 226 Abs. 1 Nr. 2 erfasst ist.

Darüber hinaus besteht die besondere Folge in einer **Gesundheitsschädigung einer großen Zahl von Menschen**. Teilweise wird eine solch große Zahl erst bei 20 Personen, teilweise schon bei mindestens 10 Personen angenommen.[52]

JURIQ-Klausurtipp

In Anbetracht des Umstandes, dass bei Eingriffen gem. § 315b Abs. 1 Nr. 1–3 die Gefährdung mehrerer Personen nicht ungewöhnlich ist, sollte unter Hinweis auf den erhöhten Strafrahmen argumentiert werden. Sofern Sie diese **Argumentation nachvollziehbar gestalten,** ist es unerheblich, ob 10, 15 oder 20 Personen als große Zahl angesehen werden.

» **Sofern Sie Zeit haben, nutzen Sie die Gelegenheit und wiederholen Sie das erfolgsqualifizierte Delikt, dargestellt im Skript „Strafrecht AT I".** **«**

45 Die Folge muss zunächst kausal i.S.d. conditio-sine-qua-non-Formel verursacht worden sein. Darüber hinaus muss sich die spezifische Gefährlichkeit des Grunddelikts in der schweren Folge realisiert haben. Bei dem **Unmittelbarkeitszusammenhang** handelt es sich um eine Wertung, die jener der objektiven Zurechnung entspricht. Aus diesem Grund kann der Unmittelbarkeitszusammenhang vor allem wieder bei einer **eigenverantwortlichen Selbstgefährdung** der verletzten Person durchbrochen sein.

46 Schließlich muss **gem. § 18** hinsichtlich der besonderen Folge **„wenigstens" Fahrlässigkeit** vorliegen. Mit dieser Formulierung hat der Gesetzgeber klargestellt, dass Vorsatz bezüglich der schweren Folge eine Strafbarkeit nach § 315 Abs. 3 Nr. 2 nicht ausschließt. Das Wort „wenigstens" stellt lediglich eine Begrenzung nach unten dar und macht deutlich, dass der Täter jedenfalls fahrlässig gehandelt haben muss. Da die Außerachtlassung der im Verkehr erforderlichen Sorgfalt schon in der Verwirklichung des Grunddelikts liegt, muss in der Klausur nur noch geprüft werden, ob der Eintritt der Folge zum Zeitpunkt der Vornahme der Tathandlung objektiv vorhersehbar war.

C. Gefährdung des Straßenverkehrs, § 315c

I. Überblick

47 § 315c ist wie § 315b auch ein **konkretes Gefährdungsdelikt**. Voraussetzung ist mithin, dass der Täter durch ein, in den Nummern eins und zwei näher benanntes Fehlverhalten Leib oder Leben eines anderen Menschen oder fremde Sachen von bedeutendem Wert gefährdet.

Im Gegensatz zu *§ 315b* erfasst *§ 315c* **verkehrswidrige Verhaltensweisen** der Verkehrsteilnehmer **im fließenden und ruhenden Verkehr**.

52 *Fischer* § 306b Rn. 4.

Anders als § 315b ist § 315c (mit Ausnahme der Nummer 2g) ein **eigenhändiges Delikt**, da auf ein Fehlverhalten eines Verkehrsteilnehmers abgestellt wird. Daraus folgt, dass Täter des § 315c nur der Fahrzeugführer sein kann, so dass eine mittelbare Täterschaft gem. § 25 Abs. 1 Alt. 2 sowie eine Mittäterschaft, gem. § 25 Abs. 2 nicht in Betracht kommen. **48**

» Sollten Ihnen die Strukturen und Prinzipien der mittelbaren Täterschaft und der Mittäterschaft nicht mehr geläufig sein, so können Sie an dieser Stelle die Möglichkeit nutzen, dieses Thema zu wiederholen, welches im Skript „Strafrecht AT II" dargestellt ist. «

Hinweis

Bei § 25 Abs. 1 Alt. 2 (mittelbare Täterschaft) und § 25 Abs. 2 (Mittäterschaft) erfolgt eine **Zurechnung fremden Handelns oder Unterlassens.** Da bei den eigenhändigen Delikten Täter aber nur derjenige ist, der „eigenhändig" die Tathandlung vornimmt, ist eine Zurechnung ausgeschlossen.

§ 315c ist zudem ein **verhaltensgebundenes Delikt**, bei welchem der Gesetzgeber die Tathandlung vorgegeben hat („Führen eines Fahrzeugs"). Dies hat, wie wir sehen werden, Auswirkungen auf die Anwendbarkeit der actio libera in causa.

Wie § 315b ist auch § 315c Abs. 1 zunächst ein Vorsatzdelikt. Jedoch ist in Abs. 3 Nr. 1 die **Vorsatz-Fahrlässigkeits-Kombination** und in Abs. 3 Nr. 2 die **Fahrlässigkeits-Fahrlässigkeits-Kombination** geregelt. Hinsichtlich des Aufbaus wird insoweit auf die obigen Ausführungen unter Rn. 40 f. verwiesen. **49**

§ 315c Abs. 1 stellt zwei verschiedene Arten des Fehlverhaltens eines Fahrzeugführers unter Strafe: **50**

§ 315c Abs. 1

- **Nr. 1** – Fahren in fahruntüchtigem Zustand
- **Nr. 2** – Grob verkehrswidriges und rücksichtloses Verletzen der Verkehrsregeln

Besonders klausurrelevant ist § 315c Abs. 1 Nr. 1a und dort wiederum die Variante, dass ein Fahrzeugführer infolge des Genusses alkoholischer Getränke nicht in der Lage ist, das Fahrzeug sicher zu führen. In diesem Zusammenhang werden Ihnen häufig Fallgestaltungen begegnen, bei denen die **actio libera in causa** relevant wird.

Weniger klausurrelevant ist hingegen die Nr. 2, welche die „sieben Todsünden" des Straßenverkehrs enthält. In den sog. „Raser-Fällen" sollten Sie aber gleichwohl auch immer an § 315c Abs. 1 Nr. 2 denken, da dieser in Tateinheit zu dem primär zu prüfenden § 315d steht, mit dem wir uns später noch beschäftigen werden.

51 Der Aufbau des § 315c Abs. 1 sieht wie folgt aus:

PRÜFUNGSSCHEMA

Gefährdung des Straßenverkehrs, § 315c

I. Objektiver Tatbestand
1. Tathandlung
   a) Nr. 1: Führen eines Fahrzeuges in fahruntüchtigem Zustand
   b) Nr. 2: Grob verkehrswidriges und rücksichtsloses Fehlverhalten gem. den Ziffern a–g
2. Taterfolg
   a) Konkrete Gefahr für Leib oder Leben eines anderen Menschen
   (P) Tatbeteiligte Rn. 63
   b) Konkrete Gefahr für fremde Sachen von bedeutendem Wert
3. Kausalität und objektive Zurechnung

II. Subjektiver Tatbestand
Vorsatz dolus eventualis genügt

III. Rechtswidrigkeit
(P) Rechtfertigende Einwilligung Rn. 66

IV. Schuld
(P) actio libera in causa Rn. 70

II. Objektiver Tatbestand

52 Der objektive Tatbestand setzt voraus, dass der Täter im öffentlichen Straßenverkehr ein Fahrzeug führt, obwohl er nicht in der Lage ist, dieses Fahrzeug sicher zu führen (§ 315c Abs. 1 Nr. 1a und b) oder der Täter im öffentlichen Straßenverkehr grob verkehrswidrig und rücksichtslos eine der „sieben Todsünden" begeht und dadurch Leib oder Leben eines anderen Menschen oder fremde Sachen von bedeutendem Wert gefährdet.

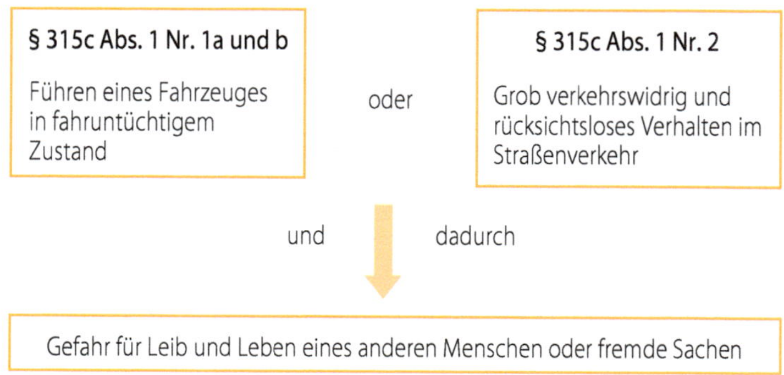

53 Beiden Tatvarianten ist gemein, dass der Täter sie zunächst **im öffentlichen Straßenverkehr** begeht. Insoweit wird Bezug genommen auf die Ausführungen bei § 315b.

Darüber hinaus setzen sowohl § 315c Abs. 1 Nr. 1 als auch die meisten Handlungsvarianten der Nr. 2 voraus, dass der **Täter ein Fahrzeug führt**.

Unter einem **Fahrzeug** ist grundsätzlich jedes zur Ortsveränderung bestimmte Fortbewegungsmittel zu verstehen, welches der Beförderung von Personen oder Gütern dient.[53]

Zu den **Fahrzeugen** gehören neben den Autos z.B. E-Scooter, Fahrräder und Pferdekutschen, Bagger, Kräne und Gokarts. Nicht dazu gehören sonstige Fortbewegungsmittel wie Tretroller oder Inlineskates.[54]

Das **Führen** eines Fahrzeugs setzt voraus, dass das Fahrzeug in Bewegung gesetzt wird und die Räder rollen.[55]
Fahrzeugführer ist demgemäß derjenige, der im Straßenverkehr das Fahrzeug allein oder mitverantwortlich in Bewegung setzt oder es unter Handhabung seiner technischen Vorrichtungen während der Fahrbewegung durch den öffentlichen Verkehrsraum lenkt, wobei ein Einschalten des Motors nicht erforderlich ist.[56]

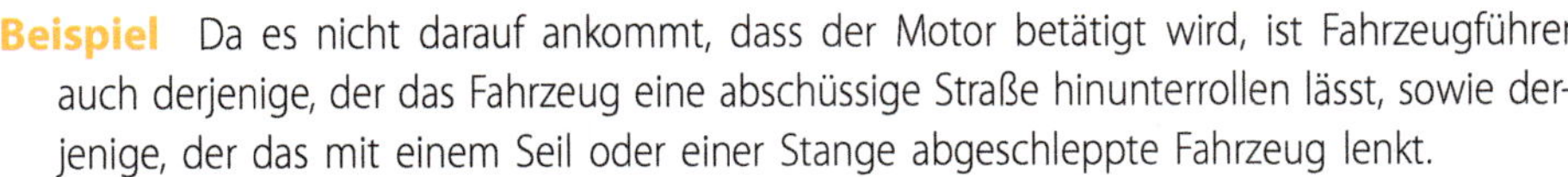

Beispiel Da es nicht darauf ankommt, dass der Motor betätigt wird, ist Fahrzeugführer auch derjenige, der das Fahrzeug eine abschüssige Straße hinunterrollen lässt, sowie derjenige, der das mit einem Seil oder einer Stange abgeschleppte Fahrzeug lenkt.

Der Fahrlehrer, der mit seinem Schüler im Fahrschulwagen sitzt, ist kein Fahrzeugführer, solange er nicht aktiv eingreift. Greift er hingegen über die in seinem Fußraum befindlichen Gas- und Bremspedale und/oder einen Griff ins Lenkrad ein, dann wird er zum Fahrzeugführer.[57] ■

54 In letzter Zeit sind vermehrt Entscheidungen ergangen, die in Zusammenhang mit dem Führen eines **E-Scooters** stehen.

So stellt sich zum einen die Frage, ob der vorschriftswidrig mit auf dem E-Scooter stehende **Sozius**, der sich am Lenker festhält, das **Fahrzeug führt**. Dies wurde vom *LG Oldenburg*[58] bejaht. Das Festhalten des Lenkers eines E-Scooters – so das *LG* - führe dazu, dass dieser in eine ganz bestimmte Richtung gelenkt werde: nämlich geradeaus. Dieses In-der-Spur-Halten des E-Scooters sei ein genuiner Lenkvorgang, weil ein kontrolliertes Fortbewegen des E-Scooters durch den Verkehrsraum, wenn beide Personen auf dem Roller sich am Lenker festhalten, nur durch ein Zusammenwirken durch beide Fahrer möglich sei. Das bedeute auch, dass der E-Scooter in einer Art ,Mittäterschaft, von beiden Fahrern gleichzeitig geführt werde. [59]

Zum anderen stellt sich bei der **absoluten Fahruntauglichkeit** (dazu Rn. 57) die Frage, ob ein E-Scooter ein Kraftfahrzeug ist oder ob er nur mit einem E-Bike vergleichbar ist. Nach h.M. ist der E-Scooter ein **Kraftfahrzeug**, so dass eine absolute Fahruntauglichkeit des Kraftfahrzeugführers schon bei einem BAK-Wert von 1,1 Promille angenommen werden kann, wohingegen er bei Führern von Fahrrädern erst bei 1,6 Promille angenommen wird. Der *BGH* hat darauf hingewiesen, dass gem. der seit dem 15.6.2019 geltenden Verordnung über die Teil-

53 Schönke/Schröder-*Hecker* § 315c Rn. 5.
54 *Rengier* Strafrecht BT II 10. Kapitel § 43 Rn. 3.; Schönke/Schröder-*Hecker* § 315c Rn. 5.
55 BGHSt 35, 390.
56 *Wessels/Hettinger/Engländer* Strafrecht BT 1 Rn. 992; BGHSt 35 390.
57 *OLG Dresden* NJW 2006, 1013; ausführlich dazu auch *Kudlich* JA 2015, 232.
58 *LG Oldenburg* JuS 2023, 275.
59 *LG Oldenburg* JuS 2023, 275.

nahme von Elektrokleinstfahrzeugen am Straßenverkehr aufgrund der Motorisierung auch Elektrokleinstfahrzeuge mit elektrischem Antrieb, einer bauartbedingten Höchstgeschwindigkeit von nicht weniger als 6 km/h und nicht mehr als 20 km/h und bestimmten, in § 1 eKFV genannten zusätzlichen Merkmalen als Kraftfahrzeuge im Sinne des § 1 Abs. 2 StVG eingestuft werden. Hierunter fallen demgemäß auch die sog. E-Scooter im entsprechenden Leistungsbereich.[60]

1. § 315c Abs. 1 Nr. 1

55 Nach § 315c Abs. 1 Nr. 1 ist derjenige Fahrzeugführer strafbar, der infolge verschiedener Defekte, **nicht in der Lage** ist, **sein Fahrzeug sicher zu führen**.

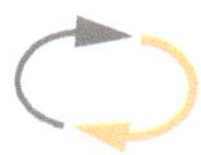

Fahruntüchtig ist ein Kraftfahrer, wenn seine Leistungsfähigkeit durch Enthemmung oder infolge geistig-seelischer oder körperlicher Leistungsausfälle soweit herabgesetzt ist, dass er nicht mehr in der Lage ist, sein Fahrzeug im Straßenverkehr sicher zu führen.[61]

Diese Fahruntüchtigkeit kann rauschbedingt sein, sie kann jedoch gem. Nr. 1b auch auf geistigen oder körperlichen Mängeln beruhen. Hier kommen u.a. Ermüdung und Epilepsie aber auch dauernde Beeinträchtigungen wie Schwerhörigkeit und Farbblindheit in Betracht.[62]

56 Wie bereits erwähnt, wird Ihnen in der Klausur zumeist die **alkoholbedingte Fahruntüchtigkeit** begegnen.

Bei der alkoholbedingten Fahruntüchtigkeit wird unterschieden zwischen der **absoluten und der relativen Fahruntüchtigkeit.** Diese Fahruntüchtigkeit bestimmt sich nach der Blutalkoholkonzentration **(BAK-Wert).**

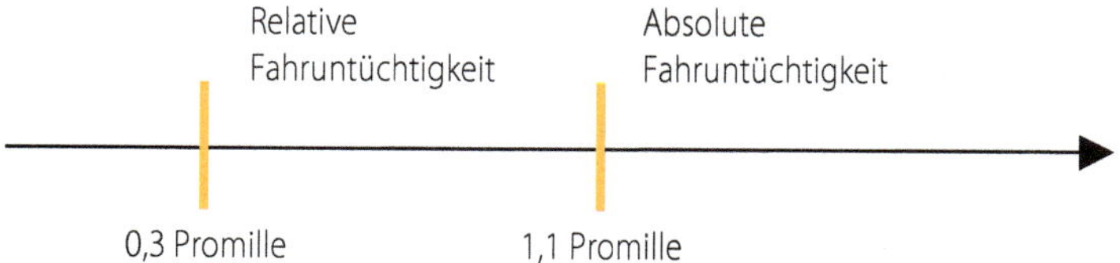

57 **Absolut Fahruntüchtig** ist demnach ein Kraftfahrer, wenn er zur Tatzeit eine Alkoholmenge im Körper hat, die zu einer Blutalkoholkonzentration von **≥ 1,1 Promille** führt.[63] Bei Radfahrern wurde die Grenze auf 1,6 Promille heraufgesetzt.[64] Ist dieser Grenzwert erreicht, so gilt eine **unwiderlegliche Vermutung für die Fahruntüchtigkeit**. Uninteressant ist mithin, ob es sich bei dem Täter um eine alkoholgewöhnte Person handelt, welche evtl. bei diesem BAK-Wert noch nicht soweit in der Leistungsfähigkeit herabgesetzt ist, als dass das Fahrzeug nicht mehr sicher geführt werden kann.

58 Die **relative Fahruntüchtigkeit** liegt vor, wenn der Täter einen BAK-Wert von **mindestens 0,3 Promille bis einschließlich 1,09 Promille** aufweist. Im Gegensatz zur absoluten Fahrun-

---

60 *BGH* NStZ 2020, 736.
61 *Wessels/Hettinger/Engländer* Strafrecht BT 1 Rn. 994.
62 *BGH* NStZ 2002, 152; BGHSt 40, 341.
63 BGHSt 37, 89.
64 *OLG Karlsruhe* DAR 97, 456 m.w.N.

tüchtigkeit müssen hier jedoch **alkoholbedingte Ausfallerscheinungen** hinzukommen, damit eine relative Fahruntüchtigkeit angenommen werden kann.

Hinweis

Eine **Ordnungswidrigkeit** liegt vor, wenn der Täter den Grenzwert von 0,5 Promille überschritten hat. In diesen Fällen ist **§ 24a StVG** einschlägig. Lässt sich im Einzelfall nicht sicher ermitteln, ob bei einer Alkoholisierung von mindestens 0,5 Promille zusätzlich alkoholbedingte Ausfallerscheinungen aufgetreten sind, so kann der Täter nach dem Grundsatz „in dubio pro reo" nur nach § 24a StVG bestraft werden.

Anzeichen für alkoholbedingte Ausfallerscheinungen sind z.B. grundloses Abkommen von der Fahrbahn, Fahren in Schlangenlinien oder Fahren mit extrem überhöhter Geschwindigkeit. Im Einzelfall ist unter Berücksichtigung der allgemeinen Lebenserfahrung zu prüfen, ob der Täter den Fahrfehler in nüchternem Zustand vermieden hätte.[65] 59

JURIQ-Klausurtipp

Sollte in ihrer Klausur nicht der BAK-Wert zum Tatzeitpunkt angegeben sein, sondern der BAK–Wert einer, einige Stunden später entnommenen Blutprobe, so müssen Sie den **Tatzeit-BAK durch Rückrechnung ermitteln.** Die Rückrechnung erfolgt, indem sie einen stündlichen Abbauwert von 0,1 Promille zugrundelegen. Um bei längerer Resorptionsdauer eine Benachteiligung des Täters auszuschließen, werden die ersten zwei Stunden nach Trinkende grundsätzlich von der Rückrechnung ausgenommen. Hat also ein Täter 6 Stunden nach Trinkende noch einen BAK-Wert von 0,3 Promille, so beläuft sich die Tatzeit–BAK (4 × 0,1 Promille/ Außerachtlassung der ersten zwei Stunden bei der Berechnung) auf 0,7 Promille.

Damit erfolgt die **Tatzeit–BAK–Berechnung** anders als im **Rahmen des § 20**. Dort wird ein stündlicher Abbauwert von 0,2 Promille unterstellt, wobei die Berechnung unmittelbar nach Trinkende beginnt und zusätzlich noch ein Sicherheitsaufschlag von 0,2 Promille vorgenommen wird.

Die unterschiedliche Berechnung ist Ausfluss des **„in dubio pro reo" Grundsatzes**. Da grundsätzlich nicht festgestellt werden kann, welches Abbauverhalten der Täter aufweist, muss jeweils zu seinen Gunsten das für ihn günstigste Abbauverhalten unterstellt werden. Bei § 315c und § 316 bedeutet dies, dass Sie den Täter so „nüchtern wie möglich" rechnen müssen. Bei § 20 hat dies zur Folge, dass Sie den Täter so „betrunken wie möglich" rechnen müssen.

2. § 315c Abs. 1 Nr. 2a–g

§ 315c Abs. 1 Nr. 2a–g normiert mit den „sieben Todsünden" **besonders gravierende Verkehrsverstöße**. Beachten Sie, dass diese Verkehrsverstöße in § 315c Abs. 1 Nr. 2 abschließend geregelt sind. Eine Erweiterung dieser Norm würde gegen das Analogieverbot verstoßen. Nicht zuletzt aus diesem Grund hat der *BGH*, wie bereits dargestellt, in § 315b Verkehrsverstöße aufgenommen, die der Täter in verkehrsfeindlicher Absicht und mit Schädigungsvorsatz ausführt. 60

65 *BGH* VRS 49, 429.

Die einzelnen Verstöße erschließen sich Ihnen bei genauem Lesen unter Hinzuziehung der StVO.[66] Zu beachten ist jedoch, dass der Täter dabei grob verkehrswidrig und rücksichtslos handeln muss.

Rücksichtslos handelt der Täter, wenn er sich entweder aus eigensüchtigen Motiven über seine Pflichten gegenüber anderen Verkehrsteilnehmern hinwegsetzt oder aber aus Gleichgültigkeit Bedenken gegen sein Verhalten nicht aufkommen lässt.[67]

61 Zu beachten ist, dass die Rücksichtslosigkeit ein strafbegründendes **besonderes persönliches Merkmal im Sinne des § 28 Abs. 1** ist, so dass bei Teilnehmern, die nicht selbst rücksichtslos handeln, die Strafe zu mildern ist.

JURIQ-Klausurtipp

Wie Sie festgestellt haben werden, ist die Rücksichtslosigkeit ein subjektives Merkmal, welches jedoch, da es die Tathandlung näher umschreibt, zusammen mit dieser im objektiven Tatbestand geprüft werden kann. Wie bei § 315b empfiehlt es sich – um kritische Anmerkungen des Korrektors zu vermeiden – in diesen Fällen nicht zwischen objektivem und subjektivem Tatbestand zu unterscheiden, sondern als Überschrift „Tatbestand" zu wählen.

62 **Grob verkehrswidrig** handelt, wer in besonders schwerem Maße gegen die Verkehrsvorschriften verstößt.

Beispiel Als grob verkehrswidrig wurde die doppelte Überschreitung der Höchstgeschwindigkeit, das Überholen bei außerordentlich schlechter Sicht, das Rechtsüberholen mit anschließendem schneidenden Linkseinscheren angesehen.[68] ■

3. Konkrete Gefahr für Leib oder Leben eines anderen Menschen oder eine fremde Sache von bedeutendem Wert

63 Wie bei § 315b auch muss durch eine der Tathandlungen eine Gefahr für Leib oder Leben eines anderen Menschen oder eine Sache von bedeutendem Wert hervorgerufen worden sein. Bei dieser Gefahr muss es sich um eine **konkrete Gefahr** handeln, die kausal und unmittelbar (objektiv zurechenbar) auf der Handlung beruht.

Dies ist nach der Rsp. der Fall, wenn die Tathandlung über die ihr innewohnende latente Gefährlichkeit hinaus in eine kritische Situation geführt hat, in der – was nach allgemeiner Lebenserfahrung auf Grund einer objektiv nachträglichen Prognose zu beurteilen ist – die Sicherheit einer bestimmten Person oder Sache so stark beeinträchtigt wurde, dass es nur noch vom rettenden Zufall abhing, ob das Rechtsgut verletzt wurde oder nicht. Erforderlich ist die Feststellung eines „Beinahe-Unfalls", also eines Geschehens, bei dem ein unbeteiligter Beobachter zu der Einschätzung gelangt, es sei gerade „noch einmal gut gegan-

66 Zu den einzelnen Verstößen ausführlich Schönke/Schröder-*Hecker* § 315c Rn. 14 ff.

67 *BGH* NJW 2005, 915.

68 *Fischer* § 315c Rn. 13 m.w.N.

gen".[69] Hier ist im Einzelfall unter Ausschöpfung aller Anhaltspunkte im Sachverhalt vieles vertretbar.

Ebenso wie bei § 315b reicht es nicht aus, dass diese Gefahr ausschließlich für das Kraftfahrzeug als Tatmittel bestand, auch wenn dieses Kraftfahrzeug eine für den Täter fremde Sache ist. **Umstritten** ist bei § 315c, ob **Tatbeteiligte als „andere Menschen"** angesehen werden können. Wie bei § 315b wird dies von der herrschenden Meinung verneint. Vergleichen Sie dazu die Ausführungen unter Rn. 32. **Bloße Mitinsassen**, die den Täter nicht zur Tatbegehung angestiftet oder ihm Hilfe geleistet haben, sind selbstverständlich „andere" im Sinne der Vorschrift.[70]

Beispiel B verlässt zusammen mit dem volltrunkenen A morgens um drei Uhr ihre Stammdisco und stellt fest, dass sie kein Geld mehr für ein Taxi hat. Aufgrund dessen überredet sie A, der zu diesem Zeitpunkt einen BAK-Wert von 1,5 Promille aufweist, sie nach Hause zu fahren. Auf dem Nachhauseweg kommt es beinahe zu einer Kollision mit einem am Wegesrand stehenden Müllcontainer, bei welcher B sich wahrscheinlich ein Schleudertrauma zugezogen hätte. Hier hat A zwar in absolut fahruntüchtigem Zustand ein Fahrzeug geführt. Nach überwiegender Auffassung ist dadurch jedoch keine konkrete Gefahr für einen anderen Menschen entstanden, da B den A zu dieser Tathandlung angestiftet hat. Anders wäre es, hätte B den A nicht angestiftet, sondern sich nur als Beifahrerin in das Auto gesetzt. In diesem Fall läge eine konkrete Gefahr für einen anderen Menschen vor.

Die Gegenauffassung würde B in den Schutzbereich des § 315c einbeziehen, anschließend jedoch danach fragen, ob die objektive Zurechnung bejaht werden kann, da B sich in Kenntnis der Gefährdung als Beifahrerin in das Auto gesetzt hat. ■

Die Gefahr für Leib oder Leben eines anderen Menschen oder eine fremde Sache von bedeutendem Wert muss **„durch"** die Tathandlung hervorgerufen worden sein. Dies bedeutet wie bei § 315b auch, dass zwischen der Handlung und der konkreten Gefahr **Kausalität** bestehen muss und sich darüber hinaus in der konkreten Gefahr das der Handlung innewohnende Gefährlichkeitspotential realisiert haben muss. An der **Unmittelbarkeit (objektiven Zurechnung)** kann es zum einen bei eigenverantwortlicher Selbstgefährdung des Opfers fehlen, aber auch dann, wenn sich völlig andere Gefahren realisiert haben, als die der Alkoholisierung. 64

Beispiel A überredet den volltrunkenen V, dass er sich mit seinem Skateboard an dessen Außenspiegel festhalten darf. Diese besondere Form des „Auto-Skatings" hat A schon mehrere Male ausgeführt, bislang immer ohne nennenswerte Verletzungen. Dieses Mal kann er sich jedoch, obwohl V ordnungsgemäß nur 20 km/h schnell fährt, nicht mehr

69 *BGH* NStZ 2023, 499; NStZ 2023, 499.
70 *BGH* NStZ 2023, 499.

ordentlich festhalten, verliert sein Gleichgewicht, schlägt mit dem Kopf auf einen Stein auf und erleidet ein schweres Schädel-Hirn-Trauma.

Hier hat V zwar in verkehrsuntüchtigem Zustand ein Fahrzeug geführt. Darüber hinaus bestand auch eine erhebliche Gefahr für die körperliche Unversehrtheit des A, die sich sogar in der Verletzung des A realisiert hat. Es hat sich jedoch nicht das Risiko des alkoholisierten Fahrens realisiert. Dieses Risiko besteht darin, dass der Täter aufgrund seiner Fahruntüchtigkeit das Fahrzeug nicht mehr sicher beherrschen kann und infolgedessen Gefahren für andere Straßenverkehrsteilnehmer schafft. Eben diese Gefahr hat sich jedoch nicht realisiert, sondern vielmehr eine von A selbst geschaffene Gefahr, welche mit dem Auto–Skaten einherging. ■

III. Subjektiver Tatbestand

65 Bei § 315c Abs. 1 muss der Täter vorsätzlich hinsichtlich der objektiven Tatbestandsmerkmale handeln, wobei dolus eventualis ausreicht. Auch hier ist zu beachten, dass sich der Vorsatz des Täters **nur auf die Gefährdung**, nicht jedoch auf eine eventuelle Verletzung der geschützten Tatobjekte beziehen muss.

IV. Rechtswidrigkeit

66 Wie schon bei § 315b erwähnt, ist bei § 315c die **rechtfertigende Einwilligung** besonders klausurrelevant. Ein von Ihnen zu diskutierendes Problem ergibt sich immer dann, wenn sich ein Beifahrer in Kenntnis der Alkoholisierung des Fahrers in dessen Fahrzeug setzt und es zu einem „Beinahe–Unfall" kommt, bei welchem lediglich der Beifahrer konkret gefährdet wird.

Beispiel Nehmen sie an, dass im obigen *Beispielsfall* die B den A nicht zu der Trunkenheitsfahrt angestiftet hat, sondern A ihr von sich aus großzügig angeboten hat, sie nach Hause zu fahren. Ohne irgendeinen unterstützenden Kommentar abzugeben, setzt sich B in das Fahrzeug des A, wobei es erneut zu der Beinahe-Kollision mit dem Müllcontainer kommt.

Da B den A hier nicht zur Trunkenheitsfahrt angestiftet hat, ist B ein „anderer Mensch" im Sinne des § 315c, welcher durch das alkoholisierte Fahren in die konkrete Gefahr eines Schleudertraumas gebracht wurde.

Fraglich ist jedoch zunächst im objektiven Tatbestand, ob die objektive Zurechnung zu bejahen ist. Insofern könnte an eine eigenverantwortliche Selbstgefährdung der B gedacht werden. Mit der herrschenden Meinung[71] ist diese eigenverantwortliche Selbstgefährdung jedoch abzulehnen. Zwar kannte B die Gefahren, sie besaß jedoch als Beifahrerin keinerlei Tatherrschaft über das Geschehen. Diese Tatherrschaft lag ausschließlich bei A. Die Gegenauffassung[72], sog. Zurechnungslehre, würde hingegen die eigenverantwortliche Selbstgefährdung bejahen, da es nur darauf ankomme, dass das Opfer Risikowissen habe, einverstanden sei mit der riskanten Handlung und somit die Verantwortung für das Geschehen mit übernehme.

---

71 BGHSt 53, 55; *OLG Düsseldorf* NStZ-RR 1997, 325; *Rengier* Strafrecht BT II 3. Kapitel § 20 Rn. 11.

72 Vor allem *Roxin* GA 2012, 663.

Auf der Ebene der Rechtswidrigkeit ist dann zu prüfen, ob A nicht wegen einer rechtfertigenden Einwilligung straflos sein könnte. ■

67 Nach Auffassung des **BGH** ist eine rechtfertigende **Einwilligung bei § 315c nicht möglich**, da das geschützte Rechtsgut vor allem die Sicherheit des Straßenverkehrs sei. Damit liege jedoch ein Rechtsgut der Allgemeinheit und insofern kein disponibles Rechtsgut für den Einzelnen vor.[73]

» Da sich der Streit im Rahmen der rechtfertigenden Einwilligung bewegt, ist es erforderlich deren Voraussetzungen zu kennen. Sollten Ihnen diese entfallen sein, können Sie die Gelegenheit nutzen, an dieser Stelle das Thema rechtfertigende Einwilligung zu wiederholen. **«**

68 Eine überwiegend in der **Literatur** vertretene Auffassung verweist jedoch darauf, dass neben der Sicherheit des Straßenverkehrs auch die Individualrechtsgüter Leib, Leben und Eigentum durch § 315c geschützt werden. Willigt der **einzig Gefährdete** in die Gefährdung dieser Rechtsgüter ein, so sei dieser Teil des Unrechtsgehaltes der Norm durch eine rechtfertigende Einwilligung kompensiert. Übrig bleibe die Gefährdung der Sicherheit des Straßenverkehrs. Diese könne jedoch über § 316 erfasst werden.[74]

Beispiel Im obigen Fall würde der *BGH* mithin eine rechtfertigende Einwilligung mangels disponiblen Rechtsguts ablehnen. Der überwiegende Teil der Literatur jedoch würde die konkrete Gefährdung für einwilligungsfähig halten, und aus diesem Grund sofern die anderen Voraussetzungen vorliegen (so u.a. Einwilligungsfähigkeit und der Umstand, dass die Einwilligung frei von Täuschung, Drohung oder Zwang zustande gekommen sein muss), eine Strafbarkeit gem. § 315c Abs. 1 verneinen. Sollten Sie sich dieser Auffassung in der Klausur anschließen, so müssten Sie alsdann eine Strafbarkeit gem. § 316 prüfen. Da das geschützte Rechtsgut hier ausschließlich die Sicherheit des Straßenverkehrs ist, kommt eine rechtfertigende Einwilligung nicht in Betracht. ■

JURIQ-Klausurtipp

Beachten sie, dass diese Problematik nur dann relevant wird, wenn tatsächlich die **einzig gefährdete Person der Mitfahrer** ist. Liegen hingegen darüber hinaus konkrete Gefahren für Verkehrsteilnehmer vor, die sich außerhalb des Fahrzeuges befinden, so ist eine Erörterung des soeben dargestellten Streits überflüssig.

V. Schuld

» Da es sich um einen „Klausurklassiker" bei § 315c handelt, sollten Sie an dieser Stelle unbedingt die Gelegenheit nutzen und sich mit der actio libera in causa auseinandersetzen, welche im Skript „Strafrecht AT I" dargestellt ist. **«**

69 Wie bereits erwähnt, werden Ihnen in der Klausur häufig Fallgestaltungen begegnen, bei welchen der Täter nicht nur relativ fahruntüchtig ist sondern darüber hinaus auch einen BAK-Wert aufweist, der ihn gem. § 20 schuldunfähig macht. Diese Schuldunfähigkeit wird angenommen ab 3,0 Promille. Diskutiert werden muss in diesen Fallgestaltungen, ob der Täter sich nun gem. § 315c in Verbindung mit den Grundsätzen der **actio libera in causa** strafbar gemacht haben kann.

70 Nach Auffassung des **BGH**[75] ist die **actio libera in causa jedoch bei § 315c nicht mehr anwendbar**. Es handelt sich bei § 315c nicht nur um ein eigenhändiges, sondern auch um ein **verhaltensgebundenes Delikt**. Dies kommt darin zum Ausdruck, dass als Tathandlung

73 *BGH* StV 1994, 543; *OLG Stuttgart* NJW 76, 1904; *Lackner/Kühl-Heger* § 315c Rn. 32.
74 Schönke/Schröder-*Hecker* § 315c Rn. 41; *Joecks/Jäger* § 315c Rn. 18; SK-*Horn* § 315c Rn. 22.
75 BGHSt 42, 235.

nur das Führen eines Fahrzeuges strafrechtlich relevant ist. Im Gegensatz zu nicht-verhaltensgebundenen Delikten wie z.B. den §§ 211 ff. sowie den §§ 223 ff., bei welchen die Tötung bzw. Körperverletzung durch jede beliebige Handlung verursacht werden kann, kann bei § 315c nicht an das vorgelagerte Sich-Betrinken als Tathandlung angeknüpft werden. Damit ist die sogenannte **Vorverlagerungs- oder Tatbestandslösung** bei § 315c nicht anwendbar.[76] Möglich ist in diesen Fällen jedoch eine Strafbarkeit gem. § 323a.

VI. Vorsatz-Fahrlässigkeits-Kombination und Fahrlässigkeits-Fahrlässigkeits-Kombination

71 Es ist denkbar, dass der Täter bei höherem BAK-Wert (um die 1,1 Promille) zwar wusste, dass er nicht mehr fahrtüchtig ist, jedoch seine Alkoholisierung insofern unterschätzte, dass er nicht davon ausging, er werde infolge der Trunkenheitsfahrt eine konkrete Gefährdung für Leib oder Leben eines anderen Menschen oder einer Sache von bedeutendem Wert verursachen. Insofern kommt eine Bestrafung gem. § 315c Abs. 1 i.V.m. Abs. 3 Nr. 1 in Betracht. Bei geringem BAK-Wert wird der Täter darüber hinaus auch seine Fahrtüchtigkeit falsch einschätzen. Glaubt er irrig, er sei noch fahrtüchtig, so kann er sich gem. § 315c Abs. 1 i.V.m. Abs. 3 Nr. 2 strafbar machen. Bezüglich des Aufbaus dieser beiden Varianten wird auf die Ausführungen bei § 315b verwiesen.

Hinweis

Beachten Sie, dass es kaum denkbar ist, dass ein Täter fahrlässig ein Kraftfahrzeug führt. Die Fahrlässigkeit in § 315c Abs. 3 Nr. 2 bezieht sich mithin auf die **Fahruntüchtigkeit.**

VII. Täterschaft und Teilnahme

72 Da § 315c, wie bereits erwähnt, ein eigenhändiges Delikt ist, ist eine mittelbare Täterschaft sowie eine Mittäterschaft, bei der eine fremde Handlung zugerechnet werden muss, ausgeschlossen. Möglich sind jedoch Anstiftung und Beihilfe, wobei bei § 315c Abs. 1 Nr. 2 beachtet werden muss, dass eine **Strafmilderung gem. § 28 Abs. 1 für den Teilnehmer** in Betracht kommt, wenn dieser nicht selbst rücksichtslos handelt.

73 Sofern der Haupttäter vorsätzlich hinsichtlich seiner Trunkenheit aber nur fahrlässig hinsichtlich der Gefahr handelt, ist eine Teilnahme möglich, da **Vorsatz–Fahrlässigkeits–Kombinationen** gem. § 11 Abs. 2 als Vorsatztat anzusehen sind. Zu beachten ist jedoch in diesem Fall, dass der **Teilnehmer** hinsichtlich der Gefährdung **ebenfalls fahrlässig** gehandelt haben muss. Dies ergibt sich aus **§ 29**, wonach jeder nach seiner eigenen Schuld zu betrafen ist.

Beispiel Wiederum ermuntert die B den A, der nun jedoch nur 1,0 Promille hat, sie nach Hause zu fahren. A geht davon aus, dass er nicht mehr fahren darf, glaubt jedoch, die wenigen Kilometer bis zur Haustüre der B noch sicher bewältigen zu können. Leider gerät er aufgrund eines alkoholbedingten Fahrfehlers in der nächsten Kurve von der Fahrbahn ab und erfasst Rentner R, der gerade mit seinem Dackel spazieren geht.

76 BGHSt 42, 235.

Hier hat sich A gem. § 315c Abs. 1 Nr. 1a i.V.m. Abs. 3 Nr. 1 strafbar gemacht. B könnte sich wegen Anstiftung zu § 315c Abs. 1 i.V.m. Abs. 3 Nr. 1 strafbar gemacht haben, indem sie A bat, sie nach Hause zu fahren.

Die vorsätzliche rechtswidrige Haupttat liegt in der Verwirklichung des § 315c Abs. 1 Nr. 1a. Zu dieser hat B den A auch bestimmt. Diesbezüglich handelte sie auch vorsätzlich. Fraglich ist jedoch, ob sie in Hinblick auf die konkrete Gefahr für die körperliche Integrität des Rentners R auch fahrlässig handelte. Dann müsste sie die im Verkehr erforderliche Sorgfalt bei objektiver Vorhersehbarkeit des Eintritts der Gefahr außer Acht gelassen haben. Ebenso wie A war der B bewusst, dass A eine nicht unerhebliche Alkoholisierung aufwies. Da es nicht außerhalb jeglicher Lebenswahrscheinlichkeit liegt, dass jemand infolge der Alkoholisierung die Kontrolle über das Fahrzeug verliert, war die Anstiftungshandlung der B vor diesem Hintergrund objektiv sorgfaltspflichtwidrig, so dass auch B fahrlässig gehandelt hat. Da darüber hinaus Rechtswidrigkeit und Schuld zu bejahen sind, hat sich B wegen Anstiftung zur vorsätzlich-fahrlässigen Gefährdung des Straßenverkehrs strafbar gemacht. ■

VIII. Konkurrenzen

§ 315c **verdrängt** § 316. **Tateinheit** ist denkbar mit § 315b und § 315d. Sollte sich die Gefähr- 74
dung aufgrund eines Unfalls in einer Verletzung von Leib, Leben oder fremdem Eigentum realisiert haben, so liegt **Tateinheit** mit den §§ 211 ff., 223 ff. und 303 vor.

Sofern der Täter danach den Unfallort verlässt, steht der dadurch verwirklichte § 142 aufgrund des neuen Tatentschlusses regelmäßig in **Tatmehrheit** zu den §§ 315b und 315c. Sofern der Täter immer noch alkoholisiert fährt, kommt erneut eine Strafbarkeit gem. den §§ 315c, 316 in Betracht, die zur ersten Trunkenheitsfahrt wiederum in **Tatmehrheit** steht. Verstirbt das Opfer infolge der Verkehrsunfallflucht, so kann **tatmehrheitlich** auch ein Mord in Verdeckungsabsicht vorliegen.

D. Trunkenheit im Verkehr, § 316

Im Gegensatz zu den §§ 315b und 315c ist **geschütztes Rechtsgut** des § 316 ausschließlich 75
die **Sicherheit des öffentlichen Straßenverkehrs**. Da der Eintritt einer konkreten Gefahr bei § 316 nicht erforderlich ist, handelt es sich um ein **abstraktes Gefährdungsdelikt**.

Wie § 315c auch, ist § 316 ein **eigenhändiges Delikt**, so dass eine Zurechnung der Handlung über die Mittäterschaft und die mittelbare Täterschaft gem. § 25 Abs. 1 Alt. 2 und § 25 Abs. 2 nicht möglich ist.

§ 316 ist darüber hinaus ein **verhaltensgebundenes Delikt**, so dass auch hier nach jetziger *BGH*-Rechtsprechung eine actio libera in causa nicht möglich ist.

In der Klausur werden Sie § 316 nur prüfen, wenn sie zuvor § 315c angeprüft und verneint haben, so z.B. weil entweder keine konkrete Gefährdung eingetreten ist oder aber diese nicht auf dem alkoholisierten Fahren beruht. Im **objektiven Tatbestand** ist dann das Führen eines Fahrzeuges im Zustand der Fahruntüchtigkeit zu prüfen. Insoweit kann auf die Ausführungen bei § 315c verwiesen werden.

Subjektiv muss der Täter mit Vorsatz handeln, wobei **dolus eventualis** ausreicht.

Beachten Sie, dass gem. **§ 316 Abs. 2** auch die **fahrlässige Trunkenheit im Verkehr** strafbar ist. Wie bei § 315c Abs. 1 i.V.m. Abs. 3 auch, kann sich die Fahrlässigkeit kaum auf das Führen eines Fahrzeuges beziehen. Der Täter handelt vielmehr in Hinblick auf die Fahruntüchtigkeit objektiv sorgfaltspflichtwidrig.

Bezüglich **Rechtswidrigkeit und Schuld** gelten die allgemeinen, oben schon näher ausgeführten Regeln.

Verursacht der Täter während der Alkoholfahrt einen Unfall, dann stellt dieser, unabhängig davon, ob der Unfall vorsätzlich oder fahrlässig herbeigeführt wurde, eine **Zäsur** dar. Setzt der Fahrer seine Fahrt anschließend fort, dann steht die Alkoholfahrt vor dem Unfall – wahrscheinlich § 315c Abs. 1 Nr. 1a oder wenn der Unfall nicht alkoholbedingt verursacht wurde: § 316 – zu der Alkoholfahrt nach dem Unfall – wiederum § 316 – in **Tatmehrheit gem. § 53.**

E. Exkurs: Vollrausch, § 323a

I. Überblick

76 Sofern Sie in der gutachterlichen Prüfung die Strafbarkeit des Täters z.B. aus §§ 315b ff. verneint haben, weil dieser aufgrund einer alkoholischen Intoxikation gem. § 20 schuldunfähig ist und auch eine Strafbarkeit nach den Grundsätzen der actio libera in causa nicht in Betracht kommt, müssen Sie § 323a, den Vollrausch, prüfen.

77 Mit dieser Norm hat der Gesetzgeber das vorsätzliche oder fahrlässige Sich-Berauschen unter Strafe gestellt, sofern in diesem Zustand eine Straftat begangen wird, deretwegen der Täter mangels Schuldfähigkeit nicht bestraft werden kann. § 323a ist somit nach h.M. (näheres zur gegenteiligen Auffassung s. Rn. 88) ein **abstraktes Gefährdungsdelikt**, welches die Allgemeinheit vor den Gefahren schützt, die sich aus dem Zustand des Vollrausches ergeben, bei welchem dem Täter die Einsichts- oder/und Steuerungsfähigkeit fehlt. Bestraft wird der Täter also nicht wegen der im Rausch begangenen Handlung, sondern wegen der Handlung des Sich-Berauschens, welche zur Schuldunfähigkeit geführt hat.[77]

78 Der Vollrausch ist ebenso wie §§ 315c und 316 ein **eigenhändiges Delikt**, d.h. Täter kann nur derjenige sein, der sich selbst in den Zustand der Schuldunfähigkeit versetzt. Demnach scheiden auch hier eine Mittäterschaft gem. § 25 Abs. 2 und eine mittelbare Täterschaft gem. § 25 Abs. 1 Alt. 2 aus.

79 Die im Rausch begangene Straftat, deretwegen der Täter nicht bestraft werden kann, ist nach h.M. **eine objektive Bedingung der Strafbarkeit**. Für den Aufbau bedeutet dies, dass die Rauschtat nach dem subjektiven Tatbestand zu prüfen ist.

77 *Wessels/Hettinger/Engländer* Strafrecht BT 1 Rn. 1042; *Joecks/Jäger* § 323a Rn. 29; BGHSt 32, 48.

Hinweis

Eine solche **objektive Bedingung der Strafbarkeit** wird Ihnen evtl. schon bei § 231 (Beteiligung an einer Schlägerei) begegnet sein. Dort setzt der objektive Tatbestand das Beteiligen an einer Schlägerei bzw. das Verüben eines Angriffs voraus. Diesbezüglich muss der Täter auch vorsätzlich gehandelt haben. Nach dem subjektiven Tatbestand prüfen Sie, ob infolge dieser Schlägerei eine schwere Körperverletzung gem. § 226 oder der Tod eines anderen Menschen eingetreten ist.

Gem. § 323a Abs. 2 richtet sich der **Strafrahmen** des Vollrausches nach dem Strafrahmen der im Rausch begangenen Tat, sofern diese unter dem Regelstrafrahmen des Abs. 1 liegt. Es ist ein **Strafantrag** erforderlich, sofern die Rauschtat nur auf Antrag verfolgt werden könnte. Dies ergibt sich aus § 323a Abs. 3. **80**

§ 323a kann sowohl vorsätzlich als auch fahrlässig verwirklicht werden. Der Aufbau des **vorsätzlichen** § 323a sieht wie folgt aus: **81**

PRÜFUNGSSCHEMA

Vollrausch, § 323a (Vorsatz)

I. Objektiver Tatbestand

1. Taterfolg: Rausch
   - Grad der Berauschung Rn. 84
2. Tathandlung: Sichversetzen
   - Teilnahme Rn. 92
3. Kausalität und objektive Zurechnung

II. Subjektiver Tatbestand

Vorsatz, wobei dolus eventualis ausreicht

III. Objektive Bedingung der Strafbarkeit

Die im Rausch begangene Straftat, deretwegen der Täter gem. § 20 nicht bestraft werden kann

- Innere Beziehung zur Tat Rn. 90

IV. Rechtswidrigkeit

V. Schuld

VI. Eventuell Strafantrag gem. § 323a Abs. 3 i.V.m. der Rauschtat

82 Sofern der Täter sich nur **fahrlässig** in einen Rausch versetzt hat, wird dieses Aufbauschema wie folgt abgewandelt:

PRÜFUNGSSCHEMA

Vollrausch, § 323a (Fahrlässigkeit)

I. Tatbestand
1. Taterfolg: Rausch
2. Tathandlung: Sichversetzen
3. Fahrlässigkeit: Außerachtlassen der im Verkehr erforderlichen Sorgfalt bei objektiver Vorhersehbarkeit des Erfolges
4. Kausalität und objektive Zurechnung

II. Objektive Bedingung der Strafbarkeit: Rauschtat

III. Rechtswidrigkeit

IV. Schuld
Subjektiver Fahrlässigkeitsvorwurf

V. Eventuell Strafantrag gem. § 323a Abs. 3 i.V.m. der Rauschtat

II. Tatbestand

83 Der Tatbestand des § 323a besteht in einem vorsätzlichen oder fahrlässigen Sichversetzen in einen Rausch.

1. Sichversetzen in einen Rausch

84 Der Täter muss sich durch alkoholische Getränke oder andere berauschende Mittel, wie z.B. Kokain, Heroin, Opium oder Ecstasy, in einen Rauschzustand versetzt haben.

Rausch ist ein auf Intoxikation beruhender Zustand erheblich beeinträchtigter psychischer Fähigkeiten, der jedenfalls vorliegt, wenn sich der Täter in einem Zustand der verminderten Schuldfähigkeit befindet.[78]

Ein solcher **Rauschzustand** liegt unproblematisch vor, wenn feststeht, dass der Täter **gem. § 20 schuldunfähig** ist. Er liegt zweifelsfrei nicht vor, wenn feststeht, dass ein Zustand gem. §§ 20, 21 ausgeschlossen werden kann. **Umstritten** ist jedoch, wie solche Fälle zu behandeln sind, bei denen sich **im Nachhinein nicht mehr ermitteln lässt,** ob der Täter schuldunfähig gem. § 20, vermindert schuldfähig gem. § 21 oder trotz Einnahme berauschender Mittel uneingeschränkt schuldfähig war.

Beispiel Jurastudent J hat mit seinen Kommilitonen zusammen sein erstes Staatsexamen in seiner Stammkneipe gefeiert. Obwohl er nachweisbar einige Kölsch getrunken hat, setzt er sich an das Steuer seines Fahrzeuges und rammt auf dem Nachhauseweg den

78 *Küper/Zopfs* Strafrecht BT Rn. 412; *Joecks/Jäger* § 323a Rn. 8.

am Straßenrand abgestellten Ferrari des F, wodurch ein Schaden in Höhe von 8000 € entsteht.

Als die Polizei den J zwei Tage später als Täter ermittelt hat, lässt sich nicht mehr feststellen, wie hoch der BAK-Wert zum Zeitpunkt der Tat war. Aufgrund von Zeugenaussagen ist jedoch davon auszugehen, dass J jedenfalls Alkohol getrunken hatte. Hinsichtlich der Menge des konsumierten Alkohols reichen die Zeugenaussagen von „ganz wenig" bis „total viel".

In der Klausur würden Sie damit beginnen, die Strafbarkeit des J gem. § 315c zu prüfen. Enthält der Sachverhalt den Hinweis, dass die Staatsanwaltschaft jedenfalls von einer Alkoholisierung von 0,3 Promille ausgeht, können Sie die relative Fahruntüchtigkeit des J bejahen. Problematisch wird jedoch, ob J schuldhaft gehandelt hat, da insoweit auch eine Schuldunfähigkeit gem. § 20 in Betracht kommen kann. Da sich nicht mehr sicher feststellen lässt, wie der Alkoholisierungsgrad des J gewesen ist, muss nach dem Grundsatz „in dubio pro reo" davon ausgegangen werden, dass J schuldunfähig gem. § 20 war.

Da bei den Straßenverkehrsdelikten, wie oben ausgeführt, die actio libera in causa nicht anwendbar ist, müssten Sie sich in der Klausur nun mit einem Vollrausch gem. § 323a beschäftigen. Voraussetzung dafür ist, dass J sich in einen Rausch versetzt hat. Bei erneuter Anwendung des „in dubio pro reo"-Grundsatzes müsste man nunmehr davon ausgehen, dass J zum Zeitpunkt der Verursachung des Verkehrsunfalls nicht schuldunfähig und auch nicht vermindert schuldfähig war. Diese Annahme würde zu einem Freispruch des J führen. ■

Nach dem Gesetzeswortlaut reicht es aus, dass der Täter wegen der rechtswidrigen Tat nicht bestraft werden kann, „*... weil er infolge des Rausches schuldunfähig war oder weil dies nicht auszuschließen ist.*" Daraus ergibt sich **nach überwiegender Auffassung**, dass eine Rauschtat voraussetzt, dass jedenfalls **der sichere Bereich des § 21 erreicht** ist, die Schuldfähigkeit des Täters also zweifelsfrei wenigstens erheblich vermindert war.[79] Insofern sind Zweifel dahingehend, ob der Täter schuldunfähig gem. § 20 oder nur vermindert schuldfähig gem. § 21 war, unerheblich. Nach h.A. hat jedoch ein Freispruch des Täters zu erfolgen, wenn sich noch nicht einmal sicher feststellen lässt, ob denn der sichere Bereich des § 21 erreicht ist. Kommt es auch in Betracht, dass der Täter voll schuldfähig war, so ist eine Bestrafung nach § 323a nicht möglich.[80] 85

Nur **teilweise** wird in der Literatur vertreten, dass § 323a einen **Auffangcharakter** habe und auch dann anwendbar sei, wenn noch nicht einmal festgestellt werden könne, ob der Zustand des § 21 erreicht sei. Erforderlich sei lediglich, dass überhaupt ein irgendwie gearteter Rauschzustand vorgelegen hat.[81] 86

Eine **Wahlfeststellung** ist nach h.M. wegen fehlender rechtsethischer und psychologischer Vergleichbarkeit nicht möglich.[82]

Beispiel Im obigen Fall würde dies bedeuten, dass J nach h.M. freizusprechen wäre. Lediglich die Literaturvertreter, die § 323a als Auffangtatbestand ansehen, kämen zu einer

79 *Wessels/Hettinger/Engländer* Strafrecht BT 1 Rn. 1045; BGHSt 32, 48.

80 *Wessels/Hettinger/Engländer* Strafrecht BT 1 Rn. 1045; *OLG Karlsruhe* NZV 2004, 592.

81 *Fischer* § 323a Rn. 11c; SK-*Wolters* § 323a Rn. 18.

82 BGHSt GrS 9, 390; *Wessels/Hettinger/Engländer* Strafrecht BT I Rn. 1045; a.A. *Joecks/Jäger* § 323a Rn. 27.

Bestrafung aus dieser Norm, da jedenfalls feststeht, dass J das ein oder andere Kölsch getrunken hat, mithin also aus biologischer Sicht ein Rauschzustand vorgelegen hat, auch wenn dieser nicht den Bereich des § 21 erreicht haben kann. ■

Wie bereits erwähnt, muss der Täter sich in diesen Zustand versetzt haben, indem er die berauschenden Mittel **zu sich genommen** hat.

2. Vorsatz oder Fahrlässigkeit

87 Den Vollrausch muss der Täter entweder vorsätzlich oder fahrlässig herbeigeführt haben. **Vorsätzlich** bedeutet, dass der Täter beim Konsumieren der Rauschmittel zumindest mit der Möglichkeit gerechnet hat, sich in einen vermindert schuldunfähigen Zustand zu versetzen und diese Möglichkeit billigend in Kauf genommen hat. Handelt der Täter hingegen **fahrlässig**, so hat er diese Möglichkeit bei Einnehmen der Rauschmittel nicht erkannt, hätte sie aber erkennen können.

III. Objektive Strafbarkeitsbedingung: die Rauschtat

88 In der Klausur muss nunmehr festgestellt werden, ob der Täter im Rausch eine Straftat begangen hat, deretwegen er aufgrund von § 20 nicht bestraft werden kann. Da Sie mit der Prüfung dieser Straftat angefangen haben, können Sie nach oben verweisen. Dabei muss es sich bei der Rauschtat um eine **rechtswidrige Tat** handeln. Diese rechtswidrige Tat muss alle gesetzlichen Anforderungen erfüllen. Hat der Täter z.B. im Rauschzustand einen Diebstahl begangen, so muss er die entsprechende rechtswidrige Zueignungsabsicht besessen haben. Als rechtswidrige Tat kommt auch ein Unterlassungsdelikt inkl. § 323c in Betracht.[83]

89 Entsprechend der Formulierung des § 323a wird eine **Rauschtat verneint**, wenn der **Täter zwar rechtswidrig, aber entschuldigt** gehandelt hat. Dies ergibt sich zum einen aus der Systematik der Verbrechenslehre, da andernfalls der betrunkene Täter härter zu bestrafen wäre als der nüchterne Täter. Darüber hinaus ergibt es sich aber auch aus dem Wortlaut der Norm, die voraussetzt, dass die Bestrafung aus der Rauschtat wegen der Schuldunfähigkeit **„infolge des Rausches"** ausscheidet. [84]

Beispiel Der stocknüchterne A hält dem vollkommen betrunkenen B, der zu diesem Zeitpunkt einen BAK-Wert von 3,5 Promille aufweist, eine geladene Schusswaffe an den Kopf und fordert ihn auf, sich in sein Auto zu setzen, die Handbremse zu lösen und mit dem Fahrzeug den Berg hinunter zu rollen. In seiner Todesangst folgt B den Anweisungen des A. Aufgrund der Alkoholisierung kann er sein Fahrzeug jedoch nicht mehr kontrollieren, so dass er schon nach wenigen Metern mit einem am Straßenrand abgestellten Fahrzeug kollidiert.

Hier war B gem. § 20 schuldunfähig, so dass eine Strafbarkeit gem. § 315c Abs. 1 Nr. 1a schon aus diesem Grund nicht in Betracht kommt. Darüber hinaus war B aber auch entschuldigt gem. § 35, weil er sich im so genannten Nötigungsnotstand befand. (Eine Rechtfertigung gem. § 34 kommt nach h.M. nicht in Betracht, da die Tat nicht angemessen ist.) Wäre B nüchtern gewesen, so hätte er nicht wegen dieser Tat bestraft werden

83 *Wessels/Hettinger/Engländer* Strafrecht BT 1 Rn. 1049.
84 *Joecks/Jäger* § 323a Rn. 22.

können. Würde man bei § 323a ausreichen lassen, dass die Rauschtat vorsätzlich und rechtswidrig begangen sein muss, so lägen die Voraussetzungen des § 323 vor. Dies würde jedoch zu schwer hinnehmbaren Wertungswidersprüchen führen. ■

Sofern die rechtswidrige Tat **verjährt** ist, kann der Täter ebenfalls nicht mehr gem. *§ 323a* bestraft werden.

Streitig ist, ob der Täter des *§ 323a* schon zum Zeitpunkt des Sich-Berauschens eine **innere Beziehung zur später begangenen Tat** haben muss. 90

Nach **h.M.** ist *§ 323a* wie bereits ausgeführt ein **abstraktes Gefährdungsdelikt**. Der Unwertgehalt der Tat liegt in dem Sich-Berauschen und dem damit einhergehenden Kontrollverlust. Aus diesem Grund soll die Rauschtat eine **objektive Bedingung** der Strafbarkeit sein, zu der der Täter **keine innere Beziehung** aufweisen muss.[85]

Eine in der Literatur vertretene **Gegenauffassung** meint, dass allein das Sich-Berauschen zunächst ein sozial adäquates Verhalten sei und von daher nicht als strafwürdig angesehen werden könne. Um dem Schuldprinzip angemessen Rechnung tragen zu können, bedürfe es von daher einer inneren Beziehung jedenfalls dergestalt, dass der Täter im Hinblick auf die im Rausch begangene Tat beim Sich-Berauschen **fahrlässig** gehandelt hat. Von dieser Fahrlässigkeit sei allerdings regelmäßig auszugehen, da jedermann von der alkoholbedingten Enthemmung und der Gefahr der Begehung von Straftaten in diesem Zustand wisse.[86]

Beispiel Die eigentlich friedfertige A, die vor 4 Jahren infolge eines tragischen Unfalls ihren 5-jährigen Sohn verloren hat, setzt sich einmal im Jahr am Todestag ihres Sohnes in ihre Küche und betrinkt sich hemmungslos. Dies hatte bislang außer schweren Kopfschmerzen am Folgetag keinerlei Konsequenzen. Am Tattag klingelt nun aber die Nachbarin, mit der sie zerstritten ist, wild an ihrer Türe. Es kommt zu einem Streit, in dessen Verlauf A der N einen kräftigen Schlag auf die Nase verpasst, der zu einem Bruch des Nasenbeins führt. A hat zu diesem Zeitpunkt 3,1 Promille.

Eine Strafbarkeit gem. § 223 scheidet aufgrund der Schuldunfähigkeit gem. § 20 aus. Auch § 229 kommt nicht in Betracht, da das Sich-Betrinken, an welches man als Tathandlung anknüpfen kann, in Anbetracht der grundsätzlichen Friedfertigkeit der A und der bisherigen Historie an diesem Tag nicht sorgfaltspflichtwidrig war. Nach h.M. wäre A aber gem. § 323a zu bestrafen. Die Gegenauffassung käme zur Straflosigkeit, da in diesem speziellen Fall keine Fahrlässigkeit angenommen werden kann. ■

IV. Rechtswidrigkeit und Schuld

Der Täter kann bei dem Sichversetzen in einen Rauschzustand gerechtfertigt oder entschuldigt handeln. Insofern gelten die allgemeinen Grundsätze. Eine Rechtfertigung kann insbesondere dann in Betracht kommen, wenn der Täter aufgrund einer schweren Erkrankung z.B. Morphium nehmen muss. Hier muss an § 34 gedacht werden.[87] 91

85 BGHSt 16, 124; Schönke/Schröder-*Hecker* § 323a Rn. 12.
86 *Otto* Jura 1986, 479; *Joecks/Jäger* § 323a Rn. 25.
87 *Joecks/Jäger* § 323a Rn. 15.

V. Täterschaft und Teilnahme

92 Wie bereits ausgeführt, ist eine mittelbare Täterschaft gem. § 25 Abs. 1 Alt. 2 und eine Mittäterschaft gem. § 25 Abs. 2 aufgrund des Umstandes, dass es sich bei § 323a um ein eigenhändiges Delikt handelt, nicht möglich.

Streitig ist, ob eine **Teilnahme am Vollrausch** strafbar ist.

Beispiel Stammgast S möchte sein trübes Dasein für ein paar Stunden vergessen und begibt sich in seine Lieblingskneipe, wo Gastwirt G ihm kommentarlos immer wieder auf seine Bestellung hin ein Pils und einen Korn serviert, bis S sich kaum noch auf den Beinen halten kann. Kurz vor Mitternacht setzt sich S in diesem Zustand auf sein Mofa und verursacht beinahe einen schweren Personenschaden, weil er infolge der Alkoholisierung das Gleichgewicht verliert. Später stellt sich heraus, dass S einen BAK-Wert von 3,3 Promille hatte.

Eine Bestrafung des S gem. § 315c Abs. 1 Nr. 1a scheitert an § 20. S hat sich jedoch gem. § 323a strafbar gemacht, indem er sich – in diesem Fall wohl vorsätzlich – in einen Rausch versetzte.

Fraglich ist, ob Gastwirt G, indem er S immer wieder den Alkohol ausschenkte, sich der Beihilfe zum Vollrausch gem. §§ 323a, 27 strafbar gemacht hat. ■

93 In der **Literatur** wird die Möglichkeit der strafbaren Beteiligung teilweise **abgelehnt**. Es wird mit dem Schutzzweck der Norm argumentiert und darauf hingewiesen, dass § 323a nur dem Täter selbst die Pflicht zur Selbstkontrolle auferlege. Wollte man die Teilnahme am Vollrausch unter Strafe stellen, so würde dies dazu führen, dass in diesen Fällen Dritten die Pflicht zur Fremdkontrolle auferlegt würde. Dies hätte insbesondere für Wirte und Zechkumpane nicht hinnehmbare Auswirkungen.[88]

94 Nach Auffassung der **herrschenden Meinung** schafft jedoch auch der Teilnehmer eine abstrakte Gefahr für die Allgemeinheit, die vor den möglichen Konsequenzen eines Rauschzustandes bewahrt werden soll.

Hinweis

Vergegenwärtigen Sie sich in diesem Zusammenhang, dass Gastwirte auch eine Garantenstellung aus § 13 und unter den gegebenen Voraussetzungen eine Aussetzung gem. § 221 begehen können, wenn sie Gästen bis zur Schuldunfähigkeit Alkohol ausschenken. Sie schaffen mit ihrem Verhalten also nicht nur eine Gefahr für die Allgemeinheit, sondern auch für Individualrechtsguter des Trinkenden.

Der **Rauschzustand** wird jedoch als **besonderes persönliches Merkmal** angesehen, welches gem. **§ 28 Abs. 1** die Strafbarkeit des Täters begründet. Da dieses Merkmal regelmäßig beim Teilnehmer fehlt, wird die Strafe für den Teilnehmer gem. § 49 Abs. 1 gemildert.[89]

Beispiel Im obigen Fall würde dies für Gastwirt G bedeuten, dass er sich jedenfalls nach h. A. der Beihilfe zu § 323a strafbar gemacht hat. Zugunsten des G wäre jedoch eine doppelte

88 *Lackner/Kühl-Heger* § 323a Rn. 17 m.w.N.
89 Schönke/Schröder-*Hecker* § 323a Rn. 24; BGHSt 10, 247; *Joecks/Jäger* § 323a Rn. 31.

Strafmilderung zu berücksichtigen: zum einen wird schon gem. § 27 Abs. 2 der Strafrahmen herabgesetzt, zum anderen verlangt § 28 Abs. 1 eine weitere Strafmilderung. ■

Hinweis

Unterscheiden Sie die **Beteiligung an der Rauschtat** von der **Beteiligung an dem Vollrausch.** Eine Beteiligung an der Rauschtat selbst ist unproblematisch möglich, da die Rauschtat jedenfalls eine vorsätzliche, rechtswidrige Tat i.S.d. §§ 26, 27 darstellt.

VI. Konkurrenzen

§ 323a tritt **subsidiär** zurück, sofern der Täter aus der Rauschtat selbst bestraft werden kann. **95**
Dies ist insbesondere möglich, wenn er nur vermindert schuldunfähig gem. § 21 ist, oder aber wenn eine Bestrafung unter Hinzuziehung der actio libera in causa möglich ist.

JURIQ-Klausurtipp

Diese Subsidiarität führt dazu, dass Sie in der Klausur zunächst **mit der Rauschtat beginnen.** Sofern Sie bei der Prüfung des § 20 feststellen, dass der Täter schuldunfähig ist, müssen Sie alsdann danach fragen, ob eine Bestrafung in Verbindung mit den Grundsätzen der actio libera in causa in Betracht kommt. Erst wenn Sie das verneint haben, gelangen Sie zu einer Prüfung des § 323a.

Begeht der Täter **im Rausch mehrere Straftaten**, deretwegen er nicht bestraft werden kann, so liegt **insgesamt nur eine Rauschtat** vor.[90]

F. Verbotene Kraftfahrzeugrennen, § 315d

Verbotene Kraftfahrzeugrennen konnten vor Inkrafttreten des § 315d nur als **Ordnungswidrigkeit** gem. §§ 29 Abs. 1, 49 Abs. 2 Nr. 5 StVO a.F. geahndet werden, sofern es ausschließlich bei einer abstrakten Gefahr blieb. Begingen die Teilnehmer einen der **Verstöße des § 315c Abs. 1 Nr. 2** und verursachten dadurch eine konkrete Gefahr, konnten sie (und können sie immer noch) nach dieser Norm mit max. 5 Jahren Freiheitsstrafe belangt werden. Wird ein anderer getötet, dann stellt sich für die Gerichte immer wieder die Frage, ob nicht eine **Bestrafung aus §§ 212, 211** in Betracht kommen könnte. **Problematisch** in diesen Fällen ist stets der Nachweis des **Tötungsvorsatzes**, wobei meistens nur dolus eventualis in Betracht kommt. Gelingt dieser nicht, dann blieb vor 2017 nur eine Bestrafung aus fahrlässiger Tötung gem. § 222 mit einer maximalen Freiheitsstrafe von 5 Jahren übrig. **96**

» Wir haben uns anhand des „Berliner Raser Falles" mit der Abgrenzungsthematik dolus eventualis – bewusste Fahrlässigkeit beim Tötungsdelikt bereits im Skript „Strafrecht BT I" Rn. 20 beschäftigt. Lesen Sie das noch einmal nach. «

Mit **§ 315d Abs. 5** hat der Gesetzgeber nun die Möglichkeit geschaffen, ein verbotenes Rennen mit tödlichem Ausgang schuldangemessen zu bestrafen. Abs. 5 ist, wie wir sehen werden, eine **Erfolgsqualifikation**, d.h. der Täter muss bezüglich der schweren Folge gem. § 18 nur **fahrlässig** handeln. **97**

90 BGHSt 13, 223.

> **Hinweis**
>
> Eine **Strafbarkeit gem. § 315b**, der über seinen Abs. 3 und den Verweis auf § 315 Abs. 3 die Möglichkeit der Qualifikation und Erfolgsqualifikation und damit einer deutlich höheren Strafe eröffnet, ist in den meisten Fällen nicht gegeben. § 315b erfasst verkehrsfremde Eingriffe. Eine Ausnahme wird nur dann gemacht, wenn der Täter das Fahrzeug als „Angriffsmittel" pervertiert. Bei den verbotenen Kraftfahrzeugrennen steht allerdings die, wenn auch gefährliche und ordnungswidrige, so aber doch verkehrsspezifische Fortbewegung im Vordergrund, weswegen § 315b in der Regel nicht anwendbar ist.[91]

I. Überblick

98

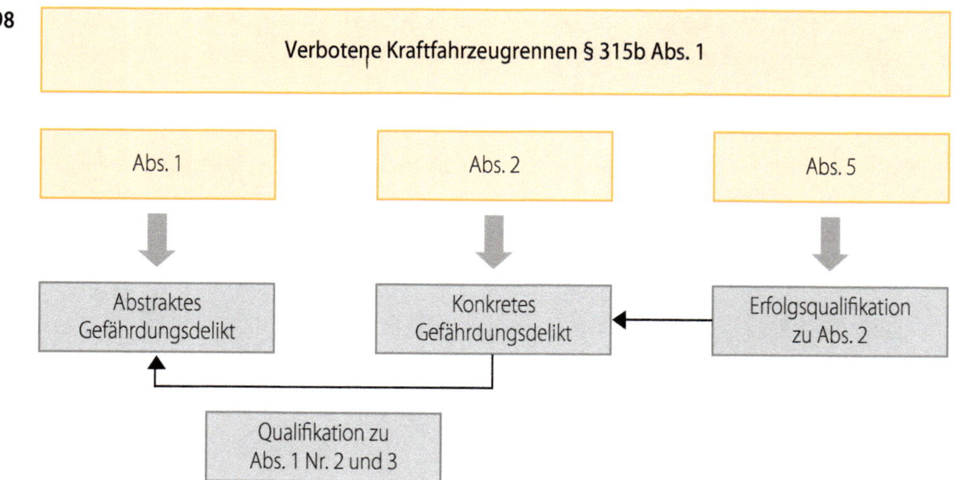

99 Die **geschützten Rechtsgüter** des § 315d sind (in Abs. 1 ausschließlich) als Universalrechtsgut die **Sicherheit des allgemeinen Straßenverkehrs** und darüber hinaus (sofern es um Abs. 2 und 5 geht) die Individualrechtsgüter **Leib und Leben eines anderen** sowie eine **fremde Sache von bedeutendem Wert**.

§ 315d Abs. 1 ist der **Grundtatbestand**. Er ist ebenso wie § 316 ein **abstraktes Gefährdungsdelikt**, es muss also zu keinem Gefährdungserfolg kommen.

§ 315d Abs. 2 hingegen ist, wie die §§ 315b Abs. 1 und 315e Abs. 1 auch, ein **konkretes Gefährdungsdelikt** und im Verhältnis zu Abs. 1 Nr. 2 und 3 eine **Qualifikation**. Hier muss eine konkrete Gefahr für Leib, Leben oder eine fremde Sache von bedeutendem Wert eingetreten sein.

In **§ 315d Abs. 3** wird eine **Versuchsstrafbarkeit** geregelt, allerdings **nur für § 315d Abs. 1 Nr. 1**. Die Teilnahme an einem Rennen sowie das „Rennen gegen sich selber" sind also nicht im Versuch strafbar.

Nach **§ 315d Abs. 4** können die Täter bestraft werden, die zwar vorsätzlich einen Verstoß gegen § 315d Abs. 1 Nr. 2 oder 3 begangen haben (ein fahrlässiger Verstoß ist in Anbetracht

---

91 *Kubiciel/Hoven* NStZ 2017, 439.

der Natur eines Rennens hier auch kaum denkbar), dabei aber keinen konkreten Gefährdungsvorsatz hatten. Es handelt sich also um eine **Vorsatz-Fahrlässigkeits-Kombination**, die Ihnen schon aus den §§ 315b und c geläufig sein sollte.

§ 315d Abs. 5 enthält eine **Erfolgsqualifikation**, bei welcher der Täter bezüglich der genannten Folgen gem. § 18 nur fahrlässig handeln muss.

JURIQ-Klausurtipp

Da zunehmend Entscheidungen des *BGH* zu § 315d ergehen, ist die Norm klausurrelevant geworden, weswegen Sie die typischen, nachfolgend dargestellten Fälle und Probleme kennen sollten.

Hinweis 100

Beachten Sie zudem, dass der Gesetzgeber § 315d auch in den Katalog des § 69 aufgenommen hat **(§ 69 Abs. 2 Nr. 1a)**. Das Gericht kann dem Täter bei einer späteren Verurteilung also **die Fahrerlaubnis entziehen**. Dementsprechend ist auch schon vor der Verurteilung eine **vorläufige Entziehung gem. § 111a StPO** möglich. Ferner regelt **§ 315f** die **Einziehung des Fahrzeugs** und zwar sowohl des Fahrzeugs, welches dem Täter gehört, als auch – über den Verweis auf § 74a – jenes Fahrzeugs, welches der Täter sich für das Rennen geliehen hat, sofern der Dritte um den Zweck wusste.

Sie werden es in der Klausur selten mit der Frage nach einer Strafbarkeit des Täters nur nach 101
Abs. 1 zu tun haben. In der Regel wird laut Sachverhalt eine konkrete Gefährdung anderer eingetreten sein, evtl. sogar eine der Folgen des Abs. 5. Wie immer können Sie das Grunddelikt und die (Erfolgs-) Qualifikation getrennt prüfen. In der Regel ist es aber sinnvoller, jedenfalls das Grunddelikt und die Qualifikation oder das Grunddelikt (hier insoweit Abs. 2) und die Erfolgsqualifikation zusammen zu prüfen. Will man alles zusammen prüfen, dann sieht der **Aufbau** wie folgt aus:

PRÜFUNGSSCHEMA

Verbotenes Kraftfahrzeugrennen, § 315d Abs. 1 (Nr. 2 oder 3), Abs. 2 und Abs. 5

I. Objektiver Tatbestand

1. Grunddelikt gem. § 315d Abs. 1
   - Nr. 1: Ausrichten eines nicht erlaubten Kraftfahrzeugrennens oder Durchführen eines solchen
   - Nr. 2: Teilnehmen an einem nicht erlaubten Kraftfahrzeugrennen als Kraftfahrzeugführer
   - Nr. 3: Grob verkehrswidriges und rücksichtsloses Fortbewegen eines Kraftfahrzeuges als dessen Führer mit nicht angepasster Geschwindigkeit
2. Qualifikation gem. § 315d Abs. 2 (sofern Tathandlung gem. Abs. 1 Nr. 2 oder 3)
   - konkrete Gefahr für Leib, Leben oder eine Sache von bedeutendem Wert
   - durch eine Tathandlung gem. Abs. 1 Nr. 2 oder 3
     - kausal
     - gefahrspezifischer Zusammenhang

       Kenntnis des Beifahrers Rn. 116

II. Subjektiver Tatbestand

- Vorsatz, dol. ev. reicht
- sofern Tathandlung gem. Abs. 1 Nr. 3: Fahren in der Absicht (dol. directus 1. Grades), eine höchstmögliche Geschwindigkeit zu erreichen

  Polizeiflucht Rn. 114

III. Voraussetzungen des § 315d Abs. 5

Eintritt der Folge:

- Schwere Gesundheitsschädigung eines anderen Menschen
- Gesundheitsschädigung einer großen Zahl von Menschen
- Tod eines anderen Menschen
- Kausalität zwischen § 315d Abs. 2 und Folge
- Gefahrspezifischer Zusammenhang
- Gem. § 18 „wenigstens“ objektiver Fahrlässigkeitsvorwurf im Hinblick auf die Folge

IV. Rechtswidrigkeit

V. Schuld

sofern Abs. 5: subjektiver Fahrlässigkeitsvorwurf

Sollten Sie die **Vorsatz-Fahrlässigkeits-Kombination** in der Klausur prüfen müssen, dann prüfen Sie den objektiven Tatbestand wie soeben beschrieben. Im subjektiven Tatbestand prüfen Sie dann den Vorsatz nur bzgl. der Tathandlungen und ggf. die erforderliche Absicht bei Abs. 1 Nr. 3. Danach prüfen Sie dann unter „III." die Fahrlässigkeit im Hinblick auf die konkrete Gefahr (das Prüfungsschema entspricht jenem bei § 315b, dort unter Rn. 40 dargestellt). 102

II. Grundtatbestand, § 315d Abs. 1

§ 315d Abs. 1 enthält **4 mögliche Tathandlungen**: 103

Mit der Nr. 1 werden zum einen diejenigen bestraft, die ein verbotenes Kraftfahrzeugrennen im Vorfeld ausrichten, zum anderen aber auch jene, die ein solches Rennen vor Ort dann durchführen. Nr. 2 erfasst die Teilnehmer an einem verbotenen Rennen, wobei Täter (= „Teilnehmer" i.S.d. Norm) nur sein kann, wer das Kraftfahrzeug führt. In der Nr. 3 werden Kraftfahrzeugführer bestraft, die grob verkehrswidrig und rücksichtslos ein „Rennen gegen sich selber" fahren.

Allen 4 Tathandlungen ist gemein, dass sie sich auf

- ein Kraftfahrzeugrennen
- im öffentlichen Straßenverkehr beziehen,
- welches nicht erlaubt ist.

1. Das nicht erlaubte Kraftfahrzeugrennen im öffentlichen Straßenverkehr

Ein **Kraftfahrzeugrennen** ist ein Wettbewerb zwischen wenigstens zwei Kraftfahrzeugführern, bei dem es zumindest auch darum geht, mit dem Kraftfahrzeug über eine nicht unerhebliche Wegstrecke eine höhere Geschwindigkeit als der andere oder die anderen teilnehmenden Kraftfahrzeugführer zu erreichen.[92] 104

Bei § 315c geht die Gefährdung des Straßenverkehrs von dem Führen eines Fahrzeugs aus, wozu auch Fahrräder oder Kutschen gehören. Im Gegensatz dazu muss bei § 315d Abs. 1 der **Wettbewerb zwischen Kraftfahrzeugen** stattfinden, so dass ein Rennen zwischen einem Auto und z.B. einem Fahrrad nicht darunterfällt. Auch ein e-Bike, also ein Fahrrad mit einem elektrischen Hilfsantrieb, der sich bei Erreichen einer Geschwindigkeit von 25 km/h abschaltet, ist nicht als Kraftfahrzeug anzusehen.[93]

Kraftfahrzeuge sind Landfahrzeuge, die durch Maschinenkraft bewegt werden, ohne an Bahngleise gebunden zu sein.[94]

92 *BGH* NStZ 2022, 292.

93 *OLG Hamm* Beschluss vom 28.2.2013 – 4 RBs 47/13 – BeckRS 2013, 18137 – anders *OLG Hamburg* – BeckRS 2016, 111 447 – wonach jedenfalls Segways zu den Kraftfahrzeugen gehören sollen.

94 Schönke/Schröder-*Hecker* StGB § 315d Rn. 3.

Das Rennen kann **spontan** ausgetragen werden oder aber im Vorfeld **verabredet** sein. Die Startmodalitäten sind nicht relevant, so dass auch ein **zeitversetztes Starten möglich ist**. Von daher kann auch jemand Täter sein, der erst später in einen bereits stattfindenden Wettbewerb einsteigt.[95]

Es macht ferner keinen Unterschied, ob die Teilnehmer zueinander in Bezug auf die **Höchstgeschwindigkeit**, die höchste **Durchschnittsgeschwindigkeit** oder die **schnellste Beschleunigung** in Konkurrenz treten.[96]

Da für Fahrer hochmotorisierter Fahrzeuge gerade die Ermittlung und der Abgleich von Beschleunigungspotentialen wichtig ist, erfordert ein Rennen auch **keine langen Wegstrecken**, weshalb auch eine mit 50 Meter recht kurze Renndistanz ausreichend sein kann.[97]

Beispiel A und B trafen die Abrede, die „Beschleunigungspotentiale ihrer hoch motorisierten Fahrzeuge" zu messen. Nebeneinanderstehend beschleunigten sie nach dem Einspringen grünen Ampellichts „zeitgleich unter starken Motorengeräuschen und mit quietschenden Reifen" ihre Fahrzeuge derart, dass A bereits nach kurzer Fahrstrecke (50 m) eine Geschwindigkeit von zumindest 58 km/h erreichte. Hiernach wollte B noch weiter beschleunigen, A brach das Kräftemessen „angesichts der mit Blaulicht und Martinshorn nachfolgenden Funkwagen" jedoch ab.

Der *BGH*[98] hat dazu folgendes ausgeführt:

„Auch die mit 50 Meter recht kurze Renndistanz steht einer Würdigung des Geschehens als Kraftfahrzeugrennen nicht entgegen. Aus dem Wortlaut der Norm lässt sich nichts anderes ableiten. Nichts spricht dagegen, dass auch sehr kurze Fahrzeugrennen vereinbart und durchgeführt werden können. Gerade die Ermittlung und der Abgleich der für Fahrer hochmotorisierter Fahrzeuge zumeist wichtigen Beschleunigungspotentiale erfordern keine langen Wegstrecken; gemessen am konkreten Rennzweck wären diese sogar kontraproduktiv. Auch nach Sinn und Zweck des § 315d Abs. 1 Nr. 2 StGB kann eine, wie hier, kurze Rennstrecke den Tatbestand erfüllen. Die Vorschrift ist als abstraktes Gefährdungsdelikt ausgestaltet, weil illegale Kraftfahrzeugrennen mit der Gefahr des Kontrollverlusts erhebliche Risiken für andere Verkehrsteilnehmer bergen (BT-Drs. 18/10145, 7). Die Gefahr des Kontrollverlusts, namentlich durch Ausbrechen, besteht aber auch und gerade bei der massiven Beschleunigung von hochmotorisierten Fahrzeugen aus dem Stand. Erhöht wird die abstrakte Gefahr beim Rennen dadurch, dass die Aufmerksamkeit des Fahrers nicht allein auf den Straßenverkehr gerichtet ist, sondern zusätzlich auf den Konkurrenten … Anschaulich und nachvollziehbar formuliert die GenStA im Übrigen in ihrer dem Revisionsführer bekannten Zuschrift, das Merkmal der „nicht unerheblichen Wegstrecke" beschreibe „Idee und Ziel des Kraftfahrzeugrennens, das das Verhalten der Rennteilnehmer bestimmt". Davon sei die tatsächlich gefahrene Strecke zu unterscheiden. Diese sei ausweislich der Feststellungen hier nur deshalb so kurz gewesen, weil der Angekl. das Rennen abgebrochen habe, nachdem er auf die ihm nacheilende Polizei aufmerksam geworden sei."

95 *Wessels/Hettinger/Engländer* Strafrecht BT 1 Rn.1009.
96 *BGH* NStZ 2022, 292.
97 *BGH* NStZ 2023, 44.
98 *BGH* NStZ 2023, 44.

Nach dem Willen des Gesetzgebers[99] und der derzeit h.M.[100] soll es ferner **unerheblich** sein, **ob Straßenverkehrsvorschriften verletzt** werden oder nicht. **105**

Beispiel A und B verabreden, dass der derjenige, der zuerst am Kirchturm von Kleinkleckersdorf angekommen ist, ein Abendessen auf Kosten des jeweils anderen spendiert bekommt. Dabei ist es ihnen wichtig, dass keine Straßenverkehrsvorschriften verletzt werden, insbesondere die erlaubte Geschwindigkeit eingehalten wird. ■

Dafür spricht, dass sich die Gefährlichkeit eines Rennens nicht nur aus der (allerdings regelmäßig) überhöhten Geschwindigkeit, sondern auch aus dem **dynamischen Prozess** und der damit einhergehenden Bereitschaft, **größere Risiken** einzugehen und sich ablenken zu lassen, ergibt.[101]

Das Rennen muss im **öffentlichen Straßenverkehr** (zur Definition s. Rn. 30) stattfinden – findet es auf privatem Gelände statt, dann greift § 315d nicht.

Eine weitere Voraussetzung ist, dass es sich um ein **„nicht erlaubtes"** (negatives Tatbestandsmerkmal) **Kraftfahrzeugrennen** handelt.

Nicht erlaubt ist ein Kraftfahrzeugrennen, wenn keine behördliche Genehmigung nach § 46 Abs. 2 S. 1, 3 StVO (negatives Tatbestandsmerkmal) vorliegt.[102]

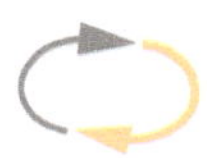

Entscheidend ist dabei aber nicht die materielle Rechtmäßigkeit, sondern die **Wirksamkeit der Genehmigung**. Auch eine rechtswidrige Genehmigung ist wirksam. Etwas anderes ergibt sich nur bei Nichtigkeit der Genehmigung. Subjektiv muss sich der Vorsatz auf die erforderliche und zugleich fehlende Erlaubnis beziehen. **106**

Beispiel A beantragt bei der zuständigen Behörde die Genehmigung zur Durchführung eines karitativen Zwecken dienenden Rennens. Die Behörde erteilt die Genehmigung, diese ist aber aufgrund eines Fehlers nichtig, was A allerdings nicht weiß. Zusammen mit anderen richtet er dann das Rennen aus und nimmt auch selber teil, wobei ein Zuschauer zu Tode kommt.

In einem solchen Fall wäre das Rennen objektiv „nicht erlaubt", der objektive Tatbestand des § 315d Abs. 1 damit verwirklicht. Es fehlt aber am entsprechenden Vorsatz des A. Damit kommt auch eine Strafbarkeit gem. den Abs. 2 und 5 nicht mehr in Betracht.

Wäre die Genehmigung nur rechtswidrig, aber gleichwohl wirksam erteilt worden, dann wäre schon der objektive Tatbestand nicht verwirklicht, das Rennen wäre objektiv erlaubt. Ginge nun A aber irrig davon aus, die Genehmigung sei nichtig und damit unwirksam, dann könnte er sich, jedenfalls was das Ausrichten betrifft, wegen eines untauglichen Versuchs strafbar gemacht haben (Abs. 3), wobei hier der untaugliche Versuch vom Wahndelikt abgegrenzt werden müsste, da die fehlende Erlaubnis nicht nur ein negatives, son-

99 BT-Drucks. 18/12964, 5.

100 *Joecks/Jäger* StGB § 315d Rn. 4; Schönke/Schröder-*Hecker* StGB § 315d Rn. 3; offen gelassen *BGH* NStZ 2023, 44.

101 A.A. *Quarch* in: Haus/Krumm/Quarch Gesamtes Verkehrsrecht, § 315d StGB Rn. 4; *Schulz-Merkel* NZV 2020, 397, die den **Tatbestand teleologisch reduzieren** möchten und zusätzlich einen Verkehrsverstoß verlangen.

102 Schönke/Schröder-*Hecker* StGB § 315d Rn. 4.

dern auch ein normatives Tatbestandsmerkmal ist (ein Problem, welches wir im Skript „Strafrecht AT II" dargestellt haben).

2. Tathandlungen und Täter

107 § 315d Abs. 1 Nr. 1 stellt das **Ausrichten und Durchführen** nicht erlaubter Kraftfahrzeugrennen unter Strafe.

In der ersten Alternative des Ausrichtens ist **Täter jeder Veranstalter eines illegalen Kraftfahrzeugrennens**, der als geistiger und praktischer Urheber, Planer und Veranlasser das Rennen vorbereitet, organisiert oder eigenverantwortlich ins Werk setzt.[103]

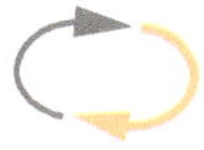

Das **Ausrichten eines Kraftfahrzeugrennens** erfasst demnach alle Tätigkeiten des Veranstalters, die der Vorbereitung, Organisation oder Realisierung eines illegalen Kraftfahrzeugrennens dienen.[104]

108 **Beispiel** Als Handlungen kommen in Betracht z.B. das Anwerben von Teilnehmern über Facebook, die Planung einer Rennstrecke, das Festlegen von Regeln und das Ausloben eines Preisgeldes.

Anders als der Ausrichter, der im Hintergrund bleibt, ist der **Durchführende vor Ort** tätig. Selbstverständlich kann der Ausrichter auch zugleich der Durchführende vor Ort sein. Es liegt dann aber nur eine Tat gem. § 315d Abs. 1 Nr. 1 vor.

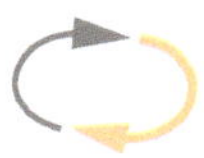

Das **Durchführen eines Kraftfahrzeugrennens** ist damit das eigenverantwortliche Umsetzen des Ausrichterplanes vor Ort.[105]

Bei spontanen Kraftfahrzeugrennen gibt es naturgemäß weder einen Ausrichter noch einen Durchführenden.

Hinweis

Abs. 1 Nr. 1 ist kein eigenhändiges Delikt, weswegen bei beiden Alternativen auch eine Zurechnung von Handlungen eines anderen über die Mittäterschaft gem. § 25 Abs. 2 oder die mittelbare Täterschaft gem. § 25 Abs. 1 Alt. 2 grundsätzlich möglich ist.

109 Wichtig ist, dass sowohl das Ausrichten als auch das Durchführen **eigenverantwortlich** und damit tatherrschaftlich bzw. **täterschaftlich** stattfindet. Bloße weisungsgebundene Tätigkeiten, wie z.B. das Austeilen von Flyern oder das Schwenken der Startflagge, sind über die Teilnahmeregeln der §§ 26 und 27 zu bestrafen. Hier muss in der Klausur anhand der allgemeinen Abgrenzungskriterien die Täterschaft von der Teilnahme abgegrenzt werden.

Gem. § 315d Abs. 3 ist im Fall des **Ausrichtens und Durchführens** eines Rennens der **Versuch** strafbar. Daraus und aus der abstrakten Gefahr, die Strafgrund des § 315d Abs. 1 ist, folgt

103 Schönke/Schröder-*Hecker* StGB § 315d Rn. 5.
104 Schönke/Schröder-*Hecker* StGB § 315d Rn. 5.
105 *Joecks/Jäger* StGB § 315d Rn. 5.

nach h.M.[106], dass beim Ausrichten und auch beim Durchführen die **Vollendung erst mit dem Beginn des Rennens** eintritt. Das unmittelbare Ansetzen beim **Versuch** wiederum liegt erst dann vor, wenn die **Tatbeiträge** des Täters **die Tätersphäre verlassen haben.**

Beispiel A plant zu Hause am Computer das „perfekte Rennen" durch die Kölner Innenstadt. Streckenverlauf, Teilnahmebedingungen und Preisgeld stehen fest. Dann ereignet sich beim Berliner Rennen der tödliche Unfall, woraufhin A ein schlechtes Gewissen bekommt und die Datei löscht.

Hier liegt weder eine Vollendung noch ein Versuch vor. Es handelt sich um eine straflose Vorbereitungshandlung.

Wäre das Rennen anberaumt worden und hätte A es dann erfolgreich abgesagt, dann läge ein grundsätzlich strafbarer Versuch vor, von dem A aber zurückgetreten wäre. ■

§ 315d Abs. 1 Nr. 2 stellt die **Teilnahme eines Kraftfahrzeugführers an einem nicht erlaubten Kraftfahrzeugrennen** unter Strafe. 110

Täter ist hier wie in den §§ 315c und 316 nur der **Kraftfahrzeugführer** (zur Definition s. Rn. 53), weswegen es sich um ein **eigenhändiges Delikt** handelt. Eine Zurechnung über die §§ 25 Abs. 1 Alt. 2 und Abs. 2 ist damit nicht möglich.[107] Jedoch können sich mehrere Personen das Führen eines Kfz derart teilen, dass jede von ihnen als Kraftfahrzeugführer anzusehen ist, einer Zurechnung über § 25 Abs. 2 bedarf es dann nicht.[108]

Beispiel A auf dem Fahrersitz und B auf dem Beifahrersitz nehmen in einem Fahrschulwagen an einem Rennen teil. Während A lenkt, betätigt B Gaspedal, Schaltung und Bremse. ■

Die **„Teilnahme"** ist nicht im Sinne der §§ 26 und 27 zu verstehen, sondern als **Tätigkeit der das Rennen austragenden Kraftfahrzeugführer**. Als Teilnahmehandlungen gem. den §§ 26 und 27 kommen aber z.B. das die Tat fördernde Anfeuern durch den Beifahrer oder das Aufmerksam machen auf ein Rennen und demgemäß das Hervorrufen des Tatentschlusses in Betracht. 111

Mit **§ 315d Abs. 1 Nr. 3** sollen die Fälle erfasst werden, bei denen nur ein einziger Kraftfahrzeugführer ein **„Rennen gegen sich selbst"** fährt und damit die Rennsituation gleichsam „nachstellt". Ebenso wie bei Nr. 2 ist Täter nur der Kraftfahrzeugführer, weswegen es sich auch hier um ein **eigenhändiges Delikt** handelt.

Hinweis

An Bedeutung gewonnen hat die Nr. 3 in den Fällen der „Polizeiflucht". Flieht ein Täter mit überhöhter Geschwindigkeit vor der ihn verfolgenden Polizei, dann liegt kein „Rennen" gem. Nr. 2 vor, da es am Wettbewerbscharakter fehlt, der Täter fährt aber auch kein „Rennen gegen sich selbst". Da hier in erster Linie die Absicht problematisch ist, haben wir das Problem auch dort dargestellt.

106 Schönke/Schröder-*Hecker* StGB § 315d Rn. 5/6; *Lindemann/Bauerkamp/Chastenier* Ad Legendum 1/2019, 76; a.A. *Piper* NZV 17, 74 u. *Zieschang* JA 16, 723, allerdings bezogen auf den früheren Gesetzentwurf, der keine Versuchsstrafbarkeit vorsah.

107 Schönke/Schröder-*Hecker* StGB § 315d Rn. 7; *BGH* NStZ 2022, 292.

108 Schönke/Schröder-*Hecker* StGB § 315d Rn. 7.

Wesentliches Merkmal dieses „Rennens gegen sich selbst" ist, dass es **„mit nicht angepasster Geschwindigkeit"** gefahren wird und der Täter dabei **grob verkehrswidrig** und **rücksichtslos** (zu den Definitionen s. Rn. 60 und 62) handelt. Beachten Sie, dass sich die grobe Verkehrswidrigkeit und die Rücksichtslosigkeit auf das Fahren mit nicht angepasster Geschwindigkeit beziehen müssen. Verhält sich der Täter aus anderen Gründen in genannter Weise, dann kann § 315c Abs. 1 Nr. 2 einschlägig sein.[109]

JURIQ Klausurtipp

Der Gesetzgeber hat hier also die „8. Todsünde" geregelt. Ob das Tatbestandsmerkmal der **Rücksichtslosigkeit** ein objektives oder subjektives ist, ist streitig. Wir prüfen es in diesem Skript als nähere Beschreibung der Tathandlung im **objektiven Tatbestand**. Sie können es aber auch genauso gut im subjektiven Tatbestand prüfen. Den Aufbau müssen Sie nicht begründen.

112 Die **nicht angepasste Geschwindigkeit** bestimmt sich nach der in **§ 3 Abs. 1 StVO** normierten Grundregel, wonach ein Kraftfahrzeugführer *„... nur so schnell fahren* (darf), *dass das Fahrzeug ständig beherrscht wird."* Geschwindigkeitsbegrenzungen sind nur ein Indiz. Mit zu berücksichtigen sind auch die Straßen,- Sicht- und Witterungsverhältnisse.[110]

Beispiel A fährt bei Glatteis und dichtem Nebel innerstädtisch mit den eigentlich auf dieser Straße erlaubten 50 km/h, um sein fahrerisches Können und die Straßenlage seine Autos auszutesten. Obwohl er die zulässige Höchstgeschwindigkeit eingehalten hat, ist die Geschwindigkeit nicht angepasst, so dass jedenfalls der objektive Tatbestand verwirklicht ist. Ob A sich auch gem. § 315d Abs. 1 Nr. 3 strafbar gemacht hat, bestimmt sich nun nach dem subjektiven Tatbestand. ■

3. Subjektiver Tatbestand

113 Gem. § 15 muss der Täter vorsätzlich handeln, wobei dolus eventualis ausreicht.

In Bezug auf die **Rücksichtslosigkeit** sowie die **grobe Verkehrswidrigkeit** bei **§ 315d Abs. 1 Nr. 3** ist es nicht erforderlich, dass der Täter sein Verhalten selbst als grob verkehrswidrig und rücksichtslos wertet. Er muss nur die **Tatsachen kennen**, aus denen diese Wertung abzuleiten ist.[111]

Bei **§ 315d Abs. 1 Nr. 3** muss der Täter aber über den Vorsatz hinaus noch die **Absicht** (dolus directus 1. Grades) haben, *„eine höchstmögliche Geschwindigkeit zu erreichen"*. Diese höchstmögliche Geschwindigkeit wird anhand der **konkreten situativen Gegebenheiten**, wie Motorisierung, Verkehrslage, Streckenverlauf, Witterungs- und Sichtverhältnisse etc. bestimmt.

Beachten Sie aber, dass es hier nur auf die **Vorstellung des Täters** von den soeben genannten Umständen ankommt.[112]

---

109 *BGH* JuS 2021, 700.
110 Schönke/Schröder-*Hecker* StGB § 315d Rn. 8; *BGH* JuS 2021, 700.
111 Schönke/Schröder-*Hecker* StGB § 315d Rn. 9.
112 *BGH* JuS 2021, 700.

Laut *BGH* kommt diesem **Absichtselement** die Aufgabe zu, den für das Nachstellen eines Rennens mit einem Fahrzeug kennzeichnenden **Renncharakter** tatbestandlich umzusetzen und das nach § 315d Abs. 1 Nr. 3 StGB strafbare Verhalten von den alltäglich vorkommenden, auch erheblichen Geschwindigkeitsverletzungen abzugrenzen. Deswegen soll für das Absichtsmerkmal weiterhin zu verlangen, dass sich die Zielsetzung des Täters nach seinen Vorstellungen auf eine unter Verkehrssicherheitsgesichtspunkten **nicht ganz unerhebliche Wegstrecke** bezieht.[113]

Hinweis

§ 315d Abs. 1 Nr. 3 wurde teilweise als verfassungsrechtlich bedenklich angesehen und dem **BVerfG** vorgelegt.[114] Dieses hat aber keinen Verstoß gegen das Bestimmtheitsgebot gem. **Art. 102 Abs. 2 GG** erkennen können und die eingrenzende *BGH*-Rechtsprechung insbesondere zur Wegstrecke bestätigt.[115]

Streitig ist nun, ob die Absicht, die höchstmögliche Geschwindigkeit zu erreichen, **das primäre vom Täter verfolgte Handlungsziel sein** muss, oder ob es ausreicht, dass der Täter die höchstmögliche Geschwindigkeit nur als **Zwischenziel** zur Erreichung seines eigentlichen Ziels ansieht. Dies wird bislang vor allem in den sog. „**Polizeifluchtfällen**" relevant. 114 

Beispiel A war nachts mit seinem VW Golf GTI im Stadtgebiet von Kempten unterwegs, als sich zwei Beamte einer Polizeistreife dazu entschlossen, ihm mit ihrem Einsatzfahrzeug zu folgen, um ihn einer allgemeinen Verkehrskontrolle zu unterziehen. Um sich der Kontrolle zu entziehen, beschleunigte A sein Fahrzeug auf 130 km/h, obgleich nur 50 km/h zulässig waren. Daraufhin beschleunigten auch die Polizeibeamten ihr Fahrzeug, ließen aber von der Verfolgung schließlich ab, als sie eine auf 20 km/h begrenzte Zone erreichten.[116] ■

Nach einer in der **Literatur** vertretenen Ansicht muss das Erzielen der Höchstgeschwindigkeit das **Hauptziel des Täters** sein. Verwiesen wird vor allem auf die gesetzgeberische Intention, mit der Nr. 3 das „Rennen gegen sich selbst" zu bestrafen. Ein Rennen zeichne sich gerade dadurch aus, dass allein um des Erzielens von Höchstgeschwindigkeiten willen und nicht zur hauptsächlichen Verfolgung anderer Zwecke gefahren werde. Die vom *BGH* vertretene Auslegung des § 315d Abs. 1 Nr. 3 StGB ist diesen Literaturvertretern zufolge zu einseitig auf den objektiven Renncharakter der Fluchtfahrt fokussiert und blende die spezifischen subjektiven Anforderungen aus, die an das Nachstellen eines Rennens zu stellen seien.[117]

Die **Rechtsprechung** und andere Literaturvertreter hingegen lassen auch das **Zwischenziel** ausreichen.[118] Zur Begründung wird zum einen auf den Wortlaut der Norm verwiesen, der für eine einschränkende Auslegung des Absichtserfordernisses keinen Anhalt biete. Zudem entspreche die „Absicht als Zwischenziel" der herkömmlichen Interpretation der Vorsatzform des dolus directus ersten Grades. Darüber hinaus wird jedenfalls bei den „**Polizeifluchtfällen**" auf

113 *BGH* JuS 2021, 700.
114 *AG Villingen-Schwennigen* BeckRS 2020, 167.
115 *BVerfG* NJW 2022, 1160.
116 *BGH* NStZ 2021, 615.
117 *Hecker* Anm. zu BGH in JuS 2021, 702; *Jahn* JuS 2020, 277.
118 *BGH* NStZ 2021, 615; *Wessels/Hettinger/Engländer* Strafrecht BT 1 Rn. 1010.

den **Renncharakter** und die damit einhergehenden Gefahr verwiesen, die darin liegt, dass der in seiner Aufmerksamkeit vor allem auf das Entkommen fokussierte Flüchtende die Fahr- und Verkehrssicherheit außer Acht lässt und für einen Zuwachs an Geschwindigkeit den Verlust der Kontrolle über sein Fahrzeug in Kauf nimmt.[119]

JURIQ Klausurtipp

Beginnen sollten Sie in diesen Fällen mit § 315d Abs. 1 Nr. 2 und herausstellen, dass es sich aufgrund des fehlenden Wettbewerbscharakters nicht um ein „Rennen" handelt, auch wenn die Gefahrsituation wie soeben dargestellt vergleichbar ist. Danach können Sie dann auf eben diese Gefahrsituation bei der Nr. 3 verweisen.

III. Qualifikation, § 315d Abs. 2

115 § 315d Abs. 2 ist eine **Qualifikation zu Abs. 1 Nr. 2 und** 3. Der Täter muss hier durch die Teilnahme am Rennen oder durch das „Rennen gegen sich selbst" eine konkrete Gefahr für Leib oder Leben eines anderen Menschen oder für eine Sache von bedeutendem Wert geschaffen haben. **Abs. 2 ist also dem § 315c Abs. 1 nachgebildet. Alle Probleme**, die wir dort kennen gelernt haben, **können** in einer Klausur **auch hier** – sowie **teilweise auch in § 315d Abs. 5** – **auftreten**. Da wir uns damit bereits beschäftigt haben, dienen die nachfolgenden Ausführungen nur der Wiederholung:

Zunächst müssen Sie prüfen, ob die verursachte Gefahr eine **„konkrete" Gefahr** ist, also ein Zustand, bei dem es nur noch vom rettenden Zufall abhängt, ob die Gefahr in einen Schaden umschlägt. Für die Annahme einer konkreten Gefahr im Sinne von § 315d Abs. 2 StGB genügt es in der Regel nicht, dass sich Menschen oder bedeutende Sachwerte in enger räumlicher Nähe zur Gefahrenquelle befunden haben. Umgekehrt wird die Annahme einer Gefahr aber auch nicht dadurch ausgeschlossen, dass ein Schaden ausgeblieben ist, etwa weil sich der Gefährdete noch in Sicherheit bringen konnte oder eine andere plötzliche Wendung den Unfall noch verhinderte. Erforderlich ist ein Geschehen, das – nicht anders als in den Fällen der § 315b Abs. 1 und § 315c Abs. 1 StGB – auf der Grundlage einer **objektiv nachträglichen Prognose** als ein sog. **Beinaheunfall** beschrieben werden kann.[120]

Diese Gefahr muss **für einen „anderen"** bestanden haben. Hier stellt sich – wie bei § 315c Abs. 1 und i.ü. auch bei den Brandstiftungsdelikten – die Frage, ob anstiftende oder beihelfende Beifahrer, die durch einen Beinahe-Unfall gefährdet wurden, andere sein können. Dies ist streitig, lesen Sie hierzu bitte noch einmal unter den Rn. 32, 63, 206.

Das **Auto als Tatmittel** ist, auch wenn es nicht im Eigentum des Täters steht, nicht geschützt. Der Eigentumsschutz erfolgt über § 303.

Die Gefahr muss „durch" die Tathandlung des Grunddelikts entstanden sein. Zu prüfen sind also Kausalität und der gefahrspezifische Zusammenhang.

116 Letzterer kann problematisch sein, wenn der Beifahrer sich in Kenntnis des Risikos eines Rennens in das Auto setzt. Ebenso wie bei § 315c Abs. 1 müssen Sie dann eine **eigenverant-**

119 *OLG Stuttgart* NStZ 2021, 615; *OLG Köln* NStZ-RR 2020, 224.
120 *BGH* NStZ 2023, 108.

wortliche Selbstgefährdung ansprechen, die aber meist abzulehnen sein wird, da der Beifahrer in der Regel keine Tatherrschaft hat.

Sofern Sie die eigenverantwortliche Selbstgefährdung ablehnen, müssen Sie nachfolgend in der Rechtswidrigkeit klären, ob nicht eine **rechtfertigende Einwilligung** des Beifahrers denkbar wäre (lesen Sie auch hierzu erneut Rn. 66). § 315d Abs. 1, 2 schützt zum einen die Sicherheit des Straßenverkehrs und zum anderen die Individualrechtsgüter Leib, Leben, Eigentum. Ebenso wie bei § 315c Abs. 1 kann vertreten werden, dass aufgrund des Universalrechtsguts eine Einwilligung nicht möglich ist. Denkbar wäre aber auch, ebenso wie bei § 315c Abs. 1, den Erfolgsunwert der Gefährdung von Leib oder Leben über die Einwilligung entfallen zu lassen und den Erfolgsunwert, der in der Gefährdung der Sicherheit des Straßenverkehrs liegt, über § 315d Abs. 1 zu bestrafen.[121]

Beachten Sie, dass wie schon ausgeführt, § 315d Abs. 1 Nr. 2 und 3 eigenhändige Delikte **117** sind. Beim gefahrspezifischen Zusammenhang bedeutet dies, dass die **Gefahr unmittelbar aus dem Verhalten des jeweiligen Kraftfahrzeugführers** resultieren muss. Eine Zurechnung der von dem anderen Kraftfahrzeugführer geschaffenen Gefahr ist nicht möglich.

Beispiel A und B veranstalten auf einer Landstraße ein Rennen, wobei sie immer wieder wechselseitig versuchen, ein Überholen des jeweils anderen Fahrers durch entsprechende Beschleunigung zu verhindern. Als B vor einer Kurve zum Überholen ansetzt, gibt A Gas, weswegen sich B in der Kurve auf der linken Spur befindet, als ihm das von X geführte Fahrzeug entgegenkommt. Beim Ausweichmanöver wurde das Fahrzeug der X in eine Rotationsbewegung versetzt und rutschte mit der linken Fahrzeugseite die Schutzplanke entlang. Eine Mitfahrerin erlitt hierdurch tödliche Verletzungen und verstarb noch an der Unfallstelle.

Der **BGH**[122] hat deutlich gemacht, dass die von B verursachte, konkrete Gefahr A nicht zugerechnet werden könne, sondern dass es darauf ankomme, welche Gefahr A durch sein Verhalten gesetzt habe. Die von jeder Rennteilnahme ausgehende abstrakte Gefahr müsse sich in Bezug auf die eingetretene Gefährdung eines geschützten Rechtsguts jedenfalls im Sinne eines mitursächlichen Beitrags zu einer konkreten Gefährdung verdichtet haben. Da A verpflichtet gewesen wäre, B den Überholvorgang zu ermöglichen, war dessen eigenes verhalten mitursächlich und damit konkret gefährdend. ■

Der **Vorsatz** des Täters muss sich nicht auf einen Schaden, sondern nur auf die konkrete **118** Gefahr beziehen.

Mitunter kann wie bei anderen Delikten, bei denen die **konkrete Gefahr für das Leben** ausreicht, die **Abgrenzung des Tötungsvorsatzes vom Gefährdungsvorsatz** schwierig sein, insbesondere dann, wenn Sie den Tötungsvorsatz verneinen, weil Sie zum Ergebnis kommen, dass der Täter vielleicht mit der Möglichkeit des Eintritt des Todes rechnete, diese aber nicht billigend in Kauf nahm, sondern pflichtwidrig auf einen guten Ausgang vertraute. Dass der Täter dann gleichwohl die Möglichkeit einer konkreten Gefahr billigend in Kauf nahm, bedarf im Einzelfall einer besonders überzeugenden Begründung.[123] Können sie diese nicht liefern, dann greift Abs. 4.

121 Schönke/Schröder-*Hecker* StGB § 315d Rn. 15.
122 *BGH* NStZ 2022, 292.
123 *BGH* NStZ 2023, 546.

IV. Erfolgsqualifikation, § 315d Abs. 5

119 § 315d Abs. 5 ist eine **Erfolgsqualifikation zu § 315d Abs. 2**, bei welcher der Täter gem. **§ 18** „wenigstens" fahrlässig im Hinblick auf die genannte Folge handeln muss. Der Gesetzgeber hat hier gleich **drei mögliche Folgen** genannt, die auch in anderen Normen auftauchen, so dass wir auf die dortigen Ausführungen verweisen möchten:

- Den Tod eines anderen Menschen,
- eine schwere Gesundheitsschädigung eines anderen Menschen (wie bei § 315 Abs. 3, lesen Sie dazu Rn. 44) oder
- eine Gesundheitsschädigung einer großen Zahl von anderen Menschen (ebenso wie bei § 315 Abs. 3, lesen Sie auch dazu Rn. 44).

Hinweis

Theoretisch denkbar ist, dass das in § 221 bereits beschriebene Problem der **Strafbarkeit des erfolgsqualifizierten Versuchs** auch hier auftreten kann. Wie die Aussetzung gem. § 221 ist auch § 315d in Abs. 1 ein Vergehen, welches aber in Gestalt der Erfolgsqualifikation durch die erhöhte Strafandrohung in Abs. 5 einen Verbrechenscharakter bekommt. Sofern also der Täter versucht, an einem Rennen teilzunehmen, ist das straflos, da die Versuchsstrafbarkeit nur für Abs. 1 Nr. 1 geregelt wurde. Tritt aber bei diesem Versuch bereits die schwere Folge ein, dann stellt sich die Frage, ob der Versuch nun strafbar ist. Bei § 221 werden dazu unterschiedliche Auffassungen vertreten. Lesen Sie das bitte im Skript „Strafrecht BT I" Rn. 131 noch einmal nach.

V. Konkurrenzen

120 Nimmt ein Veranstalter an dem von ihm ausgerichteten illegalen Kraftfahrzeugrennen zugleich auch als Kraftfahrzeugführer teil, dann hat er 2 Taten verwirklicht, die in Tateinheit gem. § 52 zueinanderstehen. Werden während eines Rennens Gefahren für unterschiedliche Rechtsgüter verursacht, dann liegt nur eine Tat vor (tatbestandliche Handlungseinheit). Tateinheit kann auch zu den §§ 248b, 315c Abs. 1 Nr. 1, 316 und § 21 StVG angenommen werden. Sofern nicht nur eine Gefährdung, sondern sogar eine Verletzung eines Individualrechtsguts eingetreten ist, steht § 315d in Tateinheit mit den §§ 211 ff., 222, 223 ff., 229, 240, 303. Entschließt sich der an einem illegalen Rennen teilnehmende Kraftfahrzeugführer nach einem Unfall zur Flucht, so bewirkt dieses Ereignis eine Zäsur, mit der Folge, dass die anschließend begangenen Taten in Tatmehrheit dazu stehen.[124]

G. Unerlaubtes Entfernen vom Unfallort, § 142

I. Überblick

121 § 142 **schützt** nicht die Sicherheit des Straßenverkehrs und auch nicht das Strafverfolgungsinteresse des Staates, sondern ausschließlich **das private Interesse eines Unfallbeteiligten**

124 Schönke/Schröder-*Hecker* StGB § 315d Rn. 17.

an einer umfassenden Aufklärung des Unfallherganges, um mögliche Schadensersatzansprüche sichern oder abwehren zu können und der Gefahr eines Beweisverlustes entgegenzuwirken.[125] Da die Ansprüche des Unfallbeteiligten jedoch aus den Gefahren des Straßenverkehrs resultieren, wird § 142 gemeinhin zu den Straßenverkehrsdelikten gezählt.

Da § 142 von einem Unfallbeteiligten verlangt, Feststellungen zu ermöglichen, durchbricht die Vorschrift den **nemo-tenetur-Grundsatz**, wenn der Unfallbeteiligte zugleich eine Straftat begangen hat. **122**

» § 142 erschließt sich nicht sofort auf den ersten Blick. Sie sollten sich daher, bevor Sie die nachfolgenden Ausführungen lesen, zunächst intensiv mit dem Gesetzeswortlaut befassen. «

Beispiel A setzt sich mit 1,3 Promille in sein Fahrzeug, um nach Hause zu fahren. An der nächsten Kreuzung kann er alkoholbedingt nicht rechtzeitig reagieren und kollidiert mit dem von rechts kommenden und Vorfahrt habenden Fahrzeug des B.

Da A Unfallbeteiligter ist, ist er gem. § 142 Abs. 1 Nr. 1 verpflichtet, am Unfallort zu verweilen und B gegenüber die Feststellungen zu ermöglichen. Sofern B darauf besteht, die Polizei zu rufen, ist A, wie wir nachfolgend sehen werden, verpflichtet, bis zum Eintreffen der Polizei anwesend zu bleiben und gegenüber der Polizei Angaben zur Beteiligung und seinen Personalien zu machen. Es steht für A jedoch in diesem Fall zu befürchten, dass die Polizei seine Alkoholisierung bemerken und infolgedessen ein Ermittlungsverfahren gegen A wegen einer möglichen Strafbarkeit gem. § 315c Abs. 1 Nr. 1a einleiten wird. ■

Wegen dieser Wirkungen ist die **Vereinbarkeit des § 142 mit dem Grundgesetz** verschiedentlich bezweifelt worden.[126] Das *BVerfG* hat jedoch ausgeführt, dass in Anbetracht der Gefahren des Massenverkehrs auf öffentlichen Straßen und Wegen das Schutzbedürfnis der Verkehrsteilnehmer Vorrang hat vor dem Interesse des Unfallverursachers an einer straflosen Selbstbegünstigung.[127] **123**

Da es für eine Strafbarkeit nach § 142 nicht erforderlich ist, dass die Unfallbeteiligten untereinander tatsächlich Schadensersatzansprüche haben, wird § 142 als **abstraktes Gefährdungsdelikt** verstanden.[128] § 142 ist zudem ein **Sonderdelikt**, da Täter nur derjenige sein kann, der Unfallbeteiligter ist. Dies ist in der Klausur bei einer eventuellen Strafbarkeit eines Mittäters oder mittelbaren Täters zu beachten.

§ 142 normiert verschiedene, miteinander in Zusammenhang stehende Pflichten, die Sie in der Klausur „von oben nach unten" zumindest gedanklich durchprüfen sollten. **124**

> Sofern sich ein Unfall im Straßenverkehr ereignet hat und eine **feststellungsbereite Person anwesend** ist,

↓

trifft den Täter nach diesem Unfall zunächst die **Pflicht**, dieser feststellungsbereiten Person gegenüber **Angaben zu seiner Person und der Art der Beteiligung zu machen**. Verletzt er diese erste Pflicht, indem er sich sofort vom Tatort entfernt, obwohl der Unfallgegner feststellungsbereit anwesend ist, hat er sich bereits gem. **§ 142 Abs. 1 Nr. 1** strafbar gemacht. Die Prüfung von § 142 Abs. 1 Nr. 2, Abs. 2 Nr. 1 und 2 erübrigt sich in diesem Fall.

125 BGHSt 29, 138.
126 Vgl. *Schünemann* DAR 98, 424 m.w.N.
127 BVerfGE 16, 91.
128 Schönke/Schröder-*Sternberg-Lieben* § 142 Rn. 1.

Sofern eine **feststellungsbereite Person nicht anwesend** ist,

↓

trifft den Täter die Pflicht, eine nach den Umständen angemessene Zeit **am Unfallort zu warten**. Entfernt er sich, ohne diese Wartefrist eingehalten zu haben, so macht er sich gem. **§ 142 Abs. 1 Nr. 2** strafbar. Erneut erübrigt sich eine Überprüfung der Strafbarkeit nach Abs. 2.

Hat der Täter nun eine **angemessenen Zeit gewartet,** ohne dass eine feststellungsbereite Person erschienen ist, oder ist er **gerechtfertigt** oder **entschuldigt**, so darf er sich vom Unfallort entfernen. Nunmehr

↓

trifft ihn jedoch die Verpflichtung, die **Feststellungen unverzüglich nachträglich zu ermöglichen**. Kommt er dieser Verpflichtung, die in § 142 Abs. 3 näher beschrieben ist, nicht nach, hat er sich gem. **§ 142 Abs. 2** strafbar gemacht.

125 Dementsprechend sieht der Aufbau des § 142 wie folgt aus:

PRÜFUNGSSCHEMA

Unerlaubtes Entfernen vom Unfallort, § 142

I. Objektiver Tatbestand

1. Unfall im Straßenverkehr
   - vorsätzliches Herbeiführen Rn. 128
2. Täter als Unfallbeteiligter
3. Tathandlung gem. § 142 Abs. 1: Sichentfernen vom Unfallort ohne
   a) Feststellungen zu ermöglichen (Abs. 1 Nr. 1) oder
      - täuschende Anwesenheit am Tatort Rn. 132
      - Umfang der Vorstellungspflicht Rn. 136
   b) eine angemessene Zeit zu warten (Abs. 1 Nr. 2)
4. Tathandlung gem. § 142 Abs. 2: Unterlassen der nachträglichen Ermöglichung der Feststellungen
   - Unvorsätzliches Entfernen vom Unfallort Rn. 143

II. Subjektiver Tatbestand

Vorsatz, dolus eventualis genügt

III. Rechtswidrigkeit

IV. Schuld

V. Tätige Reue gem. § 142 Abs. 4

126 In § 142 Abs. 1 und 2 werden die Voraussetzungen der Strafbarkeit normiert. **Abs. 3** regelt ergänzend zu Abs. 2, wie der Unfallbeteiligte seiner Verpflichtung, die **Feststellungen nachträglich zu ermöglichen**, nachkommen kann. In **Abs. 4** ist eine Strafmilderungsmöglichkeit vorgesehen, für den Fall, dass der Unfallbeteiligte binnen 24 Stunden die Feststellungen nachträglich ermöglicht (sog. **„tätige Reue"**). In **Abs. 5** schließlich ist legaldefiniert, was unter einem **Unfallbeteiligten** zu verstehen ist.

Da § 142 ein **Vergehen** ist und der Gesetzgeber die Versuchsstrafbarkeit nicht angeordnet hat, ist ein versuchtes, unerlaubtes Entfernen vom Unfallort straflos.

II. Objektiver Tatbestand

1. Gemeinsame Voraussetzungen der Abs. 1 und 2

Eine Strafbarkeit gem. § 142 Abs. 1 setzt ebenso wie eine solche nach Abs. 2 zunächst voraus, dass sich ein Unfall im öffentlichen Straßenverkehr ereignet hat und der Täter Unfallbeteiligter ist. **127**

Ein **Unfall im Straßenverkehr** ist ein plötzliches Ereignis im öffentlichen Verkehr, welches mit den Gefahren des Straßenverkehrs in ursächlichem Zusammenhang steht und einen nicht unerheblichen Personen- oder Sachschaden zur Folge hat.[129]

Ab wann die **Erheblichkeitsgrenze** bei Sachschäden überschritten sein soll, ist streitig. Die Rechtsprechung erfasst bereits Bagatellschäden und zieht die Untergrenze bei 25 € bzw. 50 €.[130] In der Literatur wird teilweise darauf abgestellt, ob ein Geschädigter ohne Rechtsschutzversicherung den Betrag gerichtlich geltend machen würde, was bei einer Untergrenze ab 150 € bejaht wird.[131] **128**

Bei Personenschäden ist die Erheblichkeitsschwelle überschritten, sobald eine Körperverletzung gem. § 223 StGB bejaht werden kann.[132] Beachten Sie, dass auch hier eine Körperverletzung nur dann vorliegt, wenn die körperliche Integrität oder das körperliche Wohlbefinden **mehr als nur unerheblich** beeinträchtigt sind.

Beispiel Leichte Hautabschürfungen, schnell vergehende leichte Schmerzen oder Flüssigkeiten, die auf den Körper treffen, aber rückstandslos entfernt werden können, liegen damit unter der Erheblichkeitsschwelle. ■

Zu beachten ist, dass die Feststellungen, ob ein erheblicher Schaden vorliegt oder nicht, **ex ante** zu bestimmen ist. Sieht der Schaden also anfangs größer aus als er dann tatsächlich ist, dann ist gleichwohl zum Tatzeitpunkt die Erheblichkeit zu bejahen.[133]

Da der Unfall mit den Gefahren des Straßenverkehrs in Zusammenhang stehen muss, ist es fraglich und streitig, ob von einem **Unfall** auch dann gesprochen werden kann, wenn der Täter diesen **vorsätzlich herbeiführt**.

Beispiel Der „Normalfall" eines Unfalls im Straßenverkehr ist die fahrlässige Kollision zweier oder mehrerer Verkehrsteilnehmer. Dabei ist es nicht erforderlich, dass Kraftfahrzeuge in

129 *Jäger* Strafrecht BT Rn. 726.
130 BGHSt 8, 264; 24, 383; *OLG Köln* VRS 86, 281; a.A. *OLG Nürnberg* NStZ-RR 2008, 56, wonach die Grenze bei 50 € liegen soll; zustimmend *Fischer* § 142 Rn. 11.
131 Schönke/Schröder-*Sternberg-Lieben* § 142 Rn. 8.
132 Schönke/Schröder-*Sternberg-Lieben* § 142 Rn. 8.
133 Schönke/Schröder-*Sternberg-Lieben* § 142 Rn. 8.

den Unfall involviert sind. Auch Zusammenstöße von Fahrradfahrern, Inlineskatern oder sogar Fußgängern können einen Unfall darstellen, sofern sie im öffentlichen Verkehrsraum stattfinden und mit dessen Gefahren zusammenhängen. Ein Unfall liegt also auch vor, wenn Radfahrer R auf dem Fußgängerweg Oma O, die dort mit ihrem Dackel spazieren geht, anfährt, weil er nicht mehr rechtzeitig bremsen kann.[134] ■

Beispiel Problematisch ist folgender Fall: Autofahrer A entdeckt auf dem Nachhauseweg das Fahrrad des ihm verhassten Nachbarn N, welches vom Wind umgeweht auf der Straße liegt. Erfreut gibt er Gas und fährt mit seinem Porsche Cayenne über das Fahrrad, so dass der Rahmen des Fahrrades komplett verbogen ist. Hier ist das Auto Tatwerkzeug zur Begehung einer Sachbeschädigung. Fraglich ist, ob diese Sachbeschädigung auch einen Unfall darstellt. ■

129 Einigkeit besteht zunächst einmal dahingehend, dass ein Unfall dann verneint werden muss, wenn **alle Unfallbeteiligten den Unfall vorsätzlich herbeigeführt** haben, da es in solchen Fällen für alle an einem „plötzlichen" Ereignis fehlt.[135]

Führt nur ein Unfallbeteiligter einen Unfall vorsätzlich herbei, dann ist er für den anderen Unfallbeteiligten immer noch ein plötzliches Ereignis, was dafürspräche, diese Fälle unter § 142 StGB zu subsumieren. Über die Plötzlichkeit des Ereignisses hinaus ist es aber auch wesentlich, dass der **Unfall mit den verkehrstypischen Gefahren in Zusammenhang steht.** Die Abgrenzung typische – atypische Gefahren ist schon problematisch bei nur fahrlässig herbeigeführten Schäden.

Beispiel Hobbyhandwerker H rammt auf dem Firmenparkplatz des Baumarktes mit seinem randvoll gefüllten Einkaufswagen das dort abgestellte Kraftfahrzeug der A, weil der Einkaufswagen sich selbstständig gemacht hat und H ihn nicht rechtzeitig abfangen kann.[136] Oder: beim Entladen eines LKW fallen Teile der Ladung von der Ladeklappe auf ein dahinter parkendes Fahrzeug.[137]

In beiden Fällen hat die Rechtsprechung einen mit den verkehrstypischen Gefahren zusammenhängenden Unfall im Straßenverkehr bejaht. ■

Bei **vorsätzlich herbeigeführten Unfällen** wird in Literatur und Rechtsprechung überwiegend differenziert:

Sofern der vorsätzlich herbeigeführte Unfall (auch) mit den im Straßenverkehr typischen Gefahren in Zusammenhang steht, ist der Unmittelbarkeitszusammenhang zu bejahen, so dass den Täter die Verpflichtungen aus § 142 StGB treffen. Ein **Unfall liegt jedoch dann nicht mehr vor**, wenn das Verhalten des Täters schon nach seinem äußeren Erscheinungsbild keine Auswirkung des allgemeinen Verkehrsrisikos, sondern Teil einer **deliktischen Planung** ist. Zumeist werden in diesen Fällen Kraftfahrzeuge eingesetzt, welche dann nicht mehr in erster Linie zur Fortbewegung, sondern vielmehr als Waffe genutzt werden.[138]

---

134 *Rengier* Strafrecht BT II 10. Kapitel § 46 Rn. 4.

135 Schönke/Schröder-*Sternberg-Lieben* § 142 Rn. 19.

136 *OLG Düsseldorf* NStZ-RR 2012, 218.

137 *OLG Stuttgart* NJW1969, 1726.

138 Schönke/Schröder-*Sternberg-Lieben* § 142 Rn. 19; *Wessels/Hettinger/Engländer* Strafrecht BT 1 Rn. 1017; *BGH* NStZ 2002, 252; *Joecks/Jäger* § 142 Rn. 17.

JURIQ Klausurtipp

In diesen Fällen haben Sie in einer Klausur in der Regel schon § 315b StGB geprüft und wahrscheinlich auch bejaht.

Beispiel Um sich abzureagieren, umfährt Autofahrer A bewusst Leitpfosten, wobei er billigend eine Kollision in Kauf nimmt. Kommt es nun zu dieser Kollision, so liegt ein Unfall im Straßenverkehr vor, da sich auch verkehrstypische Gefahren realisiert haben.[139]

Das Gleiche wird angenommen für einen Polizisten, der einen flüchtigen Autofahrer mit einem Streifenwagen rammt, um ihn festzunehmen.[140]

Kein Unfall liegt hingegen in unserem obigen „Fahrrad"-*Beispiel* vor, da das Auto hier primär zur Sachbeschädigung eingesetzt wurde. Ergreifen Täter, die in einem fahrenden Auto sitzen, eine am Wegesrand abgestellt Mülltonne, um diese dann gegen parkende Autos zu werfen, liegt ebenfalls kein Unfall vor.[141]

Der Unfall muss sich **im öffentlichen Straßenverkehr** ereignen. Was hierunter zu verstehen ist, wurde bei § 315b dargestellt. Insofern wird verwiesen auf Rn. 30.

Täter des § 142 kann nur ein **Unfallbeteiligter** sein. Was hierunter zu verstehen ist, ist **in § 142 Abs. 5 legaldefiniert**. Wie Sie der Formulierung des Gesetzes entnehmen können, kommt es bei der Beurteilung nur darauf an, dass sich aus dem äußeren Anschein der Unfallsituation die **Möglichkeit der Verursachung** ergibt. Damit sind nach h.M. neben denjenigen, die die involvierten Kraftfahrzeuge gelenkt haben, all diejenigen Personen erfasst, die bei dem aktuellen Unfallgeschehen anwesend waren, soweit ihr Verhalten aufgrund der konkreten Umstände den Verdacht begründet hat, dass sie zum Unfall mit beigetragen haben könnten.[142] **130**

Beispiel Damit können auch Beifahrer, die den Täter z.B. durch Verpassen einer Ohrfeige abgelenkt haben, Unfallbeteiligte sein. Auch der Halter des Fahrzeuges, der dem Fahrer ein verkehrsuntüchtiges Fahrzeug überlassen hat, kann nach h.M. Unfallbeteiligter sein. Voraussetzung ist jedoch, dass er zum Zeitpunkt des Unfalls selbst am Unfallort anwesend war, da er andernfalls keine Tathandlung nach § 142 begehen kann.[143]

2. Tathandlung gem. § 142 Abs. 1 Nr. 1

Der Täter als Unfallbeteiligter macht sich nach § 142 Abs. 1 Nr. 1 strafbar, wenn er sich vom Unfallort entfernt hat, ohne die näher bezeichneten Feststellungen zu ermöglichen. **131**

Unfallort ist dabei primär die Stelle, an der der Unfall stattgefunden hat, einschließlich des unmittelbaren Umkreises, innerhalb dessen die Fahrzeuge zum Stillstand gekommen sind oder hätten angehalten werden können.[144]

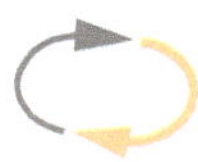

139 *BayObLG* VRS 69, 438; 71, 277.
140 *BGH* NJW 2003, 1613; a.A. *Müller/Kraus* NZV 2003, 560.
141 *BGH* NStZ 2002, 252.
142 *Wessels/Hettinger/Engländer* Strafrecht BT 1 Rn. 1018; BGHSt 15, 3; a.A. *Joecks/Jäger* § 142 Rn. 21, wonach nur derjenige Unfallbeteiligter sein soll, der in der aktuellen Unfallsituation ein unfallverursachendes Verhalten gezeigt hat.
143 *Lackner/Kühl-Heger* § 142 Rn. 3.
144 *Küper/Zopfs* Strafrecht BT Rn. 511.

Ein **Sichentfernen** vom Unfallort setzt zunächst ein **willensgetragenes Handeln** voraus. Aus diesem Grund ist eine Strafbarkeit nach § 142 Abs. 1 Nr. 1 zu verneinen, wenn der – z.B. bewusstlose Täter – ohne seinen Willen vom Unfallort entfernt wird.[145]

132 Fraglich ist, ob ein Sichentfernen auch dann vorliegt, wenn der Unfallbeteiligte zwar **am Unfallort verbleibt**, jedoch durch ein Täuschungsmanöver seine Unfallbeteiligung zu vertuschen sucht.

Beispiel Autofahrer A hat mit seinem Wagen Radfahrer R erfasst und vom Rad geworfen. Er parkt sein Fahrzeug nur wenige Meter hinter der Unfallstelle und mischt sich dann als vermeintlich Unbeteiligter unter die Zuschauer. ■

133 **Nach herrschender Auffassung** hat der Täter in diesen Fällen seine Anwesenheitspflicht nicht verletzt. Daraus folgt, dass der Täter sich nur dann vom Unfallort **entfernen** kann, wenn er eine **räumliche Distanz** zur Unfallstelle schafft. Diese räumliche Distanz ist dann geschaffen, wenn ein Zusammenhang mit dem Unfall nicht mehr erkennbar ist.[146] In der **Literatur** wird teilweise unter Hinweis auf den Schutzzweck der Norm eine solche räumliche Distanz nicht gefordert. Das Feststellungsinteresse könne **auch bei einem täuschenden Verbleiben** an der Unfallstelle beeinträchtigt sein.[147]

Der Täter muss sich vom Unfallort entfernt haben, bevor er zugunsten der anderen Unfallbeteiligten und der Geschädigten die Feststellung seiner Person, seines Fahrzeuges und der Art seiner Beteiligung durch seine Anwesenheit und durch die Angabe, dass er an dem Unfall beteiligt ist, ermöglicht hat.

134 Den Täter treffen damit **zwei Verpflichtungen**:

135 Die **Feststellungsduldungspflicht** führt dazu, dass der Unfallbeteiligte den Unfallort nicht ohne Einverständnis der feststellungsbereiten Personen verlassen darf.

Die **Feststellungspflicht entfällt**, wenn die Beteiligten auf die Feststellung verzichten. Ein solcher **Verzicht** ist jedoch unwirksam, wenn er durch Gewalt, Drohung oder Täuschung zustande gekommen ist.[148] Der Tatbestand des § 142 ist auch ausgeschlossen, wenn sämtliche Berechtigten **mutmaßlich verzichten**. Ein solcher mutmaßlicher Verzicht ist denkbar, wenn der Geschädigte ein naher Angehöriger oder Nachbar ist, bei dem mit einer Erfüllung der zivilrechtlichen Verpflichtung zu rechnen ist.[149]

145 *Wessels/Hettinger/Engländer* Strafrecht BT 1 Rn. 1020.
146 Schönke/Schröder-*Sternberg-Lieben* § 142 Rn. 43; *BayObLG* JR 83, 505; *Joecks/Jäger* § 142 Rn. 56.
147 *Küper* GA 94, 49; a.A. *Fischer* § 142 Rn. 29, wonach z.B. das Angeben falscher persönlicher Daten nicht von § 142 Abs. 1 erfasst sein soll.
148 *Fischer* § 142 Rn. 30 f.
149 *OLG Hamm* VRS 23, 105; *Fischer* § 142 Rn. 33.

Die **Vorstellungspflicht** erfüllt der Täter, wenn er seine **Unfallbeteiligung offen legt**. Eine generelle Verpflichtung, die Aufklärung des Unfallhergangs durch aktive Mitwirkung zu fördern, gibt es jedoch nicht. **Umstritten** ist, ob der Täter neben dieser Erklärung noch **weitere Angaben** machen muss, so z.B. zu seinen Personalien. Nach einer teilweise in der **Literatur** vertretenen Auffassung ist der Schutzzweck des § 142 nur dann erfüllt, wenn der Täter gegenüber dem anderen Unfallbeteiligten seinen Namen und seine Anschrift angibt und die Überprüfung seiner Angaben durch Vorlage seines Personalausweises oder entsprechender anderer Dokumente ermöglicht.[150] Nach **anderer Auffassung** besteht eine solche Verpflichtung nicht.[151] Verweigert der Täter jedoch diese Angaben, so muss er abwarten, bis die vom Unfallgegner in diesem Fall herbeigerufene Polizei am Unfallort eintrifft und aufgrund der ihr zustehenden Befugnisse die Angaben zur Person erhebt.[152] 136

JURIQ-Klausurtipp

Da bei Verkehrsunfällen i.d.R. die Polizei hinzugezogen wird, hat der vorgenannte **Streit keinerlei praktische Auswirkungen.** Verweigert die Polizei ausnahmsweise ihr Erscheinen, was bei Bagatellschäden vorkommen kann, so ist auch nach der in der Lit. vertretenen Auffassung eine Verpflichtung gegeben, gegenüber dem Unfallbeteiligten die Personalien zu offenbaren.

Aus diesem Grund sollten Sie diesen – eigentlich überflüssigen – Streit in der Klausur in der gebotenen Kürze darstellen.

Voraussetzung einer Strafbarkeit des Täters nach § 142 Abs. 1 Nr. 1 ist, dass überhaupt **feststellungsbereite Personen** vor Ort sind. Zu den feststellungsbereiten Personen zählen zum einen die durch den Unfall Geschädigten sowie die Polizeibeamten, zum anderen aber auch sonstige Dritte, sofern sie erkennbar den Willen haben, ihre Feststellungen dem Geschädigten zur Kenntnis zu bringen.[153] Verlangt der andere Unfallbeteiligte die **polizeiliche Unfallaufnahme**, so darf er sich nicht entfernen, bevor die Beamten erschienen sind und ihm die Entfernung gestattet haben.[154] In einem solchen Fall ist der Geschädigte nicht gem. *§ 142 Abs. 1 Nr. 1* feststellungsbereit, so dass eine Pflicht ihm gegenüber entfällt. Der Unfallbeteiligte muss dann aber gem. *§ 142 Abs. 1 Nr. 2* eine angemessene Zeit auf das Eintreffen der feststellungsbereiten Polizei warten. 137

3. Tathandlung gem. § 142 Abs. 1 Nr. 2

Die **Tathandlung** besteht auch bei dieser Tathandlungsalternative in dem **Sich-Entfernen vom Unfallort**. Im Unterschied zur Tathandlungsvariante nach § 142 Abs. 1 Nr. 1 hat der Täter hier jedoch nicht seine Feststellungsduldungs- und Vorstellungspflichten, sondern seine Wartepflicht verletzt. 138

150 *OLG Hamm* NStZ 1985, 257; *OLG Stuttgart* NJW 1981, 879.
151 *Wessels/Hettinger/Engländer* Strafrecht BT 1 Rn. 1021.
152 Schönke/Schröder-*Sternberg-Lieben* § 142 Rn. 30.
153 *Wessels/Hettinger/Engländer* Strafrecht BT 1 Rn. 1022.
154 Schönke/Schröder-*Sternberg-Lieben* § 142 Rn. 27.

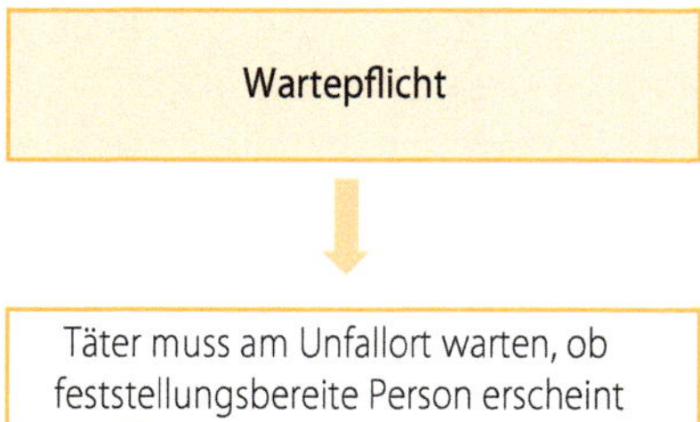

139 Wie lang der Täter zu warten hat, bemisst sich nach den **Umständen des Einzelfalls**, so u.a. der Tageszeit, den Witterungsverhältnissen und der Art und Schwere des Unfalls.[155] Als ausreichende Wartefrist wurde angesehen: 30 Minuten bei nächtlichem Schaden von 1100 DM, 15 Minuten bei Unfall am frühen Nachmittag in einer Stadt, 10 Minuten bei geringfügigem Schaden. Als nicht ausreichend hingegen wurde angesehen: 15 Minuten in der Nacht bei einem Schaden von 1500 DM, 20 Minuten um 18:30 Uhr bei einem Schaden von 600 DM.[156]

JURIQ-Klausurtipp

In der Klausur ist, wie Sie den vorgenannten *Beispielsfällen* entnehmen können, mithin vieles vertretbar. Wichtig ist, dass Sie unter Abwägung der am Strafzweck der Norm orientierten **Erforderlichkeit** einerseits und der **Zumutbarkeit** für den Täter andererseits argumentieren. Grundsätzlich gilt: **je höher der Schaden** ist, **desto länger ist die Wartezeit.**

Sobald feststellungsbereite Personen am Unfallort eintreffen, leben die Pflichten aus Abs. 1 Nr. 1 wieder auf.

4. Tathandlung gem. § 142 Abs. 2

140 War keine feststellungsbereite Person vor Ort und hat der Täter eine angemessene Zeit gewartet, so kann er sich vom Unfallort entfernen. Eine Strafbarkeit gem. § 142 Abs. 1 kommt nicht in Betracht. Er ist in diesem Fall jedoch verpflichtet, gem. § 142 die Feststellungen unverzüglich nachzuholen. Abs. 2 normiert dementsprechend eine **Nachholpflicht** des Täters.

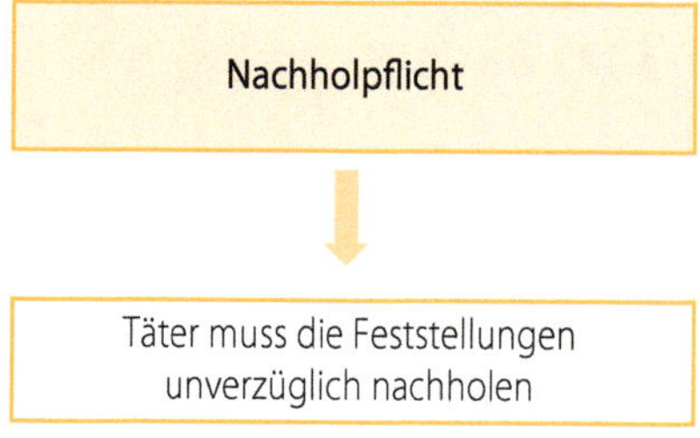

Diese Nachholpflicht besteht auch, wenn der Täter sich gem. § 142 Abs. 1 Nr. 2 **berechtigt oder entschuldigt** vom Unfallort entfernt hat.

155 *Jäger* Strafrecht BT Rn. 720.
156 Vgl. *Fischer* § 142 Rn. 36 m.w.N.

Ein **berechtigtes Sich-Entfernen** liegt vor, wenn der Täter sich auf einen Rechtfertigungsgrund berufen kann.

141 Die **rechtfertigende Einwilligung** kommt hierbei nicht in Betracht. Ist nämlich der Unfallgegner damit einverstanden, dass der Täter sich vom Unfallort entfernt, so z.B. weil beide übereingekommen sind, den jeweiligen Bagatellschaden an den Fahrzeugen selbst zu begleichen, so besteht schon **kein Feststellungsinteresse des Unfallbeteiligten**, welches der Täter verletzen könnte. Aus diesem Grund wird das Einverstandensein des Unfallbeteiligten schon auf Tatbestandsebene als **tatbestandsausschließendes Einverständnis** relevant.[157] Denkbar ist jedoch eine Rechtfertigung nach § 34, wenn entweder der Täter selbst oder ein Dritter bei dem Unfall verletzt wurde und der Täter das nächstgelegene Krankenhaus aufsucht, um die erforderliche ärztliche Versorgung zu erhalten.

142 Desgleichen besteht eine Nachholpflicht, wenn der Täter sich **entschuldigt** vom Unfallort entfernt hat. Dies kommt gem. § 35 immer dann in Betracht, wenn der Täter am Unfallort ernstlich bedroht wird (Nötigungsnotstand).

» Sollten Sie sich an dieser Stelle fragen, warum der Täter bei einem Nötigungsnotstand nicht gem. § 34 gerechtfertigt ist, dann sollten Sie dies zum Anlass nehmen, die Voraussetzungen des § 34 zu wiederholen. Es fehlt beim Nötigungsnotstand an der Angemessenheit des Täterverhaltens, was im Skript „Strafrecht AT I" erörtert wird. **«**

143 Ein häufiges **Klausurproblem** ist das **unvorsätzliche Entfernen** vom Unfallort.

Beispiel Der sich in der Examensvorbereitung befindende, schwer gestresste Jurastudent J streift beim Ausparken mit seinem Landrover den Sportwagen der S. Es kommt zu einem nicht unerheblichen Sachschaden am linken hinteren Kotflügel bei dem Fahrzeug der S. Da J jedoch gedanklich ganz bei dem bevorstehenden Examen ist, bemerkt er diesen Unfall nicht und fährt nach Hause. Dort jedoch stellt er zu seinem großen Erstaunen fest, dass auch an seinem Fahrzeug ein Schaden am vorderen rechten Kotflügel entstanden ist, der nach seiner festen Überzeugung am Vormittag noch nicht vorhanden war. Er überdenkt das Geschehen der letzten Stunden und kommt zu dem Schluss, dass er beim Ausparken ein leichtes Ruckeln vernommen hat, dem er jedoch keine Bedeutung beigemessen hat. Er führt dieses Ruckeln zutreffend auf eine Kollision mit einem Fahrzeug zurück. Da er jedoch keinen Ärger mit der Polizei haben möchte, beschließt er, die Sache auf sich beruhen zu lassen.

In der Klausur könnten Sie zunächst eine Strafbarkeit gem. § 142 Abs. 1 Nr. 2 prüfen. Der objektive Tatbestand liegt unproblematisch vor. Beim subjektiven Tatbestand müssten Sie jedoch einen Irrtum gem. § 16 Abs. 1 annehmen, da J nicht bekannt war, dass es einen Unfall im Straßenverkehr gegeben hat, an welchem er als Unfallbeteiligter mitgewirkt hat.

Sie müssten dann eine Strafbarkeit gem. § 142 Abs. 2 prüfen. Fraglich ist jedoch, ob die entsprechenden Voraussetzungen vorliegen. J hat sich weder nach Ablauf der Wartefrist gem. § 142 Abs. 2 Nr. 1 noch berechtigt oder entschuldigt gem. § 142 Abs. 2 Nr. 2 vom Unfallort entfernt. ■

144 Der **BGH** hat in der Vergangenheit das unvorsätzliche Entfernen vom Unfallort dem entschuldigten und berechtigten Entfernen gleichgestellt. Voraussetzung ist, dass der Unfallbeteiligte in **räumlichem und zeitlichem Zusammenhang** von dem Unfall Kenntnis erlangt hat. Der *BGH* hat darauf hingewiesen, dass der Begriff „entschuldigt" nicht im dogmatischen Sinn zu verstehen, sondern nach dem Sinn und Zweck des Gesetzes auszulegen sei.[158]

157 *Fischer* § 142 Rn. 30 ff.
158 BGHSt 28, 129.

145 Die **Literatur** lehnt diese Auffassung überwiegend ab. Begründet wird dies damit, dass der *BGH* entgegen dem Wortlaut argumentiere, wodurch die Auslegung des *BGH* eine verbotene Analogie darstelle.[159]

Dieser Auffassung hat sich inzwischen das **BVerfG** angeschlossen[160], so dass damit die Rechtsprechung des *BGH* als überholt angesehen werden kann.

Das **BVerfG**[161] hat obiter dictu gleichzeitig als Ausweg angeboten, den **Unfallort auszuweiten**. Demnach könne zum Unfallort auch der Ort gehören, an welchem ein Täter, der sich unvorsätzlich vom originären Ort entfernt hat, feststellt, dass sich zuvor ein Unfall ereignet haben könnte. Diese Auffassung ist aber in der Literatur und Rechtsprechung auf Ablehnung gestoßen.[162] Sie würde zu einer vom Gesetz nicht geforderten Rückkehrpflicht führen.[163]

146 Der Täter kommt seiner Nachholpflicht nach, wenn er entsprechend **§ 142 Abs. 3 S. 1** vorgeht. Zu beachten ist, dass Abs. 3 nur beispielhaft die Möglichkeiten der Nachholung benennt. Sofern der Täter den Berechtigten benachrichtigt hat oder eine nahe gelegene Polizeidienststelle über den Unfallhergang in Kenntnis gesetzt hat, hat er jedenfalls die Minimalvoraussetzungen seiner Nachholpflicht erfüllt, so dass eine Strafbarkeit nicht mehr in Betracht kommt. Bezüglich der verschiedenen Möglichkeiten kommt dem Täter nach überwiegender Auffassung ein **Wahlrecht** zu.[164]

147 Wichtig ist jedoch, dass der Täter die Feststellungen **unverzüglich** nachholt. Diese Unverzüglichkeit liegt vor, wenn der Täter ohne vorwerfbares Zögern handelt.[165] Nach dem Gebot der Unverzüglichkeit richtet sich auch die Wahl der Mittel. Sollte der Täter zunächst versuchen, den Geschädigten zu erreichen, so kann er sich nicht zurücklehnen, wenn er ohne Erfolg geblieben ist. Es besteht dann die Verpflichtung, die nächstgelegene Polizeidienststelle aufzusuchen, um die erforderlichen Angaben zu machen.

III. Subjektiver Tatbestand

148 Der Täter muss bezüglich der Verwirklichung des objektiven Tatbestandes vorsätzlich handeln, wobei **dolus eventualis** ausreicht. Weiß er, wie im obigen *Beispielsfall* dargestellt, nicht, dass sich ein Unfall ereignet hat, so unterliegt er einem Irrtum gem. § 16 Abs. 1.

IV. Rechtswidrigkeit und Schuld

149 Es gibt keine deliktsspezifischen Besonderheiten, so dass die allgemeinen Grundsätze gelten.

159 *Lackner/Kühl-Heger* § 142 Rn. 25.
160 *BVerfG* NJW 2007, 1666.
161 *BVerfG* NJW 2007, 1666.
162 *Küper/Zopfs* Strafrecht BT Rn. 513; *BGH* NZV 2011, 20.
163 Schönke/Schröder-*Sternberg-Lieben* § 142 Rn. 42.
164 BGHSt 29, 138.
165 *Wessels/Hettinger/Engländer* Strafrecht BT 1 Rn. 1025.

V. Tätige Reue gem. § 142 Abs. 4 StGB

§ 142 Abs. 4 sieht eine Milderung der Strafe bzw. das Absehen von Strafe vor, wenn der Unfallbeteiligte **innerhalb von 24 Stunden** nach einem **Unfall außerhalb des fließenden Verkehrs** freiwillig die **Feststellungen nachträglich ermöglicht**, sofern ein nur **unbedeutender Sachschaden** (Grenze bei ca. 800 € bis 1000 €[166]) entstanden ist. Erfasst werden vor allem Unfälle, durch die parkende Fahrzeuge beschädigt werden. **150**

VI. Täterschaft und Teilnahme

Wie bereits eingangs ausgeführt, ist § 142 ein **Sonderdelikt.** Täter, Mittäter und mittelbare Täter kann mithin nur derjenige sein, der Unfallbeteiligter ist. **151**

Anstiftung und Beihilfe sind nach den allgemeinen Regeln möglich. Nach h.M. ist **§ 28 Abs. 1** auf den Teilnehmer **nicht anwendbar,** da die **Unfallbeteiligung** nicht als besonderes persönliches Merkmal angesehen wird.[167]

VII. Konkurrenzen

Aufgrund der Systematik des § 142 schließen sich die Abs. 1 und 2 wechselseitig aus. **152**

Da der Unfall zumeist als Zäsur angesehen wird, besteht **Tatmehrheit** mit §§ 315b und c, 316, 229 und 222. **Idealkonkurrenz** kann angenommen werden mit § 323c, wenn der Täter sich vom Unfallort entfernt, ohne sich um das Unfallopfer zu kümmern. Möglich ist in diesem Fall auch die Verwirklichung eines Tötungsdeliktes durch Unterlassen, wenn der Täter durch den Unfall garantenpflichtig geworden ist.

Online-Wissens-Check

Unter welchen Voraussetzungen wird das Zufahren auf einen Polizisten als „Eingriff" gem. § 315b Abs. 1 Nr. 3 gewertet?

Überprüfen Sie jetzt online Ihr Wissen zu den in diesem Abschnitt erarbeiteten Themen. Unter **www.juracademy.de/skripte/login** steht Ihnen ein Online-Wissens-Check speziell zu diesem Skript zur Verfügung, den Sie kostenlos nutzen können. Den Zugangscode hierzu finden Sie auf der Codeseite.

166 *Jäger* Strafrecht BT Rn. 728; sogar bis 1300 €: Schönke/Schröder-*Sternberg-Lieben* § 142 Rn. 88b.
167 *Fischer* § 142 Rn. 66 m.w.N.

H. Übungsfall Nr. 1

153 „Willi sieht rot“[168]

Willi Wüst (W) betritt freitags nachmittags nach seiner Schicht in ausgesprochen schlechter Stimmung seine Stammkneipe und legt sich nach einigen getrunkenen Kölsch mit jedem an, der sich ihm nähert. Sein Kumpel F begleitet ihn schließlich mit beschwichtigenden Worten nach draußen und versucht, ihn in ein Taxi zu manövrieren. Darüber gerät der aggressiv gestimmte W allerdings nur noch mehr in Rage, setzt sich trotzig mit zu diesem Zeitpunkt 1,4 Promille in sein Fahrzeug, obgleich er weiß, dass er nicht mehr fahrtüchtig ist, und fährt, ohne in seinem wütenden Zustand in den Rückspiegel zu sehen, rückwärts. Dabei erwischt er versehentlich den F, der gerade wieder dabei ist, sich in die Kneipe zu begeben, am Knie. F fällt mit erheblichen Verletzungen zu Boden. W nimmt ein Geräusch am Heck wahr, stellt nach einem Blick in den Rückspiegel fest, dass er F angefahren hat, beginnt aber gleichwohl, vorwärts zu fahren, um abzuhauen. Er wird dabei aber von den mittlerweile vor der Kneipe eingetroffenen X und Y gestoppt, die, indem sie sich vor das Fahrzeug stellen, versuchen wollen, den W an der Weiterfahrt zu hindern. W drängt X und Y, langsam nach vorne fahrend, bis an die Mauer, legt nunmehr erneut den Rückwärtsgang ein und fährt, vor Wut bebend und durch den Alkohol entfesselt auf den noch immer am Boden liegenden F zu. Dessen Tötung billigend in Kauf nehmend, überfährt er F mit seinem Fahrzeug, wobei F ca. 15 Meter mitgeschleift wird. Danach rast W mit seinem Fahrzeug nach Hause. Der bewusstlose F verstirbt infolge der Verletzungen noch an der Unfallstelle.

Wie hat sich W strafbar gemacht? (Eventuell erforderliche Anträge sind gestellt)

154 **Lösung**

Erster Handlungsabschnitt: Versehentliches Anfahren des F

I. Strafbarkeit gemäß § 315c Abs. 1 Nr. 1a i.V.m. Abs. 3 Nr. 1

W könnte sich wegen Gefährdung des Straßenverkehrs gemäß §§ 315c Abs. 1 Nr. 1a i.V.m. Abs. 3 Nr. 1 strafbar gemacht haben, indem er zurücksetzte und dabei versehentlich F anfuhr.

Voraussetzung dafür ist zunächst, dass W alkoholbedingt nicht in der Lage war, das Fahrzeug sicher zu führen.

W wies zum Tatzeitpunkt einen BAK-Wert von 1,4 Promille auf und war damit absolut fahruntüchtig, als er sein Fahrzeug rückwärts setzte.

Des Weiteren müsste er dadurch Leib oder Leben eines anderen Menschen oder eine fremde Sache von bedeutendem Wert gefährdet haben. In Betracht kommt vorliegend die körperliche Unversehrtheit des F, die W durch das Zurücksetzen nicht nur gefährdet, sondern auch verletzt hat. Fraglich ist jedoch, ob diese

168 Fall nach *BGH*-Entscheidung vom 9.10.2003, 4 StR 127/03, abrufbar unter www.bundesgerichtshof.de.

Gefährdung auf der Fahruntüchtigkeit beruhte. Wie sich aus dem Wort „dadurch" ergibt, ist sowohl eine Kausalität als auch ein gefahrspezifischer Unmittelbarkeitszusammenhang zwischen der Fahruntüchtigkeit und der verursachten Gefahr notwendig, d.h. die Gefahr für Leib oder Leben oder eine Sache von bedeutendem Wert muss gerade durch die Fahruntüchtigkeit hervorgerufen worden sein. Vorliegend sind allerdings keine Anhaltspunkte dafür ersichtlich, dass W infolge der Fahruntüchtigkeit unaufmerksam war und F übersehen hat. Ursächlich dürfte vielmehr der aufgebrachte, emotionale Zustand des W gewesen sein. Somit fehlt es an einem gefahrspezifischen Zusammenhang zwischen der Alkoholisierung und der konkreten Gefahr.

Der objektive Tatbestand des § 315c Abs. 1 Nr. 1a ist damit nicht verwirklicht. Eine Strafbarkeit scheidet aus.

II. Strafbarkeit gemäß § 316 Abs. 1

W hat sich jedoch gemäß § 316 Abs. 1 strafbar gemacht, indem er in alkoholisiertem Zustand mit 1,4 Promille sein Fahrzeug führte. Da ihm die Fahruntüchtigkeit bewusst war, liegt eine vorsätzliche Verwirklichung nach § 316 Abs. 1 vor.

III. Strafbarkeit gemäß § 229

W könnte sich darüber hinaus wegen fahrlässiger Körperverletzung strafbar gemacht haben, indem er F ohne in den Spiegel zu sehen rückwärts anfuhr.

1. Tatbestand

Das Anfahren stellt die tatbestandliche Handlung dar, die kausal den Körperverletzungserfolg, nämlich die Verletzungen des F am Knie herbeigeführt hat. Dieses Anfahren hat auch ein rechtlich relevantes Risiko verursacht, welches sich in tatbestandstypischer Weise im Erfolg niedergeschlagen hat. Die objektive Zurechnung ist mithin ebenfalls gegeben.

W müsste darüber hinaus fahrlässig gehandelt haben. Fahrlässig handelt, wer die im Verkehr erforderliche Sorgfalt bei objektiver Vorhersehbarkeit des tatbestandlichen Erfolges außer Acht lässt. W hat mit seinem Fahrzeug zurückgesetzt, ohne sich zuvor und währenddessen durch Blicke in den Rück- und Seitenspiegel zu vergewissern, ob jemand hinter seinem Fahrzeug steht. Dies stellt ein sorgfaltspflichtwidriges Verhalten dar. Dabei ist es objektiv vorhersehbar, dass bei einem derartigen, „blinden" Zurücksetzen sich hinter dem Fahrzeug befindende Personen übersehen und angefahren werden. Die Fahrlässigkeit ist damit ebenfalls zu bejahen.

Der Tatbestand ist verwirklicht.

2. Rechtswidrigkeit und Schuld

Entschuldigungs- sowie Rechtfertigungsgründe sind nicht ersichtlich. Mit 1,4 Promille war W weder schuldunfähig gem. § 20 noch vermindert schuldfähig gem. § 21.

Zudem war es für W in seiner konkreten Situation subjektiv vorhersehbar und auch möglich, mit der objektiv definierten Sorgfaltsgemäßheit im Straßenverkehr sein Fahrzeug zu führen.

W hat sich damit gemäß § 229 strafbar gemacht.

Zweiter Handlungsabschnitt: Zurückdrängen von X und Y

I. Strafbarkeit gemäß § 315c Abs. 1 Nr. 1a

Eine Strafbarkeit gemäß § 315c Abs. 1 Nr. 1a scheidet auch hier aus, da sich nicht die in der Alkoholisierung liegende Gefährlichkeit realisiert hat.

II. Strafbarkeit gemäß § 316

W hat jedoch durch das weitere, alkoholisierte Fahren nach dem Unfall, der eine Zäsur darstellt, wiederum § 316 verwirklicht.

III. Strafbarkeit gemäß § 315b Abs. 1 Nr. 3

W könnte sich wegen eines gefährlichen Eingriffs in den Straßenverkehr strafbar gemacht haben, indem er X und Y zurückdrängte.

Voraussetzung dafür ist, dass W gemäß § 315b Abs. 1 Nr. 3 einen ähnlichen, ebenso gefährlichen Eingriff vornimmt und dadurch Leib oder Leben eines anderen Menschen oder fremde Sachen von bedeutendem Wert konkret gefährdet.

Das Zurückdrängen mit dem Fahrzeug könnte einen solchen ähnlichen, ebenso gefährlichen Eingriff darstellen. Allerdings ist zu beachten, dass § 315b grundsätzlich nur Eingriffe erfasst, die von außen in den Straßenverkehr hineinwirken. Angriffe auf das geschützte Rechtsgut der Sicherheit des Straßenverkehrs und der Verkehrsteilnehmer, die aus dem Verkehr selbst heraus kommen, werden über § 315c pönalisiert. Nur ausnahmsweise wird ein solcher, eigentlich aus dem Straßenverkehr heraus kommender Angriff als ein Eingriff von außen in den Straßenverkehr betrachtet. Voraussetzung dafür ist, dass der Täter sein Fahrzeug bewusst zweckentfremdet und dass diese Zweckentfremdung mit Schädigungsvorsatz geschieht.[169] Zwar hat W sein Fahrzeug hier gegenüber X und Y als Nötigungsmittel eingesetzt. Ihm kann jedoch kein Schädigungsvorsatz unterstellt werden, da er langsam auf X und Y zufuhr und damit eine Schädigung gerade vermied.

Eine Strafbarkeit gemäß § 315b kommt damit nicht in Betracht.

IV. Strafbarkeit gemäß §§ 223, 224 Abs. 1 Nr. 2 und 5, 22, 23

Auch eine Strafbarkeit wegen versuchter, gefährlicher Körperverletzung gemäß §§ 223, 224 Abs. 1 Nr. 2 und 5 kommt nicht in Betracht, da auch insoweit dem W kein Körperverletzungsvorsatz nachgewiesen werden kann.

V. Strafbarkeit gemäß § 240

W könnte sich wegen einer Nötigung gemäß § 240 strafbar gemacht haben, indem er X und Y mit seinem Fahrzeug zurückdrängte.

1. Objektiver Tatbestand

Dann müsste W Gewalt oder Drohung mit einem empfindlichen Übel angewendet haben. Vorliegend kommt Gewalt in Form der vis compulsiva in Betracht. Unter Gewalt wird der physisch vermittelte Zwang zur Überwindung eines geleisteten oder erwarteten Widerstandes als gegenwärtiges Übel verstanden.[170]

Mittels seines Fahrzeuges übt W auf X und Y einen physischen Zwang aus, der X und Y dazu bewegt, sich in Fahrtrichtung des Wagens rückwärts zur Wand hin zu bewegen. Damit liegt Gewalt in Form der vis compulsiva vor.

Des Weiteren ist erforderlich, dass X und Y durch diese Gewalt zu einem Handeln, Dulden oder Unterlassen veranlasst wurden. Vorliegend sind X und Y zu einer Bewegung, nämlich dem Zurückweichen und damit einem Handeln veranlasst worden. Diese Handlung beruhte auch kausal auf dem Einsatz des Nötigungsmittels. Auch bestehen keine Bedenken hinsichtlich der objektiven Zurechnung, so dass der objektive Tatbestand verwirklicht ist.

W handelte insoweit auch wissend und willentlich. Der Vorsatz ist damit ebenfalls gegeben.

2. Rechtswidrigkeit

W könnte gemäß § 32 gerechtfertigt sein. Voraussetzung dafür wäre zunächst das Bestehen einer Notwehrlage, die in einem gegenwärtigen, rechtswidrigen Angriff besteht. Vorliegend haben X und Y sich vor das Auto des W gestellt, um ihn so an der Weiterfahrt zu hindern. Dies stellt einen Angriff auf dessen Willensbetätigungsfreiheit dar. Dieser Angriff war auch gegenwärtig. Fraglich ist jedoch, ob dieser Angriff rechtswidrig war. Es könnte daran gedacht werden, dass X und Y ihrerseits gemäß § 127 Abs. 1 StPO gerechtfertigt waren.

Voraussetzung für diese Rechtfertigung wäre zunächst das Vorliegen einer Tat i.S.d. § 127 Abs. 1 StPO. Teilweise wird unter diesem Begriff eine tatsächlich begangene Straftat verstanden. Teilweise wird es als ausreichend angesehen, dass ein dringender Verdacht bezüglich einer derartigen Straftat besteht. Dieser Streit kann vorliegend dahingestellt bleiben, da W durch das Zurücksetzen mit seinem Fahrzeug, wie oben festgestellt, eine Straftat nach § 316 und eine weitere Straftat gemäß § 229 begangen hat.

Darüber hinaus müsste W der Flucht verdächtig sein. Da W den Vorwärtsgang einlegte und

169 *BGH* Entscheidung vom 20.2.2003, 4 StR 228/02, abrufbar unter www.bundesgerichtshof.de.
170 *Fischer* § 240 Rn. 8.

keine Anstalten machte, am Tatort zu bleiben, war W der Flucht verdächtig. Die objektiven Voraussetzungen des Festnahmerechts liegen damit vor. X und Y durften somit den W an der Weiterfahrt hindern und in seine Willensbetätigungsfreiheit eingreifen. Damit lag kein rechtswidriger Angriff von X und Y auf W vor. Die objektiven Voraussetzungen der Notwehrlage sind damit nicht gegeben. Eine Rechtfertigung des W scheidet damit aus.

Darüber hinaus ist bei § 240 gemäß Abs. 2 die Rechtswidrigkeit positiv festzustellen. Diese ist gegeben, wenn entweder das Mittel, der Zweck oder die Relation zwischen beiden als verwerflich angesehen werden kann. Hier stellt schon das Zufahren auf X und Y mit einem Kraftfahrzeug ein Mittel dar, welches bei sozialethischer Bewertung als verwerflich angesehen werden kann. Darüber hinaus ist auch der Zweck, nämlich die Erzwingung der Freigabe des Weges, verwerflich.

Die Rechtswidrigkeit ist damit gegeben.

Da auch Entschuldigungsgründe nicht ersichtlich sind, W mit 1,4 Promille auch schuldfähig ist, hat W sich gemäß § 240 strafbar gemacht.

VI. Strafbarkeit gemäß § 142 Abs. 1 Nr. 1

W hat sich durch das Zurückdrängen von X und Y noch nicht vom Unfallort entfernt. Eine Strafbarkeit gem. § 142 Abs. 1 Nr. 1 scheidet damit aus. Der Versuch ist nicht strafbar.

Dritter Handlungsabschnitt: Überfahren des F

I. Strafbarkeit gemäß §§ 212, 211

W könnte sich wegen Mordes gem. §§ 212, 211 StGB an F strafbar gemacht haben, indem er ihn überfuhr.

1. Objektiver Tatbestand

Das Überfahren hat zunächst kausal und objektiv zurechenbar den Tod des F verursacht.

Als Mordmerkmal der 2. Gruppe kommt eine „grausame" Tötung in Betracht. Grausam tötet, wer seinem Opfer in gefühlloser und unbarmherziger Gesinnung Schmerzen und Qualen körperlicher oder seelischer Art zufügt, die nach Stärke oder Dauer über das für die Tötung erforderliche Maß hinausgehen.[171] W hat vorliegend den F mit dem Fahrzeug überfahren, wobei F noch ganze 15 Meter mitgeschleift wurde. Es kann davon ausgegangen werden, dass F Schmerzen nicht unerheblicher Art erleiden musste. Da jedoch jede Tötung mit Schmerzen verbunden ist, muss die Grausamkeit erheblich über das Normalmaß der Schmerzzufügung hinausgehen. Dies erscheint vorliegend fraglich. Darüber hinaus muss der Täter subjektiv in besonders gefühlloser und unbarmherziger Gesinnung gehandelt haben. Die Tat des W war jedoch von einer unbeherrschten und durch den Alkohol entfesselten Wut gekennzeichnet. Es kann nicht davon ausgegangen werden, dass es ihm gerade auf eine übermäßige Schmerzzufügung gegenüber dem F ankam. Das Mordmerkmal der Grausamkeit muss mithin verneint werden.[172]

Eine Tötung mit gemeingefährlichen Mitteln kommt vorliegend nicht in Betracht, da W nur auf eine einzelne Person zugefahren ist, ohne andere Personen dabei zu gefährden.

2. Subjektiver Tatbestand

W handelte mit Wissen und Wollen und damit vorsätzlich.

Fraglich ist, ob W zur Verdeckung einer Straftat gehandelt hat. In Betracht kommen könnte hier die Tat gemäß § 229 an F sowie das alkoholisierte Fahren gemäß § 316. Da F mit W bekannt war, hätte es jedoch zur Verdeckung dieser Straftaten zwingend des Todes des F bedurft. W hätte mithin zumindest mit dolus directus 2. Grades in Bezug auf den Tod des F handeln müssen. Vorliegend lag bei W jedoch nur dolus eventualis vor. Damit kann ihm eine Verdeckungsabsicht nicht unterstellt werden.

Schließlich könnte noch daran gedacht werden, dass W aus niedrigen Beweggründen gehandelt hat. Die Tat war durch übermäßige Wut gekennzeichnet. Wut ist grundsätzlich geeignet, einen niedrigen Beweggrund darzustellen, wenn sie auf niedrigen Motiven beruht. Ob ein Beweggrund nach allgemeiner

171 BGHSt 3, 180, 264; 37, 40.

172 Vgl. dazu auch *BGH* 4 StR 127/03 a.a.O.

sittlicher Wertung auf tiefster Stufe steht, ist aufgrund einer Gesamtwürdigung, welche die Umstände der Tat, die Lebensverhältnisse des Täters und seine Persönlichkeit einschließen, zu beurteilen.[173] Vorliegend ist W ohne nachvollziehbaren Anlass ausgerastet. Diese Wut wurde zwar durch das Verhalten von X und Y gesteigert und durch den Alkoholgenuss enthemmt. Sie stellt gleichwohl eine Gefühlsregung dar, die durch hemmungslose Eigensucht gekennzeichnet ist. Auf der anderen Seite ist zu berücksichtigen, dass W den Entschluss, F zu überfahren, spontan aus der Situation heraus gefasst haben dürfte. Zwar schließt ein spontaner Tötungsentschluss niedrige Beweggründe nicht von vorneherein aus. Es bedarf dann jedoch einer dezidierten Feststellung der Einstellung des Täters zu seiner Vorgehensweise. Erforderlich ist nämlich, dass sich der Täter der Niedrigkeit seiner Motivation bewusst ist, wobei es nicht nötig ist, dass er selbst diese Motivation als niedrig einstuft. Er muss jedoch im Einzelnen sich der Umstände bewusst sein, die seine Motivation als niedrig ausmachen. Die Umstände, die zu einer derartigen Bewertung führen, müssen dem Täter bekannt und als sittlich besonders anstößig seiner Einsicht zugänglich gewesen sein. In einem vergleichbaren Fall hat der *BGH* die Ablehnung der niedrigen Beweggründe ausdrücklich gebilligt.[174] Da W sein Fahrzeug durch eine Wut bedingte Kurzschlusshandlung in Bewegung setzte, kann davon ausgegangen werden, dass seine Steuerungsfähigkeit durch die Wut und die alkoholische Enthemmung beeinträchtigt war. Infolgedessen kann zugunsten des W angenommen werden, dass er sich der Niedrigkeit seiner Beweggründe nicht bewusst war. (Andere Ansicht selbstverständlich vertretbar.)

Damit können auch niedrige Beweggründe nicht angenommen werden. Weitere Mordmerkmale kommen nicht in Betracht.

W hat damit nur den Tatbestand des Totschlags gem. § 212 verwirklicht.

173 *BGH* 4 StR 127/03 a.a.O.
174 *BGH* 4 StR 127/03 a.a.O.

3. Rechtswidrigkeit und Schuld

Rechtfertigungs- und Schuldausschließungsgründe sind nicht ersichtlich.

W hat sich damit eines Totschlags gemäß § 212 schuldig gemacht.

II. Strafbarkeit gemäß § 315c Abs. 1 Nr. 1a

Auch eine Strafbarkeit gemäß § 315c Abs. 1 Nr. 1a kommt nicht in Betracht.

Zwar hat W auch zu diesem Zeitpunkt noch alkoholisiert ein Fahrzeug geführt und war damit fahruntüchtig. Erneut hat sich jedoch die aus der Fahruntüchtigkeit resultierende Gefährlichkeit nicht in der tatsächlichen Verletzung niedergeschlagen. Etwas anderes ergibt sich auch nicht, wenn man berücksichtigt, dass der Alkohol eventuell zu einer Enthemmung geführt hat. Dies ist nur für die Motivation der Tat von Bedeutung. Ausschlaggebend war in erster Linie die sicherlich durch den Alkohol angeheizte Wut. Es hat sich in der Tat somit nicht die im alkoholisierten Fahren liegende Gefährlichkeit realisiert. (Dies wäre der Fall gewesen, wenn W infolge der Alkoholisierung die Kontrolle über das Steuer verloren und F überfahren hätte.)

III. Strafbarkeit gemäß § 315b Abs. 1 Nr. 3

W könnte sich jedoch gem. § 315b Abs. 1 Nr. 3 wegen eines vorsätzlichen gefährlichen Eingriffs in den Straßenverkehr strafbar gemacht haben, indem er F überfuhr.

1. Tatbestand

Dann müsste W einen ähnlichen, ebenso gefährlichen Eingriff vorgenommen haben. In Betracht kommt vorliegend das Überfahren des F. Zwar stellt auch dieses Überfahren wiederum einen eigentlich aus dem Straßenverkehr heraus kommenden Eingriff und damit eine mögliche Tathandlung nach § 315c dar. Allerdings hat diesmal W sein Fahrzeug bewusst als Tötungsinstrument zweckentfremdet. Diese Zweckentfremdung geschah auch in verkehrsfeindlicher Absicht. Da W den Tod des F billigend in Kauf nahm, lag auch der erforderliche Schädigungsvorsatz vor.

JURIQ-Klausurtipp

Wie Sie merken, werden hier im Rahmen des objektiven Tatbestandes subjektive Komponenten geprüft. Eine Differenzierung zwischen der objektiven Pervertierung des Fahrzeuges einerseits, welche im objektiven Tatbestand geprüft werden muss, und der Pervertierungsabsicht andererseits, welche im subjektiven Tatbestand geprüft werden könnte, erscheint jedoch wenig zweckdienlich, da im Rahmen des objektiven Tatbestandes die Abgrenzung zwischen § 315b und 315c vorgenommen werden muss.

Durch diesen ähnlichen, ebenso gefährlichen Eingriff müsste W zum einen die Sicherheit des Straßenverkehrs beeinträchtigt haben und darüber hinaus eine konkrete Gefahr für Leib oder Leben eines anderen Menschen geschaffen haben. Da der Unfall sich im öffentlichen Straßenverkehrsraum ereignete, liegt die Gefährdung des Straßenverkehrs vor. Eine Gefahr für Leib oder Leben eines anderen Menschen hat sich in der Verletzung des F realisiert, so dass auch diese Gefährdung angenommen werden kann. Beide Gefahren beruhten sowohl kausal als auch unmittelbar auf dem gefährlichen Eingriff. Der objektive Tatbestand ist damit verwirklicht.

2. Subjektiver Tatbestand

W handelte auch mit Wissen und Wollen und insoweit vorsätzlich.

3. Rechtswidrigkeit und Schuld

Rechtfertigungs- und Entschuldigungsgründe sind nicht ersichtlich. W hat sich damit gemäß § 315b Abs. 1 Nr. 3 strafbar gemacht.

Vierter Handlungsabschnitt: Wegfahren

I. Strafbarkeit gemäß § 316

Da das Überfahren des F erneut als eine Zäsur im Gesamtgeschehen angesehen werden kann, stellt die nachfolgende Weiterfahrt eine erneute Strafbarkeit gemäß § 316 dar.

II. Strafbarkeit gemäß § 142 Abs. 1 Nr. 2

Darüber hinaus könnte sich W gemäß § 142 Abs. 1 Nr. 2 strafbar gemacht haben, indem er den Unfallort verließ.

1. Objektiver Tatbestand

Dann müsste sich zunächst ein Unfall im Straßenverkehr ereignet haben. Ein Unfall ist jedes plötzlich eintretende Ereignis, das mit den Gefahren des Straßenverkehrs in Zusammenhang steht. Fraglich ist, ob die vorsätzliche Tötung des F als ein solcher Unfall angesehen werden kann. Teilweise wird ein Unfall bei vorsätzlicher Verletzung verneint. Indes kann diese Auseinandersetzung mit den verschiedenen juristischen Auffassungen dahingestellt bleiben, da jedenfalls das vorangegangene fahrlässige Überfahren des F einen solchen Unfall darstellt.

Gemäß § 142 Abs. 5 ist W auch Unfallbeteiligter, da er durch das Überfahren zum Unfall beigetragen hat.

W hat sich, indem er wegfuhr, vom Unfallort entfernt. Denkbar wäre zunächst, dass er sich dadurch gemäß § 142 Abs. 1 Nr. 1 strafbar gemacht hat, indem er die Feststellung seiner Beteiligung nicht ermöglicht hat. Voraussetzung dafür ist jedoch, dass feststellungsbereite Personen anwesend sind. Der F war jedoch infolge des Unfalls bewusstlos und damit nicht feststellungsbereit. Ob X und Y als feststellungsbereite Personen angesehen werden können, ist fraglich. Das wäre dann der Fall, wenn davon ausgegangen werden kann, dass sie die Angaben an F weiter leiten. Da jedoch nicht ersichtlich ist, in welchem Verhältnis beide zu F stehen, muss dies verneint werden (a.A. selbstverständlich vertretbar).

Andere, feststellungsbereite Personen waren nicht anwesend. Aufgrund dessen hätte W gem. Abs. 1 Nr. 2 warten müssen bis zum Eintreffen feststellungsbereiter Personen. Jedenfalls die Polizei wird als feststellungsbereite Person angesehen. Dieser Wartepflicht ist W nicht nachgekommen, da er sich unverzüglich von der Unfallstelle entfernt hat.

Der objektive Tatbestand ist damit verwirklicht.

2. Subjektiver Tatbestand

W handelte auch wissend und willentlich, so dass Vorsatz gegeben ist.

3. Rechtswidrigkeit und Schuld

Rechtfertigungs- und Entschuldigungsgründe sind nicht ersichtlich.

W hat sich damit gemäß § 142 Abs. 1 Nr. 2 strafbar gemacht.

Gesamtergebnis

F hat sich gem. § 229 in Tateinheit mit § 316 strafbar gemacht. Tatmehrheitlich dazu hat er die zueinander in Tateinheit stehenden § 240 und § 316 verwirklicht (hier könnten Sie mit entsprechender Begründung auch Tateinheit annehmen).

In Tatmehrheit dazu hat er die §§ 212 und 315b Abs. 1 Nr. 3 verwirklicht, die zueinander in Tateinheit stehen.

Da der Unfall eine Zäsur darstellt, hat er sich weiter tatmehrheitlich dazu gem. §§ 316 und 142 Abs. 1 Nr. 2 strafbar gemacht, die zueinander wiederum in Tateinheit stehen.

3. Teil
Brandstiftungsdelikte

A. Überblick

Die Brandstiftungsdelikte zählen zu den gemeingefährlichen Straftaten und sind im 28. Abschnitt des StGB in §§ 306 bis 306f geregelt. Die **geschützten Rechtsgüter** differieren innerhalb der jeweiligen Normen. So wird **§ 306** als Spezialfall der Sachbeschädigung angesehen, so dass das geschützte Rechtsgut das **Eigentum** ist. Bei **§ 306a Abs. 2** muss durch die Brandlegung ein anderer Mensch in die Gefahr einer Gesundheitsschädigung gebracht worden sein, so dass geschütztes Rechtsgut **auch** die **körperliche Integrität** ist. Den Brandstiftungsdelikten gemein ist jedoch, dass sie durch die Verwendung des Tatmittels „Feuer" und die sich daraus ergebende **Gefährlichkeit für die Allgemeinheit** geprägt sind.[1] Die Brandstiftungsdelikte mögen auf den ersten Blick verwirrend sein. Beim genauen Lesen ergibt sich jedoch folgende, systematische Struktur: 155

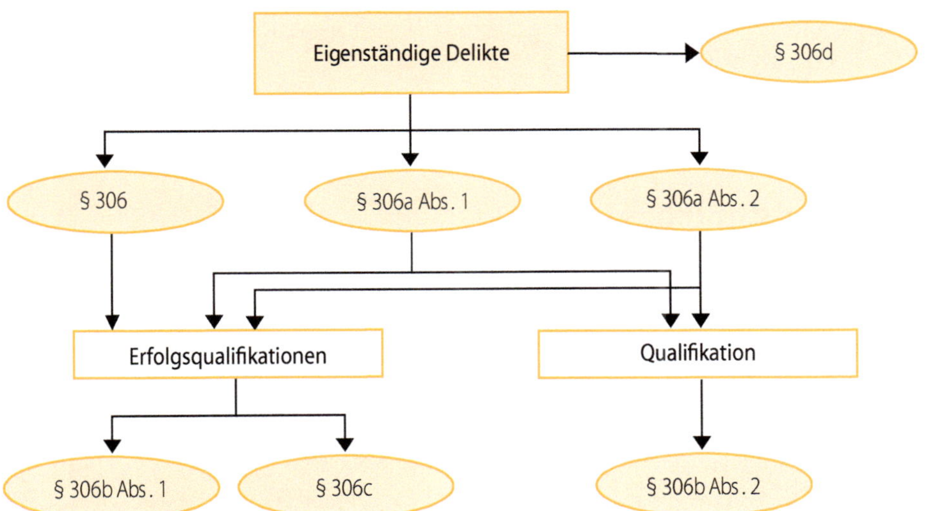

» Lesen Sie zunächst die nebenstehenden Normen und verschaffen Sie sich einen Eindruck. Versuchen Sie dabei die Unterschiede und Gemeinsamkeiten herauszufinden. «

Die **§§ 306, 306a Abs. 1 und 306a Abs. 2** sind nach herrschender Auffassung selbstständig nebeneinander stehende **Grunddelikte**, auch wenn die Terminologie „Brandstiftung" in § 306 und „schwere Brandstiftung" in § 306a darauf hindeuten könnte, dass § 306a eine Qualifikation zu § 306 ist. **§ 306** schützt Räumlichkeiten, die zum Zeitpunkt der Inbrandsetzung für den Täter **fremd** sind. Im Gegensatz dazu sind bei **§ 306a** die **Eigentumsverhältnisse** nach überwiegender Auffassung **irrelevant**. 156

§ 306a Abs. 1 ist ein **abstraktes Gefährdungsdelikt**, welches bestimmte, auch im Eigentum des Täters stehende Räumlichkeiten generell vor dem Inbrandsetzen schützt. Bei **§ 306a Abs. 2** muss zusätzlich die konkrete Gefahr einer Gesundheitsschädigung eingetreten sein.

§ 306b Abs. 1 ist, ebenso wie **§ 306c** eine **Erfolgsqualifikation** zu §§ 306 und 306a (§ 306c verweist als Grunddelikt zusätzlich auf § 306b).

1 *Wessels/Hettinger/Engländer* Strafrecht BT 1 Rn. 945.

§ 306b Abs. 2 hingegen ist eine **Qualifikation** zu § 306a.

Die **fahrlässige Brandstiftung** ist in **§ 306d** unter Strafe gestellt.

§ 306e eröffnet dem Richter die Möglichkeit, die Strafe für den Täter zu mildern oder ganz von Strafe abzusehen, wenn dieser **„tätige Reue"** übt. Diese Vorschrift ist ein besonderer Strafaufhebungs- bzw. Milderungsgrund, der aufgrund einer Entscheidung des *BGH*, die wir unter Rn. 241 darstellen werden, eine Erweiterung zugunsten des Täters erfahren hat.

JURIQ-Klausurtipp

Bei den Brandstiftungsdelikten sollten Sie sich in der Regel von „unten nach oben" durcharbeiten, also zunächst mit der Prüfung des § 306 beginnen, danach dann das abstrakte Gefährdungsdelikt des § 306a Abs. 1 und schließlich das konkrete Gefährdungsdelikt des § 306a Abs. 2 prüfen. Sofern § 306 offensichtlich mangels Fremdheit nicht in Betracht kommt, reicht eine kurze diesbezügliche Feststellung aus: *„Eine Strafbarkeit gem. § 306 scheidet aus, da sich das Gebäude im Eigentum des Täters A befand".*
Nach den Grunddelikten können Sie dann die (Erfolgs-) Qualifikationen prüfen. Sofern es in den Grunddelikten keine zu diskutierenden Probleme gibt, was selten der Fall sein dürfte, können Sie das jeweilige Grunddelikt natürlich wie immer auch zusammen mit den (Erfolgs-) Qualifikationen prüfen.

B. Brandstiftung, § 306

I. Überblick

157 Wie bereits ausgeführt, ist § 306 nach überwiegender Auffassung ein **Spezialfall der Sachbeschädigung**[2], welchem aber jedenfalls bei § 306 Abs. 1 Nr. 1 ein **Element der Gemeingefährlichkeit** anhaftet.[3] Das **geschützte Rechtsgut** ist mithin nach überwiegender Auffassung das **Eigentum**. Dies ergibt sich vor allem auch aus einem Vergleich der § 306 mit § 306a Abs. 1 und 2. Nur bei § 306 sind die Eigentumsverhältnisse des in Brand gesetzten Objekts relevant. Damit rückt das Delikt in die Nähe der Eigentumsdelikte, auch wenn die Höhe des Strafrahmens nur mit der Gemeingefährlichkeit begründet werden kann.

Zu beachten ist der hohe Strafrahmen des § 306, der eine Freiheitsstrafe von einem bis zu zehn Jahren vorsieht, wodurch § 306 ein Verbrechen ist. § 306 Abs. 2 enthält eine Strafzumessungsregel für minder schwere Fälle.

158 § 306 ist ein **Erfolgsdelikt**, so dass in der Klausur geprüft werden muss, ob die Handlung des Inbrandsetzens kausal und objektiv zurechenbar zu einer Beeinträchtigung der geschützten Objekte geführt hat.

2 *Jäger* Strafrecht BT Rn. 744; *Wessels/Hettinger/Engländer* Strafrecht BT 1 Rn. 945; *BGH* NStZ 2001, 196.
3 *BGH* NStZ 2001, 196.

Der Aufbau des § 306 sieht wie folgt aus:

Brandstiftung, § 306

PRÜFUNGSSCHEMA

I. Objektiver Tatbestand
1. Tatobjekt
   a) fremdes
   b) in Nr. 1–6 genanntes Objekt
      teleologische Restriktion Rn. 168
2. Tathandlung/Taterfolg
   a) Inbrandsetzen oder
   b) durch Brandlegung ganz oder teilweise zerstören
3. Kausalität
4. Objektive Zurechnung

II. Subjektiver Tatbestand
Vorsatz, dolus eventualis reicht

III. Rechtswidrigkeit
rechtfertigende Einwilligung Rn. 180

IV. Schuld

V. Tätige Reue gem. § 306e

II. Objektiver Tatbestand

Nach § 306 Abs. 1 wird bestraft, wer eines der in Nr. 1–6 genannten Tatobjekte, die für den Täter fremd sein müssen, in Brand setzt oder durch eine Brandlegung ganz oder teilweise zerstört. 159

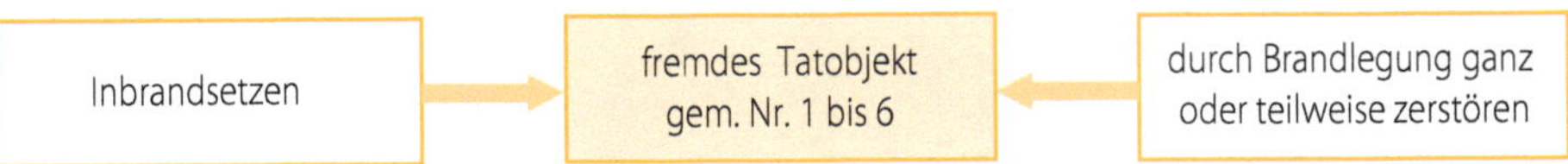

1. Tatobjekt

a) § 306 Abs. 1 Nr. 1–6

Die Tatobjekte des § 306 sind in den Nr. 1–6 näher bezeichnet. 160

In **§ 306 Abs. 1 Nr. 1** sind Gebäude und Hütten aufgeführt.

Ein **Gebäude** ist ein durch Wände und Dach begrenztes Bauwerk, welches mit dem Erdboden fest verbunden ist und dazu bestimmt und geeignet ist, dem Schutze von Menschen, Tieren oder Sachen zu dienen.[4]

4 *Joecks/Jäger* § 306 Rn. 5; *Wessels/Hettinger/Engländer* Strafrecht BT 1 Rn. 947.

Nach überwiegender Auffassung kommt es nicht darauf an, dass das Gebäude so gestaltet ist, dass es Unbefugte vom Betreten abhält, so dass auch ein Rohbau, bei welchem Fenster und Türen noch fehlen, ein geeignetes Tatobjekt sein kann.[5]

161 Eine **Hütte** ist ein unbewegliches Bauwerk, das mangels Größe, Festigkeit oder Dauerhaftigkeit nicht als Gebäude angesehen werden kann.[6]

Zu den Hütten zählen z.B. Jahrmarktsbuden, ein zum Aufenthaltsraum umfunktionierter Bauwagen, nicht jedoch Buswartehäuschen. Wesentlich ist, dass auch die Hütten mit dem Boden fest verbunden sind.[7]

162 In **§ 306 Abs. 1 Nr. 2** sind Betriebsstätten und technische Einrichtungen, namentlich Maschinen genannt.

Betriebsstätten sind Sachgesamtheiten von baulichen Anlagen und Inventar, die einem gewerblichen Betrieb dienen.[8]

Technische Einrichtungen sind bewegliche oder unbewegliche Sachen oder Sachgesamtheiten, die im Rahmen einer Betriebsstätte, z.B. zur Fertigung eingesetzt werden.[9]

163 **§ 306 Abs. 1 Nr. 3** stellt das Inbrandsetzen von Warenlagern oder Warenvorräten unter Strafe.

Ein **Warenlager** ist jede mobile oder stationäre Lagerstätte, die zur Lagerung nicht ganz unerheblicher Warenmengen geeignet und bestimmt ist; auf ihre konkrete Beschaffenheit kommt es nicht an. Neben Räumlichkeiten können daher auch größere Behältnisse, Container oder Lkw-Wechselbrücken als „Warenlager“ angesehen werden, wenn sie zur Aufnahme größerer Warenvorräte geeignet und bestimmt sind.[10]

Ein **Warenvorrat** ist eine größere Menge von körperlichen Gegenständen, die nicht zum Eigenverbrauch, sondern typischerweise zum gewerblichen Umsatz bestimmt ist. Dabei kommt es weder auf den Ort der Lagerung an, noch ist der Begriff der Warenvorräte einengend dahin auszulegen, dass er nur Warenbestände erfasst, die für einen noch unbestimmten Kundenkreis für ungewisse Zeit vorrätig gehalten werden.[11]

164 **§ 306 Abs. 1 Nr. 4** erfasst Kraftfahrzeuge, Schienen-, Luft- oder Wasserfahrzeuge. Hinsichtlich der **Kraftfahrzeuge** kann auf die **Legaldefinition des § 248b Abs. 4** zurückgegriffen werden, so dass darunter Landfahrzeuge zu verstehen sind, die durch Maschinenkraft angetrieben werden. **Luftfahrzeuge** werden in **§ 1 Abs. 2 LuftVG** definiert; Schienen- und Wasserfahrzeuge erklären sich aus sich selbst heraus.

---

5 *Joecks/Jäger* § 306 Rn. 5; *Wessels/Hettinger/Engländer* Strafrecht BT 1 Rn. 947; *Jäger* Strafrecht BT Rn. 744.
6 *Joecks/Jäger* § 306 Rn. 5.
7 *Wessels/Hettinger/Engländer* Strafrecht BT 1 Rn. 947 m.w.N.; *Joecks/Jäger* § 306 Rn. 6.
8 *Fischer* § 306 Rn. 4.
9 *Fischer* § 306 Rn. 5; *Joecks/Jäger* § 306 Rn. 14.
10 *BGH* BeckRS 2018, 37399; *BGH* NStZ 2023, 414.
11 *BGH* BeckRS 2018, 37399; *BGH* NStZ 2023, 414.

§ 306 Abs. 1 Nr. 5 nennt als Tatobjekt Wälder, Heiden oder Moore. Diese Variante wird Ihnen 165
in der Klausur eher selten begegnen. Gleichwohl möchten wir Ihnen nachfolgende Definition nicht vorenthalten.

> **Wälder** sind erhebliche, zusammenhängende mit Bäumen bestandene Bodenflächen einschließlich des Unterholzes und des Pflanzenwuchses.
>
> **Heide** ist eine Landschaft mit typischer Vegetation aus Zwergsträuchern.
>
> **Moor** ist ein dauernd feuchtes, schwammiges Gelände mit charakteristischem Pflanzenwuchs auf einer mindestens 30 cm dicken Torfdecke.[12]

§ 306 Abs. 1 Nr. 6 schließlich nennt Land-, Ernährungs- oder forstwirtschaftliche Anlagen 166
oder Erzeugnisse.

> **Anlagen** sind feste und auf Dauer installierte Einrichtungen, die der Landwirtschaft dienen.[13]

Zu den **landwirtschaftlichen Anlagen** zählen namentlich bestellte Felder sowie andere Produktionsstätten wie z.B. Gewächshäuser und Lagerstätten von Zwischenerzeugnissen, wie Stroh und Heu. Beachten Sie, dass bei landwirtschaftlichen Anlagen auch die Nr. 2 und 3 einschlägig sein können. **Ernährungswirtschaftliche Anlagen** sind u.a. solche, die der Tierproduktion dienen, wie Stallungen, Futtermittellager und Koppeln, aber auch solche, die der unmittelbaren Weiterverarbeitung dienen. **Forstwirtschaftliche Anlagen** sind Schonungen und Aufforstungsflächen, soweit sie nicht der Nr. 5 unterfallen, so wie Holzlagerstätten.[14]

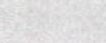

> **Erzeugnisse** sind Sachen, deren unmittelbarer Produktionsprozess beendet ist.[15] 167

Zu den landwirtschaftlichen Erzeugnissen gehören das Stroh sowie die Feldfrüchte nach der Ernte. Bei der Weiterverarbeitung kommt es darauf an, ob noch von einem originären Erzeugnis gesprochen werden kann. Dies dürfte jedenfalls bei dem Brot in der Bäckerei zu verneinen sein.[16]

b) Teleologische Restriktion

In Anbetracht der Weite der Formulierungen, insbesondere in den 3, 4 und 6 wird vor dem 168
Hintergrund des hohen Strafrahmens des § 306 in der Literatur eine teleologische Restriktion für solche Fälle diskutiert, die vom Unwertgehalt her erheblich von dem „Normalfall" einer Brandstiftung, so z.B. dem Inbrandsetzen eines Gebäudes abweichen.

Beispiel Um seinen neuen Mitkonkurrenten zu ärgern, entfernt A eines Nachts vom Ufer eines Ausflugssees ein Tretboot, welches er in der Mitte des Sees anzündet.

12 *Joecks/Jäger* § 306 Rn. 12.
13 *Joecks/Jäger* § 306 Rn. 20.
14 *Fischer* § 306 Rn. 9.
15 *Fischer* § 306 Rn. 10.
16 *Fischer* § 306 Rn. 10.

Da das Tretboot ein Wasserfahrzeug ist, könnte sich A gem. § 306 Abs. 1 Nr. 4 wegen Brandstiftung strafbar gemacht haben, mit der Folge, dass eine Mindestfreiheitsstrafe von einem Jahr zu verhängen wäre. Auch wenn man einen minderschweren Fall gem. § 306 Abs. 2 annehmen wollte, so wäre die Strafe doch mindestens sechs Monate Freiheitsstrafe. Hätte A hingegen das Boot mit der Axt zerschmettert, so läge lediglich eine einfache Sachbeschädigung vor, für die gem. § 303 Abs. 1 eine Freiheitsstrafe von zwei Jahren oder Geldstrafe vorgesehen ist. Da A das Boot in der Mitte des Sees anzündete, bestand keine gemeine Gefahr, die evtl. den hohen Strafrahmen rechtfertigen könnte.

Gleiches würde gelten, hätte A nicht das Tretboot, sondern einen Strohballen auf offener Straße angezündet, der im Eigentum des Bauern B stand. ■

JURIQ-Klausurtipp

Die weite Formulierung des Straftatbestandes hat den Vorteil, dass die Rechtsprechung bei der Konkretisierung und Definition nicht so schnell an die Grenzen des Analogieverbotes stößt. Der Nachteil besteht darin, dass die Norm nicht mehr mit dem **Schuldprinzip** vereinbar sein kann, welches eine Verhältnismäßigkeit zwischen dem Handlungsunwert und der Strafe fordert. Außerdem ist stets das **Bestimmtheitsgebot** gem. Art. 103 Abs. 2 GG zu beachten.

Ihre Argumentation in der Klausur sollte diese Aspekte aufzeigen und vor diesem Hintergrund die Notwendigkeit einer eventuellen teleologischen Restriktion deutlich machen. Dabei können Sie mit den nachfolgend genannten, in der Literatur vertretenen Ansätzen argumentieren.

169 Dass eine teleologische Restriktion erforderlich ist, ist in der Literatur unumstritten[17]. **Wie** diese **Restriktion erfolgen soll**, ist jedoch nicht abschließend geklärt. Teilweise wird auf **den Gesichtspunkt der Gemeingefährlichkeit** abgestellt. Es wird verlangt, dass vom Anzünden des jeweiligen Tatobjekts eine derartige Gemeingefahr ausgehen muss, damit eine Bestrafung gem. § 306 in Frage kommt.[18] Alternativ oder gar ausschließlich wird verlangt, dass das Tatobjekt einen gewissen, **wirtschaftlichen Wert** haben muss. Bezug genommen wird in diesem Zusammenhang auf § 315c, so dass ein Schaden von ca. 750 € bis 1200 € verlangt wird.[19]

c) Fremd

170 Die Tatobjekte der Nr. 1–6 müssen für den Täter **fremd** sein. Das Merkmal der Fremdheit dürfte Ihnen aus §§ 303, 242, 246, 249 bekannt sein.

Fremd sind die Tatobjekte, wenn sie weder im Allein- oder Miteigentum des Täters stehen noch herrenlos sind.[20]

Die Fremdheit bestimmt sich mithin ausschließlich nach dem **Zivilrecht**. Sie ist ausgeschlossen, wenn das Tatobjekt dem Täter zuvor übereignet wurde oder er dieses geerbt hat, auch

17 *Wessels/Hettinger/Engländer* Strafrecht BT 1 Rn. 947.
18 *Geppert* Jura 1998, 597; Schönke/Schröder-*Heine/Bosch* § 306 Rn. 3.
19 *Joecks/Jäger* § 306 Rn. 24; Schönke/Schröder-*Heine/Bosch*, § 306 Rn. 3.
20 *Joecks/Jäger* Vor § 242 Rn. 12 f.

wenn er beim Inbrandsetzen von dieser Erbschaft keine Kenntnis hat. Hat der vorherige Eigentümer das Eigentum an der Sache aufgegeben, so scheidet ebenfalls eine Brandstiftung gem. § 306 aus. Zu denken ist dann in der Klausur jedoch an § 306a Abs. 1 oder 2 oder an versuchte Brandstiftung gem. §§ 306, 22, 23.

2. Tathandlung/Taterfolg

Bei § 306 wie bei § 306a Abs. 1 und Abs. 2 muss der Täter das geschützte Objekt in Brand gesetzt oder durch Brandlegung ganz oder teilweise zerstört haben. 171

Hinweis

Wie bei den Sachbeschädigungsdelikten auch, verknüpfen die nachfolgenden Definitionen bereits die Tathandlung mit dem Taterfolg. Im Kopf behalten sollten Sie dabei, dass die Tathandlung **kausal und objektiv zurechenbar** dazu führen muss, dass die Sache vom Feuer erfasst bzw. ganz oder teilweise in der Substanz oder Brauchbarkeit beeinträchtigt ist.

a) Inbrandsetzen

Ein **Inbrandsetzen** liegt vor, wenn ein wesentlicher Bestandteil der Sache derart vom Feuer erfasst ist, dass er aus eigener Kraft, d.h. ohne Fortwirken des Zündstoffs, weiter brennen kann.[21] 172

Damit die Tat vollendet ist, reicht es nicht aus, wenn irgendeine Sache in der soeben beschriebenen Weise in Brand gesetzt wurde. Wichtig ist, dass es sich bei der in Brand gesetzten Sache um einen **wesentlichen Bestandteil des geschützten Objekts** handelt. Der wesentliche Bestandteil wird dabei nicht nach dem Zivilrecht (§ 94 Abs. 2 BGB) bestimmt. Die Wesentlichkeit bestimmt sich vielmehr nach dem **bestimmungsgemäßen Gebrauch** der in Brand gesetzten Sache.

Wesentlich ist der **Bestandteil** dann, wenn er nicht jederzeit entfernt werden kann, ohne dass das geschützte Objekt in seiner bestimmungsgemäßen Funktion beeinträchtigt würde.[22] 173

Beispiel Zu den wesentlichen Bestandteilen eines Gebäudes gehören die Wände, die Fensterrahmen, die Treppen und Fußböden, nicht jedoch Einrichtungsgegenstände sowie Gardinen und Regale.[23] ■

Nach der **Rechtsprechung** soll ein **Inbrandsetzen schon dann** angenommen werden, wenn zwar wesentliche Gebäudeteile noch nicht in Brand gesetzt sind, der Brand aber jederzeit auf diese Teile **übergreifen** kann.[24] Die **Literatur lehnt** eine solche **Vorverlagerung** der Vollendung und damit auch ein entsprechendes Ausdehnen der Versuchsstrafbarkeit überwiegend **ab.**[25]

---

21 BGHSt 36, 221.

22 *BGH* StV 2002, 145; *Fischer* § 306 Rn. 14.

23 *BGH* StV 2004, 208; BGHSt 48, 14; *Wessels/Hettinger/Engländer* Strafrecht BT 1 Rn. 948.

24 *BGH* NStZ 2003, 266; NStZ 2006, 331.

25 *Wessels/Hettinger/Engländer* Strafrecht BT 1 Rn. 948; *Rengier* Strafrecht BT II 9. Kapitel § 40 Rn. 8.

Auch ein **bereits brennendes Tatobjekt** kann nach h.M. an anderer Stelle nochmals in Brand gesetzt werden.[26] Allerdings genügt ein bloßes Verstärken des Brandes nicht. Zu denken ist dann aber an Beihilfe.[27]

174 Ein **Inbrandsetzen durch Unterlassen** ist unter den Voraussetzungen des § 13 möglich. Beachten Sie aber, dass eine solche Strafbarkeit ausscheidet, wenn das Tatobjekt bereits (vollendet) in Brand gesetzt ist und es der Garant lediglich unterlässt, die bereits eingetretene Vollendung durch Löschen abzumildern.[28]

Beispiel A hat bei einem Waldspaziergang eine brennende Zigarette auf den Waldboden geworfen und nicht richtig ausgetreten. Nach kurzer Zeit bemerkt er, wie sich im Unterholz zaghaft ein Feuer zu entwickeln beginnt. Anstatt dieses Feuer mit einer mitgebrachten Wasserflasche schnell zu löschen, sucht er jedoch das Weite und überlässt den Wald den sich später entwickelnden Flammen.

Das unsachgemäße Austreten der Zigarette stellt ein pflichtwidriges Vorverhalten dar, das zu einer Garantenstellung führt, so dass A sich anschließend gem. §§ 306 Abs. 1 Nr. 5, 13 strafbar gemacht hat, indem er es unterließ, das Feuer zu löschen. Wäre das Tatobjekt Wald bereits vollendet in Brand gesetzt worden, dann wäre A bereits gem. § 306d Abs. 1 strafbar. A hätte dann indem er den Brand nicht löschte, lediglich die tätige Reue gem. § 306e Abs. 1 unterlassen. ■

b) Durch Brandlegung ganz oder teilweise zerstören

175 Da heutige Gebäude häufig unter Verwendung feuerfester Materialien errichtet werden, ist ein Inbrandsetzen nach der oben genannten Definition immer häufiger nicht mehr möglich. Gleichwohl kann es zu erheblichen **Schäden und Gefahren durch Rauch-, Gas- und Hitzeentwicklung sowie Verrußung** kommen. Erst recht können diese Gefahren eintreten, wenn der Zündstoff statt zu brennen explodiert. In Anbetracht dessen wurde mit dem 6. Strafrechtsreformgesetz der Begriff des „ganz oder teilweise Zerstörens durch eine Brandlegung" mit in die §§ 306, 306a Abs. 1 und 2 aufgenommen.

Das Tatobjekt ist **zerstört**, wenn es vernichtet ist oder seine bestimmungsgemäße Brauchbarkeit vollständig aufgehoben ist.

Es ist **teilweise zerstört**, wenn die Möglichkeit der Nutzung von Gebäudeteilen wenigstens für einzelne Zweckbestimmungen über eine nicht unbeträchtliche Zeit aufgehoben ist, ein für die ganze Sache zwecknötiger Teil unbrauchbar wird oder einzelne Bestandteile gänzlich vernichtet werden, die für einen selbstständigen Gebrauch des Gebäudes bestimmt oder eingerichtet sind.[29]

176 In Anbetracht der hohen Strafandrohung hat der *BGH* deutlich gemacht, dass bei einem teilweisen Zerstören tatbestandsmäßig nur das **Zerstören „von Gewicht"** sei. Diese Zerstörung muss, wie die Inbrandsetzung auch, **entsprechend der Zweckbestimmung** des Objekts **wesentliche Bestandteile** betreffen.

26 *Fischer* § 306 Rn. 14.
27 *OLG Hamm* JZ 1961, 94; Schönke/Schröder-*Heine/Bosch* § 306 Rn. 14.
28 Schönke/Schröder-*Heine/Bosch* § 306 Rn. 18.
29 *BGH* NJW 2021, 2373.

Beispiel Um die Aufmerksamkeit ihres Verlobten, der Feuerwehrmann ist, zu erregen, setzt A in der in einem Mehrfamilienhaus gelegenen Zweizimmerwohnung ihres Verlobten eine im Wohnzimmer auf einem Stapel Altpapier liegende Zeitung in Brand. Sie begibt sich alsdann ins Nebenzimmer. Nach „Entdecken des Brandes" verständigt sie die Feuerwehr und die Nachbarn und verlässt das Haus. Beim Eintreffen der Feuerwehr haben die Flammen einen Sessel und das Sofa erfasst. Die Wand sowie die Deckenvertäfelung sind stark verrußt. Wegen dieser Verrußung sowie infolge der Löscharbeiten muss das Wohnzimmer komplett renoviert werden. Die Renovierung nimmt zwei Wochen in Anspruch.[30] 177

Der *BGH* hat die Tathandlung des „teilweise Zerstörens" bejaht. Er hat ausgeführt, dass „... ein teilweises Zerstören in einem Mehrfamilienhaus bedeute, dass zumindest ein zum selbstständigen Gebrauch bestimmter Teil des Wohngebäudes – d.h. eine zum Wohnen bestimmte, abgeschlossene Untereinheit – durch die Brandlegung für Wohnzwecke unbrauchbar geworden ist. Das ist dann der Fall, wenn für den verständigen Wohnungsinhaber die Wohnung wegen der Brandlegungsfolgen für eine beträchtliche Zeit ... nicht mehr benutzbar ist." ■

Hinweis

Beachten Sie bei der **Bestimmung der Wesentlichkeit** das jeweilige Tatobjekt. So kann das „Zerstören durch Brandlegung" eines Kellers nicht ausreichend sein für § 306a Abs. 1 Nr. 1, da es dort um eine **Wohnung** geht, zu der der Kellerraum nicht gehört. Es kann aber ausreichen für § 306a Abs. 2 i.V.m. § 306 Abs. 1 Nr. 1, da dort nur auf das Gebäude abgestellt wird und der Kellerraum insoweit ein **funktionaler Gebäudeteil** ist.[31]

Diese Zerstörung muss durch eine Brandlegung hervorgerufen worden sein. Für eine **Brandlegung** reicht jede Handlung aus, die auf das Verursachen eines Brandes gerichtet ist. Ein „Brennen mit heller Flamme" ist hierfür nicht erforderlich. Wie bereits ausgeführt, reicht auch die Explosion des Zündstoffes aus.[32]

3. Kausalität und objektive Zurechnung

Die **Kausalität** wird nach der **conditio-sine-qua-non-Formel** bestimmt, d.h. die Handlung des Täters darf nicht hinweggedacht werden, ohne dass die Beeinträchtigung des geschützten Gebäudes oder eines anderen Tatobjektes entfällt. 178

Bei der **objektiven Zurechnung**, insbesondere bei der 2. Tathandlungsvariante, ist zu beachten, dass der Täter mit der Brandlegung auch die Gefahr schafft, dass die **Zerstörung** des geschützten Objektes **durch die Löscharbeiten** eintritt, da es sich insoweit um eine typische Folge handelt.

30 Vgl. *BGH* Entscheidung vom 12.9.2002, 4 StR 165/02, abrufbar unter www.bundesgerichtshof.de; verneint wurde das Tatbestandsmerkmal hingegen beim Inbrandsetzen lediglich des Kinderzimmers einer Wohnung, *BGH* Beschuss vom 14.7.2009, 3 StR 276/09, abrufbar unter www.bundesgerichtshof.de.

31 *BGH* NJW 2021, 2373.

32 *Wessels/Hettinger/Engländer* Strafrecht BT 1 Rn. 950; *Jäger* Strafrecht BT Rn. 743.

III. Subjektiver Tatbestand

179 Der Täter muss mit Wissen und Wollen der Verwirklichung des objektiven Tatbestandes handeln, wobei **dolus eventualis** ausreicht.

IV. Rechtswidrigkeit

180 Ob eine **rechtfertigende Einwilligung des Eigentümers** möglich ist, ist streitig.

Voraussetzung einer rechtfertigenden Einwilligung ist, dass das geschützte **Rechtsgut disponibel** ist. Sofern man mit der h.M. § 306 als Spezialfall der Sachbeschädigung begreift, ist das geschützte Rechtsgut das fremde **Eigentum**, welches disponibel ist.[33] Stellt man hingegen auf den hohen Strafrahmen und den Umstand, dass die Brandstiftungsdelikte bei den „gemeingefährlichen Straftaten" geregelt sind, ab, dann ist das entsprechend geschützte **Universalrechtsgut der Sicherheit der Allgemeinheit** für den Eigentümer nicht disponibel, so dass eine rechtfertigende Einwilligung nicht in Betracht kommt.[34]

Zu beachten ist allerdings, dass der seine eigene Sache in Brand setzende Eigentümer - trotz der auch in diesen Fällen anzunehmenden Gemeingefährlichkeit - sich nicht nach § 306 strafbar machen kann, da das Tatobjekt für ihn nicht fremd ist. Daraus kann man ersehen, dass es dem Gesetzgeber in erster Linie wohl um den Eigentumsschutz ging.[35]

V. Konkurrenzen

181 § 306 verdrängt im Wege der **Gesetzeskonkurrenz** § 303 Abs. 1 und, sofern es sich um ein Gebäude handelt, auch § 305.

Das Verhältnis zu § 306a Abs. 1 und 2 ist komplizierter (s. dazu die Rn. 201 und 212).

Tateinheit ist möglich mit dem Versicherungsbetrug gem. § 263 Abs. 1, Abs. 3 Nr. 5 und dem Versicherungsmissbrauch gem. § 265, sowie mit den Körperverletzungsdelikten gem. §§ 223 ff.

Sofern der Täter zunächst fahrlässig einen Brand verursacht hat, den er alsdann vorsätzlich durch Unterlassen vollendet hat, wird, wie bereits ausgeführt, die fahrlässige Tat als **mitbestrafte Vortat** verdrängt.

33 *Wessels/Hettinger/Engländer* Strafrecht BT 1 Rn. 945, 954.
34 *Duttge* Jura 06, 15, 18.
35 So auch *Joecks/Jäger* § 306 Rn. 38.

C. Schwere Brandstiftung, § 306a

I. Überblick

§ 306a enthält in den Absätzen 1 und 2 **zwei eigenständige Straftatbestände**. 182

§ 306a
Schwere Brandstiftung

§ 306a Abs. 1	**§ 306a Abs. 2**
Inbrandsetzen oder Zerstören einer der in § 306a Abs. 1 Nr. 1–3 genannten Objekte	Inbrandsetzen oder Zerstören einer der in § 306 Abs. 1 Nr. 1 bis 6 genannten Objekte und dadurch konkrete Gefahr für die Gesundheit eines anderen Menschen

§ 306a Abs. 1 ist ein **abstraktes Gefährdungsdelikt**. Erfasst werden Tathandlungen, die **generell gefährlich** für die geschützten Rechtsgüter „Leib und Leben anderer Menschen" sind. 183

§ 306a Abs. 2 hingegen verlangt zusätzlich eine Gefahr einer Gesundheitsschädigung für einen anderen Menschen. Abs. 2 ist damit ein **konkretes Gefährdungsdelikt**. Es muss also, anders als bei Abs. 1, ein Zustand eingetreten sein, bei dem es nur noch „vom rettenden Zufall" abhängt, ob eine tatsächliche Schädigung der Gesundheit eintritt oder nicht. 184

§ 306a Abs. 3 enthält eine Strafzumessungsvorschrift für minder schwere Fälle.

II. Schwere Brandstiftung, § 306a Abs. 1

Gem. § 306a Abs. 1 macht sich strafbar, wer ein in den Nummern 1–3 bezeichnetes Objekt in Brand setzt oder durch eine Brandlegung ganz oder teilweise zerstört. 185

Der Aufbau des **§ 306a Abs. 1** sieht wie folgt aus:

PRÜFUNGSSCHEMA

Schwere Brandstiftung, § 306a Abs. 1

I. Objektiver Tatbestand
1. Tatobjekt gem. § 306a Abs. 1 Nr. 1–3
   - gemischt genutzte Gebäude Rn. 191
   - teleologische Restriktion Rn. 196
2. Tathandlung/Taterfolg
   a) Inbrandsetzen
   b) durch Brandlegung ganz oder teilweise zerstören
3. Kausalität
4. Objektive Zurechnung

II. Subjektiver Tatbestand
Vorsatz, dolus eventualis genügt

III. Rechtswidrigkeit

IV. Schuld

V. Minderschwerer Fall gem. § 306a Abs. 1 oder Tätige Reue gem. § 306e

1. Objektiver Tatbestand

186 Die **Tathandlung** entspricht jener des § 306, so dass auf die dortigen Ausführungen Bezug genommen wird. Klausurrelevant sind die Objekte, welche in den Nummern 1 und 3 aufgelistet sind. **Nr. 2** nennt als **Tatobjekt** eine Kirche oder ein anderes der Religionsausübung dienendes Gebäude. Hinsichtlich des Gebäudes können Sie auf die Definition des § 306 Abs. 1 Nr. 1 zurückgreifen.

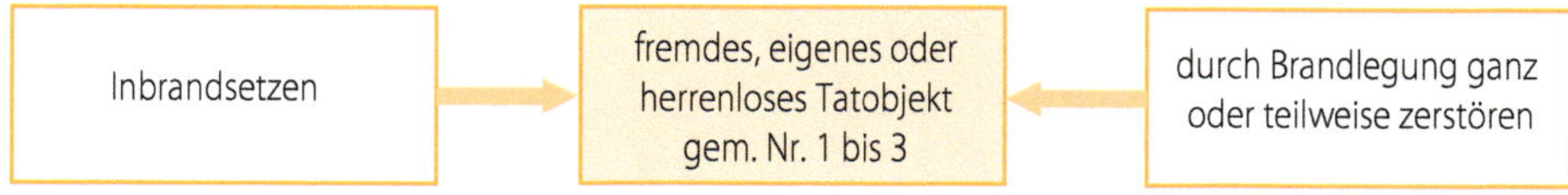

a) Tatobjekte gem. § 306a Abs. 1 Nr. 1

187 Die Tatobjekte des § 306a Abs. 1 Nr. 1 sind ein Gebäude, ein Schiff, eine Hütte oder eine andere Räumlichkeit, die der Wohnung von Menschen dient. Das **Gebäude** und die **Hütte** werden ebenso definiert, wie in § 306, so dass auf die dortigen Ausführungen Bezug genommen wird. Auch das Schiff ist als Wasserfahrzeug bereits Tatobjekt des § 306. Im Unterschied zu § 306 sind bei § 306a Abs. 1 die **Eigentumsverhältnisse irrelevant**. Strafbar macht sich mithin auch der Täter, der eigene oder herrenlose Tatobjekte in Brand setzt.

188 Neben dem Gebäude, dem Schiff oder der Hütte sind auch **sonstige Räumlichkeiten** geschützt, die der Wohnung von Menschen dienen.

Unter **Räumlichkeiten** wird ein nach allen Seiten und nach oben „kubisch" abgeschlossener Raum verstanden.[36]

Wie Sie der Gesetzesformulierung entnehmen können, stellen das Gebäude, das Schiff und die Hütte beispielhaft aufgezählte **Spezialfälle der Räumlichkeit** dar. Daraus folgt, dass auch diese Tatobjekte der Wohnung von Menschen dienen müssen. Dies ist der Fall, wenn sie **zu Wohnzwecken gewidmet** wurden. Solange sie für wenigstens einen Menschen und sei es auch nur zeitweise oder vorübergehend den räumlichen Lebensmittelpunkt bilden, dienen sie der Wohnung. Beachtlich ist dabei ausschließlich die tatsächliche Nutzung, auch wenn sie widerrechtlich erfolgt.[37] 189

Beispiel Der Wohnung von Menschen dienen **Wochenendhäuser** und **Ferienwohnungen** auch wenn die Bewohner zum Tatzeitpunkt über einen längeren Zeitraum nicht mehr dort gewesen sind, sowie **Wohnwagen** und **Wohnmobile**[38]. Auch widerrechtlich von Hausbesetzern bewohnte Abrisshäuser oder bereits durch Brandlegungen **vorbeschädigte Häuser** können der Wohnung von Menschen dienen, solange noch keine Entwidmung eingetreten ist[39]. Bei Schiffen ist darauf zu achten, dass diese nicht nur dem Transport, sondern auch der Wohnung der dort Arbeitenden dienen. Dementsprechend fallen auch **Hausboote** in den Schutzbereich des § 306a Abs. 1 Nr. 1.

Auch die **Haftzelle** ist als ein Wohnraum anzusehen. Sie ist als selbständige Wohneinheit im Rahmen eines Hauses mit mehreren Einheiten zu qualifizieren und stellt für die Zeit des JVA-Aufenthaltes des Inhaftierten seinen Lebensmittelpunkt dar.[40] ■

Da der Wohnzweck durch Widmung begründet werden kann, kann er auch durch **Entwidmung** wieder entfallen. Diese Entwidmung kann durch Auszug sämtlicher Bewohner oder durch Tod des einzigen Bewohners eintreten.[41] 190

Beispiel A tötet den allein in seinem Haus wohnenden E und zündet danach das Gebäude an, um Spuren zu beseitigen. Durch den Tod des E wurde das Gebäude entwidmet, so dass nur eine Brandstiftung gem. § 306 in Betracht kommt. Eigentümer des Hauses sind dann die Erben, so dass das Gebäude für den Täter fremd bleibt. ■

Eine Entwidmung liegt aber auch **in dem Anzünden des Gebäudes**, da dadurch konkludent zum Ausdruck gebracht wird, dass das Gebäude nicht mehr als Wohnung genutzt werden soll. Sofern mehrere Personen das Gebäude bewohnen, kann eine Entwidmung nur dann angenommen werden, wenn alle mit der Entwidmung einverstanden sind. Irrelevant ist, dass der nicht im Gebäude wohnende Eigentümer im Regelfall mit der Entwidmung nicht einverstanden ist. Seine Rechte werden über § 306 geschützt. Bei Kindern ist auf den Willen der gesetzlichen Vertreter gem. § 1626 BGB abzustellen.[42]

---

36 *Wessels/Hettinger/Engländer* Strafrecht Rn. 956.
37 BGHSt 26, 121; *Jäger* Strafrecht BT Rn. 748.
38 *BGH* Beschluss vom 1.4.2010, 3 StR 456/09, abrufbar unter www.bundesgerichtshof.de.
39 *BGH* NStZ 2022, 168.
40 *BGH* NStZ 2023, 501.
41 *BGH* NStZ 2020, 426.
42 *BGH* NStZ 1999, 32; *Joecks/Jäger* § 306a Rn. 7.

Beispiel A hat von der Stadt Köln ein Einfamilienhaus gemietet und eine Wohngebäudeversicherung abgeschlossen. Um einen finanziellen Engpass zu beheben, zündet er eines Nachts, während seine in das Geschehen eingeweihte Familie im Urlaub ist, das Haus an. Im Fall des Fehlschlags beabsichtigt A, das Haus weiter zu bewohnen.

In einem vergleichbaren Fall hat der *BGH*[43] eine Strafbarkeit gem. § 306a Abs. 1 Nr. 1 verneint. Mit dem Anzünden haben A und seine Familie deutlich gemacht, dass dieses Haus nicht mehr der Wohnung dienen sollte. Dabei ist es zunächst unschädlich, dass das Haus nicht in ihrem Eigentum stand und sie insoweit nur Fremdbesitzer waren. Unschädlich ist auch, dass das Haus im Falle des Fehlschlags weiter bewohnt werden sollte, da primär das Abbrennen beabsichtigt war.
Anders wäre der Fall zu beurteilen, wenn A auch das Abbrennen eines direkt angrenzenden Nachbarhauses billigend in Kauf genommen hätte. Dann läge bezüglich dieses Hauses jedenfalls ein versuchter § 306a Abs. 1 Nr. 1 vor.[44] ■

JURIQ-Klausurtipp

Zündet der Täter das von ihm bewohnte Gebäude an, so scheidet also eine Strafbarkeit nach § 306a Abs. 1 Nr. 1 aus, sofern er der einzige Bewohner war oder aber die übrigen Bewohner dem Inbrandsetzen zugestimmt haben. Beachten Sie jedoch in diesem Fall, dass **§ 306** in Betracht kommen kann, sofern es sich lediglich um den Mieter handelt oder, sollte eine konkrete Gefahr für einen anderen Menschen eingetreten sein, eine Strafbarkeit gem. **§ 306a Abs. 2**.

191 **Umstritten** ist, ob auch sogenannte **„gemischt genutzte" Gebäude** unter die Tatobjekte des § 306a Abs. 1 Nr. 1 fallen.

Beispiel A möchte sich „warm sanieren" und zündet zu dem Zweck eine in seinem Eigentum stehende Lagerhalle an, wobei sich im ersten Obergeschoss des Gebäudes eine Wohnung befindet, die von seiner 83-jährigen Mutter bewohnt wird. Zu erreichen ist diese Wohnung über ein Treppenhaus, von welchem aus man auch die Lagerhalle betreten kann. Der Brand breitet sich im Erdgeschoss aus, kann jedoch gelöscht werden, bevor er auf das erste Obergeschoss übergegriffen hat.

Eine Strafbarkeit des A gem. § 306 scheidet hier aus, da es sich nicht um ein fremdes Gebäude i.S.d. § 306 Abs. 1 Nr. 1 handelt. In Betracht kommt jedoch eine Strafbarkeit gem. § 306a Abs. 1 Nr. 1. Die Eigentumsverhältnisse des Gebäudes sind für § 306a Abs. 1 irrelevant. Es müsste sich lediglich um ein Gebäude handeln, welches der Wohnung von Menschen dient. ■

192 In der **Literatur** wird teilweise vertreten, dass bei diesen Gebäuden der Tatbestand des § 306a Abs. 1 nur dann verwirklicht sei, wenn das Feuer auch tatsächlich den Wohnbereich erfasst habe. Zur Begründung wird vor allem auf den Wortlaut und die ansonsten mögliche Ausweitung der Versuchsstrafbarkeit verwiesen.[45]

Nach **der u.a. auch vom BGH vertretenen Gegenauffassung** hingegen reicht es aus, wenn nicht auszuschließen ist, dass das Feuer auch auf den Wohnbereich hätte übergreifen kön-

43 *BGH* NStZ-RR 2005, 76.

44 *BGH* Beschluss vom 27.8.2008, 2 StR 267/08, abrufbar unter www.bundesgerichtshof.de.

45 Schönke/Schröder-*Heine/Bosch* § 306a Rn. 11; *Joecks/Jäger* § 306a Rn. 15.

nen, da auch in diesen Fällen eine abstrakte Gefahr für die geschützte Räumlichkeit bestehen kann. Voraussetzung dafür ist, dass der in Brand gesetzte, wesentliche Gebäudeteil nach seiner baulichen Beschaffenheit mit dem von § 306a Abs. 1 Nr. 1 geschützten Gebäudeteil ein einheitliches Ganzes bildet.[46]

Beispiel Im obigen Fall würde sich die Wohnung zusammen mit der Lagerhalle aufgrund des gemeinsamen Treppenhauses als einheitliches Ganzes darstellen, so dass nach Auffassung des *BGH* und Teilen der Literatur eine Brandstiftung gem. § 306a Abs. 1 Nr. 1 in Betracht kommt. Da das Feuer die Wohnung noch nicht erfasst hat, würde hingegen nach gegenteiliger Auffassung eine Strafbarkeit des Täters insoweit ausscheiden.

Streitig ist, ob die soeben dargestellten Grundsätze auch für die **Tathandlung des teilweisen Zerstörens** gelten.

Beispiel A ist Betreiber des „Kiosk Internetcafé & Call-shop". Der Kiosk befindet sich im Erdgeschoss und einem Anbau des Wohn- und Geschäftshauses. Wohnungen befinden sich im 1. bis 3. Obergeschoss Aufgrund finanzieller Schwierigkeiten beschließt A eines Tages, das Cafè in Brand zu setzen, um Versicherungsleistungen in Anspruch zu nehmen. Der dafür angeheuerte B verteilt zu diesem Zweck Benzin aus mehreren Kanistern und wirft brennende Papierhandtücher in den Computerraum. Es kommt zu Gasexplosionen, die zuerst die Glasscheibe einer Innentür und dann die Schaufensterscheibe des Internetcafés zerstörten. Die Inneneinrichtung und Waren verbrennen, eine außen angebrachte Markise wird zerstört und Fensterrahmen schmelzen aufgrund der Hitzeentwicklung.[47]
Da nur das Inventar vom Feuer erfasst wurde, kommt ein Inbrandsetzen nicht in Betracht, da das Inventar keinen wesentlichen Bestandteil darstellt. Der Fensterrahmen ist zwar ein wesentlicher Bestandteil, er hat aber nicht gebrannt. Insoweit kommt nur die 2. Handlungsalternative in Betracht.

Der **BGH**[48] lehnt dies für § 306a Abs. 1 ab. Er führt dazu aus, dass aus dem auf das Wohnen bezogenen Schutzzweck des § 306a Abs. 1 Nr. 1 folge, dass die Alternative des **teilweisen Zerstörens eines Wohngebäudes** bei einer Brandstiftung in einem einheitlichen, teils gewerblich, teils als Wohnung genutzten Gebäude **erst dann vollendet** sei, wenn zumindest ein zum selbstständigen Gebrauch bestimmter **Teil des Wohngebäudes durch die Brandlegung für Wohnzwecke unbrauchbar geworden** sei. Abgestellt wird also primär auf den Wohnzweck.

Anders wiederum beurteilt der **BGH** die Lage bei **§ 306a Abs. 2**. Da es hier primär um eine **konkrete Gefahr** geht, diese aber auch von z.B. Explosionen ausgehen kann, die nur zu einer Zerstörung führen, genügt es, wenn die Zerstörung nur den nicht zum Wohnen dienenden Teil betrifft.[49] Abgestellt wird nun also auf die konkrete Gefährdung.

46 *Fischer* § 306a Rn. 5a; *Wessels/Hettinger/Engländer* Strafrecht BT1 Rn. 958; BGHSt 34, 115.

47 *BGH* Beschluss vom 26.10.2011, 2 StR 287/11, abrufbar unter www.bundesgerichtshof.de.

48 *BGH* Beschluss vom 26.10.2011, 2 StR 287/11, abrufbar unter www.bundesgerichtshof.de; anders *Bachmann/Goeck* ZIS 2010, 445, der Vollendung bejaht.

49 *BGH* NStZ-RR 2012, 309.

JURIQ Klausurtipp

Ist also das Gebäude i.S.v. § 306a Abs. 2 zugleich ein der Wohnung von Menschen dienendes Gebäude und ist durch die Tathandlung zugleich eine konkrete Gefahr für einen anderen Menschen geschaffen worden, dann reicht nach *BGH* für die Vollendung aus, wenn der nicht zum Wohnen dienende Teil teilweise zerstört wurde. Erkennen Sie also in einer Klausur, dass neben § 306a Abs. 1 auch Abs. 2 in Betracht kommt, dann diskutieren Sie in den Fällen des „teilweise Zerstörens" die Vollendung in Abs. 1 und in Abs. 2. unterschiedlich. Lehnt der BGH wie im obigen *Beispiel* eine Vollendung bei Abs. 1 ab, kann er gleichwohl durch dieselbe Tathandlung eine Vollendung des Abs. 2 bejahen. Die dargestellte Gegenauffassung würde insgesamt die Vollendung verneinen.

193 Im Unterschied zu § 306 müssen die Tatobjekte bei § 306a Abs. 1 nicht fremd sein. In Betracht kommt z.B. das **Inbrandsetzen eigener oder herrenloser Räumlichkeiten**. Beachten Sie jedoch bei den herrenlosen Räumlichkeiten, dass diese bei Nr. 1 der Wohnung von Menschen und bei Nr. 3 dem Aufenthalt von Menschen dienen müssen, was allenfalls dann möglich ist, wenn herrenlose Objekte von Hausbesetzern oder Landstreichern in Beschlag genommen werden.

b) § 306a Abs. 1 Nr. 3

194 Nach § 306a Abs. 1 Nr. 3 macht der Täter sich strafbar, wenn er eine **Räumlichkeit**, die **zeitweise dem Aufenthalt von Menschen dient**, in Brand setzt. Dies setzt eine **Anwesenheit von einer gewissen Dauer** voraus, welche noch als ein „Sichaufhalten" angesehen werden kann. **Bloßes flüchtiges oder gelegentliches Betreten** zur Vornahme von kurzen Vorrichtungen **reicht hierfür nicht** aus.[50]

Beispiel Zu diesen Räumlichkeiten zählen Kinos, Theater, Wohnwagen, sofern sie nicht den Lebensmittelpunkt darstellen, Autobusse aber auch Scheunen, sofern sie tatsächlich regelmäßig genutzt werden.[51]

Auch eine Lagerhalle, in der Waren nicht nur verpackt, sondern aufbewahrt und schließlich abtransportiert wurden, kann als geeignetes Tatobjekt angesehen, wenn im Rahmen eines normalen Produktions- und Betriebsablaufs mehrere Arbeitsvorgänge anfallen, die dazu führen, dass sich dort ein Mitarbeiter auch zur Tatzeit während der Nacht regelmäßig stündlich mehrere Minuten aufhält.[52]

195 Wie bei der Nr. 1 auch, kommen als Tatobjekte auch **gemischt genutzte Gebäude** in Betracht. Setzt der Täter bei diesen einen Teil in Band, der nicht dem Aufenthalt von Menschen dient, so ist nach Auffassung u.a. des *BGH* erneut wesentlich, ob der Brand aufgrund der Einheitlichkeit des Gebäudes, die sich aus der baulichen Beschaffenheit ergibt, auf Teile übergreifen konnte, die die Voraussetzungen des § 306a Abs. 1 Nr. 1 oder 3 erfüllen.[53] Der soeben dargestellte Streit kann also auch an dieser Stelle relevant werden.

50 *BGH* NStZ 2022, 483.

51 BGHSt 23, 60.

52 *BGH* NStZ 2022, 483.

53 BGHSt 35, 283; *BGH* Beschluss vom 15.9.2010, 2 StR 236/10, abrufbar unter www.bundesgerichtshof.de.

Voraussetzung ist, dass die Tathandlung **zu einer Zeit begangen** wird, in welcher sich **Menschen dort aufzuhalten pflegen**. Aus der Formulierung ist zu entnehmen, dass auch bei der Nr. 3 nicht vorausgesetzt wird, dass sich tatsächlich Menschen aufgehalten haben. Ausreichend ist, dass sich Menschen zu dem Zeitpunkt darin hätten aufhalten können.[54]

Beispiel Die Scheune des Bauern B wird immer wieder von Wandergesellen als Übernachtungsmöglichkeit genutzt. B, der ein großes Herz hat, ist mit dieser Nutzung einverstanden, nicht jedoch seine Ehefrau E, die sich aus diesem Grund nachts in die Scheune schleicht und das dort befindliche Stroh anzündet. Dass sie beim Niederbrennen der Scheune die Versicherungssumme kassieren kann, ist ihr dabei ein höchst willkommener Nebeneffekt. Aufgrund glücklicher Umstände befindet sich in dieser Nacht jedoch kein Wandergeselle in der Scheune.

Hier könnte sich E gem. § 306a Abs. 1 Nr. 3 strafbar gemacht haben. Eine Strafbarkeit gem. Abs. 1 Nr. 1 kommt nicht in Betracht, da die Scheune nicht der Wohnung von Menschen dient. Sie dient jedoch dem zeitweiligen Aufenthalt von Menschen. Dass sich an dem fraglichen Abend kein Mensch in der Scheune aufgehalten hat, ist für die Strafbarkeit der E irrelevant, da sie jedenfalls die Scheune zu einem Zeitpunkt in Brand gesetzt hat, zu welchem üblicherweise die Wandergesellen die Scheune aufsuchten. ■

c) Teleologische Restriktion

Wiederum in Anbetracht des hohen Strafrahmens des § 306a Abs. 1 (1 bis 15 Jahre – vgl. § 38 Abs. 2) wird nach **herrschender Auffassung** eine teleologische Restriktion erforderlich, wenn der Täter Räumlichkeiten in Brand setzt und sich zuvor durch absolut zuverlässige und lückenlose Maßnahmen vergewissert hat, dass die Gefährdung von Menschen mit Sicherheit ausgeschlossen werden kann.[55] Ein solcher **Gefahrausschluss durch den Täter** kommt allerdings nur bei kleinen Räumlichkeiten in Betracht, bei denen auf einen Blick übersehbar ist, dass sich dort niemand aufhält. Fehlt es an einer solchen **Überschaubarkeit des Tatobjektes**, so kann der Einwand des Täters, er habe sich gleichwohl vor der Tat entsprechend vergewissert, nicht zu einer Straflosigkeit gem. § 306a Abs. 1, wohl aber zur Annahme eines minder schweren Falls gem. § 306a Abs. 3 führen.[56] 196

Teilweise wird in **Literatur** unter Hinweis auf die Charakterisierung der Norm als abstraktes Gefährdungsdelikt eine solche teleologische Restriktion abgelehnt.[57] Zu beachten ist allerdings, dass der Gesetzgeber im Gesetzgebungsverfahren die Rechtsprechung des *BGH* ausdrücklich gebilligt hat.[58] 197

Beispiel Ö betreibt im Skigebiet eine kleine, 50 m² große „Einraumhütte". Da die Geschäfte in der letzten Saison schlecht gelaufen sind, beschließt er sich mit der Versicherungssumme in die Karibik abzusetzen. Nachdem der letzte Wanderer die Hütte verlassen hat, verschüttet er während der normalen Öffnungszeiten in ausreichendem Maße Benzin auf dem Fußboden, welches er mit einem Streichholz anzündet. Zuvor hat er sich nochmals vergewissert, dass auch alle Gäste die Hütte verlassen haben.

54 BGHSt 36, 221.
55 *Wessels/Hettinger/Engländer* Strafrecht BT 1 Rn. 963; BGHSt 26, 121; 34, 115.
56 *Wessels/Hettinger/Engländer* Strafrecht BT 1 Rn. 963.
57 MüKo-*Radtke* § 306a Rn. 42; *Rengier* JuS 1998, 397.
58 Vgl. BT-Drucks. 13/8587, S. 47.

In der Klausur würden Sie danach fragen, ob Ö sich gem. § 306a Abs. 1 Nr. 3 strafbar gemacht haben könnte. Dann müsste die Hütte eine Räumlichkeit sein, die zeitweise dem Aufenthalt von Menschen dient, was unproblematisch zu bejahen ist. Als Ö die Hütte angezündet hat, tat er dies auch zu einem Zeitpunkt, zu welchem sich für gewöhnlich Menschen dort aufzuhalten pflegten. Damit könnte der objektive Tatbestand des § 306a Abs. 1 Nr. 3 verwirklicht sein. In Anbetracht der Überschaubarkeit der Hütte und des Umstandes, dass Ö sich vergewissert hat, ob sich auch kein Wanderer mehr in der Hütte aufhält, müssten Sie nunmehr unter Hervorhebung genau dieses Umstandes danach fragen, ob nicht ausnahmsweise in Anbetracht des hohen Strafrahmens des § 306a Abs. 1 eine teleologische Restriktion in Betracht kommen könnte. Mit der h.A. wäre eine solche Restriktion vorliegend zu bejahen, so dass eine Strafbarkeit gem. § 306a Abs. 1 Nr. 3 ausscheidet.

Sofern die Hütte im Eigentum des Ö stand, kommt auch eine Strafbarkeit gem. § 306 nicht in Betracht. Da außer ihm niemand am Tatort anwesend war, scheidet auch eine Strafbarkeit gem. § 306a Abs. 2 aus, da keine konkrete Gefahr entstanden ist. Übrig bleibt jedoch ein Versicherungsmissbrauch gem. § 265 und – sofern Ö eine Schadensanzeige abschickt – jedenfalls ein versuchter Versicherungsbetrug gem. §§ 263 Abs. 1 i.V.m. Abs. 3 Nr. 5, 22, 23. ■

2. Subjektiver Tatbestand

198 Der Täter muss mit Wissen und Wollen der Tatbestandsverwirklichung handeln, wobei **dolus eventualis** ausreicht. Hinsichtlich der Räumlichkeit gem. § 306a Abs. 1 Nr. 3 muss sich der Vorsatz auch darauf erstrecken, dass der Täter die Räumlichkeit zu einer Zeit anzündet, zu welcher sich für gewöhnlich Menschen dort aufzuhalten pflegen.[59]

3. Rechtswidrigkeit

199 Eine **rechtfertigende Einwilligung** ist bei § 306a Abs. 1 **nicht möglich**, da Rechtsgüter der Allgemeinheit geschützt sind. Damit kann ein Einzelner, z.B. der Eigentümer der Räumlichkeit, nicht in die Verletzung einwilligen.

4. Schuld

200 Hinsichtlich der Schuld gibt es keine deliktsspezifischen Besonderheiten, so dass die allgemeinen Grundsätze gelten.

5. Konkurrenzen

201 Streitig ist, in welchem Konkurrenzverhältnis sich § 306 und § 306a Abs. 1 befinden. Nach h.M. soll jedenfalls § 306a Abs. 1 Nr. 1 den § 306 Abs. 1 Nr. 1 verdrängen (Gesetzeskonkurrenz in Gestalt der Konsumtion)[60]. Nach gegenteiliger Auffassung, wonach bei § 306 das Eigentum und bei § 306a Abs. 1 die Gemeingefährlichkeit im Vordergrund stehe, sollen beide Delikte zueinander in Tateinheit gem. § 52 stehen.[61]

---

59 BGHSt 36, 221.

60 *Fischer* § 306a Rn. 25; *BGH* NStZ 2001, 196.

61 Vgl. dazu *Rengier* Strafrecht BT II 9. Kapitel § 40 Rn. 33a, m.w.N.; Schönke/Schröder-*Heine/Bosch* § 306a Rn. 24.

III. Schwere Brandstiftung, § 306a Abs. 2

Nach § 306a Abs. 2 macht sich strafbar, wer eine in § 306 Abs. 1 Nr. 1–6 bezeichnete Sache in Brand setzt oder durch Brandlegung ganz oder teilweise zerstört und dadurch eine konkrete Gefahr einer Gesundheitsschädigung für einen anderen Menschen hervorruft. 202

Der Aufbau **des § 306a Abs. 2** sieht wie folgt aus:

Schwere Brandstiftung, § 306a Abs. 2

PRÜFUNGSSCHEMA

I. Objektiver Tatbestand
1. Tatobjekt gem. § 306 Abs. 1 Nr. 1–6
2. Tathandlung/Taterfolg
   a) Inbrandsetzen
   b) durch Brandlegung ganz oder teilweise zerstören
   c) Kausalität und objektive Zurechnung
3. Konkrete Gefahr einer Gesundheitsschädigung einer anderen Person
   (P) Tatbeteiligte als andere Person Rn. 206
4. „dadurch"
   a) kausal und
   b) unmittelbar
      (P) Retterschäden Rn. 208
      (P) Anknüpfungspunkt Rn. 210

II. Subjektiver Tatbestand
Vorsatz, dolus eventualis genügt

III. Rechtswidrigkeit

IV. Schuld

V. Minderschwerer Fall gem. § 306a Abs. 3 oder Tätige Reue gem. § 306e

1. Objektiver Tatbestand

203

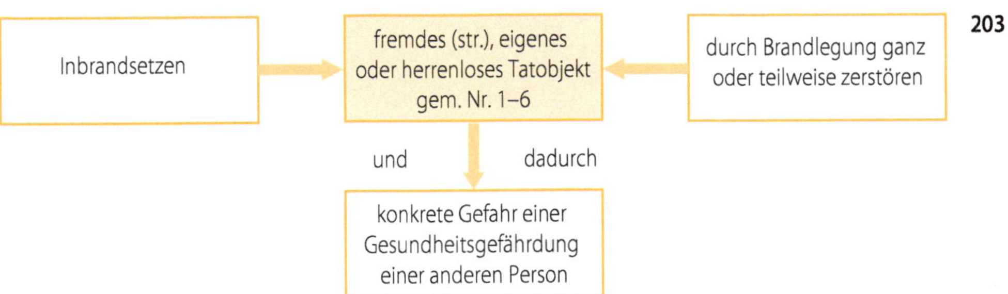

a) Inbrandsetzen oder Zerstören der genannten Tatobjekte

Zunächst muss der Täter eines der in § 306 Abs. 1 Nr. 1–6 genannten Tatobjekte kausal und objektiv zurechenbar in Brand gesetzt oder durch Brandlegung ganz oder teilweise zerstört haben. Sofern Sie in der Klausur mit § 306 begonnen und diesen bejaht haben, können Sie an dieser Stelle auf Ihre dortigen Ausführungen Bezug nehmen. 204

§ 306a Abs. 2 ist keine Qualifikation zu § 306 (sondern ein eigener Grundtatbestand), da nur auf die Tatobjekte des § 306 Bezug genommen wird, nicht jedoch insgesamt auf § 306. Daraus ergibt sich, dass die **Tatobjekte nicht, wie bei § 306 Abs. 1 fremd** sein müssen. Eine Strafbarkeit des Täters kommt mithin auch dann in Betracht, wenn er **eigene** oder **herrenlose** Sachen in Brand setzt. Beim Inbrandsetzen **fremder** Objekte stehen § 306a Abs. 2 und § 306 nach h.M. in Tateinheit zueinander.[62]

b) Konkrete Gefahr einer Gesundheitsschädigung eines anderen Menschen

205 Durch das Inbrandsetzen eines der Tatobjekte des § 306 muss der Täter die konkrete Gefahr einer Gesundheitsschädigung geschaffen haben.

Eine **konkrete Gefahr** liegt vor, wenn der Nichteintritt der Gesundheitsschädigung lediglich vom rettenden Zufall abhängt.[63]

Unter einer **Gesundheitsschädigung** wird, wie bei § 223 auch, das Hervorrufen oder Steigern eines krankhaften Zustands verstanden.[64]

Beispiel Bei Brandstiftungen kommen insofern v.a. Verbrennungen oder Rauchvergiftungen in Betracht. ■

206 Die Gefahr einer Gesundheitsschädigung muss für einen **„anderen Menschen"** eingetreten sein. Daraus folgt, dass jedenfalls der Täter (auch der Mittäter oder der mittelbare Täter) nicht zu dem geschützten Personenkreis gehört. **Umstritten** ist, ob **Teilnehmer** durch § 306a Abs. 2 geschützt werden.

Nach Auffassung des **BGH** und einer in der **Literatur** vertretenen Auffassung, scheiden Tatbeteiligte als „andere Menschen" aus, da § 306a Abs. 2 auch die Allgemeinheit schütze, welche jedoch nicht durch Tatbeteiligte repräsentiert werde. Tatbeteiligte stellten sich auf die Seite des Unrechts und könnten von daher nicht zugleich vom Schutz der Norm erfasst sein.[65]

Die **Gegenauffassung** verweist darauf, dass § 306a Abs. 2 aufgrund des Erfordernisses der konkreten Individualgefahr kein abstraktes Gefährdungsdelikt sei, sondern auch dem Schutz des Einzelnen diene und dieser den Schutz nicht „verwirken" könne. In Anbetracht dessen sollen auch Tatbeteiligte Schutzobjekte i.S.d. § 306a Abs. 2 sein.[66]

» Sofern Sie sich schon mit den Straßenverkehrsdelikten beschäftigt haben sollten, dürfte Ihnen die Problematik bekannt sein. Eventuell bietet sich an dieser Stelle eine Wiederholung an. «

JURIQ-Klausurtipp

Der Streit hat im Ergebnis häufig keine praktische Relevanz, da bei Tatbeteiligten zumeist von einer **eigenverantwortlichen Selbstgefährdung** ausgegangen werden kann, die den Unmittelbarkeitszusammenhang durchbricht.[67] Sofern eine solche eigenverantwortliche Selbstgefährdung des Tatbeteiligten vorliegt, sollten Sie bei dem Tatbestandsmerkmal „anderer

62 *Jäger* Strafrecht BT Rn. 964; *BGH* NStZ 1999, 32; *Wessels/Hettinger/Engländer* Strafrecht BT 1 Rn. 755; zur Kritik siehe *Fischer* § 306a Rn. 10c.

63 *BGH* NStZ 1999, 32.

64 Schönke/Schröder-*Heine/Bosch* § 223 Rn. 19.

65 *Joecks/Jäger* Vor § 306 Rn. 13; *BGH* NStZ 2013, 167; *Lackner/Kühl* § 306a Rn. 7.

66 *Saal* NZV 1998, 50; *Wirsch* JuS 2006, 400; Schönke/Schröder-*Heine/Bosch* § 306a Rn. 21.

67 Schönke/Schröder-*Heine/Bosch* § 306a Rn. 21; *Geppert* Jura 1998, 597.

Mensch" den soeben aufgezeigten Literaturstreit darstellen und dann darauf hinweisen, dass eine Entscheidung dahingestellt bleiben kann, da auch die Literaturvertreter, die Tatbeteiligte in den Schutzbereich des § 306a Abs. 2 einbeziehen, vorliegend zur Straflosigkeit des Täters gelangen, da eine eigenverantwortliche Selbstgefährdung des Beteiligten angenommen werden kann.

Die Gefahr der Gesundheitsschädigung muss **durch** das Inbrandsetzen eines der Tatobjekte des § 306 Abs. 1 Nr. 1 bis 6 hervorgerufen worden sein. Dies bedeutet, dass 207

- zum einen entsprechend der **conditio-sine-qua-non-Formel** die Inbrandsetzung nicht hinweggedacht werden kann, ohne dass die Gefahr in ihrer konkreten Gestalt entfiele (Kausalität) und
- darüber hinaus der Täter mit dem Inbrandsetzen eine spezifische Gefährlichkeit geschaffen hat, die sich dann in tatbestandstypischer Weise in der konkreten Gefahr realisiert hat **(sog. gefahrspezifischer Zusammenhang)**.

Hinweis

Dieser gefahrspezifische Zusammenhang (auch Unmittelbarkeitszusammenhang genannt) dürfte Ihnen von den erfolgsqualifizierten Delikten, so u.a. von § 227 und wiederum von den Straßenverkehrsdelikten bekannt sein. Die Fallgruppen, bei denen der Zusammenhang durchbrochen wird, sind vergleichbar mit jenen, die im objektiven Tatbestand die **objektive Zurechnung** unterbrechen. Sowohl bei der objektiven Zurechnung als auch beim gefahrspezifischen Zusammenhang wird mithin eine **Wertung** vorgenommen. Sie müssen in der Klausur danach fragen, ob die Gefahr der Gesundheitsschädigung noch als Werk des Täters angesehen werden kann.

In der Klausur werden in diesem Zusammenhang häufig die sog. **„Retterschäden"** problematisch sein. Diese entstehen, wenn Dritte, vor allem Feuerwehrleute, zur Rettung von Personen oder Sachen in die brennenden Gebäude gehen und sich dabei der konkreten Gefahr einer Gesundheitsschädigung aussetzen. In diesen Fällen stellt sich immer wieder die Frage, inwieweit das Handeln als eigenverantwortliche Selbstgefährdung angesehen werden muss mit der Folge, dass der Zurechnungszusammenhang unterbrochen wird und die Gefahr oder Verletzung nicht mehr als das Werk des Täters erscheint. 208

Hinweis

Diese Problematik taucht in gleicher Weise in den §§ 306b Abs. 1 und 306c auf, also immer dann, wenn „durch" die Brandstiftung eine besondere Folge herbeigeführt wird.

Beispiel A, ein radikaler Gegner moderner Kunst, zündet eines Nachts das neu errichtete „Museum der Modernen Kunst" in Düsseldorf an. Der herbeigerufene Feuerwehrmann F, ein Liebhaber sämtlicher Arbeiten von Beuys, stürmt in das Museum, um das ein oder andere Millionenobjekt vor dem Feuer zu bewahren. Dabei kann er mit letzter Mühe einem herabfallenden, brennenden Deckenbalken ausweichen.

Hier kommt eine Strafbarkeit gem. § 306a Abs. 2 in Betracht. Das Museum stellt ein Gebäude gem. § 306 Abs. 1 Nr. 1 dar, welches A in Brand gesetzt hat. Aufgrund des herabfallenden Deckenbalkens bestand die konkrete Gefahr einer ernsthaften Gesundheitsschädigung für Feuerwehrmann F. Diese Gefahr beruhte auch kausal auf dem Brand. Fraglich ist jedoch, ob der Unmittelbarkeitszusammenhang gegeben ist. Dann müsste A mit der Brandlegung die Gefahr geschaffen haben, dass Feuerwehrleute zu Schaden kommen können. Denkbar ist auch, dass eine eigenverantwortliche Selbstgefährdung des Feuerwehrmanns vorliegt. ■

209 Feuerwehrleute sind grundsätzlich aufgrund ihrer beruflichen Stellung verpflichtet, Brände zu löschen und Personen, ggfs. auch Gegenstände zu retten. Sofern die **Feuerwehrleute bei ihren Löschbemühungen** also Gefahren ausgesetzt sind, sind dies **typische Folgen** des Inbrandsetzens, eine eigenverantwortliche Selbstgefährdung scheidet mithin grundsätzlich aus. Gleiches gilt, sofern die Feuerwehrleute tätig werden, um Menschen zu retten, die sich noch im Gebäude aufhalten. Jedoch wird danach zu **differenzieren** sein, ob die **Rettungsbemühungen von vornherein sinnlos** waren oder ob es sich um sonstige, anders motivierte Selbstgefährdungen handelt.[68] Sofern dies bejaht wird, muss eine eigenverantwortliche Selbstgefährdung angenommen werden. Bei **Löschungsbemühungen Privater** wird danach gefragt, ob ein einsichtiges Motiv für die Rettungshandlung vorliegt, z.B. eine dem § 35 ähnliche Drucksituation (Rettung eines nahen Angehörigen). Fehlt dieses oder aber verhält sich der Retter unvernünftig riskant, so liegt erneut eine eigenverantwortliche Selbstgefährdung vor, die den Unmittelbarkeitszusammenhang unterbricht.[69]

Beispiel Da im obigen *Beispiel* F zur Rettung von Millionenwerten in das Museum eilte, erscheinen die Rettungsbemühungen nicht von vornherein als sinnlos. Sollte jedoch das Gebäude schon so weit in Brand gesetzt worden sein, dass eine Rettung nur unter extremer Eingehung von Lebensgefahren möglich war, wäre der Unmittelbarkeitszusammenhang durchbrochen, da dann eine eigenverantwortliche Selbstgefährdung des Feuerwehrmanns F angenommen werden kann. ■

210 **Umstritten** ist, ob bei dem Unmittelbarkeitszusammenhang an den **Taterfolg** des Inbrandsetzens angeknüpft werden muss oder ob es ausreicht, wenn an die **Tathandlung** angeknüpft wird.

Teilweise wird in der **Literatur** verlangt, dass die Gefahr aus dem **Inbrandsetzungserfolg** herrühren muss. Verwiesen wird darauf, dass der Gesetzgeber einen Objektskatalog aufge-

68 *Fischer* § 306c Rn. 4a.; *OLG Stuttgart* NJW 2008, 1971; *BGH* NStZ 2022, 102; *Radtke* NStZ-RR 2009, 52.
69 BGHSt 39, 322; *Fischer* § 306c Rn. 4a.

stellt habe, um das Brandstiftungsunrecht von sonstigem Unrecht zu unterscheiden. Dementsprechend dürften nicht sämtliche Gefahren, die aus der Verwendung von Feuermitteln entstehen, der Brandstiftungsstrafbarkeit unterworfen werden.[70]

Dieser Auffassung wird allerdings von der **herrschenden Meinung** entgegengehalten, dass sie die Intention des Gesetzgebers nicht beachte. Durch die Erweiterung der Tathandlungen in §§ 306 ff. um die Alternative der **Brandlegung** wird als Ursache für die Gesundheitsgefahr nun ausdrücklich auch ein Verhalten mit einbezogen, bei welchem der Täter **lediglich bestrebt** ist, einen Brand in oder an dem Tatobjekt zu verursachen. Dementsprechend muss aber auch die Tathandlung zum Zwecke des Hervorrufens eines Brandes als Anknüpfungspunkt ausreichen.[71]

Beispiel Im obigen *Beispiel* konnte der Streit dahinstehen, da der herabfallende Deckenbalken einen infolge der Brandstiftungshandlung eingetretenen Brandstiftungserfolg darstellt. Der Streit wird jedoch relevant, wenn schon der Einsatz des Tatmittels zu einer Gesundheitsgefahr führt. Stellen Sie sich vor, A hätte sein Haus mittels eines Brandsatzes niederbrennen wollen, der jedoch unmittelbar nach Aktivierung explodiert. Wäre zu diesem Zeitpunkt ein Passant an dem Haus vorbei gegangen, so hätte die Gefahr bestanden, dass er z.B. infolge des Berstens einer Fensterscheibe erheblich hätte verletzt werden können. ■

Hinweis

Die soeben dargestellten, unterschiedlichen Auffassungen werden nicht nur bei § 306a Abs. 2 relevant, sondern v.a. auch bei den Erfolgsqualifikationen der §§ 306b Abs. 1 und 306c. Von besonderer Klausurrelevanz ist in diesem Zusammenhang immer wieder der **erfolgsqualifizierte Versuch.**

2. Subjektiver Tatbestand

211 In subjektiver Hinsicht muss der Täter mit Wissen und Wollen der Verwirklichung des objektiven Tatbestandes handeln, wobei **dolus eventualis** ausreicht. Beachten Sie, dass der Vorsatz sich **nur auf die konkrete Gefahr** erstrecken muss. Es ist nicht erforderlich, dass der Täter die Möglichkeit des tatsächlichen Eintritts einer Gesundheitsschädigung kannte und diese billigend in Kauf genommen hat. Er muss lediglich wissen, dass sein Verhalten für einen anderen Menschen konkret gefährlich ist.

3. Rechtswidrigkeit und Schuld

212 Sofern § 306a Abs. 2 als **konkretes Gefährdungsdelikt** begriffen wird, ist eine **rechtfertigende Einwilligung** des Menschen, der der Gefahr einer Gesundheitsschädigung ausgesetzt wurde, **möglich.**[72] Sofern das Tatobjekt auch unter § 306 oder § 306a Abs. 1 subsumiert werden kann, bleibt eine Strafbarkeit des Täters nach diesen Normen übrig. Nach Auffassung des **BGH**, der in § 306a Abs. 2 ein **abstraktes Gefährdungsdelikt mit einer konkret eingetrete-**

70 *Dencker/Struensee/Nelles/Strein* Einführung in das 6. Strafrechtsreformgesetz, S. 114.

71 *Fischer* § 306a Rn. 11; Schönke/Schröder-*Heine/Bosch* § 306a Rn. 20; *Wessels/Hettinger/Engländer* Strafrecht BT 1 Rn. 758.

72 *Fischer* § 306a Rn. 11; *Joecks/Jäger* § 306a Rn. 28.

nen Gefahr versteht, ist eine **Einwilligung des Opfers nicht möglich**, da auch die Allgemeinheit geschützt wird, so dass kein disponibles Rechtsgut vorliegt.[73]

Hinsichtlich der **Schuld** gibt es keine deliktsspezifischen Besonderheiten, so dass die allgemeinen Grundsätze gelten.

4. Konkurrenzen

§ 306a Abs. 2 steht nach h.M. zu den §§ 306a Abs. 1 und 306 in Tateinheit gem. § 52, da er als konkretes Gefährdungsdelikt eine eigene Schutzrichtung aufweist.

D. Besonders schwere Brandstiftung, § 306b

I. Überblick

213 Wie bereits eingangs dieses Kapitels erwähnt, enthält **§ 306b Abs. 1** eine **Erfolgsqualifikation zu §§ 306 und 306a**. Hinsichtlich der genannten Folgen „schwere Gesundheitsschädigung" und „Gesundheitsschädigung einer großen Zahl von Menschen" muss gem. **§ 18** der Täter **wenigstens fahrlässig** gehandelt haben.

214 **§ 306b Abs. 2** hingegen ist eine **Qualifikation**, allerdings nur **zu § 306a**, nicht auch zu § 306.

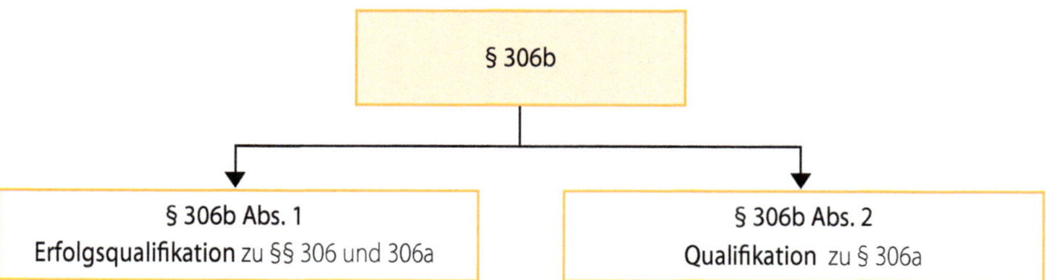

215 Hinsichtlich der qualifizierenden Voraussetzungen des **Abs. 2 Nr. 1 und Nr. 3** muss der Täter somit **gem. § 15 vorsätzlich** gehandelt haben. Bei **Abs. 2 Nr. 2** handelt es sich um eine qualifizierende **Absicht**, die von Ihnen im subjektiven Tatbestand zu prüfen ist.

JURIQ-Klausurtipp

Ob es sich bei der von Ihnen zu prüfenden Norm um eine Erfolgsqualifikation oder aber um eine Qualifikation handelt, können Sie **am Gesetzeswortlaut erkennen**.

Erfolgsqualifikationen weisen folgende Terminologie auf: *„Wer durch … verursacht"* oder *„verursacht der Täter durch …"*. Zudem verlangen diese Normen eine tatsächlich eingetretene **Verletzung des jeweiligen Rechtsguts**.

Sofern das Gesetz **nur den Eintritt einer Gefahr für ein Rechtsgut** voraussetzt, handelt es sich um eine Qualifikation.

73 BGHSt 23, 261.

Erfolgsqualifikationen dürften Ihnen schon verschiedentlich im StGB begegnet sein, so v.a. bei § 227, aber auch bei §§ 221 Abs. 3, 238 Abs. 2, 239 Abs. 3 Nr. 2 und Abs. 4 sowie 251. Der **Aufbau und die Prüfungsvoraussetzungen** bei Erfolgsqualifikationen sind stets identisch, so dass Sie sich die nachfolgend dargestellten Aufbauschemata gut einprägen sollten. Auch ist bei allen Erfolgsqualifikationen zumeist das Erfordernis des „Unmittelbarkeitszusammenhangs" problematisch. Sollten Ihnen die soeben benannten Normen mithin bekannt vorkommen, so werden Sie die bereits dargestellten und nachfolgend erneut benannten Probleme wahrscheinlich wiedererkennen.

II. Besonders schwere Brandstiftung, § 306b Abs. 1

Bei § 306b Abs. 1 muss als schwere Folge der Brandstiftung entweder eine schwere Gesundheitsschädigung oder eine Gesundheitsschädigung einer großen Zahl von Menschen eingetreten sein. **216**

Wie immer können Sie in der Klausur zunächst das Grunddelikt, auf welches sich § 306b Abs. 1 bezieht, komplett durchprüfen und erst danach die Voraussetzungen der Erfolgsqualifikation prüfen. Diese Prüfung bietet sich, wie schon ausgeführt, an, wenn es im Tatbestand oder Rechtswidrigkeit des Grunddelikts diskussionswürdige Probleme gibt.

Sofern dies nicht der Fall ist, können Sie den **gemeinsamen Aufbau von Grunddelikt und Erfolgsqualifikation** wählen, der wie folgt aussieht:

Besonders schwere Brandstiftung, § 306b Abs. 1

PRÜFUNGSSCHEMA

I. Voraussetzungen der §§ 306 oder 306a
1. Objektiver Tatbestand
2. Subjektiver Tatbestand

II. Voraussetzungen des § 306b Abs. 1
1. Eintritt der Folge
   a) Schwere Gesundheitsschädigung oder
   b) Gesundheitsschädigung einer großen Zahl von Menschen
2. Kausalität zwischen Grunddelikt und schwerer Folge
3. Unmittelbarkeitszusammenhang
4. wenigstens Fahrlässigkeit gem. § 18

III. Rechtswidrigkeit

IV. Schuld
subjektiver Fahrlässigkeitsvorwurf

V. Tätige Reue gem. § 306e

1. Schwere Gesundheitsschädigung

Eine **schwere Gesundheitsschädigung** liegt jedenfalls dann vor, wenn das Opfer eine der in **§ 226** aufgezählten Verletzungen erlitten hat. Beachten Sie aber, dass die schwere Gesund- **217** heitsschädigung nicht deckungsgleich mit der schweren Körperverletzung ist. Es werden darüber hinaus **auch solche Verletzungen** erfasst, die von der Art, Intensität und Schwere mit jenen des § 226 vergleichbar sind und demzufolge die Gefahr einer langwierigen, ernsten Krankheit oder einer nicht unerheblichen Beeinträchtigung des Gebrauchs der Sinne, des Körpers oder der Arbeitsfähigkeit nach sich ziehen.[74]

Beispiel So dürften Brandverletzungen, die zu Entstellungen i.S.d. § 226 Abs. 1 Nr. 3 führen sowie schwere Rauchvergiftungen als schwere Gesundheitsschädigungen angesehen werden. ■

2. Gesundheitsschädigung einer großen Zahl von Menschen

218 Im Gegensatz zu der vorgenannten Folge ist es bei dieser Alternative nicht erforderlich, dass eine schwere Gesundheitsschädigung eingetreten ist, so dass eine Körperverletzung gem. § 223 ausreicht. Die besondere Strafwürdigkeit liegt bei dieser Variante darin, dass der Täter eine „große Zahl von Menschen" geschädigt hat. Ab wann eine solche große Zahl angenommen werden kann, wird unterschiedlich beantwortet. Der **BGH** hat eine Anzahl von **14 Personen** als ausreichend angesehen, ohne jedoch festzulegen, bei welcher Personenzahl er die Untergrenze zieht.[75] Teilweise werden erst 20 Personen[76] als große Zahl betrachtet.

JURIQ-Klausurtipp

In der Klausur wird es nicht erforderlich sein, die einzelnen, in Lit. und Rspr. vertretenen Auffassungen hierzu zu benennen. Wichtig ist wie bei den Straßenverkehrsdelikten auch, dass Sie erkennen, dass auch schon bei einfachen Brandstiftungen die Gefahr einer Gefährdung von mehr als einer Person bestehen kann. In **Anbetracht des hohen Strafrahmens** muss es bei § 306b zu einer **deutlichen Erhöhung** gekommen sein. Vor diesem Hintergrund können Sie sehr gut argumentieren, dass die Zahl der Geschädigten jedenfalls zweistellig sein muss.

3. Kausalität

219 Zwischen dem Grunddelikt (§§ 306 und 306a) und der soeben dargestellten Folge muss **Kausalität i.S.d. conditio-sine-qua-non-Formel** bestehen, d.h. die Brandstiftung darf nicht hinweggedacht werden, ohne dass die Gesundheitsschädigung entfiele.

4. Unmittelbarkeitszusammenhang

220 In Anbetracht des hohen Strafrahmens reicht die Verbindung zwischen Grunddelikt und schwerer Folge in Gestalt der Kausalität allerdings nicht aus. Der Täter muss darüber hinaus durch das Grunddelikt eine **spezifische Gefährlichkeit** geschaffen haben, die sich dann **in typischer Weise** in der schweren Folge niedergeschlagen hat (Unmittelbarkeitszusammenhang – oder gefahrspezifischer Zusammenhang).

---

74 Schönke/Schröder-*Heine/Bosch* § 306b Rn. 3 mit Verweis auf *Heine/Schnittenhelm* § 330 Rn. 9a.
75 BGHSt 44, 175.
76 *Joecks/Jäger* § 306b Rn. 4.

Dieser gefahrspezifische Zusammenhang kann zu verneinen sein, wenn sich das Opfer eigenverantwortlich selbst gefährdet hat. In der Klausur sind in diesem Zusammenhang vor allem wieder die sog. **„Retterschäden"** interessant, die wir bereits bei § 306a Abs. 2 thematisiert haben. 221

Darüber hinaus ist, wie bei § 306a Abs. 2 auch, der **Anknüpfungspunkt** für die Bestimmung des Unmittelbarkeitszusammenhangs von Bedeutung. Wie Sie inzwischen wissen, knüpft die Literatur vereinzelt an den Brandstiftungserfolg an, wohingegen es die herrschende Meinung als ausreichend erachtet, wenn sich die Gefährlichkeit der Brandstiftungshandlung realisiert hat. Bedeutung hat dieser Streit insbesondere für die Strafbarkeit des **erfolgsqualifizierten Versuchs**. 222

» Da es sich hier um eine Problematik aus dem allgemeinen Teil handelt, können Sie an dieser Stelle die Gelegenheit nutzen und das Thema erfolgsqualifizierter Versuch und Versuch der Erfolgsqualifikation wiederholen, das im Skript „Strafrecht AT I" dargestellt wird. «

Hinweis

Unterscheiden Sie den erfolgsqualifizierten Versuch von dem Versuch der Erfolgsqualifikation.

Bei dem **Versuch der Erfolgsqualifikation** hat der Täter den Eintritt der Folge zumindest mit dolus eventualis gewollt. Da § 18 nur davon spricht, dass der Täter hinsichtlich der Folge „wenigstens fahrlässig" handeln muss, ist ein Versuch der Erfolgsqualifikation nach überwiegender Auffassung strafbar. Den Versuch der Erfolgsqualifikation prüfen Sie in der Klausur anhand des normalen Versuchsaufbaus.

Davon zu unterscheiden ist der **erfolgsqualifizierte Versuch.** Beim erfolgsqualifizierten Versuch tritt schon bei Vornahme der Handlung die besondere Folge ein, ohne dass es zu dem Erfolg des Grunddelikts gekommen ist.

Beispiel A wirft einen brennenden Molotow-Cocktail in ein von Asylbewerbern bewohntes, mehrstöckiges Gebäude. Dabei trifft er versehentlich den Vietnamesen V, der zufällig am Fenster auf dem Fußboden saß, um eine Zigarette zu rauchen. V erleidet schwerste Brandverletzungen und muss mehrere Wochen im Krankenhaus liegen. Zu einem Inbrandsetzen des Gebäudes kommt es nicht, da der Molotow-Cocktail sofort von anderen Bewohnern gelöscht wird.

A hat sich zunächst wegen versuchter einfacher Brandstiftung gem. §§ 306, 22, 23 und wegen versuchter schwerer Brandstiftung gem. §§ 306a Abs. 1 Nr. 1, Abs. 2, 22, 23 strafbar gemacht. Fraglich ist, ob sich A auch wegen versuchter besonders schwerer Brandstiftung gem. §§ 306b Abs. 1, 22, 23 strafbar gemacht haben kann. ■

Nach der bereits dargestellten, vereinzelt in der **Literatur** vertretenen Auffassung, wonach der Unmittelbarkeitszusammenhang zwischen dem vorsätzlich herbeigeführten Brandstiftungserfolg und der Folge bestehen muss, ist ein erfolgsqualifizierter Versuch nicht möglich, da es bei diesem ja gerade am tatbestandlichen Erfolg des Grunddeliktes fehlt. Nach der **herrschenden Meinung** reicht als Anknüpfungspunkt die Brandstiftungshandlung aus, so dass die Strafbarkeit des erfolgsqualifizierten Versuchs möglich ist. 223

III. Besonders schwere Brandstiftung, § 306b Abs. 2

§ 306b Abs. 2 Nr. 1 und 3 beschreiben objektive Voraussetzungen, die eine Brandstiftung nach § 306a qualifizieren können. Demnach hat der Täter eine besonders schwere Brandstiftung 224 verwirklicht, wenn er einen anderen Menschen durch die Tat in die **Gefahr des Todes** bringt **(Nr. 1)** oder das **Löschen des Brandes verhindert oder erschwert (Nr. 3)**.

225 Im Gegensatz dazu enthält **§ 306b Abs. 2 Nr. 1** subjektive, qualifizierende Merkmale, die dementsprechend in der Klausur auch im subjektiven Tatbestand zu prüfen sind. Demnach liegt eine besonders schwere Brandstiftung auch dann vor, wenn der Täter in der **Absicht** handelt, **eine Straftat zu ermöglichen oder zu verdecken**.

226 Wie schon bei § 306b Abs. 1, können Sie in der Klausur zunächst die kompletten Voraussetzungen des § 306a prüfen und sich danach mit den Voraussetzungen des § 306b Abs. 2 befassen. Der **gemeinsame Aufbau** des Grunddeliktes und der Qualifikation sieht hingegen wie folgt aus:

PRÜFUNGSSCHEMA

Besonders schwere Brandstiftung, § 306b Abs. 2

I. Objektiver Tatbestand
1. Objektive Tatbestandsmerkmale des Grunddelikts gem. § 306a
2. Objektive Tatbestandsmerkmale gem. § 306b Abs. 2 Nr. 1 oder Nr. 3
   a) Gefahr des Todes für einen anderen Menschen durch die Tat
   b) Verhindern oder Erschweren des Löschens des Brandes

II. Subjektiver Tatbestand
1. bezüglich der objektiven Voraussetzungen des Grunddelikts gem. § 306a
2. bezüglich der qualifizierenden Voraussetzungen gem. § 306b Abs. 2 Nr. 1 oder Nr. 3
3. Voraussetzungen des § 306b Abs. 2 Nr. 2: Absicht, eine andere Straftat zu ermöglichen oder zu verdecken
   teleologische Restriktion Rn. 230

III. Rechtswidrigkeit

IV. Schuld

V. Tätige Reue gem. § 306e

1. Gefahr des Todes

227 Bei § 306b Abs. 2 Nr. 1 muss der Täter einen anderen Menschen durch die Tat in die Gefahr des Todes gebracht haben. Wie § 306a Abs. 2 auch, ist § 306b Abs. 2 Nr. 1 ein **konkretes Gefährdungsdelikt**. Der einzige Unterschied zu § 306a Abs. 2 besteht vorliegend darin, dass es sich um eine gesteigerte Gefahr, nämlich um die Gefahr des Todes handeln muss. Ansonsten kann auf sämtliche Ausführungen Bezug genommen werden, die bei § 306a Abs. 2 in diesem Zusammenhang gemacht wurden. Beachten Sie insbesondere, dass es in Literatur und Rechtsprechung Uneinigkeit darüber gibt, ob auch **Tatbeteiligte andere Menschen** i.S.d. Norm sein können.

2. Verhindern oder Erschweren des Löschens des Brandes

Eine besonders schwere Brandstiftung liegt auch vor, wenn der Täter das Löschen des Brandes verhindert oder erschwert. Dieser Erfolg kann dabei **durch beliebige Handlungen** des Täters herbeigeführt werden. Es kommen sowohl Handlungen in Betracht, die der Brandstiftung vorausgehen als auch solche, die zeitgleich mit ihr vorgenommen werden oder ihr nachfolgen. 228

Beispiel Das Löschen des Brandes wird verhindert oder erschwert durch z.B. das Entfernen von Löschmitteln, das Ausschalten automatischer Löscheinrichtungen oder das Behindern löschwilliger Personen. Bemühungen des Täters, die die Tat überhaupt erst ermöglichen sollen, aber zugleich dazu führen, dass das Löschen des Brandes verhindert oder erschwert wird, reichen nicht aus. Solche Bemühungen liegen z.B. darin, dass der Täter den Brand nachts legt, wenn löschbereite Personen nicht zugegen sind und der Brand infolge der Heimlichkeit auch von anderen Dritten nicht rechtzeitig bemerkt werden kann. Diese Einschränkung ergibt sich aus der hohen Mindeststrafandrohung.[77] ■

3. Absicht, eine andere Straftat zu ermöglichen oder zu verdecken

Schließlich liegt eine besonders schwere Brandstiftung noch vor, wenn der Täter in der Absicht handelt, eine andere Straftat zu ermöglichen oder zu verdecken. Diese Variante besitzt innerhalb des § 306b Abs. 2 die größte Klausurrelevanz. 229

Die Verdeckungs- oder Ermöglichungsabsicht dürfte Ihnen **von § 211 bekannt** sein. Wie dort, so ist auch hier zunächst einmal **dolus directus 1. Grades** erforderlich, d.h. dem Täter muss es bei der Brandstiftung auf die zu verdeckende oder zu ermöglichende Straftat ankommen. Nicht erforderlich ist, dass es sich um die Straftat des Täters handelt. Darüber hinaus ist es auch nicht erforderlich, dass bei der Verdeckung die Straftat tatsächlich begangen worden ist. Beachten Sie, dass es nur auf die **Vorstellung des Täters** ankommt.[78]

Die zu verdeckende oder ermöglichende Tat kann zeitgleich mit der Brandstiftung erfolgen, sie kann ihr aber auch vorausgehen oder nachfolgen. **Umstritten** in Rechtsprechung und Literatur ist jedoch, ob in Anbetracht des hohen Strafrahmens eine **teleologische Restriktion** des § 306b Abs. 2 Nr. 2 vorgenommen werden muss. Relevant wird diese Diskussion in Praxis und Klausur v.a. bei nachfolgendem 230  

Beispiel A ist schwer verschuldet und sieht den einzigen Ausweg in der Begehung eines Versicherungsbetruges. Zu diesem Zweck zündet er nachts eine in seinem Eigentum stehende Lagerhalle an, als der Wachdienst gerade Pause macht. Unmittelbar nachdem er den Schaden bei der Versicherung gemeldet hat, wird A jedoch aufgrund der Ermittlungen der Polizei als Täter überführt.

77 *Fischer* § 306b Rn. 12a.

78 *BGH* Entscheidung vom 9.8.2000, 3 StR 139/00, abrufbar unter www.bundesgerichtshof.de.

Hier hat sich A zunächst wegen versuchten Versicherungsbetruges gem. §§ 263 Abs. 1, Abs. 3 Nr. 5, 22, 23 strafbar gemacht. Darüber hinaus hat er eine Brandstiftung gem. § 306a Abs. 1 Nr. 3 begangen, da er die Lagerhalle zu einem Zeitpunkt anzündete, zu welchem sich jedenfalls der Wachdienst dort aufzuhalten pflegte.

Fraglich ist jedoch, ob es sich auch um eine besonders schwere Brandstiftung gem. § 306b Abs. 2 Nr. 2 handelt. Als zu ermöglichende Straftat kommt hier der Versicherungsbetrug in Betracht. Gerade um diese Straftat begehen zu können, hat A auch den Brand gelegt, so dass jedenfalls dolus directus 1. Grades angenommen werden kann. ■

231 In der **Literatur** wird teilweise vertreten, dass eine besonders schwere Brandstiftung nur dann vorliege, wenn der Täter die **besondere Gemeingefährlichkeit der Brandstiftung** zur Ermöglichung oder Verdeckung der Straftat ausgenutzt habe. Gerechtfertigt wird diese Einschränkung mit dem hohen Strafrahmen des § 306b Abs. 2.[79] Zu den spezifischen Wirkungen der Brandstiftung zählen nach der Literaturauffassung bspw. Furcht, Verwirrung oder Panik. Demnach läge eine Ermöglichungstat dann vor, wenn der Täter mit der Brandstiftung dafür sorgen will, dass die Bewohner eines Hauses panisch ihre Wohnungen verlassen, so dass er die Gelegenheit bekommt, Gegenstände aus dem Haus fortzuschaffen.

Nach Auffassung der **Rechtsprechung** und, ihr folgend, Teilen der Literatur ist hingegen eine Restriktion des § 306b Abs. 2 in der oben dargestellten Art und Weise nicht erforderlich. Der *BGH* weist zum einen darauf hin, dass der Gesetzgeber das Wort „ausnutzen", welches in dem alten § 307 Nr. 2 enthalten war, gestrichen hat. Demnach deute schon der neue Wortlaut darauf hin, dass ein Ausnutzen einer brandspezifischen Gefährlichkeit nicht mehr erforderlich sei. Gewählt worden sei vom Gesetzgeber vielmehr eine an §§ 211, 315 Abs. 3 Nr. 1b orientierte Formulierung, die darauf hindeute, dass der Anwendungsbereich dieser Vorschrift weit gefasst werden könne. Die besondere Strafwürdigkeit ergebe sich aus der Verknüpfung von Unrecht mit weiterem Unrecht. Da zudem der Gesetzgeber den Strafrahmen im Gegensatz zur Vorgängervorschrift auf 5 Jahre herabgesenkt habe, besteht, so der *BGH*, kein Grund, warum insbesondere der mit Brandstiftungen häufig beabsichtigte Versicherungsbetrug als zu ermöglichende Straftat aus dem Anwendungsbereich der Norm herausgenommen werden sollen.[80]

Beispiel Im obigen Fall würde mithin der *BGH* eine besonders schwere Brandstiftung gem. § 306b Abs. 2 Nr. 2 bejahen. Nach der gegenteiligen Auffassung hingegen verbliebe es bei der Strafbarkeit gem. § 306a Abs. 1 Nr. 3. ■

79 *Jäger* Strafrecht BT Rn. 760; Schönke/Schröder-*Heine/Bosch* § 306b Rn. 12; *Joecks/Jäger* § 306b Rn. 10.

80 *BGH* NJW 2000, 226; *BGH* StV 2005, 391; sich anschließend *Radtke* JR 200, 428; *Rönnau* JuS 2001, 328 sowie bestätigend *BVerfG* 2 BvL 12/09, abrufbar unter www.bundesverfassungsgericht.de; *Radtke* JR 2000, 428; *Maurach/Schröder/Maiwald* Strafrecht BT Teilband 2 § 51 Rn. 13.

Auch nach Auffassung der Rechtsprechung ist es jedoch erforderlich, dass es sich bei der zu ermöglichenden Straftat um eine **„andere" Straftat** handelt. Dies wird verneint, wenn die Straftat in **Tateinheit** mit der besonders schweren Brandstiftung steht und die Tathandlungen, die zur Verletzung der jeweils geschützten Rechtsgüter führen, im Wesentlichen deckungsgleich sind.[81] **232**

Beispiel A zündet erneut eine Lagerhalle an. Diese steht jedoch nunmehr im Eigentum seiner Mutter, die entsprechend auch eine Gebäudeversicherung für die Halle abgeschlossen hat. A beabsichtigt, der Mutter Leistungen aus der Versicherung zu verschaffen, damit diese sich einen schönen Lebensabend am Gardasee machen kann.

Sofern die Mutter den Schaden bei ihrer Versicherung meldet, begeht sie keinen Versicherungsbetrug, da der Versicherungsfall vorliegend ja eingetreten ist. A hingegen begeht einen Versicherungsmissbrauch gem. § 265. Auf diesen Versicherungsmissbrauch kommt es dem A auch bei der Brandlegung an. Da jedoch die Brandlegung zugleich die Beschädigungshandlung des § 265 ist, stellt § 265 keine andere Straftat i.S.d. § 306b Abs. 2 Nr. 2 dar.[82] ■

Hinweis

Fraglich ist, ob der **BGH** diese **Einschränkung** auch vornehmen wird, wenn durch die Brandstiftungshandlung zugleich der Tod eines Menschen verursacht wird. Auch hier müsste die „andere" Tat verneint werden, da beide Tathandlungen Tateinheit begründen.[83]

Im Zusammenspiel der § 306b Abs. 2 Nr. 2 und § 263 Abs.3 Nr. 5 tauchen in der Klausur immer mal wieder Fälle der sog. **„Repräsentantenhaftung"** auf, in denen nicht der Versicherungsnehmer den Brand legt, dafür aber jemand, dessen Handeln dem Versicherungsnehmer als dessen **Repräsentant gem. § 81 Abs. 1 VVG** zugerechnet wird. **233**

Sofern der Versicherungsnehmer gutgläubig den Schaden meldet, macht er sich nicht gem. § 263 Abs. 1 strafbar, da er unvorsätzlich handelt. Objektiv hat er jedoch über das Vorliegen eines Versicherungsfalles getäuscht, denn ein solcher liegt nur dann vor, wenn weder der Versicherungsnehmer noch sein Repräsentant den Brand gelegt hat. Der den Brand gelegt habende Täter könnte sich aber gem. §§ 263 Abs. 1, 25 Abs. 1 Alt. 2 strafbar gemacht haben und auch eine darauf gerichtete Absicht gem. § 306b Abs. 2 Nr. 2 gehabt haben.

Repräsentant im versicherungsrechtlichen Sinne ist, wer in dem **Geschäftsbereich**, zu dem das versicherte Risiko gehört, **aufgrund eines Vertretungs- oder ähnlichen Verhältnisses an die Stelle des Versicherungsnehmers getreten** ist und die Risikoverwaltung übernommen hat.[84]

---

81 *BGH* Entscheidung vom 15.3.2007, AZ 3 StR 454/06, abrufbar unter www.bundesgerichtshof.de.

82 *BGH* Entscheidung vom 15.3.2007, 3 StR 454/06, abrufbar unter www.bundesgerichtshof.de.

83 Bejahend *Fischer* § 306b Rn. 10a.

84 *BGH* NStZ 2021, 171.

IV. Rechtswidrigkeit und Schuld

234 Insofern gibt es keine deliktsspezifischen Besonderheiten. Beachten Sie, dass auch hier relevant werden kann, ob der Geschädigte in die Gesundheitsschädigung gem. § 306b Abs. 1 rechtfertigend einwilligen kann. Insoweit nehmen wir Bezug auf die Ausführungen bei § 306a.

V. Konkurrenzen

235 Zwischen § 306b Abs. 1 und Abs. 2 kann Tateinheit bestehen. Durch § 306b Abs. 1 werden die §§ 306 und 306a verdrängt. § 306b Abs. 2 Nr. 1 verdrängt § 306a Abs. 2 sowie § 306 Abs 1 Nr. 1. § 306b Abs. 2 Nr. 2 und 3 stehen hingegen zu § 306a Abs. 2 in Tateinheit. Gleiches gilt für § 306c.[85]

E. Brandstiftung mit Todesfolge, § 306c

236 Die Brandstiftung mit Todesfolge gem. § 306c ist, ebenso wie die besonders schwere Brandstiftung gem. § 306b Abs. 1 eine **Erfolgsqualifikation**. Statt der schweren Gesundheitsschädigung tritt hier allerdings der Tod ein. Zu beachten ist ferner, dass wenigstens Fahrlässigkeit gem. § 18 nicht ausreicht. In Anbetracht des hohen Strafrahmens ist es erforderlich, dass der Täter den Tod **leichtfertig** verursacht hat.

Leichtfertig handelt, wer aus besonderem Leichtsinn oder aus besonderer Gleichgültigkeit die nach den Umständen gebotene und auch ihm mögliche Sorgfalt außer Acht lässt und deshalb mit der objektiv auch für ihn nach seinen persönlichen Kenntnissen und Fähigkeiten zu erwartenden Tatbestandsverwirklichung nicht rechnet.[86]

Die Leichtfertigkeit ist vergleichbar mit der groben Fahrlässigkeit im Zivilrecht.

Im Übrigen kann hinsichtlich des Aufbaus, der Problematik des Unmittelbarkeitszusammenhangs sowie insbesondere der Möglichkeit eines erfolgsqualifizierten Versuchs auf die Ausführungen bei § 306b Abs. 1 verwiesen werden.

Die (versuchte) Brandstiftung mit Todesfolge verdrängt im Wege der Gesetzeskonkurrenz sowohl die (versuchte) schwere Brandstiftung nach § 306a Abs. 1 Nr. 1, §§ 22, 23 Abs. 1 StGB als auch die (versuchte) besonders schwere Brandstiftung nach § 306b Abs. 2 Nr. 1, §§ 22, 23 Abs. 1 StGB.[87]

85 Zu den weiteren Konkurrenzen vgl. *Fischer* § 306b Rn. 14.

86 *Joecks/Jäger* § 251 Rn. 6.

87 *BGH* NStZ 2022, 35.

F. Fahrlässige Brandstiftung, § 306d

Die fahrlässige Brandstiftung gem. § 306d unterscheidet vier Tatbestandsalternativen: 237

- **§ 306d Abs. 1 Alt. 1** Strafbar ist, wer eines der in § 306 Abs. 1 Nr. 1 bis 6 genannten Tatobjekte fahrlässig in Brand setzt oder durch Brandlegung ganz oder teilweise zerstört.
- **§ 306d Abs. 1 Alt. 2** Strafbar ist, wer ein durch § 306a Abs. 1 Nr. 1 bis 3 geschütztes Objekt fahrlässig in Brand setzt oder durch Brandlegung ganz oder teilweise zerstört.
- **§ 306d Abs. 1 Alt. 3** Strafbar ist, wer bei § 306a Abs. 2 vorsätzlich ein Objekt gem. § 306 Abs. 1 Nr. 1 bis 6 in Brand setzt und dabei fahrlässig die Gefahr einer Gesundheitsschädigung verursacht (Vorsatz-Fahrlässigkeits-Kombination).
- **§ 306d Abs. 2** Strafbar ist, wer bei § 306a Abs. 2 nicht nur fahrlässig die Gefahr hervorruft, sondern auch fahrlässig eine der in § 306 Abs. 1 Nr. 1 bis 6 bezeichneten Sachen in Brand setzt.

Fahrlässig handelt, wer bei objektiver Vorhersehbarkeit des tatbestandlichen Erfolges die im Verkehr erforderliche Sorgfalt außer Acht lässt.[88] 238

Beispiel Fahrlässiges Inbrandsetzen kommt in der Praxis immer wieder durch das Betätigen von Feuerwerkskörpern oder das unsachgemäße Entsorgen von noch brennenden Zigaretten in Betracht. ■

JURIQ-Klausurtipp

Bei den Handlungsalternativen 1 und 2 des § 306d Abs. 1 sowie bei § 306d Abs. 2 wählen Sie den **Aufbau des fahrlässigen Delikts.** Bei § 306d Abs. 1 Alt. 3 handelt es sich um eine Vorsatz-Fahrlässigkeits-Kombination. Hinsichtlich des Aufbaus können Sie sich an § 315b und § 315c orientieren. Vgl. hierzu die Rn. 40.

G. Tätige Reue, § 306e

Gem. § 306e kann das Gericht die Strafe nach seinem Ermessen gem. § 49 Abs. 2 mildern oder ganz von Strafe absehen, wenn der Täter den Brand freiwillig löscht, **bevor ein erheblicher Schaden entsteht**. Sofern der Brand ohne Zutun des Täters gelöscht wurde, bevor ein erheblicher Schaden entstanden ist, genügt gem. § 306e Abs. 3 auch sein freiwilliges und ernsthaftes Bemühen, dieses Ziel zu erreichen. 239

Beachten Sie, dass § 306e nur dann in Betracht kommt, wenn die **Brandstiftung vollendet** ist. Liegt hingegen nur eine versuchte Brandstiftung vor, so ist ausschließlich § 24 anwendbar.

88 *Fischer* § 15 Rn. 14 ff.

Hat der Täter nur eine **fahrlässige Brandstiftung** gem. § 306d begangen, so wird er gar nicht bestraft (persönlicher Strafaufhebungsgrund), wenn er freiwillig den Brand löscht, bevor ein erheblicher Schaden entsteht.

Beispiel A möchte erneut sein Wohnhaus in Brand setzen und verursacht dazu einen Kurzschluss an seiner Waschmaschine. Unmittelbar nachdem das Gerät Feuer gefangen hat, überkommt ihn jedoch das schlechte Gewissen, so dass er den Brand mit mehreren Litern Wasser löscht.

Da der Brand hier noch nicht wesentliche Bestandteile des Gebäudes erfasst hatte, ist ein vollendetes Inbrandsetzen zu verneinen. A hat jedoch den Tatentschluss, eine Brandstiftung gem. § 306a Abs. 1 Nr. 1 zu begehen. Entsprechend diesem Tatentschluss hat er auch unmittelbar angesetzt. Allerdings ist er gem. § 24 Abs. 1 S. 1 Alt. 2 strafbefreiend von diesem Versuch zurückgetreten, indem er die Vollendung freiwillig verhindert hat.

Tätige Reue gem. § 306e käme in Betracht, wenn der Brand bereits auf die Wände und den Fußboden des Gebäudes übergegriffen hätte. In diesem Fall, wäre die Brandstiftung vollendet gewesen. ■

240 Die **Erheblichkeit des Schadens** richtet sich nach dem betroffenen Objekt. Da **bei Gebäuden** insgesamt ein sehr hoher **Sachschaden** eintreten kann, hat der *BGH* ausgeführt, dass ein erheblicher Schaden vorliege, wenn mindestens **2500 €** zur Schadensbeseitigung erforderlich seien.[89] Ansonsten kann teilweise auf die **Wertgrenze des § 315c Abs. 1** zurückgegriffen werden, so dass ein erheblicher Schaden bei einer Summe von 750 € bis 1200 € vorliegt.[90]

Bei einer Körperverletzung, wird **teilweise** schon eine **einfache Körperverletzung** als erheblicher Schaden angesehen.[91] Einer **anderen Auffassung** zufolge sollen nur **Körperverletzungen mit erheblicher Verletzungsgefahr** i.S.d. § 224 Abs. 1 Nr. 2 als erheblich angesehen werden.[92]

Der Täter, der sich auf § 306e berufen will, muss ausweislich des Wortlauts der Norm den Brand tatsächlich löschen. **Löschversuche** reichen nicht aus. Allerdings ist ein eigenhändiges Löschen nicht erforderlich. § 306e ist auch dann anwendbar, wenn der Täter sich der Hilfe Dritter bedient.[93]

241 Fraglich ist, ob § 306e auch dann anwendbar ist, wenn der Täter den Brand zwar nicht löscht, dafür aber das in eine konkrete Gefahr geratene **Opfer rettet**.

Beispiel Der 65-jährige A befand sich in einer Liebesbeziehung zu der 17-jährigen J. Da beide beschlossen hatten, gemeinsam auf dem Leben zu scheiden, schüttete A im Innenraum seines Wohnwagens Benzin aus und zündete es an, während beide sich im Wohnwagen aufhielten. Nachdem das Feuer sich innerhalb kürzester Zeit ausgebreitet hatte, entschloss sich A, sich selbst und auch F in Sicherheit zu bringen, was ihm auch gelang. F erlitt Verbrennungen am Rücken, Unterarm, Knie und Wade und musste stationär behandelt werden. Der Wohnwagen brennt komplett aus. ■

89 *BGH* JuS 2003, 409.
90 *BGH* JuS 2003, 409.
91 SK-*Wolters/Horn* § 306e Rn. 12.
92 *Joecks/Jäger* § 306e Rn. 5.
93 *BGH* NStZ 2003, 264.

Da § 306e ausdrücklich ein Löschen des Brandes verlangt, stellte sich für den *BGH*[94] die Frage, ob eine **analoge Anwendung** in Betracht kommen könnte. Da es sich um eine Analogie zugunsten des Täters handeln würde, verstieße diese nicht gegen Art. 103 Abs. 2 GG.

Im Ergebnis hat der *BGH* die analoge Anwendung bejaht. Zunächst hat er eine planwidrige Regelungslücke festgestellt, die ebenso wie im Zivilrecht Voraussetzung für eine Analogie ist. Weitere Voraussetzung ist, dass aufgrund der Ähnlichkeit des gesetzlich nicht geregelten Falls mit dem gesetzlich geregelten Fall die analoge Anwendung dem Gerechtigkeitsgebot entspricht:

„Durch die vom Gesetzgeber in § 306e StGB gewählte Formulierung bleibt aber unberücksichtigt, dass es Situationen geben kann, in denen eine andere Gefahrbeseitigung als das Löschen des Brandes effektiver sein kann, etwa wenn ein Löschen nicht mehr ohne weiteres möglich ist, die Gefahr aber durch Verbringung der Person aus dem Gefahrbereich unproblematisch abgewendet werden kann. Es ist nicht davon auszugehen, dass der Gesetzgeber nur bei den Brandstiftungsdelikten andere Formen der Gefahrabwendung ausschließen wollte, sondern diese Konstellation bei den §§ 306ff. StGB übersehen hat."

Schließlich müssen Sie bei der tätigen Reue noch die **Freiwilligkeit prüfen** – hier gelten die Grundsätze des § 24. Danach handelt der Täter freiwillig, wenn er aus autonomen Motiven heraus den Brand gelöscht hat.[95]

Online-Wissens-Check

Unter welchen Voraussetzungen erfolgt bei § 306a Abs. 1 Nr. 1–3 eine teleologische Restriktion?

Überprüfen Sie jetzt online Ihr Wissen zu den in diesem Abschnitt erarbeiteten Themen. Unter **www.juracademy.de/skripte/login** steht Ihnen ein Online-Wissens-Check speziell zu diesem Skript zur Verfügung, den Sie kostenlos nutzen können. Den Zugangscode hierzu finden Sie auf der Codeseite.

94 *BGH* NStZ 2021, 290.
95 *Fischer* § 24 Rn. 19.

H. Übungsfall Nr. 2

242 „Der treusorgende Enkel"

Gertrud (G) betreibt in einem Einkaufscenter, welches im Eigentum der Firma X steht, einen Schnellimbiss, welchen sie von X gepachtet hat. Leider gehen die Geschäfte seit der Eröffnung einer Fastfood-Kette nicht mehr gut, so dass G um ihr Erspartes fürchtet.

Alfons (A), ihr treusorgender Enkel, möchte G eine Freude machen. Er weiß, dass G eine Versicherung abgeschlossen hat, welche im Falle des Brandes 100 000 € an sie zahlen muss. Damit G sich mit dieser Summe einen schönen Lebensabend auf Teneriffa machen kann, beschließt er, den Imbiss anzuzünden und so G „warm" zu sanieren.

Er begibt sich deswegen nachts in das Einkaufszentrum und verschüttet mehrere Flaschen eines billigen Branntweins, den er im nahe gelegenen Discounter gekauft hat. Nachdem er sich vergewissert hat, dass niemand in der Nähe ist, zündet er den Branntwein an. Just in diesem Augenblick wird er jedoch von 2 Wachmännern überrascht, die – was A weiß – regelmäßig im Einkaufscenter ihre Runde machen und aus einem Laden hervortreten, den sie kontrolliert haben. Die Wachmänner können gerade noch rechtzeitig durch einen beherzten Sprung zur Seite der hohen Stichflamme ausweichen. Die Flamme greift unmittelbar nach dem Anzünden auf die Holzvertäfelung und danach auf Wände und Decken über, bevor die herbeigerufene Feuerwehr den Brand löschen kann.

G meldet den Schaden ihrer Versicherung und gibt dabei an, dass der Brand durch Fremdverschulden ausgelöst wurde. Kurze Zeit später erhält sie die Versicherungssumme.

Strafbarkeit des A? (eventuell erforderliche Strafanträge sind gestellt)

243 Lösung

I. Strafbarkeit gemäß §§ 263 Abs. 1, Abs. 3 Nr. 5, 25 Abs. 1 Alt. 2

JURIQ-Klausurtipp

Auch wenn die Brandstiftungsdelikte die höhere Strafandrohung haben und damit die schwereren Delikte sind, ist es sinnvoll, mit Betrug zu beginnen, da Sie bei § 306b Abs. 2 prüfen müssen, ob A in der Absicht gehandelt hat, eine andere Straftat zu ermöglichen. Sofern Sie diese Straftat bereits geprüft haben, können Sie verweisen und müssen nicht inzident prüfen.

A könnte sich wegen eines Versicherungsbetruges in mittelbarer Täterschaft in einem besonders schweren Fall gemäß §§ 263 Abs. 1, Abs. 3 Nr. 5, 25 Abs. 1 Alt. 2 strafbar gemacht haben, indem er den versicherten Imbiss anzündete.

Dann müsste eine Täuschungshandlung vorliegen. Eine Täuschung könnte in dem Abschicken der Schadensanzeige gegenüber der Versicherung liegen. A selbst hat jedoch den Brand nicht bei der Versicherung gemeldet. Dies tat G, weswegen eine mittelbare Täterschaft in Betracht kommen kann.

Eine Täuschung ist jede Irreführung über Tatsachen, wobei Tatsachen Geschehnisse der Vergangenheit oder Gegenwart sind, die dem Beweis zugänglich sind. G hat der Versicherung gegenüber erklärt, dass der Brand durch Fremdverschulden ausgelöst wurde. Dies ist zwar eine dem Beweis zugängliche Tatsache, sie entspricht aber den tatsächlichen Gegebenheiten. Sie selbst hat den Brand weder veranlasst noch gefördert. A kann auch nicht als „Repräsentant" der G angesehen werden, so dass G tatsächlich einen Anspruch gegenüber der Versicherung auf Auszahlung der Versicherungssumme hat. Eine Täuschung hat G somit nicht vorgenommen, so dass der objektive Tatbestand zu verneinen ist.

II. Strafbarkeit gemäß § 265

A könnte sich aber wegen eines Versicherungsmissbrauchs gem. § 265 strafbar gemacht haben, indem er den Imbiss anzündete.

1. Objektiver Tatbestand

Dann müsste A eine versicherte Sache beschädigt haben. Vorliegend hatte G eine Feuerversicherung für ihren Imbiss abgeschlossen, so dass eine versicherte Sache gegeben ist. Durch das Inbrandsetzen hat A diese versicherte Sache auch beschädigt. Der objektive Tatbestand ist damit verwirklicht.

2. Subjektiver Tatbestand

A handelte vorsätzlich. Darüber hinaus müsste er auch in der Absicht gehandelt haben, sich oder einem Dritten Leistungen aus der Versicherung zu verschaffen. A kam es darauf an, dass G die Versicherungssumme und damit Leistungen aus der Versicherung erhält. Dass G, wie soeben festgestellt, tatsächlich auch einen Anspruch auf diese Leistungen hat, ist irrelevant, da der erstrebte Vermögensvorteil – anders als beim Betrug – nicht rechtswidrig zu sein braucht.

3. Rechtswidrigkeit und Schuld

Rechtfertigungs- und Entschuldigungsgründe sind nicht ersichtlich.

A hat sich somit gem. § 265 strafbar gemacht.

III. Strafbarkeit gemäß § 306 Abs. 1 Nr. 1 und 2

A könnte sich, in dem er im Einkaufscenter den Branntwein ausschüttete und anschließend anzündete, wegen einer Brandstiftung gemäß § 306 Abs. 1 Nr. 1 und Nr. 2 strafbar gemacht haben.

1. Objektiver Tatbestand

Dies setzt voraus, dass A ein fremdes Tatobjekt gem. § 306 Abs. 1 Nr. 1 oder 2 in Brand gesetzt oder es durch eine Brandlegung teilweise zerstört hat.

Das Ladenlokal befindet sich zunächst in einem Gebäude im Sinne des § 306 Abs. 1 Nr. 1. Es könnte zudem eine Betriebsstätte gem. § 306 Abs. 1 Nr. 2 sein. Betriebsstätten sind Räumlichkeiten, die dauerhaft einem gewerblichen Betrieb dienen. Der Imbiss dient wie das gesamte Einkaufscenter dazu, dass G ihre Speisen an die Kunden verkaufen kann. Der Imbiss ist somit ein gewerblich genutztes Objekt, so dass auch eine Betriebsstätte in diesem Sinne vorliegt.

Das Ladenlokal sowie das Gebäude stehen im Eigentum der Firma X und sind mithin für A fremd. Taugliche Brandstiftungsobjekte gemäß § 306 Abs. 1 Nr. 1, 2 liegen somit vor.

Weiterhin müsste A das Lokal und das Gebäude in Brand gesetzt oder durch Brandlegung ganz oder teilweise zerstört haben.

Ein Inbrandsetzen liegt vor, wenn das Objekt derart vom Feuer ergriffen ist, dass sich dieses auch nach Entfernung des Zündstoffs an einem für den Gebrauch des geschützten Objekts wesentlichen Teil weiter auszubreiten vermag.

Hier waren sowohl die Decken als auch die Wände eigenständig vom Feuer ergriffen. Da sowohl ein Gebäude als auch eine Betriebsstätte ohne Wände und Decken nicht funktionsgemäß betrieben werden können, hat das Feuer kausal und objektiv zurechenbar die Tatobjekte in Brand gesetzt.

Der objektive Tatbestand ist damit verwirklicht.

2. Subjektiver Tatbestand

A handelte mit Wissen und Wollen und damit auch vorsätzlich.

3. Rechtswidrigkeit und Schuld

Rechtfertigungs- und Entschuldigungsgründe sind nicht ersichtlich.

A hat sich somit gem. § 306 Abs. 1 Nr. 1 und 2 strafbar gemacht.

IV. Strafbarkeit gemäß den §§ 303, 305

Die ebenfalls mitverwirklichten §§ 303 und 305 treten in Gesetzeskonkurrenz hinter § 306 zurück.

V. Strafbarkeit gemäß § 306a Abs. 1 Nr. 3

A könnte sich weiterhin wegen schwerer Brandstiftung gemäß § 306a Abs. 1 Nr. 3 strafbar gemacht haben, indem er den Branntwein verschüttete und anzündete.

1. Objektiver Tatbestand

Dann müsste A eine Räumlichkeit in Brand gesetzt haben, die zeitweise dem Aufenthalt von Menschen dient. Zudem müsste diese Inbrandsetzung zu einer Zeit geschehen sein, zu welcher sich Menschen dort aufzuhalten pflegen.

Wie bereits festgestellt, hat A das Gebäude und die Betriebsstätte in Brand gesetzt. Sowohl das Gebäude als auch die Betriebsstätte dienen dem Aufenthalt von Kunden, allerdings für gewöhnlich nur während des Tages. A hat jedoch den Brand nachts gelegt, als sich keine Kunden im Gebäude aufhielten. Im Gebäude waren aber zu diesem Zeitpunkt die Wachmänner, die sich dort immer nachts aufzuhalten pflegen. Damit hat A eine Räumlichkeit in Brand gesetzt, die dem Aufenthalt der Wachleute diente. Diese hat er auch zu einem Zeitpunkt in Brand gesetzt, zu welchem sich die Wachleute dort aufhielten.

Fraglich ist aber, wie es sich auswirkt, dass A sich vergewissert hat, ob auch niemand zugegen ist, bevor er den Branntwein anzündete.

In Rechtsprechung und Literatur wird eine teleologische Restriktion in den Fällen diskutiert, in welchen der Täter „umsichtig" handelt, indem er sich vergewissert, dass niemand zu Schaden kommen kann. Dies setzt allerdings voraus, dass es sich bei den in Brand gesetzten Objekten um solche handelt, die mit einem Blick zu übersehen sind, so dass auch tatsächlich eine Gefahr für andere Menschen ausgeschlossen ist. Vorliegend zündete A jedoch den Imbiss der G an, der sich in einem Einkaufscenter befand, mithin in einer Räumlichkeit, die nicht überschaubar ist. Tatsächlich hat A ja auch die beiden Wachleute übersehen, die aus dem nächstgelegenen Laden kamen, so dass eine teleologische Restriktion nicht in Betracht kommt.

Der objektive Tatbestand ist damit erfüllt.

2. Subjektiver Tatbestand

A wusste, dass sich die Wachleute in dem Objekt aufhalten, so dass ihm bekannt war, dass er eine Räumlichkeit anzündete, die dem Aufenthalt von Menschen diente. Da er auch hinsichtlich der anderen Merkmale des objektiven Tatbestandes mit Wissen und Wollen handelte, ist der Vorsatz zu bejahen.

3. Rechtswidrigkeit und Schuld

Rechtfertigungs- und Entschuldigungsgründe sind nicht ersichtlich.

A hat sich somit gemäß § 306a Abs. 1 Nr. 3 strafbar gemacht.

VI. Strafbarkeit gemäß § 306a Abs. 2

A könnte sich weiterhin wegen schwerer Brandstiftung gemäß § 306a Abs. 2 strafbar gemacht haben, indem er den Branntwein anzündete.

1. Objektiver Tatbestand

A hat wie bereits festgestellt Tatobjekte gem. § 306 Abs. 1 Nr. 1 und 2 in Brand gesetzt.

Durch das Inbrandsetzen müsste A eine konkrete Gefahr einer Gesundheitsschädigung für einen anderen Menschen hervorgerufen haben. Unter einer Gesundheitsschädigung ist eine Körperverletzung nach § 223 zu verstehen. Konkret ist die Gesundheitsgefahr, wenn es lediglich vom rettenden Zufall abhängt, ob es zu einer Verletzung der körperlichen Integrität kommt.

Vorliegend konnten die beiden Wachleute nur noch durch ein beherztes zur Seite springen den Stichflammen ausweichen. Wäre ihnen das nicht gelungen, wären sie vom Feuer erfasst worden und hätten sich schwere Brandwunden zugezogen. Damit bestand eine konkrete Gefahr für die beiden Wachleute.

Diese Gefahr wurde auch kausal durch die Handlung hervorgerufen. Fraglich ist jedoch, ob auch der erforderliche Unmittelbarkeitszusammenhang zwischen der Brandstiftung und der Gefahr angenommen werden kann. Dies ist der Fall, wenn die Brandstiftung eine rechtlich relevante Gefahr geschaffen hat, die sich dann in typischer Weise in der Gefahr realisiert hat.

Die Gefahr für die Wachleute wurde durch die Brandstiftungshandlung ausgelöst. Fraglich ist, ob dies ausreicht oder ob nicht der Brandstiftungserfolg konkret gefährlich sein muss.

Teilweise wird vertreten, dass die tatbestandsspezifische Gefahr an den Taterfolg anknüpfen müsse. Hierfür wird angeführt, der Gesetzgeber habe nicht jede Verwendung des Tatmittels Feuer als Brandstiftungsstraftat definiert. Vielmehr habe er einen Objektskatalog aufgestellt, um das Brandstiftungsunrecht von sonstigem Unrecht zu unterscheiden. Dementsprechend dürfen nicht sämtliche Gefahren, die aus der Verwendung von Feuermitteln entstehen, der Brandstiftungsstrafbarkeit zugerechnet werden. Vielmehr könne „gerade und nur" das Brennen bzw. Zerstören dieser Katalogobjekte durch eine Brandlegung Gefahrenquelle im Sinne der §§ 306a ff. sein.

Dieser Auffassung ist jedoch entgegenzuhalten, dass sie die Intention des Reformgesetzgebers zum 6. Strafrechtsreformgesetz vernachlässigt. Durch die Erweiterung der Tathandlungen in § 306 um die Alternative der Brandlegung, ist als Quelle der Gesundheitsgefahr nun ausdrücklich auch ein Verhalten einbezogen, mit dem der Täter lediglich bestrebt ist, einen Brand in oder an dem Tatobjekt zu verursachen. Entsprechend dieser Intention des Gesetzgebers soll bereits das Hantieren mit Zündstoffen zum Zwecke des Hervorrufens eines Brandes mögliche Ursache des Gefahrerfolgs sein. Auf ein tatsächliches Brennen des Objekts kommt es also nicht mehr an.

Folglich kann die tatbestandsspezifische Gefahr auch an die Handlung anknüpfen. Damit ist der Unmittelbarkeitszusammenhang zu bejahen.

Der objektive Tatbestand ist verwirklicht.

2. Subjektiver Tatbestand

Fraglich ist, ob A hinsichtlich dieser konkreten Gefahr auch vorsätzlich handelte. Da er sich vor dem Anzünden umsah, ob auch niemand in der Nähe ist, wird er davon ausgegangen sein, dass kein anderer Mensch in dem Augenblick des Anzündens zu Schaden kommen kann. Auch wenn ihm bewusst war, dass sich in dem Objekt Wachleute aufhielten, so kann ihm nicht unterstellt werden, dass er damit rechnete, dass die Realisierung einer Körperverletzung bei diesen Personen nur vom rettenden Zufall abhängt. Zu seinen Gunsten muss daher unterstellt werden, dass er zwar die abstrakte, nicht aber die konkrete Gefahr kannte.

Eine Strafbarkeit gem. § 306a Abs. 2 scheidet damit aus.

VII. Strafbarkeit gemäß §§ 306d Abs. 1, 306a Abs. 2

A hat sich jedoch der fahrlässigen Brandstiftung strafbar gemacht, indem er, wissend dass sich im Objekt Wachmänner befinden, den Branntwein anzündete. Auch wenn er sich zuvor vergewisserte, musste er doch wissen, dass aufgrund der Räumlichkeiten es nicht ausgeschlossen werden kann, dass sich zur Tatzeit in unmittelbarer Nähe Personen aufhalten können.

VIII. Strafbarkeit gemäß § 306b Abs. 2 Nr. 2 und 3

A könnte sich des Weiteren wegen einer besonders schweren Brandstiftung nach § 306b Abs. 2 Nr. 2 und 3 strafbar gemacht haben, indem er den Branntwein anzündete.

1. Objektiver Tatbestand

Dann müsste A eine Brandstiftung gem. § 306a begangen haben und dabei das Löschen des Brandes gem. Abs. 2 Nr. 3 verhindert haben.

A hat eine schwere Brandstiftung gem. § 306a Abs. 1 begangen. Fraglich ist, ob er bei dieser

Brandstiftung auch das Löschen des Brandes erschwert hat, indem er den Brand heimlich zur Nachtzeit gelegt hat.

In Anbetracht des hohen Strafmaßes kann jedoch eine heimliche Begehung alleine nicht ausreichen, um das Erschweren des Brandes anzunehmen. Erforderlich ist vielmehr, dass der Täter zusätzlich, z.B. durch das Abhalten Löschwilliger, das Risiko für das Tatobjekt erhöht. Dies hat A jedoch nicht getan, so dass die Voraussetzungen des § 306b Abs. 2 Nr. 3 nicht vorliegen.

2. Subjektiver Tatbestand

A handelte vorsätzlich hinsichtlich der Begehung der schweren Brandstiftung nach § 306a Abs. 1. Fraglich ist, ob A darüber hinaus auch die Absicht hatte, eine andere Straftat zu ermöglichen.

Wie eingangs geprüft, hatte A nicht die Absicht, selbst einen Versicherungsbetrug zu begehen. Auch G sollte keinen Versicherungsbetrug begehen, da für sie tatsächlich der Versicherungsfall eingetreten war.

A kam es jedoch darauf an, die versicherte Sache zu zerstören und so einen Versicherungsmissbrauch zu begehen. Dieser Versicherungsmissbrauch müsste eine „andere Straftat" sein.

In der Literatur wird teilweise vertreten, dass eine besonders schwere Brandstiftung nur dann vorliege, wenn der Täter die besondere Gemeingefährlichkeit der Brandstiftung zur Ermöglichung oder Verdeckung der Straftat ausgenutzt habe. Gerechtfertigt wird diese Einschränkung mit dem hohen Strafrahmen des § 306b Abs. 2.

Nach Auffassung insbesondere der Rechtsprechung ist hingegen eine Restriktion des § 306b Abs. 2 in der oben dargestellten Art und Weise nicht erforderlich. Der *BGH* weist zum einen darauf hin, dass der Gesetzgeber das Wort „ausnutzen", welches in dem alten § 307 Nr. 2 enthalten war, gestrichen hat. Demnach deute schon der neue Wortlaut darauf hin, dass ein Ausnutzen einer brandspezifischen Gefährlichkeit nicht mehr erforderlich sei. Gewählt worden sei vom Gesetzgeber vielmehr eine an §§ 211, 315 Abs. 3 Nr. 1b orientierte Formulierung, die darauf hindeute, dass der Anwendungsbereich dieser Vorschrift weit gefasst werden könne. Die besondere Strafwürdigkeit ergebe sich aus der Verknüpfung von Unrecht mit weiterem Unrecht. Da zudem der Gesetzgeber den Strafrahmen im Gegensatz zur Vorgängervorschrift auf 5 Jahre herabgesenkt habe, besteht, so der *BGH*, kein Grund, warum insbesondere der mit Brandstiftungen häufig beabsichtigte Versicherungsbetrug als zu ermöglichende Straftat aus dem Anwendungsbereich der Norm herausgenommen werden soll.

Damit käme grundsätzlich auch der Versicherungsmissbrauch als zu ermöglichende Straftat in Betracht. Allerdings muss auch nach Auffassung der Rechtsprechung die zu ermöglichende Straftat eine „andere" Straftat sein. Dies wird verneint, wenn die Straftat in Tateinheit mit der besonders schweren Brandstiftung steht und die Tathandlungen, die zur Verletzung der jeweils geschützten Rechtsgüter führen, im Wesentlichen deckungsgleich sind.

Da die Tathandlung des Versicherungsmissbrauchs das Anzünden ist, welches zugleich auch die Tathandlung des § 306a Abs. 1 ist, ist der Versicherungsmissbrauch keine „andere" Straftat, so dass die Ermöglichungsabsicht des A zu verneinen ist.

A hat sich somit nicht der besonders schweren Brandstiftung gem. § 306b Abs. 2 strafbar gemacht.

IX. Strafbarkeit gem. § 123

A sich darüber hinaus des Hausfriedensbruchs gem. § 123 strafbar gemacht, indem er nachts das Einkaufscenter betrat.

X. Gesamtergebnis

A hat sich wegen Brandstiftung gem. § 306 in Tateinheit mit der schweren Brandstiftung gem. § 306a Abs. 1 Nr. 3 und mit § 123 strafbar gemacht. Die fahrlässige Brandstiftung gem. §§ 306d Abs. 1, 306a Abs. 2 tritt dahinter zurück (a.A. wonach Tateinheit angenommen wird aufgrund des Klarstellungsinteresses hinsichtlich der konkreten Gefahr gut vertretbar). Wiederum tateinheitlich dazu hat er sich des Versicherungsmissbrauchs gem. § 265 schuldig gemacht.

4. Teil
Rechtspflegedelikte

A. Überblick

Die Rechtspflegedelikte schützen die **Funktionsfähigkeit der Rechtspflege** und sind an verschiedenen Stellen im StGB geregelt. Zu Ihnen zählen die Aussagedelikte gem. §§ 153 ff., die falsche Verdächtigung gem. § 164, das Vortäuschen einer Straftat gem. § 145d sowie die Strafvereitelung gem. §§ 258, 258a. 244

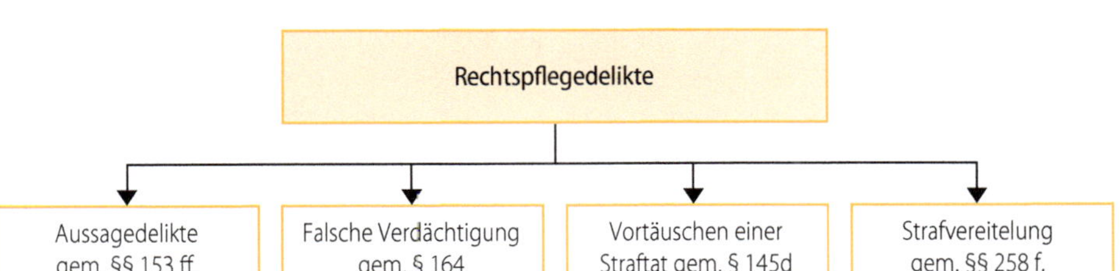

Die **Aussagedelikte gem. §§ 153 ff.** schützen die staatliche Rechtspflege vor einer fehlerhaften Wahrheitsfindung durch falsche Aussagen oder falsche Versicherungen an Eides Statt.

Die **falsche Verdächtigung gem. § 164** schützt nach h.M.[1] sowohl die innerstaatliche Rechtspflege gegen Irreführung und unbegründete Inanspruchnahme als auch den Einzelnen vor einem ungerechtfertigten behördlichen Untersuchungsverfahren oder sonstigen Maßnahmen hoheitlicher Art. Das **Vortäuschen einer Straftat gem. § 145d** schützt die Strafrechtspflege vor der unberechtigten Inanspruchnahme.

Die **Strafvereitelung gem. § 258** schützt die innerstaatliche Strafrechtspflege vor den Angriffen durch jedermann (mit Ausnahme des Täters selber, der sich nicht nach § 258 strafbar machen kann) und gem. **§ 258a** vor den Angriffen durch einen Amtsträger.

B. Die Aussagedelikte, §§ 153 ff.

I. Überblick

Die §§ 153 sind **Tätigkeitsdelikte**. Daraus folgt, dass der Eintritt eines tatbestandlichen Erfolges, der z. B. in einem fehlerhaften Urteil liegen könnte, nicht erforderlich ist. Dementsprechend muss von Ihnen in der Klausur auch weder die Kausalität noch die objektive Zurechnung geprüft werden. 245

Die Aussagedelikte sind darüber hinaus **eigenhändige Delikte**. Dies hat Auswirkungen auf die täterschaftliche Begehung. Täter gem. §§ 153 ff. kann – wie bei den Straßenverkehrsdelikten (§§ 315c und 316) auch – nur derjenige sein, der selbst die Tathandlung vornimmt, also

1 *Wessels/Hettinger/Engländer* Strafrecht BT 1 Rn. 665.

bei § 153 in eigener Person falsch aussagt. Daraus ergibt sich, dass eine mittelbare Täterschaft gem. § 25 Abs. 1 Alt. 2 sowie eine Mittäterschaft gem. § 25 Abs. 2, bei der ein Tatbeitrag zugerechnet werden muss, nicht möglich ist.

Hinweis

Bei der mittelbaren Täterschaft gem. § 25 Abs. 1 Alt. 2 und der Mittäterschaft gem. § 25 Abs. 2 findet i.d.R. eine **Zurechnung fremden Verhaltens** statt. Bei der mittelbaren Täterschaft hat der Täter in keinem Fall die tatbestandliche Handlung selbst vorgenommen. Bei der Mittäterschaft kann dies der Fall sein, muss es aber nicht. Um gleichwohl zu einer Strafbarkeit des Mittäters bzw. des mittelbaren Täters zu gelangen, ist eine Zurechnung der Handlungen der jeweiligen „Tatnächsten" erforderlich. Da bei §§ 153 ff. der Täter die Handlung jedoch selbst vorgenommen haben muss, scheidet eine solche Zurechnung aus.

246 Da der Gesetzgeber jedoch **die mittelbare Täterschaft** bei den Aussagedelikten für strafwürdig erachtet hat, hat er **§ 160** geschaffen, der die Verleitung zur Falschaussage unter Strafe stellt. Mit dieser Norm wird die soeben dargestellte **Strafbarkeitslücke geschlossen.**

Die Aussagedelikte sind ferner wie die Straßenverkehrsdelikte auch **verhaltensgebundene Delikte**, so dass die **actio libera in causa** auch hier nach h.M. nicht mehr anwendbar ist.[2]

§ 153, die falsche uneidliche Aussage, stellt das **Grunddelikt** dar. Der Meineid gem. **§ 154** ist jedenfalls bei Täteridentität (Zeuge und Sachverständiger) dazu die **Qualifikation, ansonsten aber ein eigenständiges Delikt** (z.B. bei der Partei im Zivilprozess, die nicht Täter des § 153 sein kann). Gem. **§ 156** macht sich auch derjenige strafbar, der eine **falsche Versicherung an Eides Statt** abgibt. In **§ 161** ist die **fahrlässige Falschaussage** geregelt. **§ 159** erweitert die Strafbarkeit der **versuchten Anstiftung** zu einer falschen uneidlichen Aussage und einer falschen Versicherung an Eides Statt.

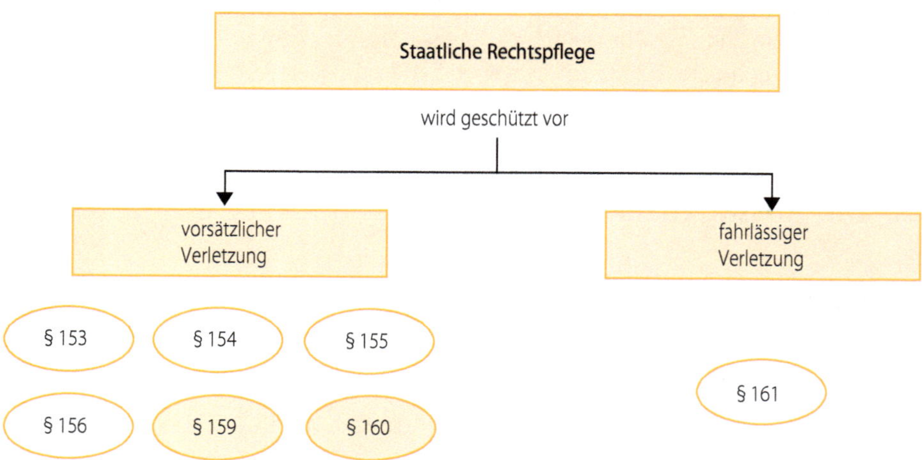

§§ 157 und 158 sind **Strafmilderungsnormen**, mit welchen der Richter den Strafrahmen absenken oder von Strafe ganz absehen kann. Sie sind in der Klausur nach der Schuld zu prüfen.

2 Siehe dazu auch Rn. 70.

II. Falsche uneidliche Aussage, § 153

Der **Aufbau des § 153** sieht wie folgt aus: **247**

Falsche uneidliche Aussage, § 153

I. Objektiver Tatbestand
1. Täter: Zeuge oder Sachverständiger
2. Tatort: vor Gericht oder einer anderen zuständigen Stelle
3. Tathandlung: falsch aussagen
   - (P) Spontanäußerungen Rn. 253
   - (P) Verfahrensverstöße Rn. 253

II. Subjektiver Tatbestand
Vorsatz, dolus eventualis reicht

III. Rechtswidrigkeit

IV. Schuld

V. Strafmilderungsgründe gem. §§ 157, 158

PRÜFUNGSSCHEMA

1. Objektiver Tatbestand

Der objektive Tatbestand setzt voraus, dass ein Zeuge oder Sachverständiger vor Gericht oder einer anderen zuständigen Stelle uneidlich falsch aussagt. **248**

a) Täter

Täter des § 153 kann mithin nur ein Zeuge oder Sachverständiger sein. Sofern also der **Angeklagte im Strafprozess** falsche Angaben zum Tathergang macht, hat er sich nicht nach § 153 strafbar gemacht. In Betracht kommt jedoch evtl. eine Strafbarkeit gem. §§ 164 und 145d. Trägt eine **Partei im Zivilprozess** etwas Unwahres vor, so scheidet ebenfalls eine Strafbarkeit nach § 153 aus. Möglich ist jedoch für den Fall der Vereidigung eine Strafbarkeit gem. § 154 sowie evtl. eine Strafbarkeit wegen Prozessbetrugs gem. § 263. **249**

b) Tatort

Die Aussage muss vor **Gericht** oder einer **anderen zur eidlichen Vernehmung von Zeugen oder Sachverständigen zuständigen Stelle** getätigt worden sein. Solche anderen Stellen sind z.B. der Notar gem. § 22 Bundesnotarordnung. **250**

Polizei und Staatsanwaltschaft sind keine für die eidliche Vernehmung zuständigen Stellen. Das Recht zur eidlichen Vernehmung im Ermittlungsverfahren steht gem. **§ 161a Abs. 1 S. 3 StPO** ausschließlich dem **Ermittlungsrichter** zu.

JURIQ-Klausurtipp

Sofern Sie in der Klausur also einen Sachverhalt zu begutachten haben, bei welchem ein **Zeuge gegenüber einem Polizisten** eine falsche Aussage tätigt, sollten Sie § 153 anprüfen, dann jedoch sofort feststellen, dass die Polizei insofern keine zuständige Stelle ist. Bedenken Sie in Fällen dieser Art, dass der Täter sich jedoch gem. §§ 145d, 164, 258 sowie 186, 187 strafbar gemacht haben kann.

Sofern der unmittelbar Aussagende angestiftet wurde, ist für den Anstifter eine Strafbarkeit gem. § 159 zu diskutieren.

c) Tathandlung

251 Die Tathandlung des § 153 besteht darin, dass der Täter vor einer zuständigen Stelle **falsch aussagt**.

Unter Aussagen wird nach überwiegender Auffassung nur die **mündliche Aussage** verstanden, es sei denn, eine schriftliche Verständigung ist gem. § 186 GVG zulässig, weil die aussagende Person taub oder stumm ist.

252 Die Aussage muss sich auf **Tatsachen** erstrecken, welche Gegenstand der Vernehmung sind.[3]

Tatsachen sind konkrete Vorgänge oder Zustände der Vergangenheit oder Gegenwart, die dem Beweis zugänglich sind.[4]

Zu diesen Tatsachen gehören sowohl äußere Vorgänge als auch innere Vorgänge, wie Absichten, Motive und Wahrnehmungen.

Der **Gegenstand der Vernehmung** ist regelmäßig das **Beweisthema**. Im **Strafverfahren** wird der Zeuge gem. § 69 StPO formlos mit dem Gegenstand der Vernehmung vertraut gemacht. Seine Aussage umfasst in diesem Verfahren alle zum Zeitpunkt der Äußerung potenziell erheblichen Tatsachen, die mit der **Tat** im Sinne **des § 264 StPO** zusammenhängen oder zusammenhängen können. Anders als im **Zivilprozess**, bei dem der Vernehmungsgegenstand durch den **Beweisbeschluss** gem. §§ 358, 359 ZPO festgelegt wird, existiert im **Strafprozess** eine **Begrenzung** des Umfangs der Zeugnispflicht auf die im Beweisbeschluss in bestimmter Form bezeichnete Beweisfrage **nicht**. Gegenstand der Vernehmung zur Sache ist hier allgemein der „Gegenstand der Untersuchung" nach § 69 Abs. 1 StPO, der dem Zeugen vor seiner Vernehmung zu bezeichnen ist.[5]

Die **Wahrheitspflicht** erstreckt sich bei Zeugen gem. §§ 68 ZPO und 359 ZPO auch auf die **Angaben zur Person**. Macht also ein Täter diesbezüglich falsche Angaben, so kann er sich gem. § 153 strafbar machen.

253 **Umstritten** ist, ob Äußerungen, die ein Zeuge außerhalb des Beweisgegenstandes macht, falsche Aussagen sein können. Nach **herrschender Meinung** werden solche **„Spontanäu-**

3 *Wessels/Hettinger/Engländer* Strafrecht BT 1 Rn. 728.
4 *Wessels/Hettinger/Engländer* Strafrecht BT 1 Rn. 548, 822.
5 *BGH* NStZ 2021, 486.

ßerungen" nicht von der Wahrheitspflicht erfasst.[6] Sofern jedoch das Gericht diese Spontanäußerungen aufgreift und vertieft, macht es damit deutlich, dass es das Beweisthema damit nachträglich erweitert hat. Werden diese Äußerungen dann wiederholt, kann eine uneidliche Falschaussage vorliegen.[7] Teilweise wird in der **Literatur** allerdings vertreten, dass auch Spontanäußerungen der Wahrheitspflicht unterliegen, sofern sie prozessual verwertbar sind. Begründet wird dies mit der Natur der §§ 153 ff., die als abstrakte Gefährdungsdelikte generell die Rechtspflege schützen sollen.[8] Von der herrschenden Meinung wird dieser Auffassung jedoch entgegengehalten, dass das Gericht in der Urteilsfindung nur die Aussagen zugrunde legen wird, die Gegenstand des Beweisthemas sind, so dass eine Gefährdung der Rechtspflege nicht zu besorgen ist.

Streitig ist ferner, ob sich **Verfahrensverstöße**, insbesondere Verstöße gegen die §§ 52 (Zeugnisverweigerungsrecht) und 55 (Auskunftsverweigerungsrecht des Zeugen), auf die Strafbarkeit des eigentlich schweigen dürfenden Täters auswirken.

Nach einer in der Literatur vertretenen „**Tatbestandslösung**" sollen **Aussagen**, die **prozessual nicht verwertbar** sind, schon **tatbestandlich keine falschen Aussagen** sein, da diese Aussagen bei der Wahrheitsfindung nicht berücksichtigt werden dürften, das geschützte Rechtsgut der §§ 153 ff. also nicht tangiert sei.[9]

Hinweis

An dieser Stelle werden die **Beweisverwertungsverbote** relevant. Nach h.M. folgt aus einem Verstoß gegen die Belehrungspflicht bei § 52 StPO ein Beweisverwertungsverbot, sofern der Zeuge seine Rechte nicht kannte. Ein Verstoß gegen die Belehrungspflicht des § 55 StPO zieht hingegen nach h.M. kein Beweisverwertungsverbot nach sich.

Dagegen wird von der h.M. („**Strafzumessungslösung**") eingewandt, dass Verfahrensverstöße verborgen bleiben und damit auch unverwertbare Aussagen die Rechtspflege gefährden könnten. Zumal gestatteten die in Rede stehenden Normen lediglich das Schweigen, nicht aber das Lügen. In den **Verstößen** werden somit lediglich **Umstände** gesehen, die sich zugunsten des Täters auf die **Strafzumessung** auswirken können.[10]

Kommen wir nun zu der Frage, wann eine Aussage gem. § 153 falsch ist. Einigkeit besteht darüber, dass eine Aussage dann falsch ist, wenn das, was ausgesagt wird **(Aussageinhalt)**, mit dem, worüber ausgesagt wird **(Aussagegegenstand)**, nicht übereinstimmt.[11] Was jedoch nun der **Aussagegegenstand** ist, wird **unterschiedlich** beurteilt. Dazu werden im Wesentlichen drei Ansichten vertreten: 254

Nach der herrschenden **objektiven Theorie** ist eine Aussage immer dann falsch, wenn sie mit der Wirklichkeit objektiv nicht übereinstimmt. Der Aussagegenstand ist also die Wirklichkeit **(Widerspruch zwischen Wort und Wirklichkeit)**.[12]

6 *Joecks/Jäger* Vor § 153 Rn. 5; BGHSt 25, 244.
7 *Wessels/Hettinger/Engländer* Strafrecht BT 1 Rn. 730.
8 MüKo-*Müller* § 153 Rn. 20.
9 *Geppert* Jura 1988, 498
10 *Rengier* Strafrecht BT II § 49 Rn. 36 m.w.N.
11 Schönke/Schröder-*Bosch/Schittenhelm* Vor § 153 Rn. 4.
12 *Wessels/Hettinger/Engländer* Strafrecht BT 1 Rn. 725; *Joecks/Jäger* Vor § 153, Rn. 5; BGHSt 7, 147.

Nach der (älteren) **subjektiven Theorie** gibt es keine objektive Wirklichkeit, da die Wirklichkeit nur gefiltert durch das subjektive Erleben zugänglich sei. Aufgrund dessen ist eine Aussage falsch, wenn sie mit dem Vorstellungsbild des Aussagenden nicht übereinstimmt. Der Aussagegenstand ist also das Wissen **(Widerspruch zwischen Wort und Wissen).** [13]

Dieser Auffassung wird entgegengehalten, dass ein Täter sich auch dann strafbar mache, wenn er etwas objektiv Richtiges aussage, das geschützte Rechtsgut also nicht gefährde, da bei aber der Auffassung sei, dass er lüge. Außerdem zeige die Existenz der fahrlässigen Falschaussage gem. § 161, dass eine Aussage auch dann falsch sein müsse, wenn der Aussagende sie subjektiv für richtig hält, diese Annahme aber pflichtwidrig ist.[14]

Nach der **Pflichttheorie** ist eine Aussage immer dann falsch, wenn sie nicht das Wissen wiedergibt, das der Zeuge bei kritischer Prüfung seines Erinnerungs- bzw. Wahrnehmungsvermögens hätte erlangen können (**Widerspruch zwischen Wort und möglichem Wissen**).[15]

Dieser Theorie wird wiederum entgegengehalten, dass eine Abgrenzung zwischen vorsätzlicher und fahrlässiger Falschaussage nicht mehr möglich sei, wenn schon die Falschheit der Aussage mit der Pflichtwidrigkeit des Verhaltens begründet wird.[16]

Beispiel A ist wegen einer anderthalb Jahre zurückliegenden, schweren Körperverletzung gem. §§ 223, 224 Abs. 1 Nr. 1 angeklagt. Als Zeugin ist seine damalige Lebensgefährtin L benannt. Diese soll Angaben machen, wo A sich zum Tatzeitpunkt aufgehalten hat. Obwohl A an dem fraglichen Tag tatsächlich die Straftat begangen hat, sagt L aus, dass A den ganzen Tag bei ihr gewesen sei und mit ihr Fußball im Fernsehen geschaut habe. Tatsächlich glaubt sie an die Richtigkeit dieser Aussage.

13 *OLG Bremen* NJW 1960, 1827; *Gallas* GA 57, 315.

14 *Jäger* Strafrecht BT Rn. 812; *Wessels/Hettinger/Engländer* Strafrecht BT 1 Rn. 726; Schönke/Schröder-*Bosch/Schittenhelm* Vor § 153 Rn. 6.

15 *Schmidthäuser* Strafrecht BT 23/10; *Otto* JuS 84, 161.

16 *Wessels/Hettinger/Engländer* Strafrecht BT 1 Rn. 727; *Joecks/Jäger* § Vor § 153 Rn. 5.

Fraglich ist, ob L sich gem. § 153 strafbar gemacht haben kann. Zunächst einmal hat sie gegenüber der zuständigen Stelle, nämlich dem Gericht, als taugliche Täterin, nämlich als Zeugin, ausgesagt. Nach der objektiven Theorie war diese Aussage auch falsch, weil sie nicht mit den tatsächlichen bzw. den nach Abschluss der Verhandlung beweisbaren und damit als tatsächlich unterstellten Gegebenheiten übereinstimmte. Die subjektive Theorie würde bereits den objektiven Tatbestand des § 153 verneinen, da L tatsächlich davon überzeugt war, dass A an dem fraglichen Tag bei ihr war. Die Pflichttheorie müsste danach fragen, ob L sämtliche Erkenntnismöglichkeiten ausgeschöpft hat. Ist dies zu bejahen, so ist die Aussage nicht falsch. Lediglich nach der objektiven Theorie ist mithin der objektive Tatbestand des § 153 verwirklicht. Gleichwohl hat sich L nicht nach § 153 strafbar gemacht, da sie bezüglich des objektiven Tatbestandsmerkmals „falsch" nicht vorsätzlich gehandelt hat. ■

Beispiel Zu anderen Ergebnissen würde man gelangen, wenn L erneut die obige Aussage vor Gericht tätigt, dabei aber der festen Überzeugung ist, dass A am Tattag nicht bei ihr war, sondern vielmehr die ihm vorgeworfene Straftat begangen hat, wobei er dieses Mal jedoch tatsächlich bei ihr war, die ihm vorgeworfene Straftat mithin nicht begangen hat.

Nach der objektiven Theorie hat L nicht falsch ausgesagt. In Betracht kommen könnte eine versuchte uneidliche Falschaussage, die jedoch, da § 153 ein Vergehen ist, nicht strafbar ist. Nach der subjektiven Theorie liegt eine falsche Aussage vor. Da L diesbezüglich auch vorsätzlich gehandelt hat, hat sie sich gem. § 153 strafbar gemacht, obgleich tatsächlich gar kein Angriff auf die Rechtspflege erfolgt ist. Zu demselben Ergebnis würden die Vertreter der Pflichttheorie gelangen. ■

Beispiel Als weitere Zeugin wird die Rentnerin R vernommen. Diese erklärt, dass sie den im Gerichtssaal sitzenden Angeklagten als Täter wiedererkenne. Tatsächlich hat A jedoch die Tat nicht begangen.

Hier ist zu beachten, dass R Auskunft gibt über die **innere Tatsache** des Wiedererkennens. Bei dieser inneren Tatsache gibt es **keinen Unterschied zwischen objektiver Richtigkeit und subjektiver Wahrnehmung**, da es sich ausschließlich um eine subjektive Wahrnehmung handelt. Sowohl nach der objektiven als auch nach der subjektiven Theorie kommt mithin eine Falschaussage der R nicht in Betracht. Die Pflichttheorie würde wiederum danach fragen, ob R sich entsprechend ihrer Verpflichtung als Zeugin gehörig angestrengt hat. ■

Die uneidliche Falschaussage ist **vollendet**, wenn die **Vernehmung abgeschlossen** ist. Dies wiederum ist der Fall, wenn der Zeuge oder Sachverständige seine Ausführungen beendet hat, von den Verfahrensbeteiligten keine Fragen mehr an ihn gerichtet werden und der Richter zu erkennen gegeben hat, dass er den Zeugen entlässt. Da sich Verhandlungen über mehrere Tage hinziehen können, ist es denkbar, dass sich eine Zeugenaussage über mehrere Termine erstreckt.[17] **255**

Die Frage nach der Vollendung könnte in der Klausur für den Fall wichtig werden, dass der Täter in dem von Ihnen zu begutachtenden Sachverhalt seine **Aussage berichtigt**. Erfolgt **256**

17 *BGH* NStZ 84, 418; *Wessels/Hettinger/Engländer* Strafrecht BT 1 Rn. 733.

diese Korrektur **vor der Vollendung**, so ist die Aussage insgesamt nicht falsch, so dass schon der objektive Tatbestand des § 153 ausscheidet. Auch ein Versuch kommt nicht in Betracht, da § 153 ein Vergehen ist. Erfolgt die Korrektur hingegen erst **nach der Vollendung**, so kann der Richter gem. § 158 die Strafe mildern oder von Strafe absehen.

Beispiel Sofern der Richter im obigen ersten *Beispielsfall* die L gebeten hätte, nochmals draußen vor dem Gerichtssaal Platz zu nehmen, weil man sie nach Anhörung der übrigen Zeugen nochmals als Zeugin vernehmen wolle, wäre die Vernehmung der L zu diesem Zeitpunkt noch nicht abgeschlossen gewesen. Hätte L jetzt bei ihrer zweiten Aussage die vorherige Angabe korrigiert und wahrheitsgemäß dem Gericht mitgeteilt, dass sich A am fraglichen Tag nicht bei ihr aufgehalten hat, so hätte sie schon den Tatbestand des § 153 nicht verwirklicht, da ihre Aussage damit insgesamt nicht mehr als falsch anzusehen ist. Tatsächlich hat L in diesem Fall den § 153 nur versucht. Da der Versuch jedoch nicht strafbar ist, ist L insgesamt straflos. Auf § 158 dürfen Sie in der Klausur nicht eingehen. Tun Sie es gleichwohl, haben Sie damit dem Korrektor deutlich gemacht, dass Sie den Tatbestand des § 153 nicht hinreichend verstanden haben. ■

2. Subjektiver Tatbestand

257 Im subjektiven Tatbestand ist der Vorsatz des Täters zu prüfen. Da das Gesetz nichts Gegenteiliges verlangt, reicht **dolus eventualis**.

3. Rechtswidrigkeit und Schuld

258 Beachten Sie, dass eine Einwilligung nicht möglich ist. Ansonsten gibt es keine deliktsspezifischen Besonderheiten, so dass die allgemeinen Grundsätze gelten.

4. Anstiftung und Beihilfe

259 Unterscheiden Sie zunächst **Anstiftung und Beihilfe durch positives Tun** von der **Beihilfe durch Unterlassen**.

Bei der Teilnahme durch **positives Tun** gelten grundsätzlich die allgemeinen Regeln. Fraglich ist jedoch, ob eine Teilnahme an einer uneidlichen oder eidlichen Falschaussage eines Zeugen schon dann angenommen werden kann, wenn der Angeklagte oder dessen Verteidiger einen **Zeugen benennt** in der Hoffnung, dieser werde eine falsche Aussage zugunsten des Angeklagten machen. Überwiegend wird darauf abgestellt, ob das Verhalten prozessual zulässig ist oder nicht[18]. Da die Benennung von Zeugen zu den typischen Verteidigungsrechten des Angeklagten gehört (§ 219 StPO), ist die bloße Benennung noch keine strafbare Teilnahme. Anders natürlich, wenn der Angeklagte oder dessen Verteidiger zuvor auf den Zeugen eingewirkt haben, damit dieser eine falsche Aussage macht. Hier liegt zweifelsohne eine strafbare Anstiftung vor.

18 Schönke/Schröder-*Bosch/Schittenhelm* Vor § 153 Rn. 4; *OLG Hamm* NStZ 1993, 82.

JURIQ-Klausurtipp

Denken Sie in diesen Fällen auch immer an § 258. Da der Angeklagte sich nicht selber der Strafvereitelung zu eigenen Gunsten strafbar machen kann, scheidet auch eine Anstiftung durch Einwirken auf einen Zeugen, der eine Vereitelungshandlung durch eine falsche Aussage begeht, aus. Beim Verteidiger hängt es wiederum davon ab, ob er sich noch im Rahmen des nach der StPO Zulässigen bewegt. Dazu mehr unter Rn. 319.

Bei der **Beihilfe durch Unterlassen** (eine Anstiftung durch Unterlassen ist nach der h.M. nicht möglich) ist die nach § 13 erforderliche Garantenstellung problematisch. Einig ist man sich insoweit, als dass diese Garantenstellung **nur aus Ingerenz** hergeleitet werden kann.[19]

Beispiel A überzeugt seinen Bekannten B, der als Zeuge in einem zivilgerichtlichen Verfahren geladen ist, zu seinen Gunsten auszusagen und einen für A positiven Hergang eines Verkehrsunfalls zu schildern. Mit der Möglichkeit der Vereidigung rechnet A dabei nicht. Tatsächlich ordnet das Gericht die Vereidigung des B an, gibt diesem allerdings in der Verhandlungspause die Gelegenheit, seine bereits getätigte Aussage nochmals zu überdenken. Obgleich A mit B in dieser Pause sprechen könnte, unterlässt er es und sieht der Vereidigung tatenlos zu.[20]
Eine Anstiftung zu § 154 kommt mangels Vorsatzes zum Zeitpunkt des Bestimmens nicht in Betracht. Denkbar ist aber eine Beihilfe durch Unterlassen gem. §§ 154, 27, 13. ■

Eine Garantenstellung aus Ingerenz kann immer dann angenommen werden, wenn der Täter den Aussagenden in eine **ungewöhnliche Gefahr der Falschaussage** gebracht hat. Dies liegt dann nicht vor, wenn das Vorverhalten ein zulässiges prozessuales Verhalten darstellt (z.B. die oben beschriebene Benennung eines Zeugen).[21] Stiftet der Täter aber wie im obigen *Beispiel* den Aussagenden zu einer uneidlichen Falschaussage an (pflichtwidriges Vorverhalten), dann kann er sich einer Beihilfe durch Unterlassen strafbar machen, wenn er die dann unerwartet erfolgende Vereidigung nicht unterbindet.[22]

III. Meineid, § 154

1. Überblick

Wie bereits ausgeführt, ist § 154 bei Täteridentität eine **Qualifikation** zu § 153, ansonsten ein eigenständiges Delikt. Der Strafrahmen wird angehoben auf mindestens ein Jahr (damit gem. § 38 Abs. 2 auf maximal 15 Jahre), sofern der Täter unter Eid falsch aussagt. Aufgrund der Strafrahmenanhebung ist § 154 ein **Verbrechen**, so dass im Gegensatz zu § 153 auch der Versuch strafbar ist. 260

§ 154 Abs. 2 enthält eine **Strafzumessungsregel** für minderschwere Fälle des Meineides, die Sie in der Klausur nach der Schuld prüfen, jedoch nur, sofern es eindeutige Anhaltspunkte gibt.

19 *OLG Köln* NStZ 1990, 594; *Rengier* Strafrecht BT II 12. Kapitel § 49 Rn. 70.
20 *BGH* NStZ 1993, 489.
21 *Rengier* Strafrecht BT II 12. Kapitel § 49 Rn. 70; anders die viel kritisierte Entscheidung des *OLG Hamm* NStZ 1993, 82, wonach in dem zulässigen Benennen eines Zeugen ein sozial inadäquates Verhalten liegen soll.
22 *BGH* NStZ 1993, 489.

261 Der **Aufbau des § 154** sieht wie folgt aus:

PRÜFUNGSSCHEMA

Meineid, § 154

I. Objektiver Tatbestand
1. Täter: Zeuge, Sachverständiger, Partei oder Dolmetscher
   Eidesunmündiger als Täter Rn. 265
2. Tatort: vor Gericht oder einen anderen zuständigen Stelle
3. Tathandlung: unter Eid falsch aussagen

II. Subjektiver Tatbestand
Vorsatz, dolus eventualis genügt

III. Rechtswidrigkeit

IV. Schuld

V. Strafmilderungsgründe gem. §§ 154 Abs. 2, 157, 158

2. Objektiver Tatbestand

262 Wie bei § 153, besteht die Tathandlung beim Meineid darin, dass der Täter falsch aussagt.

Diese Aussage muss wiederum vor Gericht oder einer sonstigen zuständigen Stelle getätigt worden sein. Im Unterschied zu § 153 wird jedoch verlangt, dass der Eid nicht nur vor der richtigen Stelle, sondern auch **in dem richtigen Verfahren** geleistet wurde. Es muss sich um ein Verfahren handeln, in dem er überhaupt vorgesehen ist. Daran fehlt es z.B., wenn ein Referendar als Sitzungsvertreter den Eid abnimmt.[23]

263 Bei § 154 muss der Täter auf die falsche Aussage einen Eid geleistet haben. Folgende Eide sind möglich:
- Zeugen: §§ 59 ff. StPO/391 ff. ZPO
- Sachverständige: §§ 79 StPO/410 ZPO
- Partei: § 452 ZPO
- Dolmetscher: § 189 GVG

264 Zu unterscheiden ist der **Nacheid**, der für Zeugen, Sachverständige und die Partei im Zivilprozess in Betracht kommt, vom **Voreid**, der für Dolmetscher vorgesehen ist. Die unterschiedlichen Zeitpunkte der Eidesableistung haben **Auswirkung auf den Versuch**. Beim Voreid beginnt der Versuch in dem Augenblick, in dem der Dolmetscher unmittelbar zur Aussage selbst ansetzt. Beim Nacheid hat die Aussage selbst bereits stattgefunden und ist abgeschlossen. In diesem Fall setzt der Täter unmittelbar zur Tatverwirklichung an, wenn er mit dem Sprechen der Eidesformel beginnt („Ich schwö…").

23 *Wessels/Hettinger/Engländer* Strafrecht BT 1 Rn. 745.

Beispiel Erneut hat L in der Hauptverhandlung gegen A als Zeugin ausgesagt. Wahrheitswidrig hat sie erklärt, dass A sich am Tattag bei ihr aufgehalten habe. Auf Antrag der Staatsanwaltschaft soll L nunmehr vereidigt werden. Nachdem sie die ersten beiden Worte der Eidesformel gesprochen hat, überkommt sie das schlechte Gewissen mit der Folge, dass sie ihre Aussage korrigiert und dem Gericht wahrheitsgemäß erzählt, dass sie keine Ahnung habe, wo A sich am Tattag aufgehalten habe. Bei ihr sei er jedenfalls nicht gewesen.

In Betracht kommt ein Meineid gem. § 154. Da L jedoch die Eidesformel nicht vollständig abgeleistet hat, ist die Tat nicht vollendet.

L könnte sich jedoch wegen versuchten Meineids strafbar gemacht haben, indem sie die ersten Worte der Eidesformel sprach. Die Strafbarkeit des Versuchs ergibt sich aus §§ 23 Abs. 1, 12 Abs. 1. Wie bereits festgestellt, ist die Tat nicht vollendet. In dem Augenblick, in welchem L die ersten beiden Worte der Eidesformel sprach, war der Tatentschluss darauf gerichtet, eine falsche uneidliche Aussage zu beschwören. Entsprechend diesem Tatentschluss hat sie durch Aussprechen dieser beiden Worte auch unmittelbar angesetzt. Auch Rechtfertigungs- und Entschuldigungsgründe sind nicht erkennbar. L ist jedoch gem. § 24 Abs. 1 S. 1 Alt. 1. strafbefreiend vom Versuch zurückgetreten, indem sie die weitere Ausführung der Tat, hier das Ableisten des Eides, aufgab. Eine Strafbarkeit gem. §§ 154, 22, 23 kommt deshalb nicht in Betracht.

L hat sich jedoch gem. § 153 strafbar gemacht. Die Berichtigung der Aussage erfolgte nach Vollendung der Tat. Mit dem unmittelbaren Ansetzen zur Ableistung der Eidesformel ist die Zeugenaussage nämlich abgeschlossen. Sämtliche Verfahrensbeteiligte werden zu diesem Zeitpunkt deutlich gemacht haben, dass sie keine weiteren Fragen mehr an den Zeugen haben. Allerdings kann das Gericht gem. § 158 die Strafe mildern oder von Strafe absehen, da L ihre Aussage rechtzeitig berichtigt hat. ■

Umstritten und klausurrelevant ist im Zusammenhang mit § 154, ob sich auch ein **Eidesunmündiger** gem. § 154 strafbar machen kann, der versehentlich vom Richter vereidigt wurde. Die Eidesunmündigkeit ergibt sich aus § 60 Nr. 1 StPO sowie § 393 ZPO. In der Klausur werden Ihnen meist Sachverhalte begegnen, bei denen das Gericht versehentlich einen Zeugen vereidigt hat, der noch keine 18 (§ 60 Nr. 1 StPO) oder 16 (§ 393 ZPO) Jahre alt ist. 265

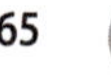

Nach **einer in der Literatur vertretenen Auffassung** ist die in den soeben genannten Normen zitierte Altersgrenze eine unwiderlegliche Vermutung dafür, dass Jugendlichen unter 16 bzw. 18 Jahren die erforderliche Einsicht in den besonderen Unrechtsgehalt der Eidesdelikte fehlt, so dass Eidesunmündige sich nicht gem. § 154 strafbar machen können.[24]

Nach der **gegenteiligen in der Literatur und vom BGH vertretenen Auffassung** besteht hingegen auch bei solchen Zeugenaussagen die Gefahr, dass das Gericht sein Urteil auf die Aussage stützt und somit die Rechtspflege gefährdet ist. Infolgedessen können sich grundsätzlich auch Eidesunmündige gem. § 154 strafbar machen. Voraussetzung ist, dass im Einzelfall geprüft wird, ob der Eidesunmündige trotz seines Alters die Bedeutung und Tragweite des Eides verstanden hat. Dies kann für gewöhnlich bejaht werden, wenn der Täter die Eidesgrenze beinahe erreicht hat.[25][26]

24 *Jäger* Strafrecht BT Rn. 822; *Wessels/Hettinger/Engländer* Strafrecht BT 1 Rn. 739.

25 BGHSt 10, 144; Schönke/Schröder-*Bosch/Schittenhelm* § 154 Rn. 9; LK-*Ruß* § 154 Rn. 10.

26 *BGHSt* 10, 144; Schönke/Schröder-*Bosch/Schittenhelm* § 154 Rn. 9; LK-*Ruß* § 154 Rn. 10.

Vollendet ist die Tat, sobald beim Nacheid dieser Eid geleistet ist bzw. beim Voreid die Aussage – wie bei § 153 auch – abgeschlossen ist.

3. Subjektiver Tatbestand

266 Der Täter muss mit Wissen und Wollen der Tatbestandsverwirklichung handeln, wobei **dolus eventualis** ausreicht.

4. Rechtswidrigkeit und Schuld

267 Es gibt keine deliktsspezifischen Besonderheiten, so dass die allgemeinen Grundsätze gelten.

5. Strafmilderung, § 157

268 In den Fällen des Meineids und der uneidlichen Aussage kann das Gericht die Strafe gem. § 49 Abs. 2 mildern oder von Strafe absehen, wenn der Täter die Unwahrheit gesagt hat, um von einem **Angehörigen** oder von **sich selbst** die Gefahr abzuwenden, bestraft oder einer freiheitsentziehenden Maßregel der Besserung und Sicherung unterworfen zu werden. Das Gleiche gilt gem. § 157 Abs. 2, wenn ein noch nicht Eidesmündiger uneidlich falsch ausgesagt hat. In diesem Fall kommt es nicht darauf an, ob er die Tat zu seinen eigenen Gunsten oder zugunsten eines Angehörigen begangen hat.

Der Begriff des Angehörigen ist in § 11 Abs. 1 Nr. 1 legaldefiniert.

6. Strafmilderungsgrund, § 158

269 Gem. § 158 kann das Gericht bei einem Meineid, einer uneidlichen Falschaussage sowie einer falschen Versicherung an Eides Statt die Strafe gem. § 49 Abs. 2 mildern oder von Strafe absehen, wenn der Täter die falsche Angabe **rechtzeitig berichtigt**.

270 Wie oben bereits dargestellt, kommt § 158 aber erst dann zur Anwendung, wenn **die Taten gem. §§ 153, 154 und 156 vollendet sind**. In der Klausur bedarf es diesbezüglich also der sorgfältigen Prüfung. Keinesfalls sollte § 158 vorschnell angewendet werden. Wie im obigen *Beispielsfall* gesehen, ist es auch denkbar, dass sich die Straflosigkeit des Täters schon aufgrund von § 24 ergibt. In diesem Fall wäre die Diskussion des § 158 fehlerhaft.

271 Der Täter hat seine Aussage berichtigt, wenn er sie **durch eine wahrheitsgemäße Darstellung ersetzt**. Diese Berichtigung muss **rechtzeitig** erfolgen. Die Rechtzeitigkeit setzt Dreierlei voraus:

- Es darf gegen den Täter noch keine Strafanzeige erstattet worden sein,
- es darf noch kein Nachteil für Dritte entstanden sein, wobei Dritter nicht die Strafverfolgungsbehörde ist und
- die Berichtigung muss bei der Entscheidung noch verwertet werden können.[27]

---

27 *Joecks/Jäger* § 158 Rn. 5 ff.

7. Konkurrenzen

Da bei Zeugen und Sachverständigen § 153 das Grunddelikt zu § 154 ist, liegt nur eine Tat vor, wenn der Täter nach mehreren wechselnden Aussagen im selben Rechtszug am Ende vereidigt wird. Erfolgen weitere falsche Aussagen nach Vereidigung im selben oder aber im nächsten Rechtszug, dann liegen zwei Taten vor, die zueinander in Konkurrenz gem. § 53 stehen. Tateinheit gem. § 52 ist möglich mit den §§ 258 oder 263 (Prozessbetrug).

IV. Versuchte Anstiftung zur Falschaussage, § 159

Hinweis 272

Unterscheiden Sie zunächst die **versuchte Anstiftung** von der **Anstiftung zum Versuch.**

Bei der **Anstiftung zum Versuch** ist die Tat des Haupttäters, die als vollendete Tat geplant war, im Versuchsstadium stecken geblieben. Diese versuchte Tat stellt eine normale, vorsätzliche und rechtswidrige Haupttat dar, zu welcher der Anstifter den Haupttäter bestimmt haben kann.

Bei der **versuchten Anstiftung** hingegen ist es entweder zu der Haupttat gar nicht erst gekommen oder aber der Täter hat die Tat zwar ausgeführt, wurde aber nicht durch den Anstifter dazu bestimmt, weil er ein sog. omnimodo facturus war.

Die versuchte Anstiftung ist gem. § 30 Abs. 1 normalerweise nur strafbar, wenn es sich bei der Haupttat um ein Verbrechen handelt. Da weder § 153 noch § 156 Verbrechen sind, wäre die versuchte Anstiftung zu diesen Normen nicht strafbar, gäbe es § 159 nicht.

» Sollte Ihnen beim Lesen aufgefallen sein, dass Ihnen die erwähnten Begriffe noch immer fremd sind, so können Sie an dieser Stelle die Gelegenheit nutzen und das Kapitel Anstiftung wiederholen, welches im Skript „Strafrecht AT II“ dargestellt wird. «

Eine versuchte Anstiftung kommt also vor allem in Betracht, wenn 273
- die Haupttat entweder gar nicht ausgeführt wurde bzw. nicht vollendet wurde und der Versuch nicht strafbar ist oder
- der Aussagende zur Tat bereits entschlossen war **(omnimodo facturus)**, was dem Anstiftenden jedoch verborgen geblieben ist, so dass der Anstiftende in dem Aussagenden tatsächlich den Tatentschluss nicht hervorgerufen hat, aber hervorrufen wollte.

Zu berücksichtigen ist, dass es möglich ist, dass sich der **Aussagende selbst nicht wegen versuchter Falschaussage oder versuchter Versicherung an Eides Statt strafbar** gemacht hat, gleichwohl aber der Anstifter gem. § 159 bestraft wird. Der Anstiftende wird mithin in diesen Fällen härter bestraft als derjenige, der die Falschaussage nur versucht hat. Dieses überraschende Ergebnis wird damit begründet, dass der Personenbeweis in der Praxis das wichtigste, aber auch problematischste Beweismittel ist, dessen Beeinflussung vor jeder Gefahr geschützt werden soll.[28] 274

Beispiel Wieder hat L in der Hauptverhandlung gegen A zunächst wahrheitswidrig erklärt, A habe sich den ganzen Abend bei ihr aufgehalten. Kurz bevor der Richter sie entlassen möchte, kommen ihr jedoch Zweifel, so dass sie ihre Aussage korrigiert. Zu einer Vereidigung ist es in diesem Fall nicht gekommen. L hat auch nicht zur Ableistung einer Eidesformel unmittelbar angesetzt. Angestiftet zu dieser Falschaussage hat sie die jetzige Freundin (F) des A, die wiederum eine enge Freundin von L ist.

28 Schönke/Schröder-*Bosch/Schittenhelm* § 154 Rn. 1/2.

In diesem Fall hat L sich nicht gem. § 153 strafbar gemacht. Eine Strafbarkeit wegen versuchter uneidlicher Falschaussage kommt nicht in Betracht, da § 153 nur ein Vergehen ist und der Gesetzgeber die Versuchsstrafbarkeit nicht angeordnet hat.

Die Freundin des A hingegen hat sich gem. §§ 159, 30 Abs. 1, 153 wegen versuchter Anstiftung zur Falschaussage strafbar gemacht. Die Vollendung ist ausgeblieben und der Versuch ist gem. § 159 strafbar. Der Tatentschluss der Freundin war darauf gerichtet, dass L wahrheitswidrig vor Gericht erklärt, A habe sich am Tattag bei ihr aufgehalten. L hätte, sofern sie diese Aussage getätigt hätte, den Tatbestand des § 153 verwirklicht. Der Tatentschluss der Freundin war ferner darauf gerichtet, L zu dieser Aussage zu bestimmen. Durch Kontaktaufnahme zu L hat die Freundin auch unmittelbar zu dieser Tat angesetzt. Da Rechtswidrigkeit und Schuld keinerlei Bedenken unterliegen, hat sie sich der versuchten Anstiftung zur Falschaussage strafbar gemacht. ■

275 Die versuchte Anstiftung zur Falschaussage prüfen Sie wie einen normalen Versuch auch, indem sie folgenden Aufbau wählen:

PRÜFUNGSSCHEMA

Versuchte Anstiftung zur Falschaussage

I. Vorprüfung
1. Fehlende Vollendung
2. Strafbarkeit des Versuchs gem. §§ 159, 30 Abs. 1

II. Tatenschluss
1. in Bezug auf die falsche uneidliche Aussage gem. § 153 oder die falsche Versicherung an Eides Statt gem. § 156 durch den Haupttäter
   P §§ 153, 156 können aus rechtlichen Gründen nicht vollendet werden Rn. 276
2. in Bezug auf das Bestimmen gem. § 26

III. Unmittelbares Ansetzen
zur eigenen Tathandlung, also dem Anstiften

IV. Rechtswidrigkeit

V. Schuld

VI. Rücktritt gem. § 31 Abs. 1 Nr. 1, Abs. 2

276 **Umstritten** und damit klausurrelevant ist, ob eine versuchte Anstiftung auch dann in Betracht kommt, **wenn der Haupttäter § 153 oder § 156 niemals hätte vollenden können.** Praktische Bedeutung hat dieser Streit vor allem dann, wenn Haupttäter und Anstifter irrig davon ausgehen, Polizei oder Staatsanwaltschaft seien zuständige Stellen i.S.d. § 153.

Beispiel Nehmen Sie an, L hat ihre Aussage im obigen Fall nicht vor Gericht, sondern im Ermittlungsverfahren vor der Polizei getätigt. Hierzu wurde sie wiederum von F angestiftet. Beide gingen davon aus, dass L sich gem. § 153 strafbar machen wird.

Eine Strafbarkeit der L scheidet aus, da sie nicht vor der zuständigen Stelle uneidlich falsch ausgesagt hat. Fraglich ist, ob sich in diesem Fall F erneut der versuchten Anstiftung zur uneidlichen Falschaussage strafbar gemacht haben kann. Zu bedenken ist, dass die Vollendung des vorgestellten Delikts aus rechtlichen Gründen nicht möglich ist. Von daher stellt sich einmal mehr die Frage der Abgrenzung zwischen einem untauglichen Versuch der Anstiftung und eine straflosen Wahndelikt. ■

Tatsächlich ist in diesen Fällen zu keinem Zeitpunkt eine Erschütterung der Rechtspflege möglich. Aus diesem Grund nehmen **Rechtsprechung und Teile der Literatur** eine teleologische Restriktion des § 159 vor. Erforderlich für die Strafbarkeit des Anstifters soll mithin sein, dass die vom Anstifter in Aussicht genommene Haupttat im Falle ihrer Begehung den Tatbestand der §§ 153, 156 vollständig verwirklicht hätte.[29]

Die **Gegenauffassung** verweist darauf, dass allein der Umstand, dass der Vortäter sich nicht strafbar machen könne, eine teleologische Restriktion nicht begründe, da es im Rahmen des § 159 durchaus üblich sei, dass der Vortäter straflos, der Anstifter jedoch strafbar sei.[30] Jedoch wird zugleich teilweise davon ausgegangen, dass es sich bei der In Aussicht genommenen Tat (§ 153 vor der Polizei) um ein Wahndelikt handele, da eine Vollendung aus rechtlichen Gründen ausgeschlossen sei, so dass eine Strafbarkeit aus § 159 aus diesem Grund nicht möglich sei.[31]

V. Verleitung zur Falschaussage, § 160

1. Überblick

Wie bereits ausgeführt, schließt § 160 die Lücke, die sich daraus ergibt, dass bei den Aussagedelikten als eigenhändige Delikte eine **mittelbare Täterschaft** nicht möglich ist. Aufgrund der vergleichsweise geringen Strafandrohung (lesen Sie die Norm!) soll nach überwiegender Auffassung § 160 jedoch **subsidiär** sein, also immer nur dann zur Anwendung kommen, wenn die Tat nicht als Anstiftung oder versuchte Anstiftung bestraft werden kann.[32] 277

Der **Aufbau des § 160** sieht wie folgt aus: 278

Verleitung zur Falschaussage, § 160

PRÜFUNGSSCHEMA

I. Objektiver Tatbestand
1. Verwirklichung des objektiven Tatbestandes der §§ 153, 154 oder 156 durch einen anderen
2. Tathandlung: Verleiten
   Definition Rn. 280

II. Subjektiver Tatbestand
Vorsatz, dolus eventualis reicht
Irrtum über die Gut-/Bösgläubigkeit des Werkzeugs Rn. 286

III. Rechtswidrigkeit

IV. Schuld

29 BGHSt 24, 38; *Jäger* Strafrecht BT Rn. 565.
30 *Wessels/Hettinger/Engländer* Strafrecht BT 1 Rn. 766; *Otto* Strafrecht BT § 97 Rn. 79.
31 *Rengier* Strafrecht BT II 12. Kapitel § 49 Rn. 65a.
32 *Wessels/Hettinger/Engländer* Strafrecht BT 1 Rn. 768; Schönke/Schröder-*Bosch/Schittenhelm* § 160 Rn. 1 ff.

2. Objektiver Tatbestand

279 Der objektive Tatbestand setzt zunächst voraus, dass ein anderer die **objektiven Tatbestände** entweder des **§ 153 oder aber der §§ 154 oder 156** verwirklicht hat.

> **JURIQ-Klausurtipp**
>
> Aufgrund dessen sollten Sie in der Klausur, wie auch sonst bei den Fällen der Anstiftung oder mittelbaren Täterschaft, zunächst **mit der Strafbarkeit des Tatnächsten beginnen.** Sollte ausnahmsweise nach dieser Strafbarkeit nicht gefragt sein, so müssen Sie jedenfalls die Verwirklichung des objektiven Tatbestandes an dieser Stelle inzident prüfen.

280 Die Tathandlung besteht bei § 160 in dem Verleiten. Was unter einem **Verleiten** zu verstehen ist, ist **umstritten** und damit sehr klausurrelevant. Der **„Normalfall"** des § 160 sieht wie folgt aus:

Beispiel Wiederum ist gegen A Anzeige erstattet worden wegen gefährlicher Körperverletzung. Um sich ein Alibi für den fraglichen Tatzeitpunkt zu verschaffen, sucht A seine damalige Lebensgefährtin L auf und erklärt ihr, dass sie sich doch sicherlich noch daran erinnere, dass er seinerzeit abends bei ihr gewesen sei, da man gemeinsam das Fußballspiel Deutschland gegen Portugal gesehen habe. Er geht in diesem Augenblick davon aus, dass L, die selten weiß, welches Datum der heutige Tag hat, sich nicht mehr genau an diesen Tag erinnern wird, jedoch aufgrund des Gespräches mit ihm davon überzeugt sein wird, dass beide tatsächlich an dem Tag zusammen Fußball gesehen haben.

Tatsächlich ist L nach dem Gespräch davon überzeugt, dass A an diesem Tag bei ihr war und sagt entsprechend in der Hauptverhandlung für A aus.

Eine Strafbarkeit der L gem. § 153 scheidet aus, da L nach h.M. jedenfalls nicht vorsätzlich gehandelt hat. Im objektiven Tatbestand müssten Sie aber zuvor entscheiden, was unter einer „falschen" Aussage zu verstehen ist. Nach der subjektiven Theorie hat L nämlich schon den objektiven Tatbestand nicht verwirklicht. § 161 scheidet aus, da die fahrlässige uneidliche Aussage nicht erfasst ist. L hat sich also nicht nach den §§ 153 ff. strafbar gemacht. Auch § 258 scheidet aus, da sie keinen Vorsatz hatte.

A hat sich gem. § 160 strafbar gemacht. Der objektive Strafbestand des § 153 wurde durch L verwirklicht. Diese Aussage der L hat A auch bewirkt. Subjektiv ging er davon aus, dass L unvorsätzlich eine Aussage vor Gericht tätigen wird, so dass er auch den Vorsatz eines mittelbaren Täters hatte. ■

281 Ausgehend von diesem Normalfall ist umstritten, ob das Verleiten das **Bewirken einer unvorsätzlichen oder gerechtfertigten Aussage** erfordert, oder ob **jedwedes Veranlassen** einer objektiv falschen Aussage ausreicht. Dieser Streit wird bei folgendem „Klausurklassiker" relevant:

Beispiel Wie im obigen *Beispiel*, sagt L erneut zugunsten des A in der Hauptverhandlung aus. Allerdings weiß sie dieses Mal positiv, dass A am fraglichen Tag nicht bei ihr war. Dies verschweigt sie jedoch dem A gegenüber, um ihn nicht unnötig zu belasten.

In diesem Fall hat L sich gem. § 153 strafbar gemacht. Fraglich ist, ob sich A erneut gem. § 160 strafbar gemacht hat. Zwar liegt der objektive Tatbestand des § 153 vor. Dieser Fall weicht aber vom oben dargestellten „Normalfall" ab, weil L keine Werkzeugqualität hatte.

Sie handelte vorsätzlich, rechtswidrig und schuldhaft und wurde daher nicht durch A gelenkt. Tatsächlich liegt die Situation einer Anstiftung vor. Da A jedoch nicht davon ausging, L werde vorsätzlich für ihn aussagen, fehlte ihm der diesbezügliche Anstiftervorsatz. ■

Hinweis

Prüfen Sie gedanklich die Anstiftung zu § 153 durch. Sie werden feststellen, dass der objektive Tatbestand verwirklicht ist, da eine vorsätzliche, rechtswidrige Haupttat der L vorliegt, zu deren Begehung A die L, indem er sie aufgefordert hat, vor Gericht für ihn auszusagen, bestimmt hat. Beim subjektiven Tatbestand muss der Vorsatz des A jedoch darauf gerichtet sein, dass L eine vorsätzliche, rechtswidrige Haupttat begeht. Da A jedoch davon ausging, L werde sich irren, glaubte er, L werde nicht vorsätzlich aussagen. Infolgedessen muss der Anstiftervorsatz verneint werden.

Geht man nach h.M. ansonsten bei Irrtumskonstellationen der vorliegenden Art (objektiv=Anstiftung, subjektiv=mittelbare Täterschaft) davon aus, dass der Anstiftervorsatz als „Minus" im Tätervorsatz enthalten ist, nimmt man dies bei den Aussagedelikten nicht an. Aus dem geringen Strafrahmen des § 160 ergibt sich nämlich, dass hier die täterschaftliche Begehung nicht die schwerwiegendere Begehung ist.

Die **Rechtsprechung sowie Teile der Literatur** halten es nicht für erforderlich, dass der Aussagende unvorsätzlich oder gerechtfertigt handelt. Ihre **Definition des Verleitens** lautet: **Verleiten ist jedes Veranlassen einer falschen Aussage.**[33] Begründet wird dies damit, dass es den Hintermann nicht entlasten solle, wenn der Vordermann mehr tut als er tun soll, weil er z.B. vorsätzlich statt gutgläubig falsch aussagt. Zudem sei die Rechtspflege auch in diesem Fall gefährdet, so dass eine Gutgläubigkeit des Vordermannes nicht erforderlich ist. 282

Die in der Literatur vertretene **Gegenauffassung** verweist auf die Systematik. § 160 wurde vom Gesetzgeber geschaffen, weil die mittelbare Täterschaft bei den eigenhändigen Delikten nicht möglich ist. Damit soll § 160 aber auch nur jene Fälle erfassen, die der mittelbaren Täterschaft entsprechen. Da in Fällen der vorgenannten Art jedoch konstruktiv keine mittelbare Täterschaft vorliegt, soll eine Bestrafung wegen vollendeter Verleitung nicht möglich sein. Nach Auffassung dieser Literaturvertreter liegt vielmehr ein (untauglicher) Versuch der Verleitung zur Falschaussage gem. §§ 160 Abs. 1, Abs. 2, 22, 23 vor.[34][35] Die **Definition für das Verleiten** sieht dieser Auffassung nach wie folgt aus: **Verleiten ist das Bewirken der unvorsätzlichen oder gerechtfertigten Aussage.** 283

» Sollte Ihnen beim Lesen aufgefallen sein, dass Ihnen die Irrtumsproblematik nicht mehr oder noch nicht bekannt ist, so können Sie an dieser Stelle die Gelegenheit nutzen und das Kapitel Täterschaft und Teilnahme wiederholen, welches im Skript „Strafrecht AT II" dargestellt wird. «

Beispiel Im obigen Fall würde die Literatur im objektiven Tatbestand das Verleiten verneinen, da L nicht unvorsätzlich ausgesagt hat. Zu bestrafen wäre A gem. §§ 160, 22, 23. Nach der Gegenauffassung würde das Verleiten bejaht werden, da jedes Veranlassen einer falschen Aussage ausreicht. Da A den Vorsatz des mittelbaren Täters hatte, hat er auch vorsätzlich, rechtswidrig und schuldhaft gehandelt, so dass eine Bestrafung gem. § 160 möglich ist. ■

33 BGHSt 21, 116; *Rengier* Strafrecht BT I § 49 Rn. 57.

34 *Wessels/Hettinger/Engländer* Strafrecht BT 1 Rn. 769; *Maurach/Schroeder/Maiwald* Strafrecht BT II § 75 Rn. 102; Schönke/Schröder-*Bosch/Schittenhelm* § 160 Rn. 2.

35 *Wessels/Hettinger/Engländer* Strafrecht BT 1 Rn. 866; *Maurach/Schroeder/Maiwald* Strafrecht BT II § 75 Rn. 102; Schönke/Schröder-*Bosch/Schittenhelm* § 160 Rn. 2.

284 Nach beiden soeben dargestellten Auffassungen scheidet ein Verleiten jedoch dann aus, wenn der Aussagende sich in einem **Nötigungsnotstand** befindet, den der Hintermann hervorgerufen hat. Auch in diesem Fall handelt er nicht gutgläubig. Er handelt aber entschuldigt gem. § 35. Da der Zwang, der zu einer Entschuldigung gem. § 35 führt, vom Hintermann ausgeübt wird, liegt **konstruktiv eine mittelbare Täterschaft kraft überlegenen Wollens** vor. Da § 160 aufgrund des geringen Strafrahmens, wie oben dargestellt, jedoch nur Auffangcharakter haben soll, wird ein Verleiten hier abgelehnt, da aufgrund der vorsätzlichen und rechtswidrigen Haupttat des Aussagenden eine **Anstiftung gem. § 26 möglich** ist.[36]

Beispiel A sucht wiederum L auf, um sie zu bitten, am nächsten Tag in der Hauptverhandlung für ihn auszusagen. Da L sich zunächst weigert, droht er ihr nunmehr, ihren fünfjährigen gemeinsamen Sohn, der sich derzeit bei ihm aufhält, zu töten. Aus Angst um das Leben des Sohnes sagt L nunmehr in der Hauptverhandlung für A aus.

In der Klausur müssten Sie zunächst prüfen, ob L sich gem. § 153 strafbar gemacht haben kann. Der objektive und subjektive Tatbestand sind verwirklicht. Eine Rechtfertigung gem. § 34 kommt nach h.M. nicht in Betracht, da beim sog. „Nötigungsnotstand" die Tathandlung nicht angemessen ist. L ist jedoch entschuldigt, da sie eine Gefahr für das Leben eines Angehörigen abgewendet hat. Eine Strafbarkeit der L scheidet aufgrund dessen gem. § 35 aus.

Nunmehr sollten Sie in der Klausur den § 160 anprüfen, dort beim Verleiten aber feststellen, dass zwar konstruktiv eine mittelbare Täterschaft vorliegt, § 160 aber gleichwohl nicht angewendet werden soll, da er aufgrund der geringen Strafandrohung gegenüber der Anstiftung und der versuchten Anstiftung subsidiär ist. Alsdann ist zu prüfen, ob A sich nicht gem. § 26 der Anstiftung zur uneidlichen Falschaussage strafbar gemacht hat. Die vorsätzliche, rechtswidrige Haupttat der L ist gegeben. Dazu hat er diese auch bestimmt. Insofern wusste er auch, dass L vorsätzlich und rechtswidrig handeln wird, so dass der Vorsatz zu bejahen ist. Rechtfertigungs- und Entschuldigungsgründe liegen nicht vor, so dass A sich gem. §§ 153, 26 strafbar gemacht hat. ■

3. Subjektiver Tatbestand

285 Der Täter muss vorsätzlich hinsichtlich der Verwirklichung des objektiven Tatbestandes handeln, wobei **dolus eventualis** ausreicht. Nach überwiegender Auffassung, auch der des *BGH*, muss der Vorsatz des Hintermannes sich zudem **auf die Werkzeugqualität des unmittelbar Aussagenden** beziehen, auch wenn das Werkzeug keines ist, weil es z.B. bösgläubig handelt. Der Hintermann muss also den Vorsatz eines mittelbaren Täters haben.[37]

Hinweis

Der objektive Tatbestand und der subjektive Tatbestand können also in dem Fall des bösgläubig aussagenden Werkzeugs ausnahmsweise **nicht deckungsgleich** sein.

36 *Wessels/Hettinger/Engländer* Strafrecht BT 1 Rn. 769.

37 *Jäger* Strafrecht BT Rn. 829; *Wessels/Hettinger/Engländer* Strafrecht BT 1 Rn. 770; SK-*Rudolphi* § 160 Rn. 7.

Aufgrund dieser Vorsatzanforderungen kann es zu folgender, examensrelevanter **Irrtumsproblematik** kommen: 286

Beispiel Im obigen Ausgangsfall, in welchem A die L friedlich aufgesucht und sie gebeten hat, für ihn auszusagen, weiß L zum Zeitpunkt der Aussage tatsächlich nicht, dass sie etwas objektiv Falsches aussagt, weil sie fest davon überzeugt ist, dass A zum fraglichen Zeitpunkt bei ihr war. A geht jedoch davon aus, dass L genau wisse, dass er sich an dem Tag nicht bei ihr aufgehalten habe, trotzdem aus alter Verbundenheit zu seinen Gunsten aussagen werde. ■

Hinweis

Wie Sie sehen, liegt hier der **umgekehrte Irrtum zum obigen Beispielsfall** vor.

Beispiel Die L hat nach herrschender Auffassung zwar den objektiven Tatbestand des § 153 verwirklicht, nicht jedoch den subjektiven, so dass eine Strafbarkeit ausscheidet. A könnte sich gem. § 160 des Verleitens zur Falschaussage strafbar gemacht haben. Der objektive Tatbestand ist unproblematisch gegeben, da der objektive Tatbestand des § 153 durch L verwirklicht wurde und A nach beiden Definitionen L zu dieser Tat verleitet hat. Allerdings wird nun nach allen Auffassungen der subjektive Tatbestand verneint. Hingewiesen wird wiederum darauf, dass § 160 eine Auffangfunktion hat und nur dann zur Anwendung gelangen soll, wenn die Tat nicht als Anstiftung oder versuchte Anstiftung bestraft werden kann. Da vorliegend jedoch eine versuchte Anstiftung gegeben ist, scheidet eine Strafbarkeit nach § 160 aus. A hat, da er einen vorsätzlich Handelnden zu einer Tat bestimmen wollte, nicht den Vorsatz eines mittelbaren Täters gehabt.

Eine vollendete Anstiftung gem. §§ 153, 26 kommt nicht in Betracht, da L, wie bereits festgestellt, nicht vorsätzlich gehandelt hat. Es liegt jedoch eine versuchte Anstiftung gem. §§ 159, 30 Abs. 1, 153 vor. Der Tatentschluss des A war darauf gerichtet, L vorsätzlich und rechtswidrig aussagen zu lassen. Dazu wollte er sie mit seinem Gespräch bestimmen. Durch das Gespräch hat er zu dieser Tat unmittelbar angesetzt. Da er auch rechtswidrig und schuldhaft gehandelt hat, hat er sich wegen versuchter Anstiftung zur uneidlichen Falschaussage strafbar gemacht. ■

4. Rechtswidrigkeit und Schuld

Es gibt keine deliktsspezifischen Besonderheiten, so dass die allgemeinen Grundsätze gelten. 287

VI. Fahrlässiger Falscheid, § 161

Der Meineid, die eidesgleiche Bekräftigung sowie die falsche Versicherung an Eides Statt sind auch fahrlässig begehbar. Hinsichtlich der Voraussetzungen können Sie auf die obigen Ausführungen zurückgreifen. Ergänzend muss hinzukommen, dass der Täter bei seiner Aussage die ihm **im Verkehr obliegende Sorgfalt außer Acht gelassen** hat. Eine solche Fahrlässigkeit kann darin liegen, dass der Zeuge während seiner Vernehmung aus Nachlässigkeit seine Erinnerung nicht ordnungsgemäß anspannt oder Fehlerquellen hinsichtlich seiner Wahrnehmungsmöglichkeiten nicht berücksichtigt. Bei Zeugen im Zivilprozess ist zu beachten, dass der Zeuge gem. **§ 378 ZPO** die Verpflichtung hat, ihm zur Verfügung stehende Aufzeichnun- 288 gen oder Unterlagen einzusehen. Unterlässt er dies, so kann er sorgfaltspflichtwidrig handeln.[38]

289 Der Aufbau des **fahrlässigen Falscheides** sieht wie folgt aus:

PRÜFUNGSSCHEMA

Fahrlässiger Falscheid, § 161

I. Tatbestand
1. Täter: Zeuge, Sachverständiger, Partei oder Dolmetscher
2. Tatort: vor Gericht oder einer anderen zuständigen Stelle
3. Tathandlung: falsch schwören oder eine falsche Versicherung an Eides statt abgeben und dabei die im Verkehr erforderliche Sorgfalt außer Acht lassen

II. Rechtswidrigkeit

III. Schuld

IV. Strafmilderungsgründe gem. §§ 157, 158

C. Falsche Verdächtigung, § 164

I. Überblick

290 Sofern ein Täter vor Gericht nicht nur eine falsche Aussage tätigt, sondern damit zugleich auch einen anderen einer Straftat bezichtigt, kann er sich gem. §§ 164, 145d oder 258 strafbar machen.

JURIQ-Klausurtipp

Im Gegensatz zu den Aussagedelikten, bei welchen der Täter sich nicht strafbar machen kann, wenn er gegenüber der Polizei und Staatsanwaltschaft falsch aussagt, ist eine Tatbegehung gegenüber diesen Stellen bei § 164 möglich, da gem. **§ 158 Abs. 1 StPO Strafanzeigen,** mit denen gemeinhin falsche Verdächtigungen ausgesprochen werden, bei der Staatsanwaltschaft oder deren Ermittlungspersonen (im Regelfall Beamten der Kriminalpolizei) erstattet werden können.

In der Klausur sollten Sie daher, wie schon bei §§ 153 ff. gesehen, sorgfältig darauf achten, wem gegenüber die falsche Verdächtigung erhoben wurde.

291 Das **geschützte Rechtsgut** des § 164 ist **umstritten**. Nach **herrschender Meinung** schützt die Norm **sowohl** die **innerstaatliche Rechtspflege** gegen Irreführung und unbegründete Inanspruchnahme **als auch** den **Einzelnen vor einem ungerechtfertigten behördlichen Untersuchungsverfahren** oder sonstigen Maßnahmen hoheitlicher Art.[39] Damit die Vorschrift

38 Schönke/Schröder-*Bosch/Schittenhelm* § 161 Rn. 3 ff.

39 *Wessels/Hettinger/Engländer* Strafrecht BT 1 Rn. 665; BGHSt 5, 66.

verletzt ist, müssen jedoch **nicht beide Rechtsgüter kumulativ** betroffen sein. Es reicht aus, wenn die Tathandlung lediglich eines der beiden geschützten Rechtsgüter verletzt. Argumentiert wird zum einen mit der Stellung des § 164 im Normgefüge. Der Gesetzgeber hat die falsche Verdächtigung unmittelbar im Anschluss an die Aussagedelikte geregelt und so deutlich gemacht, dass auch § 164 die Rechtspflege schützen soll. Zum anderen wird auf § 165 hingewiesen, wonach der Verletzte ein Antragsrecht auf Bekanntmachung der Verurteilung des Täters hat.[40]

Hiergegen wendet sich eine andere, in der **Literatur** vertretene Auffassung, wonach § 164 **entweder** nur die staatliche Rechtspflege[41] **oder** aber nur das Interesse des Einzelnen[42] schützt.

Hinweis

Auswirkungen hat dieser Meinungsstreit vor allem, wenn der von der falschen Verdächtigung **Betroffene mit dieser Verdächtigung einverstanden** ist. Es stellt sich dann die Frage, ob eine rechtfertigende Einwilligung in Betracht kommt. Sieht man mit der h.M. beide Rechtsgüter als geschützt an, so bleibt die innerstaatliche Rechtspflege verletzt. Eine rechtfertigende Einwilligung ist mithin nicht möglich. Die Auffassung hingegen, die nur das Interesse des Einzelnen als geschütztes Rechtsgut ansieht, kann zu einer Rechtfertigung des Täters kommen.

Darüber hinaus ist es denkbar, dass der Täter nicht gegenüber einer inländischen, sondern einer **ausländischen Behörde** eine unwahre Strafanzeige erstattet. In diesem Fall ist zwar nicht die innerstaatliche Rechtspflege verletzt, aber immer noch das Interesse des Einzelnen, der von dieser Strafanzeige betroffen ist, so dass nach h.M. eine Strafbarkeit des Täters möglich ist. Die Auffassung, die als geschütztes Rechtsgut nur die innerstaatliche Rechtspflege ansieht, muss zu einer Straflosigkeit des Täters gelangen.

Sie sehen also erneut, dass es von großer Bedeutung ist, das geschützte Rechtsgut einer Norm zu kennen.

§ 164 hat **zwei verschiedene Tatbestandsalternativen**, wobei Abs. 2 als Auffangtatbestand **292**
zu Abs. 1 verstanden wird, mit der Folge, dass **Abs. 1 als lex specialis** Abs. 2 verdrängt. Sofern also in der Klausur eine rechtswidrige Tat i.S.d. § 11 Abs. 1 Nr. 5 oder (nur sehr selten vorkommend!) eine Dienstpflichtverletzung den Gegenstand der Verdächtigung bildet, muss ausschließlich § 164 Abs. 1 geprüft werden. § 164 Abs. 2 kommt grds. in der Klausur keine große Bedeutung zu.[43]

---

40 *Wessels/Hettinger/Engländer* Strafrecht BT 1 Rn. 665.

41 *Maurach/Schroeder/Maiwald* Strafrecht BT/2 § 99 Rn. 5.

42 NK-*Vormbaum* § 164 Rn. 10.

43 Eine interessante Entscheidung zu § 164 Abs. 2 finden Sie hier: *OLG Stuttgart* NJW 2018, 1110.

293 Der **Aufbau des § 164 Abs. 1** sieht wie folgt aus:

PRÜFUNGSSCHEMA

Falsche Verdächtigung, § 164 Abs. 1

I. Objektiver Tatbestand
1. Tatobjekt: ein anderer, lebender Mensch
2. Tatort: bei einer Behörde, einem zur Entgegennahme von Anzeigen zuständigen Amtsträger oder militärischen Vorgesetzten oder öffentlich
3. Tathandlung: Verdächtigen einer rechtswidrigen Tat oder der Verletzung einer Dienstpflicht
   - (P) Leugnen der eigenen Täterschaft Rn. 300
   - (P) falsch Rn. 302

II. Subjektiver Tatbestand
1. dolus directus 2. Grades bzgl. der falschen Verdächtigung, sonst dolus eventualis
2. Absicht, ein behördliches Verfahren oder andere behördliche Maßnahmen gegen den Betroffenen herbeizuführen oder fortdauern zu lassen

III. Rechtswidrigkeit

IV. Schuld

II. Objektiver Tatbestand

294 Im objektiven Tatbestand ist zu prüfen, ob der Täter einen anderen bei einer Behörde oder einem zur Entgegennahme von Anzeigen zuständigen Amtsträger oder militärischen Vorgesetzten oder öffentlich einer rechtswidrigen Tat oder der Verletzung einer Dienstpflicht verdächtigt hat.

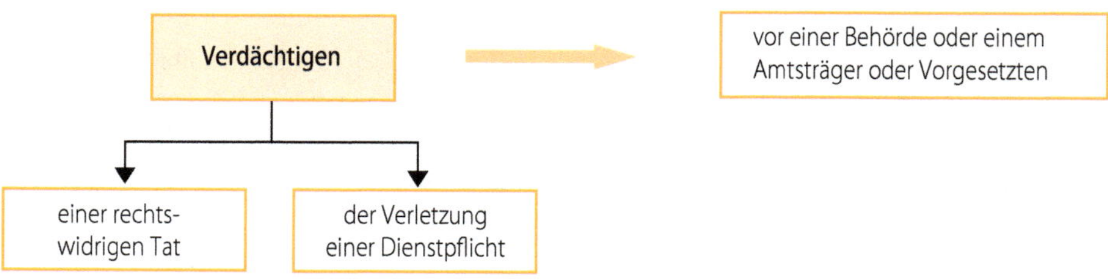

1. Tatobjekt

295 Wie dem Gesetzeswortlaut unschwer entnommen werden kann, muss sich die Tat **gegen einen anderen** richten. Damit ist die **Selbstbezichtigung** nicht nach § 164 strafbar. Sofern sich der Täter jedoch einer Straftat selbst bezichtigt, kann eine Strafbarkeit gem. § 145d Abs. 2 Nr. 1 in Betracht kommen.

Auch das Bezichtigen eines **Toten** (ggfs. strafbar gem. § 189) sowie einer fiktiven, **tatsächlich nichtexistierenden Person** ist nach § 164 straflos.[44]

44 *Wessels/Hettinger/Engländer* Strafrecht BT 1 Rn. 669.

Beispiel Gegen A wurde wegen Geschwindigkeitsüberschreitung ein Bußgeldverfahren eingeleitet, im Zuge dessen er vom zuständigen Landratsamt einen Anhörungsbogen erhielt, mit welchem die Verhängung eines Bußgeldes und eines einmonatigen Fahrverbots in Aussicht gestellt wurde. Da er nicht bereit war, die Sanktion anzunehmen, recherchierte er im Internet und stieß auf die Seite des B, der ihm anbot, gegen die Zahlung von 1000 € die Punkte und das Fahrverbot zu übernehmen. Nach Zahlung der 1000 € füllte B den Anhörungsbogen im Namen eines fiktiven X aus und gab als X den Verstoß zu. Das Verfahren gegen A wurde daraufhin eingestellt und ein neues Verfahren gegen X eingeleitet. Nach einem halben Jahr erhielt die Behörde die Mitteilung von der Polizei, dass X nicht existiere. Zu diesem Zeitpunkt war bereits in Bezug auf A Verfolgungsverjährung gem. § 31 Abs. 2 Nr. 4 OWiG eingetreten, so dass er nicht mehr belangt werden konnte.

In einem solchen Fall müssten Sie sich in einer Klausur ausnahmsweise mit § 164 Abs. 2 befassen, da es nur um eine Ordnungswidrigkeit und nicht um eine für Abs. 1 erforderliche Straftat geht. In beiden Absätzen stellt sich aber die Frage, ob die Norm verwirklicht ist, wenn eine nichtexistierende Person bezichtigt wird.

Tatsächlich wird die Rechtspflege unbegründet in Anspruch genommen, was für eine Verwirklichung des § 164 Abs. 2 sprechen könnte. Das *OLG Stuttgart* hat jedoch ausgeführt, dass § 164 nur verwirklicht sei, wenn die Person auch tatsächlich existiere. Es hat dies zum einen mit dem Wortlaut der gesetzlichen Normüberschrift begründet, wonach ein Verdächtigen eine argwöhnische Vermutung einer bei jemandem liegenden Schuld bedeute, Schuld aber die Existenz einer Person voraussetze. Zudem hat es systematisch argumentiert und auf § 165 verwiesen, der dem Verletzten unter bestimmten Voraussetzungen ein Recht auf öffentliche Bekanntgabe zugesteht. Notwendigerweise setze damit § 165 StGB bei einer Tat nach § 164 StGB einen Verletzten, mithin eine existierende Person, voraus.[45] ■

2. Tatort

Die Verdächtigung muss gegenüber einer Behörde i.S.d. § 11 Abs. 1 Nr. 7 (z.B. Gericht, Polizei und Staatsanwaltschaft) oder einem zur Entgegennahme von Anzeigen zuständigen Amtsträger (so z.B. der Polizist vor Ort gem. § 158 Abs. 1 StPO) oder einem militärischen Vorgesetzten oder öffentlich (vor einem größeren, durch persönliche Beziehungen nicht zusammengehaltenen Personenkreis[46]) begangen werden. 296

3. Tathandlung

Die Tathandlung besteht in dem falschen Verdächtigen. 297

Ein **Verdächtigen** ist jede Tätigkeit, durch die der Verdacht auf eine bestimmte Person gelenkt oder ein bereits bestehender Verdacht verstärkt wird.[47]

Das Verdächtigen kann **ausdrücklich**, so z.B. durch eine Behauptung tatsächlicher Art oder **konkludent**, wie z.B. durch das Schaffen einer kompromittierenden Sachlage erfolgen.[48] 298

45 *OLG Stuttgart* NJW 2018, 1110.

46 *Fischer* § 164 Rn. 10.

47 *Wessels/Hettinger/Engländer* Strafrecht BT 1 Rn. 672.

48 *Wessels/Hettinger/Engländer* Strafrecht BT 1 Rn. 674; a.A. wonach das Verdächtigen ausschließlich durch eine Tatsachenbehauptung erfolgen könne: NK-*Vormbaum* § 164 Rn. 21.

Beispiel Ein Verdächtigen liegt in einer unwahren Strafanzeige, in der Abgabe eines Geständnisses unter falschem Namen, in dem Zurücklassen fremder Ausweispapiere am Tatort sowie auch in dem Verstecken von Diebesgut in der Wohnung eines Unschuldigen (sog. isolierte Beweismittelfiktion).[49] ■

299 Gelegentlich kann das **Leugnen der eigenen Täterschaft** zugleich zu einer falschen Verdächtigung eines anderen führen. Dies soll nach überwiegender Auffassung dann straflos sein, wenn die falsche Verdächtigung lediglich die mittelbare Auswirkung des Leugnens darstellt.

Beispiel Die Jurastudenten X und Y haben ihr bestandenes Examen feuchtfröhlich gefeiert und machen sich mit dem Fahrzeug des X auf den Heimweg, wobei X am Steuer sitzt. Beide haben zu diesem Zeitpunkt einen BAK-Wert von ca. 1,8 Promille. Aufgrund der Alkoholisierung kann X sein Fahrzeug in einer Kurve nicht mehr sicher steuern und fährt schnurstracks in eine Leitplanke. Der unmittelbar danach erscheinenden Polizei erklärt X, der inzwischen, ebenso wie Y, aus dem Fahrzeug ausgestiegen ist, dass er selbst nicht gefahren sei.

Da X damit konkludent erklärt hat, dass Y gefahren sein muss, könnte er sich der falschen Verdächtigung gem. § 164 Abs. 1 strafbar gemacht haben.

Der unfallaufnehmende Polizeibeamte ist gem. § 158 Abs. 1 StPO für die Entgegennahme von Anzeigen zuständig. Durch die Behauptung des X, er habe das Fahrzeug nicht gelenkt, wird bei dem Polizeibeamten ein Tatverdacht gegenüber Y hervorgerufen, so dass ein Verdächtigen angenommen werden könnte. Da Y tatsächlich nicht gefahren ist, ist dieses Verdächtigen nach allen, nachfolgend dargestellten Auffassungen auch falsch. ■

300 Die Strafbarkeit wird in Fällen dieser Art mit dem in § 258 Abs. 5 zum Ausdruck kommenden **Selbstbegünstigungsprinzip** verneint. Danach ist ein Täter dann nicht strafbar, wenn er mit seiner Tat zugleich vereiteln möchte, dass er selbst wegen einer Straftat verfolgt wird. Außerdem sei dem **nemo-tenetur-Grundsatz** zu entnehmen, dass niemand aktiv an seiner eigenen Strafverfolgung mitwirken müsse. Aus diesem Grund stelle das Leugnen der eigenen Täterschaft kein strafbares falsches Verdächtigen dar.[50] **Umstritten** ist jedoch, ob eine Straflosigkeit des Täters auch dann angenommen werden kann, wenn er aktiv über das bloße Bestreiten der eigenen Täterschaft hinaus eine andere Person ausdrücklich einer rechtswidrigen Tat bezichtigt.

Beispiel Sofern im obigen Fall X gegenüber dem Polizeibeamten also nicht nur erklären würde, er selbst sei nicht gefahren, sondern darüber hinaus behaupten würde, Y sei gefahren, da er selbst nicht mehr fahrtüchtig sei, dann hätte er nicht nur konkludent, sondern nunmehr ausdrücklich den Y einer Straftat bezichtigt. ■

301 Teilweise wird in **Rechtsprechung und Literatur** angenommen, dass das Selbstschutzprivileg auch in diesen Fällen noch greife, da der Beschuldigte nur positiv das behaupte, was er mit dem bloßen Leugnen schon konkludent zum Ausdruck gebracht habe.[51]

---

49 Vgl. die Beispiele bei *Wessels/Hettinger/Engländer* Strafrecht BT 1 Rn. 673 m.w.N.

50 *Wessels/Hettinger/Engländer* Strafrecht BT 1 Rn. 676; *Jäger* Strafrecht BT Rn. 835; *Fischer* § 164 Rn. 3a.

51 *Jäger* Strafrecht BT Rn. 835; *OLG Düsseldorf* NJW 1992, 1119.

Nach **anderer Auffassung** soll sich der Täter bei einer aktiven Bezichtigung hingegen nach § 164 strafbar machen können, da das Selbstschutzprivileg nur die Leugnung, nicht aber die aktive Bezichtigung gestatte.[52]

Nach allen Auffassungen macht der Täter sich strafbar, wenn er nicht nur aktiv einen anderen bezichtigt, sondern diese Bezichtigung auch noch **durch Vorlage falscher Beweismittel erhärtet**.[53]

Die Verdächtigung, die der Täter ausspricht oder sonst vornimmt, muss **falsch**, d.h. objektiv unwahr sein. Wann diese Verdächtigung unwahr ist, ist **umstritten** und stellt einen „Klausurklassiker" bei § 164 dar. Der Streit betrifft insbesondere jene Fälle, in denen ein tatsächlich Schuldiger vom Täter durch **falsches Beweismaterial** belastet wird. 302

Beispiel Die Polizei hat gegen X wegen einer Vergewaltigung der S ermittelt, ist jedoch kurz davor, das Ermittlungsverfahren mangels Beweisen einzustellen. Die S, die durch einen Freund bei der Staatsanwaltschaft davon erfährt, ist entsetzt, da X die Tat tatsächlich begangen hat. Damit er nicht ungeschoren davonkommt, überredet sie ihre Freundin F, als Zeugin auszusagen, dass sie den Vorfall vom Fenster ihrer Wohnung aus beobachtet habe, jedoch erst am Tatort eingetroffen sei, als der Täter bereits verschwunden war. Dabei habe sie X eindeutig identifizieren können.

Hier könnte sich zunächst F der falschen Verdächtigung gem. § 164 Abs. 1 strafbar gemacht haben. Sofern sie diese Aussage gegenüber der Polizei oder Staatsanwaltschaft tätigt, hat sie zunächst einen anderen einer rechtswidrigen Tat verdächtigt. Fraglich ist jedoch, ob diese Verdächtigung falsch ist. Problematisch ist in diesem Zusammenhang, dass X die Tat tatsächlich begangen hat. ■

Nach Auffassung der **Rechtsprechung** ist die Verdächtigung nur dann falsch, wenn sie nach ihrem Inhalt zumindest in wesentlichen Punkten mit der Wirklichkeit nicht übereinstimmt und der **Beschuldigte die Handlung**, die ihm angelastet wird, tatsächlich **nicht begangen hat**.[54] Begründet wird dies damit, dass der Einzelne in einem Fall der oben dargestellten Art nicht ungerechtfertigt mit einem behördlichen Untersuchungsverfahren überzogen wird und infolgedessen auch die innerstaatliche Rechtspflege nicht unbegründet in Anspruch genommen wird. 303

Nach der **Gegenauffassung** kommt es hingegen auf die Unwahrheit der Beschuldigung als solche nicht ausschließlich an. Demnach soll es ausreichen, wenn die **vorgebrachten Verdachtsmomente unwahr** seien, da auch ein Schuldiger Anspruch darauf habe, nicht aufgrund falschen Beweismaterials in ein behördliches Ermittlungsverfahren verwickelt zu werden.[55] Zudem werde auch in solchen Fällen der Ermittlungsapparat, der mangels zureichender Beweise ansonsten das Verfahren einstellen würde, unberechtigt in Anspruch genommen.[56]

Beispiel Im obigen Fall hätte sich F nach Auffassung der Rechtsprechung mithin nicht gem. § 164 strafbar gemacht, so dass für S diesbezüglich auch keine Anstiftung in Betracht kommt. ■

52 *Fischer* § 164 Rn. 3a; *BayObLG* NJW 1986, 441.
53 *Jäger* Strafrecht BT Rn. 835.
54 BGHSt 35, 50; sich anschließend *Fischer* § 164 Rn. 6.
55 *Küper* Strafrecht BT S. 385; NK-*Vormbaum* § 164 Rn. 54; Schönke/Schröder-*Bosch/Schittenhelm* § 164 Rn. 16.
56 *Rengier* Strafrecht BT II 12. Kapitel § 50 Rn. 12.

304 Unter den Voraussetzungen des § 13 kann die falsche Verdächtigung auch **durch ein Unterlassen** begangen werden. Erstattet z.B. jemand eine Strafanzeige und verkennt dabei grob fahrlässig die Unrichtigkeit seiner Aussage, so kann er sich gem. §§ 164, 13 strafbar machen, wenn er im Nachhinein seinen Irrtum erkennt, es nunmehr jedoch unterlässt, diesen gegenüber der Stelle, bei der er die Anzeige erstattet hat, aufzuklären.

III. Subjektiver Tatbestand

305 Bei § 164 muss der Täter hinsichtlich der falschen Verdächtigung „wider besseres Wissen" handeln. Daraus folgt, dass er insoweit **dolus directus 2. Grades** haben muss. Hinsichtlich der übrigen Voraussetzungen reicht dolus evenualis.[57]

Darüber hinaus muss er in der **Absicht** handeln, ein behördliches Verfahren oder andere Maßnahmen gegen den Betroffenen herbeizuführen oder fortdauern zu lassen. Auch hier genügt nach h.A. **dolus directus 2. Grades**, d.h. der Täter muss sicher wissen, dass sein Verhalten diese Konsequenzen nach sich zieht. Nicht erforderlich ist, dass es ihm gerade darauf ankommt.[58]

IV. Rechtswidrigkeit und Schuld

306 Wie bereits eingangs dargestellt, ist nach herrschender Meinung eine **rechtfertigende Einwilligung** nicht möglich, da geschütztes Rechtsgut auch die innerstaatliche Strafrechtspflege ist. Bei dieser handelt es sich jedoch um ein Rechtsgut der Allgemeinheit, welches für den Einzelnen nicht disponibel ist. Lediglich die teilweise in der Literatur vertretene Auffassung, wonach § 164 ausschließlich das Interesse des Einzelnen an einem Schutz vor einem ungerechtfertigten behördlichen Untersuchungsverfahren zum Gegenstand hat, könnte eine rechtfertigende Einwilligung annehmen.

Beispiel Die Staatsanwaltschaft hat gegen A ein Ermittlungsverfahren wegen eines Wohnungseinbruchsdiebstahls eingeleitet. In Absprache mit X geht die Freundin des A zur Polizei und bezichtigt X des Diebstahls. Damit soll erreicht werden, dass das Ermittlungsverfahren gegen A eingestellt wird. X, der ein wasserdichtes Alibi für den Tattag hat, sieht der Einleitung eines Ermittlungsverfahrens gegen ihn gelassen entgegen.

Da die innerstaatliche Strafrechtspflege durch die Aussage der F irregeführt und unbegründet in Anspruch genommen wird, ist nach h.A. die Einwilligung des X unerheblich. Lediglich die oben dargestellte Literaturauffassung würde eine Strafbarkeit der F gem. § 164 verneinen. ■

Bezüglich der Schuld gibt es keine deliktsspezifischen Besonderheiten, so dass die allgemeinen Grundsätze gelten.

Auf der Ebene der **Strafzumessung** ist noch zu beachten, dass nach h.M. bei einer rechtzeitigen Berichtigung eine **analoge Anwendung des § 158** in Betracht kommt.[59]

---

57 *Fischer* § 164 Rn. 12.

58 BGHSt 18, 204; 13, 219.

59 Schönke/Schröder-*Bosch/Schittenhelm* § 164 Rn. 35.

V. Konkurrenzen

Tateinheit kann bestehen mit den Aussagedelikten gem. §§ 153 ff., den Beleidigungsdelikten gem. §§ 185 ff. sowie der Freiheitsberaubung in mittelbarer Täterschaft gem. §§ 239, 25 Abs. 1 Alt. 2. **§ 145d ist subsidiär** und wird von § 164 verdrängt. 307

D. Strafvereitelung, § 258

I. Überblick

Im Gegensatz zu § 257, der die sachliche Begünstigung eines Täters unter Strafe stellt, verbietet § 258 die **persönliche Begünstigung eines Straftäters**. Dabei unterscheidet § 258 zwischen zwei Formen der persönlichen Begünstigung: 308

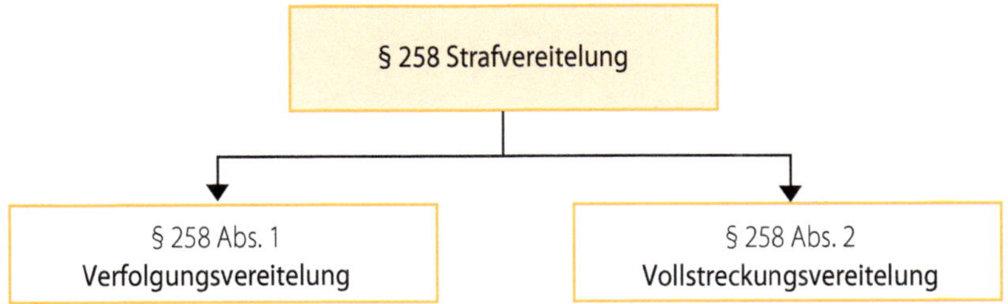

Wegen **Verfolgungsvereitelung** macht sich strafbar, wer ganz oder teilweise vereitelt, dass gegen einen anderen eine Strafe verhängt wird. Demgegenüber macht sich wegen **Vollstreckungsvereitelung** derjenige strafbar, der ganz oder teilweise vereitelt, dass eine rechtskräftig verhängte Strafe oder Maßnahme gegen den Täter vollstreckt wird.

Das geschützte Rechtsgut des § 258 ist mithin die **innerstaatliche Strafrechtspflege**.[60] Die innerstaatliche Strafrechtspflege wird in **§ 258 vor den Angriffen durch jedermann** und in **§ 258a vor den Angriffen durch einen Amtsträger** geschützt. § 258a ist eine Qualifikation zu § 258. 309

Wie dem Wortlaut zu entnehmen ist, macht sich nach **§ 258 Abs. 1 und 2** nicht strafbar, wer die Tat **ausschließlich zu eigenen Gunsten** begeht, da die Vereitelung zugunsten „eines anderen" begangen werden muss. Gem. **§ 258 Abs. 5** bleibt ein Täter auch dann straflos, wenn er die Strafvereitelung zwar zugunsten eines anderen begeht, damit aber **zugleich** verhindern möchte, dass er selbst bestraft wird oder dass eine gegen ihn verhängte Strafe oder Maßnahme vollstreckt wird. Straffreiheit tritt gem. § 258 Abs. 6 darüber hinaus ein, wenn die Tat zugunsten eines Angehörigen begangen wird. Nach h.A. handelt es sich bei **Abs. 5 und 6** um **persönliche Strafausschließungsgründe**.[61] 310

60 BGHSt 45, 97.
61 *Wessels/Hettinger/Engländer* Strafrecht BT 1 Rn. 700; *Fischer* § 258 Rn. 18.

311 Der Aufbau des § 258 sieht wie folgt aus:

PRÜFUNGSSCHEMA

Strafvereitelung, § 258

I. Objektiver Tatbestand gem. § 258 Abs. 1
1. Vortat eines anderen
   a) Tatbestandsmäßige rechtswidrige und schuldhafte Vortat eines anderen bei anschließender Vereitelung der Strafe
   b) Tatbestandsmäßige und rechtswidrige Vortat eines anderen bei anschließender Vereitelung der Verhängung einer Maßnahme gem. § 11 Abs. 1 Nr. 8
2. Ganz oder teilweise Vereitelung
   Abgrenzung zur straflosen Teilnahme Rn. 317
   a) einer Strafe oder
   b) einer Maßnahme gem. § 11 Abs. 1 Nr. 8

II. Objektiver Tatbestand gem. § 258 Abs. 2
1. Rechtskräftig verhängte Strafe oder Maßnahme
2. Vereitelung der Vollstreckung
   Vereiteln durch Bezahlen einer Geldstrafe Rn. 321

III. Subjektiver Tatbestand
1. dolus directus 2. Grades in Bezug auf die Vereitelungshandlung
2. dolus eventualis in Bezug auf die übrigen Voraussetzungen

IV. Rechtswidrigkeit

V. Schuld

VI. Persönlicher Strafausschließungsgrund gem. § 258 Abs. 5 und 6

II. Objektiver Tatbestand der Verfolgungsvereitelung gem. § 258 Abs. 1

312 Die Verfolgungsvereitelung setzt zunächst die **Vortat eines anderen** voraus. **Die Straflosigkeit der Verfolgungsvereitelung einer eigenen Straftat ergibt sich also schon aus Abs. 1.** Sofern der Täter die Verhängung einer Strafe vereitelt, muss es sich bei der Vortat um eine tatbestandsmäßige, rechtswidrige und schuldhafte Tat handeln. Soll hingegen nur die Verhängung einer Maßnahme, wie z.B. Maßregeln der Besserung und Sicherung, vereitelt werden, reicht es aus, dass die Vortat tatbestandsmäßig und rechtswidrig ist (vgl. z.B. §§ 63, 64, 73).

Vorsätzliche, rechtswidrige schuldhafte Vortat eines anderen → Vereiteln der Strafe

Vorsätzliche, rechtswidrige Vortat eines anderen → Vereiteln der Verhängung einer Maßnahme

In der Klausur wird es zumeist darum gehen, dass der Täter die Verhängung einer Strafe vereiteln möchte. Zu beachten ist, dass diese **Straftat von dem Vortäter wirklich begangen** worden sein muss und dass der Verfolgung **kein Verfahrenshindernis** entgegensteht. 313

Beispiel Gibt A dem tatsächlich unschuldigen B ein falsches Alibi, um zu verhindern, dass gegen diesen Anklage wegen eines Raubüberfalls erhoben wird, so macht er sich nicht gem. § 258 Abs. 1 strafbar.

Hat B hingegen die Tat tatsächlich begangen, wird jedoch erst nach sechs Jahren gegen ihn ermittelt, so hat A sich erneut nicht strafbar gemacht, wenn er B nunmehr ein falsches Alibi gibt, da gem. § 78 Abs. 3 Nr. 4 bereits Verjährung dieser Tat eingetreten ist und damit ein Verfolgungshindernis besteht. ■

Hinweis

Nimmt der Täter nur irrig an, dass **ein anderer eine Straftat** begangen habe, kommt je nach Vorstellung ein untauglicher Versuch oder aber ein Wahndelikt in Betracht. Gibt es die vorgestellte Straftat im StGB oder in anderen Gesetzen wirklich, liegt unproblematisch ein **untauglicher Versuch** vor. Gibt es sie hingegen nicht (Bsp.: fahrlässige Sachbeschädigung), dann wird teilweise eine **Wahndelikt** angenommen. (Näheres zur Abgrenzung finden Sie im Skript „Strafrecht AT II" Rn. 12 ff.)

Die **Tathandlung** besteht in dem vollständigen oder teilweisen Vereiteln des staatlichen Strafanspruchs bzw. Anspruchs auf Verhängung einer Maßnahme gegen einen anderen. 314

Ein **vollständiges Vereiteln** liegt vor, wenn die Strafe endgültig nicht mehr verhängt werden kann oder wenn die Verwirklichung des staatlichen Strafanspruchs für geraume Zeit verzögert wird.[62]

Für das vollständige Vereiteln soll nach Auffassung des **BGH** schon ein **Zeitraum von sechs Tagen** ausreichen.[63] Teilweise wird ein solches Vereiteln erst ab einem Zeitraum von **vierzehn Tagen** bejaht.[64] Einigkeit besteht dahingehend, dass die Verzögerung jedenfalls Auswirkungen auf die Bestrafung oder Anordnung einer Maßnahme haben muss, der Täter also später bestraft wird als er ohne die Vereitelungshandlung bestraft worden wäre. Ist eine solche Auswirkung nicht nachweisbar, kommt nach dem Grundsatz in dubio pro reo nur ein Strafvereitelungsversuch in Betracht.[65] 315

Die Verhängung der Strafe oder Maßnahme ist **zum Teil vereitelt**, wenn die Strafe oder Maßnahme im Ergebnis milder ausfällt als es der materiellen Rechtslage entspricht.[66]

Beispiel Eine Vereitelung kann durch das Besorgen eines Alibis, Beseitigen von Beweismitteln, Verbergen des Täters oder Besorgen eines Fluchtfahrzeuges geschehen. Führt dies nicht zu einer zeitlichen Verzögerung, sondern nur dazu, dass der Täter nicht wegen Raubes, sondern wegen Diebstahl bestraft wird, so liegt ein teilweises Vereiteln vor. ■

62 *Küper* Strafrecht BT S. 395.
63 *BGH* NJW 1959, 494.
64 *Wessels/Hettinger/Engländer* Strafrecht BT 1 Rn. 709.
65 *BGH* Wistra 95, 143.
66 *Küper* Strafrecht BT S. 395.

316 Bei dem Vereiteln muss es nach Art und Zielsetzung um eine **Besserstellung des Vortäters** gehen. Aus diesem Grund werden **sozial-adäquate Verhaltensweisen** nicht als Vereitelungshandlung verstanden.

Beispiel Sofern Arzt A einen angeschossenen Bankräuber medizinisch versorgt, so dass er seine Flucht vor der Polizei fortsetzen kann, hat er zwar tatsächlich eine zeitliche Verzögerung bewirkt. Da er jedoch als Arzt verpflichtet ist, einem Verletzten zu helfen, stellt diese Tathandlung eine sozial-adäquate Verhaltensweise dar.

317 Da es straflos ist, wenn der Täter sich selbst der Verfolgung entzieht, sind Teilnahmehandlungen Dritter an der Selbstbegünstigung nicht gem. §§ 26, 27 strafbar, da es an einer vorsätzlichen rechtswidrigen Haupttat fehlt. Problematisch kann nun im Einzelfall die **Abgrenzung zwischen strafloser Teilnahme und strafbarer täterschaftlicher Vereitelung** sein.

Sofern der Dritte den Vortäter nur psychisch unterstützt, indem er ihn z.B. darin bestärkt zu fliehen, liegt eine straflose Teilnahme vor. Strebt er jedoch die **Besserstellung des Vortäters** an und vereitelt durch seine Handlung maßgeblich die Strafverfolgung, dann ist die Schwelle zur täterschaftlichen Begehung überschritten. [67]

Beispiel Eine solche Besserstellung kann in der Bereitstellung eines Autos liegen, mit dem der Vortäter fliehen kann, in dem Besorgen gefälschter Papiere oder dem Bereitstellen einer Unterkunft.

318 Grundsätzlich ist ein Vereiteln auch **durch Unterlassen** möglich. Voraussetzung ist jedoch, dass der Unterlassende eine Garantenstellung innehat. Dies wird im Normalfall bei § 258 zu verneinen sein, da der einzelne i.d.R. keine Verpflichtung hat, an der Verfolgung einer Straftat mitzuwirken. Die **Rechtsprechung** hat jedoch eine **Garantenstellung eines Belastungszeugen** und dementsprechend eine Strafbarkeit aus den §§ 258 Abs. 1, 13 bejaht, der unberechtigt das Zeugnis verweigert hat. Begründet wurde das mit der Pflicht des Zeugen, durch eine wahrheitsgemäße und vollständige Aussage an einem Strafverfahren mitzuwirken.[68]

» Zur Bestimmung des erlaubten Verteidigerverhaltens müssen Sie die StPO kennen. Sie sollten sich von daher bei Ihrer Examensvorbereitung mit den wesentlichen Grundzügen der Strafprozessordnung beschäftigen, zumal Klausuren häufig prozessuale Zusatzfragen enthalten. «

Die Strafvereitelung durch Unterlassen wird jedoch – auch in der Klausur – relevant, wenn sie durch einen Amtsträger begangen wird, weswegen wir bei § 258a auf diese Problematik zurückkommen werden.

319 **Problematisch** und damit klausurrelevant ist, inwieweit sich auch **Strafverteidiger** gem. § 258 Abs. 1 strafbar machen können. Zu beachten ist, dass der Strafverteidiger zum einen **der Beistand des Beschuldigten** ist und dessen prozessuale Interessen wahrnehmen muss. Darüber hinaus ist er **zur Verschwiegenheit verpflichtet**. Offenbart er Tatsachen, die ihm sein Mandant im Rahmen der Strafverteidigung anvertraut hat, macht er sich gem. § 203 Abs. 1 Nr. 3 strafbar. Auf der anderen Seite ist der Strafverteidiger gem. **§§ 1 und 31 BRAO** ein **unabhängiges Organ der Rechtspflege,** was dazu führt, dass er grundsätzlich der Wahrheit und Gerechtigkeit verpflichtet ist.[69] Verstößt er gegen diese Pflicht, kann er sich gem. § 258 strafbar machen. Im Lichte dieses Spannungsfeldes ist das **erlaubte Verteidigerverhalten** zu bestimmen. Grundsätzlich straflos sind solche Verteidigerhandlungen, die nach der StPO zulässig sind und mit denen der Verteidiger die prozessualen Rechte seines Mandanten wahrnimmt.

67 *Wessels/Hettinger/Engländer* Strafrecht BT I Rn. 707 m.w.N.
68 *OLG Hamm* JuS 2018, 296.
69 *BVerfG* NStZ 2004, 259; BGHSt 46, 36.

Der Verteidiger darf:	Der Verteidiger darf nicht:
dem Mandanten davon abraten, eine **Selbstanzeige** oder ein Geständnis abzulegen;	den **Mandaten** veranlassen, falsche Angaben zu machen;
einen zeugnisverweigerungsberechtigten Zeugen gem. § 52 StPO veranlassen, von seinem **Zeugnisverweigerungsrecht** Gebrauch zu machen;	diesen Zeugen **mit Drohung oder Gewalt** dazu bringen, vom Zeugnisverweigerungsrecht Gebrauch zu machen;
Zeugen benennen, auch wenn er Zweifel an der Richtigkeit der Aussagen hegt;	**Zeugen bestechen**, damit sie eine Falschaussage tätigen oder belastende Beweismittel beseitigen oder verfälschen;
Freispruch des Mandanten **aufgrund mangelnder Beweise beantragen**, obwohl der Mandant ihm die Schuld gestanden hat.	**Freispruch beantragen** und in der Begründung **wahrheitswidrig ausführen**, dass der Mandant ihm geschworen habe, er habe die Tat nicht begangen.[70]

III. Objektiver Tatbestand der Vollstreckungsvereitelung gem. § 258 Abs. 2

Voraussetzung der Vollstreckungsvereitelung ist die gegen einen anderen **verhängte, rechtskräftige Strafe** oder Maßnahme. Im Gegensatz zu Abs. 1 ist es bei Abs. 2 unerheblich, ob der andere die Straftat tatsächlich begangen hat. Wichtig ist lediglich, dass die gegen ihn verhängte Strafe oder Maßnahme rechtskräftig geworden ist. Solange die **Berufungs- oder Revisionseinlegungsfrist noch nicht abgelaufen** ist, kommt eine Vollstreckungsvereitelung nicht in Betracht. 320

Beispiel Eine Vollstreckungsvereitelung kann üblicherweise begangen werden durch Verbergen des rechtskräftig Verurteilten oder durch eine Gefangenenbefreiung gem. § 120. Ein Vereiteln liegt auch in dem Verbüßen der gegen den anderen verhängten Freiheitsstrafe oder Maßnahme. ■

Ein häufiges, in der Klausur zu erörterndes Problem ist, ob sich auch derjenige gem. § 258 Abs. 2 strafbar machen kann, der für einen anderen die gegen ihn verhängte **Geldstrafe zahlt**. 321

Beispiel A ist rechtskräftig wegen eines Diebstahls zu 120 Tagessätzen à 30,00 € verurteilt worden. B, der den A zu dieser Tat angestiftet hat, aber aufgrund des beharrlichen Schweigens des A nicht verfolgt wurde, entschließt sich, aus Solidarität und schlechtem Gewissen, diese Geldstrafe für A zu bezahlen. ■

Teilweise wird in der **Literatur** eine Vollstreckungsvereitelung bejaht. Begründet wird dies damit, dass die Geldstrafe den Verurteilten persönlich treffen und somit spezialpräventiv wirken solle.[71] Der **BGH** und der **überwiegende Teil der Literatur** lehnen jedoch eine solche Vollstreckungsvereitelung ab. Mit § 258 Abs. 2 sollen nur solche Eingriffe erfasst werden, die in den Ablauf des Vollstreckungsverfahrens eingreifen. Bloße **„Strafzweckvereitelungen"** sol- 322

70 *Fischer* § 258 Rn. 8 ff. m.w.N. u. Bsp.
71 *Fischer* § 258 Rn. 16; SK-*Samson* § 258 Rn. 35.

len demnach nicht strafbar sein, da der Strafzweck etwas ist, was grundsätzlich nicht vollstreckbar ist. So ist es denkbar, dass sich der Täter das Geld zur Bezahlung seiner Strafe leiht und der Darlehensgeber später auf die Rückzahlung verzichtet. Denkbar ist auch, dass der Täter die Geldstrafe aus eigenen, üppig vorhandenen Mitteln zahlt und infolgedessen nicht persönlich betroffen ist.[72]

IV. Subjektiver Tatbestand

323 Hinsichtlich der **Vereitelungshandlung** muss der Täter mit **dolus directus 2. Grades** handeln. Dies ergibt sich aus der Formulierung des Gesetzes, wonach der Täter „wissentlich" vereitelt haben muss, dass ein anderer bestraft wird. Der Täter muss also sicher davon ausgehen, dass sein Handeln dazu führt, dass die Strafe entweder gar nicht, zeitverzögert oder milder verhängt wird.

Hinsichtlich der übrigen Voraussetzungen reicht **dolus eventualis**.

V. Rechtswidrigkeit und Schuld

324 Insofern gibt es keine deliktsspezifischen Besonderheiten, so dass die allgemeinen Grundsätze gelten.

VI. Persönliche Strafausschließungsgründe

325 Wie bereits eingangs erwähnt, ist der Täter dann nicht strafbar, wenn er **zugleich vereitelt**, dass er selbst bestraft oder einer Maßnahme unterworfen wird oder dass eine gegen ihn verhängte Strafe oder Maßnahme vollstreckt wird.

> **Hinweis**
>
> Sofern der Täter die Tathandlung **ausschließlich zu eigenen Gunsten** vornimmt, ist schon der objektive Tatbestand des § 258 Abs. 1/2 nicht verwirklicht, da es sich um die Straftat oder Strafe eines anderen handelt.
>
> Zu § 258 Abs. 5 gelangen Sie in der Klausur nur dann, wenn der Täter mit der Vereitelungshandlung zudem die Verhängung einer Strafe oder Maßnahme gegen einen anderen vereitelt hat bzw. die Vollstreckung einer solchen Strafe oder Maßnahme vereitelt hat.

Da der Täter bei der Begehung einer eigenen Tat straffrei ist, muss er auch straffrei sein, wenn er einen anderen zu einer Strafvereitelung **anstiftet**. Beachten Sie in der Klausur in diesen Fällen, dass sich der andere, der vom Täter angestiftet wurde, jedoch unproblematisch gem. § 258 strafbar machen kann.

Gem. § 258 Abs. 6 ist der Täter auch straflos, wenn er die Tat **zugunsten eines Angehörigen** begeht. Der Angehörige ist **in § 11 Abs. 1 Nr. 1 legaldefiniert**. Wie bei Abs. 5 auch, ist der Täter straflos, wenn er einen anderen dazu **anstiftet**, die Tat zugunsten eines Angehörigen

72 BGHSt 37, 226; *Jäger* Strafrecht BT Rn. 837; *Wessels/Hettinger/Engländer* Strafrecht BT 1 Rn. 714.

zu begehen. Auch hier wirkt sich dies jedoch nicht auf die Strafbarkeit des Angestifteten selbst aus.

VII. Konkurrenzen

§ 258 wird von der nachfolgend dargestellten Strafvereitelung im Amt gem. **§ 258a verdrängt,** da dieser eine Qualifikation zu § 258 ist. 326

§ 258 **verdrängt seinerseits § 145d** wegen der dort ausdrücklich geregelten Subsidiarität. **Tateinheit** ist möglich mit §§ 164, 113, 120, 153 ff. und 257.

E. Strafvereitelung im Amt, § 258a

I. Überblick

Wie bereits ausgeführt, ist § 258a eine **Qualifikation** zu § 258. Da der Täter ein Amtsträger sein muss, handelt es sich um ein **Sonderdelikt,** mit der Folge, dass auch Mittäter und mittelbare Täter des § 258a Amtsträger sein müssen. Die **Amtsträgereigenschaft** ist ein besonderes persönliches Merkmal, welches sich strafschärfend auswirkt, so dass bei Teilnehmern **§ 28 Abs. 2** Anwendung findet. 327

Der Amtsträger kann sich sowohl wegen Verfolgungs- als auch wegen Vollstreckungsvereitelung strafbar machen. Zu beachten ist, dass gem. § 258a Abs. 3 die **persönlichen Strafausschließungsgründe des § 258 Abs. 5 und 6 nicht anwendbar** sind.

II. Tatbestand

Täter des § 258a muss zunächst ein **Amtsträger** sein. Der Begriff des Amtsträgers ist **in § 11 Abs. 1 Nr. 2 legaldefiniert**. Die Amtsträgereigenschaft allein reicht jedoch nicht aus für eine Strafbarkeit gem. § 258a. Hinzukommen muss, dass der Täter als Amtsträger **zur Mitwirkung** bei dem Strafverfahren oder dem Verfahren zur Anordnung der Maßnahme **berufen** ist. Zu derart Berufenen gehören grundsätzlich **Richter und Staatsanwälte** sowie **Polizeibeamte und Beamte der Finanzverwaltung.**[73] 328

Umstritten ist, ob mit dem Tatbestandsmerkmal *„zur Mitwirkung berufen"* verlangt werden muss, dass der **Amtsträger tatsächlich mit der Sache befasst** ist oder ob es ausreicht, wenn er die dienstliche Möglichkeit hat, sich mit der Sache zu befassen. 329

Beispiel Gegen den Sohn von Staatsanwältin S wird wegen verschiedener Computerdelikte ermittelt. Zuständig ist der als Hardliner verschriene Staatsanwalt A. Um ihren Sohn vor Strafe zu bewahren, entfernt S in der Mittagspause aus der Ermittlungsakte die wesentlichen Zeugenaussagen, die ihren Sohn belasten. ■

73 Schönke/Schröder-*Hecker* § 258a Rn. 5.

Nach **herrschender Auffassung** reicht die dienstlich eröffnete Möglichkeit aus, in das Verfahren einzugreifen und sei es auch unter Verletzung innerdienstlicher Zuständigkeiten.[74] Eine tatsächliche Befassung mit der Sache, wie sie teilweise von anderen Vertretern verlangt wird,[75] ist dementsprechend nicht erforderlich.

330 Klausurrelevant wird diese Thematik vor allem auch im Zusammenhang mit der Frage, ob ein Amtsträger, der **außerdienstlich von einer Straftat Kenntnis** erlangt, sich wegen **Strafvereitelung im Amt durch Unterlassen** strafbar machen kann. Sofern man mit der herrschenden Meinung die dienstlich eröffnete Möglichkeit, in ein Verfahren einzugreifen, als ausreichend ansieht, stellt sich in Fällen dieser Art die Frage, ob der Amtsträger als **Garant** verpflichtet ist, ein Ermittlungsverfahren einzuleiten. Da § 258 die Strafrechtspflege schützt, kann eine Garantenpflicht nur denjenigen treffen, der verpflichtet ist, die Belange der Strafrechtspflege wahrzunehmen oder jedenfalls zu fördern.[76]

Beispiel Staatsanwältin S erfährt abends in der Kneipe von ihrem langjährigen Freund F, dass dessen Ehefrau, die im Vorstand eines staatlichen Unternehmens sitzt, eine Untreue in Millionenhöhe begangen hat. Aufgrund der langjährigen, freundschaftlichen Verbundenheit unterlässt es S, ein Ermittlungsverfahren einzuleiten.

Fraglich ist, ob S sich der Strafvereitelung im Amt gem. §§ 258a, 13 strafbar gemacht haben kann. Voraussetzung dafür ist u.a., dass S verpflichtet ist, ein solches Ermittlungsverfahren einzuleiten. ■

331 Diese Verpflichtung könnte sich aus dem **Legalitätsprinzip** ergeben, welches in § 152 Abs. 2 StPO **(bitte nachlesen!)** niedergelegt ist. Demnach ist der Staat und damit auch die Staatsanwaltschaft grundsätzlich verpflichtet, bei Vorliegen tatsächlicher Anhaltspunkte, die einen Anfangsverdacht begründen, ein Ermittlungsverfahren einzuleiten. Diese Pflicht besteht unstreitig, wenn der Amtsträger während seiner Amtszeit einen Anfangsverdacht fasst und es gleichwohl unterlässt, ein Ermittlungsverfahren einzuleiten. Nach **herrschender Meinung** besteht diese Pflicht jedoch auch bei außerdienstlicher Kenntniserlangung, sofern es sich um **schwere, die Öffentlichkeit in besonderem Maße tangierende Straftaten** handelt. Eine solche Straftat kann angenommen werden bei den **Katalogtaten des § 138**, darüber hinaus aber auch bei Straftaten von besonderer Gefährlichkeit oder bei solchen, die einen hohen wirtschaftlichen Schaden verursacht haben.[77] **Teilweise** wird in der **Literatur** eine **generelle Anzeigepflicht bei privat erlangten Informationen verneint**, um den privaten Bereich der Amtsträger zu schützen.[78] Zudem wird darauf verwiesen, dass die Differenzierung, die die h.M. vornimmt, zu unbestimmt sei, um prozessuale Verfolgungspflichten zu begründen.

Beispiel Da die Ehefrau des F in einem staatlichen Unternehmen im Vorstand sitzt und zudem ein Schaden in Millionenhöhe verursacht wurde, handelt es sich um eine schwere, die Interessen der Öffentlichkeit tangierende Straftat. S wäre mithin nach h.M. verpflichtet, ein Ermittlungsverfahren einzuleiten. Da sie dies unterlassen hat, hat sie sich gem. §§ 258, 13 strafbar gemacht. ■

---

74 Schönke/Schröder-*Hecker* § 258a Rn. 4 m.w.N.

75 *Fischer* § 258a Rn. 3.

76 *Jäger* Strafrecht BT Rn. 840.

77 *Wessels/Hettinger/Engländer* Strafrecht BT 1 Rn. 720; *BVerfG JZ* 2004, 303; BGHSt 38, 388.

78 MüKo-*Cramer* § 258a Rn. 7.

III. Rechtswidrigkeit und Schuld

Insofern gibt es keine deliktsspezifischen Besonderheiten, so dass die allgemeinen Grundsätze gelten. 332

F. Vortäuschen einer Straftat, § 145d

I. Überblick

In der Klausur müssen Sie sich mit § 145d nur auseinandersetzen, wenn Sie zuvor §§ 258, 258a und 164 angeprüft und verneint haben, da § 145d diesen Normen gegenüber **subsidiär** ist. 333

§ 145d soll die Strafrechtspflege vor der **unberechtigten Inanspruchnahme** schützen. In Abs. 1 und 2 werden unterschiedliche Täuschungen erfasst, durch die die Strafrechtspflege tangiert sein kann. In **Abs. 1** wird die **Täuschung über die Existenz** einer begangenen oder bevorstehenden Tat unter Strafe gestellt. Nach **Abs. 2** macht sich hingegen derjenige strafbar, der **über die Beteiligung** an einer begangenen oder bevorstehenden Tat täuscht.

Der Aufbau des § 145d sieht wie folgt aus: 334

Vortäuschen einer Straftat, § 145d

PRÜFUNGSSCHEMA

I. Objektiver Tatbestand
1. Tatort: bei einer Behörde oder einer zur Entgegennahme von Anzeigen zuständigen Stelle
2. Tathandlung:
   a) Vortäuschen der Begehung einer rechtswidrigen Tat gem. Abs. 1 Nr. 1
   b) Vortäuschen des Bevorstehens einer in § 126 Abs. 1 genannten Tat gem. Abs. 1 Nr. 2
   c) Täuschung über den Beteiligten an einer rechtswidrigen Tat gem. Abs. 2 Nr. 1
   d) Täuschung über den Beteiligten an einer bevorstehenden Tat i.S.d. § 126 Abs. 1 gem. Abs. 2 Nr. 2

II. Subjektiver Tatbestand
1. dolus directus 2. Grades bzgl. der Unrichtigkeit der Behauptung
2. im Übrigen dolus eventualis

III. Rechtswidrigkeit

IV. Schuld

II. Objektiver Tatbestand

Die Tathandlung besteht in allen Varianten in dem Vortäuschen einer Straftat oder Beteiligung. 335

Vortäuschen ist das Erregen oder Verstärken des Verdachts einer rechtswidrigen Tat oder Beteiligung an einer solchen.[79]

Wie bei § 164 auch, kann dieses Vortäuschen **ausdrücklich oder konkludent** erfolgen. Anders als dort muss jedoch nicht ein anderer von dem Vortäuschen betroffen sein, so dass auch die **Selbstbezichtigung** strafbar ist.

Ein Vortäuschen liegt nicht vor, wenn der Täter eine tatsächlich begangene **Tat lediglich aufbauscht**. Ein Vortäuschen kann jedoch angenommen werden, wenn dieses Aufbauschen dazu führt, dass die Ermittlungsbehörden nunmehr nicht mehr wegen eines Vergehens, sondern wegen eines Verbrechens ermitteln, da sie in diesem Fall eine Ermittlung führen, die sie ohne das Verhalten des Täters nicht geführt hätten.[80]

Bei § 145d Abs. 1 Nr. 1 muss der Täter vortäuschen, dass eine rechtswidrige Tat begangen worden sei, bei § 145 Abs. 1 Nr. 2 täuscht er hingegen über die Verwirklichung einer bevorstehenden Tat.

336 Bei **§ 145d Abs. 2** täuscht der Täter nicht darüber, dass eine Tat begangen worden sei oder begangen werde, sondern dass jemand **an einer Tat beteiligt** gewesen sei. Beteiligt sind dabei alle, die an dem Eintritt der Rechtsgutsverletzung mitgewirkt haben, sei es als **Täter, mittelbare Täter, Mittäter, Anstifter oder Gehilfen.**

Lenkt der Täter durch seine Tathandlung lediglich **von sich selbst** ab und belastet dabei konkludent einen Dritten, so ist er, ebenso wie bei § 164, straflos. Lenkt er den Tatverdacht von einem Dritten ab und belastet dabei eine andere Person, so ist eine Strafbarkeit nach § 145d Abs. 2 Nr. 1 gegeben.

337 **Umstritten** ist, ob die rechtswidrige **Tat** bzgl. derer er einen Dritten der Beteiligung bezichtigt, **tatsächlich begangen** worden sein muss. **Überwiegend** wird dies unter Hinweis auf den Gesetzeswortlaut **bejaht**.[81] Teilweise wird es in der **Literatur** jedoch als ausreichend angesehen, wenn lediglich der Verdacht einer rechtswidrigen Tat bestand und der Täter diesen Verdacht auf eine mit Gewissheit an dieser Tat nicht beteiligte Person zu lenken versucht, da auch in diesen Fällen die Strafverfolgungsorgane unnütz beschäftigt werden.[82]

Nicht erforderlich ist für § 145d, dass es tatsächlich zu einer Tätigkeit der Strafverfolgungsbehörde gekommen ist. Es reicht insofern aus, dass die **Handlung des Täters geeignet** war, die Behörde oder zuständige Stelle zu einem sinnlosen Einschreiten zu veranlassen.[83]

III. Subjektiver Tatbestand

338 Hinsichtlich der Unwahrheit seiner Handlung, also des täuschenden Charakters, muss der Täter „wider besseres Wissen" handeln. Erforderlich ist **dolus directus 2. Grades**. Bei § 145d Abs. 1 Nr. 1 bedeutet dies z.B., dass der Täter wissen muss, dass eine rechtswidrige Tat nicht

79 *Wessels/Hettinger/Engländer* Strafrecht BT 1 Rn. 783.
80 *OLG Karlsruhe* MDR 92, 1166 mit ausführlicher Darstellung des Meinungsstands.
81 *OLG Hamburg* MDR 49, 309; *Fischer* § 145d Rn. 7.
82 *Joecks/Jäger* § 145d Rn. 14 m.w.N.
83 *Wessels/Hettinger/Engländer* Strafrecht BT 1 Rn. 783.

begangen wurde. Hinsichtlich der übrigen Tatbestandsmerkmale (z.B. Behörde) genügt **dolus eventualis**.

IV. Rechtswidrigkeit und Schuld

Es gibt keine deliktsspezifischen Besonderheiten, so dass die allgemeinen Grundsätze gelten. **339**

V. Konkurrenzen

Wie bereits eingangs erwähnt, tritt § 145d im Wege der **Gesetzeskonkurrenz** hinter §§ 164, **340**
258 und 258a zurück.

Sofern man davon ausgeht, dass bei Abs. 2 eine tatsächlich begangene Straftat vorliegen muss, ist **Tateinheit zwischen Abs. 1 und Abs. 2 ausgeschlossen.**

Im Übrigen ist **Tateinheit** mit anderen Delikten, wie z.B. §§ 142, 257, 267 und 263 möglich.

Online-Wissens-Check

Wie wirkt es sich aus, wenn der Verleitete bei § 160 wider Erwarten bösgläubig ist?

Überprüfen Sie jetzt online Ihr Wissen zu den in diesem Abschnitt erarbeiteten Themen. Unter **www.juracademy.de/skripte/login** steht Ihnen ein Online-Wissens-Check speziell zu diesem Skript zur Verfügung, den Sie kostenlos nutzen können. Den Zugangscode hierzu finden Sie auf der Codeseite.

G. Übungsfall Nr. 3

341 „Herr Dr. hat ein Problem"

Dr. A wird von seiner früheren Patientin P auf Zahlung eines Schmerzensgeldes in Höhe von 50 000€ verklagt. Er hatte vor 2 Jahren an P eine Nierenpunktion vorgenommen, ohne die P über das zwar geringe aber dennoch bestehende Risiko eines Organverlustes aufgeklärt zu haben. P hatte seinerzeit in die Punktion eingewilligt. Bei einer erneuten Untersuchung haben andere Ärzte nunmehr festgestellt, dass die Niere geschädigt ist und entfernt werden muss. P ist der Auffassung, dass die Nierenpunktion unfachmännisch ausgeführt worden und die Ursache für die Schädigung sei. Allerdings hätte sie seinerzeit auch in die Punktion eingewilligt, wenn sie das Risiko gekannt hätte.

A ist zwar felsenfest davon überzeugt, dass die Punktion nicht ursächlich war für die Schädigung, glaubt aber gleichwohl, verurteilt zu werden, einzig weil er die P nicht aufgeklärt hat. Um den Anspruch der P zu vereiteln, führt er eine Unterhaltung mit seinen Arzthelferinnen X und Y. Er berichtet ihnen vom Prozess und von der Behauptung der P, A habe sie nicht über das Risiko des Organverlustes aufgeklärt. Mit gespielter Entrüstung erklärt A seinen Arzthelferinnen, dass sie sich doch sicherlich an die Aufklärung erinnern und entsprechend vor Gericht für ihn aussagen könnten. Zur Glaubhaftmachung legt er ihnen eine von ihm manipulierte Krankenakte mit einem entsprechenden Vermerk vor. Dabei geht er davon aus, dass X sich noch genau an die Umstände der Behandlung, mithin auch an die unterbliebene Belehrung erinnere. Bei Y nimmt er hingegen an, dass diese zumindest nach Vorlage der Krankenakte davon ausgehe, P sei tatsächlich aufgeklärt worden. Beide erklären, vor Gericht zugunsten des A auszusagen.

Tatsächlich geht X gutgläubig davon aus, dass A die P aufgeklärt habe. Y hingegen weiß genau, dass diese Aufklärung nicht stattgefunden hat, will aber für A aussagen, da auch sie annimmt, P habe allein wegen der unterbliebenen Aufklärung einen Schadensersatzanspruch gegen A.

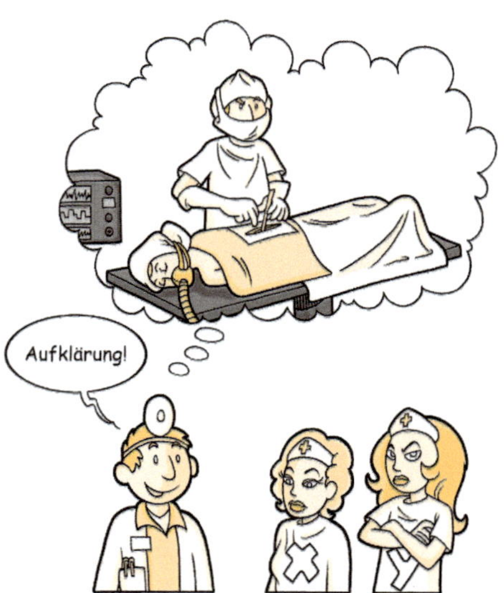

In der Gerichtsverhandlung sagen beide vor dem zuständigen Richter aus, dass A die P umfassend über das Risiko des Organverlustes aufgeklärt habe. Überraschend soll daraufhin Y auf Antrag der Klägerin vereidigt werden. Während sie die Worte „Ich schwö…" spricht, überkommt sie allerdings ein schlechtes Gewissen mit der Folge, dass sie kurzfristig ihre Aussage korrigiert. Von einer Vereidigung wird sodann abgesehen.

Die Klage der P wird letztlich abgewiesen, da ein medizinischer Sachverständiger zu dem Ergebnis gelangt, dass die Punktion nicht ursächlich für die Beschädigung der Niere war.

Strafbarkeit der Beteiligten? (Urkundendelikte sind nicht zu prüfen. Eventuell erforderliche Anträge sind gestellt.)

Lösung 342

Erster Handlungsabschnitt: Operation der P

I. Strafbarkeit gemäß § 223

A könnte sich wegen einer Körperverletzung gem. § 223 strafbar gemacht haben, indem er bei P die Nierenpunktion vornahm.

1. Objektiver Tatbestand

Die Nierenpunktion könnte eine körperliche Misshandlung darstellen, da sie das körperliche Wohlbefinden mehr als nur unerheblich beeinflusst. Allerdings ist zu bedenken, dass der Arzt, der im Interesse des Patienten handelt, im Gegensatz zum Normaltäter die körperliche Integrität des Patienten mit dem Eingriff letztlich nicht verletzen, sondern den Patienten heilen möchte. Aus diesem Grund wird teilweise auch angenommen, dass ein ärztlicher Heileingriff schon dann tatbestandlich keine Körperverletzung darstelle, wenn er medizinisch indiziert sei, zu Heilzwecken erfolge und lege artis ausgeführt worden sei.[84] Dem ist jedoch entgegenzuhalten, dass damit das Selbstbestimmungsrecht des Patienten nicht genügend geschützt wird. Von daher ist mit der Rechtsprechung[85] davon auszugehen, dass auch der ärztliche Heileingriff tatbestandlich eine Körperverletzung darstellt. Der objektive Tatbestand ist damit verwirklicht.

2. Subjektiver Tatbestand

A handelte mit Wissen und Wollen und damit vorsätzlich.

3. Rechtswidrigkeit

A könnte aufgrund einer Einwilligung der P gerechtfertigt sein. Dann müssten die Voraussetzungen der rechtfertigenden Einwilligung vorliegen.

Die körperliche Integrität stellt zunächst ein disponibles Rechtsgut dar, in dessen Verletzung P vor und während der Tat eingewilligt hat. Auch wurde diese Einwilligung kundgegeben. Fraglich ist allerdings, ob die Einwilligung frei von Täuschung und Zwang war. A hatte die P nicht über das bestehende Risiko des Organverlustes aufgeklärt. P hatte jedoch erklärt, dass sie auch bei Kenntnis dieses Umstandes in die Punktion eingewilligt hätte. Damit unterlag P bei ihrer Erklärung zwar einem Irrtum über die Gefährlichkeit des Eingriffs. Nach herrschender Auffassung ist dieser Mangel jedoch aufgrund der hypothetischen Einwilligung[86] der P geheilt. Eine rechtfertigende Einwilligung liegt somit vor.

A hat sich dementsprechend nicht gem. § 223 strafbar gemacht.

Zweiter Handlungsabschnitt: Die Aussagen von X und Y vor Gericht

I. Strafbarkeit der X

1. Strafbarkeit gemäß § 153

X könnte sich wegen falscher uneidlicher Aussage gem. § 153 strafbar gemacht haben, indem sie vor Gericht erklärte, A habe P aufgeklärt.

a) Objektiver Tatbestand

X hat in ihrer Eigenschaft als Zeugin zunächst vor der zuständigen Stelle, hier dem Gericht, ausgesagt. Fraglich ist allerdings, ob diese Aussage falsch war.

Nach der subjektiven Theorie ist eine Aussage falsch, wenn sie im Widerspruch zum Wissen des Aussagenden steht. Demnach hätte X nicht falsch ausgesagt, da sie davon überzeugt war, dass A die P aufgeklärt hatte.

Der subjektiven Theorie ist allerdings entgegenzuhalten, dass sie bei § 160 versagt. Danach soll sich nämlich derjenige strafbar machen, der einen Gutgläubigen (wie hier die X) zu einer objektiv falschen Aussage verleitet. Nach der subjektiven Theorie ist es aber nicht möglich, dass ein Gutgläubiger objektiv falsch aussagt. Aus diesem Grund ist die subjektive Theorie abzulehnen.

Nach der Pflichttheorie liegt eine falsche Aussage dann vor, wenn der Täter bei gehöriger

84 *Fischer* § 223 Rn. 9b m.w.N.
85 BGHSt 11, 112.
86 *BGH* NStZ 96, 34; *BGH* StV 2004, 376.

Übungsfall Nr. 3

Anstrengung seiner intellektuellen Fähigkeiten und seines Erinnerungsvermögens hätte erkennen können, dass seine Aussage nicht den objektiven Gegebenheiten entspricht. Auch nach dieser Theorie hätte X nicht falsch ausgesagt, da nach ihrem Erinnerungsvermögen ihre Aussage richtig war und sie zudem durch Vorlage der Krankenakte in dieser Erinnerung bestärkt wurde.

Diese Theorie ist jedoch abzulehnen, da eine Unterscheidung zwischen vorsätzlicher und fahrlässiger Falschaussage nicht mehr möglich ist.

Aus o.g. systematischen Gründen ist der objektiven Theorie zu folgen, wonach eine Aussage dann falsch ist, wenn sie im Widerspruch zu den tatsächlichen Gegebenheiten steht. Danach hat X falsch ausgesagt, da A die P tatsächlich nicht aufgeklärt hatte.

Der objektive Tatbestand ist verwirklicht.

b) Subjektiver Tatbestand

X handelte allerdings nicht vorsätzlich, da sie von der Richtigkeit ihrer Aussage überzeugt war und sie sich mithin in einem vorsatzausschließenden Irrtum gem. § 16 Abs. 1 befand.

X hat sich nicht gem. § 153 strafbar gemacht.

2. Strafbarkeit gemäß §§ 263, 22, 23

Eine Strafbarkeit gem. §§ 263, 22, 23 gegenüber dem Richter, zu Lasten der P und zugunsten des A kommt nicht in Betracht, da X schon keinen auf eine Täuschung gerichteten Tatentschluss hatte.

II. Strafbarkeit der Y

1. Strafbarkeit gemäß §§ 154, 22, 23

Y könnte sich wegen versuchten Meineids gem. §§ 154, 22, 23 strafbar gemacht haben, indem sie die Worte „Ich schwö…" aussprach.

a) Vorprüfung

Zu einer Vereidigung ist es nicht mehr gekommen, so dass eine Vollendung nicht vorliegt. Der Versuch ist gem. §§ 23, 12 strafbar.

b) Tatentschluss

Der Tatentschluss der Y müsste darauf gerichtet gewesen sein, als Zeugin vor Gericht falsch auszusagen und einen entsprechenden Eid abzulegen.

Y wusste, dass sie vor Gericht der Wahrheit zuwider aussagt, dass A die P aufgeklärt habe. Demnach war der Tatentschluss unter Zugrundelegung aller Theorien auf eine Falschaussage vor der zuständigen Stelle gerichtet. Nachdem dem Antrag auf Vereidigung stattgegeben wurde, wusste sie auch, dass sie auf ihre Aussage einen Eid ablegen muss. Der Tatentschluss zur Begehung eines Meineides liegt somit vor.

c) Unmittelbares Ansetzen

Indem sie die Worte „Ich schwö…" aussprach hat sie nach ihrer Vorstellung die Schwelle zum „Jetzt geht's los" überschritten und das geschützte Rechtsgut konkret gefährdet, so dass das unmittelbare Ansetzen bejaht werden kann.

d) Rechtswidrigkeit und Schuld

Rechtfertigungs- und Entschuldigungsgründe sind nicht ersichtlich.

e) Rücktritt gem. § 24 Abs. 1

Y könnte allerdings strafbefreiend vom Versuch zurückgetreten sein, indem sie Ihre Aussage korrigierte. Y hat nicht nur das Aussprechen der Eidesformel aufgegeben, sondern darüber hinaus auch ihre Aussage korrigiert. Da sie dies aus autonomen Motiven heraus tat, ist sie strafbefreiend vom Versuch zurückgetreten.

Eine Strafbarkeit gem. §§ 154, 22, 23 scheidet damit aus.

2. Strafbarkeit gemäß § 153

Y könnte sich aber wegen uneidlicher Falschaussage strafbar gemacht haben, indem sie vor Gericht aussagte, A habe P aufgeklärt.

a) Objektiver Tatbestand

Y hat als Zeugin vor der zuständigen Stelle, hier dem Gericht, falsch ausgesagt. Fraglich ist aber, wie es sich auswirkt, dass Y ihre Aussage korrigierte.

Findet eine Korrektur der Aussage vor der Vollendung statt, so liegt insgesamt keine Falschaussage vor. Erfolgt die Korrektur erst nach der Vollendung, so kann die Strafe nach § 158 gemildert werden. Das Delikt selbst ist allerdings verwirklicht.

Vollendet ist die Tat mit dem Abschluss der Aussage, wenn der Aussagende nichts mehr sagen will und auch kein Verfahrensbeteiligter mehr Fragen an ihn stellen möchte. Für gewöhnlich kann von einer Vollendung ausgegangen werden, wenn das Gericht den Zeugen entlässt. Eine Vollendung liegt spätestens mit dem Schluss der mündlichen Verhandlung vor.

Hier ist Y auf Antrag vereidigt worden. In dem Augenblick des Aussprechens der Eidesformel ist die Aussage des Zeugen abgeschlossen und damit vollendet, da kein Verfahrensbeteiligter mehr Fragen an den Zeugen stellen möchte, sondern es nur noch darum geht, das zuvor Gesagte zu bekräftigen. Die Korrektur der Aussage kann nur noch nach § 158 berücksichtigt werden. Der objektive Tatbestand ist verwirklicht.

b) Subjektiver Tatbestand

Y handelte mit Wissen und Wollen und damit vorsätzlich.

c) Rechtswidrigkeit und Schuld

Rechtfertigungs- und Entschuldigungsgründe sind nicht ersichtlich.

d) Strafmilderung gem. § 158

Möglich ist jedoch, die Strafe zu mildern oder von Strafe abzusehen, da Y ihre Aussage rechtzeitig vor Urteilsverkündung korrigiert hat. An der Strafbarkeit ihres Verhaltens ändert § 158 allerdings nichts.

Y hat sich damit gem. § 153 strafbar gemacht.

3. Strafbarkeit gemäß §§ 263, 22, 23

Y könnte sich wegen eines versuchten Betruges gegenüber dem Richter, zum Nachteil der P und zum Vorteil des A strafbar gemacht haben, indem sie zunächst erklärte, P sei aufgeklärt worden.

a) Vorprüfung

Eine Vollendung liegt nicht vor, da der Anspruch der P nicht aufgrund ihrer Aussage abgewiesen wurde. Es fehlt mithin an der Kausalität zwischen Irrtum und Vermögensverfügung des Gerichts.

Die Strafbarkeit ergibt sich aus § 263 Abs. 2.

b) Tatentschluss

Der Tatentschluss der Y müsste auf die Täuschung des Richters, die darauf beruhende Irrtumserregung, die wiederum dadurch veranlasste Vermögensverfügung durch den Richter und die Herbeiführung eines Vermögensschadens gerichtet sein.

Y wollte den Richter über die unwahre Tatsache der Aufklärung der P täuschen und einen entsprechenden Irrtum hervorrufen. Sie ging ferner davon aus, dass der Richter dann die Klage der P abweisen werde, da ihrer Vorstellung nach die P einzig aufgrund der unterbliebenen Aufklärung einen Anspruch gegen A hatte. Da ein solcher Anspruch jedoch zivilrechtlich nicht existiert, ist fraglich, ob der Tatentschluss der Y auf die Vornahme einer Vermögensverfügung und den Eintritt eines Vermögensschadens gerichtet war, da beide aus rechtlichen Gründen niemals hätten eintreten können. Der Betrug konnte somit nicht vollendet werden. Die Abweisung eines tatsächlich nicht bestehenden Anspruchs wirkt sich weder vermögensmindernd aus noch tritt dadurch ein Vermögensschaden ein.

Es könnte ein untauglicher Versuch oder ein Wahndelikt vorliegen, da Y in rechtlicher Hinsicht über das Bestehen eines Anspruchs, der zu vereiteln war, irrte.

Nach der herrschenden Lehre vom Umkehrschluss[87] wird danach gefragt, ob der Täter die Norm in ihrem Bedeutungsgehalt als juristischer Laie richtig verstanden hat. Liegt dieses Verständnis vor, so ist von einem untauglichen Versuch auszugehen.

87 Vgl. *BGH* NStZ 1997, 431, 432 mit zustimmender Anm. *Kudlich* NStZ 1997, 432, 433 f.; BGHSt 15, 210, 212; 14, 345, 350; 13, 235, 239 f.

Y glaubte, dass P tatsächlich einen Anspruch habe, der abgewiesen werden sollte. Die Abweisung eines bestehenden Anspruchs würde eine Vermögensverfügung darstellen, die in diesem Fall auch zu einem Vermögensschaden führen würde. Damit kannte Y sämtliche Tatbestandsvoraussetzungen des § 263. Ihr Irrtum bezog sich lediglich auf Normen außerhalb des Strafrechts, hier auf die anspruchsbegründenden Voraussetzungen des § 823 BGB. Damit ist bei Y von einem untauglichen Versuch auszugehen.

Der Lehre von der Straflosigkeit der selbstbelastenden Rechtsirrtümer[88], die vorliegend ein Wahndelikt annähme und infolge dessen zu einer Straflosigkeit gelangen würde, ist entgegen zu halten, dass der Handlungsunwert, der in dem Verstehend der strafrechtlichen Norm und deren gewollter Verletzung liegt, unberücksichtigt bliebe.

Der Umstand, dass der Verfügende der Richter und die Geschädigte die P gewesen wäre, ist irrelevant, da der Richter kraft seines Amtes die Befugnis hat, auf fremdes Vermögen zuzugreifen (sog. Prozessbetrug).

Erstrebt war ferner eine rechtswidrige und auf der Vermögensverfügung beruhende Bereicherung des A, so dass der Tatentschluss zu bejahen ist.

c) Unmittelbares Ansetzen

Y hat mit ihrer Aussage auch unmittelbar zu dieser Falschaussage angesetzt.

d) Rücktritt

Allerdings könnte sie durch die Korrektur der Aussage erneut strafbefreiend von dem Versuch zurückgetreten sein.

Dafür dürfte es sich zunächst nicht um einen fehlgeschlagenen Versuch handeln. Ein fehlgeschlagener Versuch ist dann anzunehmen, wenn eine Vollendung nicht mehr möglich ist und der Täter dies auch erkennt. Vorliegend konnte nach der Vorstellung der Y der Betrug noch vollendet werden. Y hätte einfach den Eid leisten müssen.

Die Voraussetzungen des Rücktritts sind des weiteren abhängig davon, ob es sich um einen unbeendeten oder einen beendeten Versuch handelt. Beim unbeendeten Versuch tritt der Täter durch bloßes Aufgeben der Tatausführung zurück, beim beendeten Versuch ist die aktive Verhinderung der Vollendung erforderlich.

Vorliegend wird Y davon ausgegangen sein, schon mit ihrer Aussage alles Erforderliche zur Tatbestandsverwirklichung getan zu haben. Hätte sie im Folgenden geschwiegen und damit ihre Aussage bestätigt, hätte bei ihrer Entlassung als Zeugin eine vollendete Falschaussage vorgelegen. Es ist mithin von einem beendeten Versuch auszugehen. Durch die Korrektur ihrer Aussage hat sie aktiv die Vollendung der Tat verhindert. Da sie dies des weiteren auch aus autonomen Motiven heraus tat, also freiwillig handelte, liegt ein strafbefreiender Rücktritt vor.

Y hat sich nicht gem. §§ 263, 22, 23 strafbar gemacht.

III. Strafbarkeit des A im Hinblick auf X

1. Strafbarkeit gemäß § 160

A könnte sich wegen Verleitens zu einer falschen uneidlichen Aussage gem. § 160 strafbar gemacht haben, indem er X dazu bewegte, vor Gericht wahrheitswidrig auszusagen, er habe P aufgeklärt.

a) Objektiver Tatbestand

Den objektiven Tatbestand des § 153 hat X verwirklicht. Des weiteren wurde X zu dieser Aussage auch durch A verleitet. Der objektive Tatbestand liegt somit vor.

b) Subjektiver Tatbestand

Fraglich ist allerdings, ob A auch mit dem entsprechenden Vorsatz handelte. A glaubte, dass X sich noch sehr gut an die unterbliebene Aufklärung erinnern werde. Er wollte X also zu einer vorsätzlichen Falschaussage bewegen. Damit hatte A aber den Vorsatz eines Anstifters. Der Vorsatz war mithin nicht darauf gerichtet, ein gutgläubiges Werkzeug zu einer Falschaussage zu verleiten.

---

88 *Burkhardt* JZ 1981, 683; *Schlüchter* wistra 1985, 46.

A hat mithin nicht vorsätzlich gehandelt. Eine Strafbarkeit gem. § 160 scheidet aus.

2. Strafbarkeit gemäß §§ 159, 30 Abs. 1, 26, 153

A könnte sich aber wegen versuchter Anstiftung zur uneidlichen Falschaussage strafbar gemacht haben, indem er X überzeugte, wahrheitswidrig für ihn auszusagen.

a) Vorprüfung

Die Vollendung ist nicht eingetreten, da die Haupttat der X nicht vollendet wurde. Der Versuch ist gem. §§ 159, 30 Abs. 1 strafbar.

b) Tatentschluss

Der Tatentschluss des A müsste darauf gerichtet gewesen sein, die X zu einer vorsätzlichen uneidlichen Falschaussage zu bestimmen.

A glaubte, X wisse, dass er P nicht aufgeklärt habe und werde gleichwohl vor Gericht bezeugen, dass eine Aufklärung stattgefunden habe. Der Tatenschluss war damit auf die vorsätzliche und rechtswidrige Verwirklichung des § 153 gerichtet. Ferner wollte er die X mit seinem Gespräch auch zu dieser Aussage bewegen.

Der Tatentschluss des A liegt vor.

c) Unmittelbares Ansetzen

Des weiteren müsste er zu seiner eigenen Handlung unmittelbar angesetzt haben. Die eigene Handlung besteht in dem Bestimmen zur vorsätzlichen und rechtswidrigen Tat. Diese Handlung hatte A schon vorgenommen, so dass ein unmittelbares Ansetzen vorliegt.

d) Rechtswidrigkeit und Schuld

A handelte auch rechtswidrig und schuldhaft. Er hat sich damit wegen versuchter Anstiftung gem. §§ 159, 30 Abs. 1, 26, 153 strafbar gemacht.

3. Strafbarkeit gemäß §§ 263, 22, 23, 25 Abs. 1 Alt. 2

Eine Strafbarkeit des A wegen versuchten Betruges in mittelbarer Täterschaft kommt nicht in Betracht, da A glaubte, X wisse, dass er P nicht aufgeklärt habe und werde dementsprechend vorsätzlich, rechtswidrig und schuldhaft einen Prozessbetrug zu seinen Gunsten gehen. Sein Vorsatz war mithin nicht auf eine Überlegenheit in Wissen und/oder Wollen gegenüber der X gerichtet.

4. Strafbarkeit gemäß §§ 263, 30 Abs. 1

Eine Strafbarkeit wegen versuchter Anstiftung zum Prozessbetrug kommt ebenfalls nicht in Betracht, da der Betrug kein Verbrechen ist.

IV. Strafbarkeit des A im Hinblick auf Y

1. Strafbarkeit gem. §§ 154, 26, 22, 23

A könnte sich wegen Anstiftung zum versuchten Meineid gem. §§ 154, 26, 22, 23 strafbar gemacht haben, indem er Y bat, in seinem Interesse auszusagen.

Der versuchte Meineid ist eine vorsätzliche und rechtswidrige Haupttat, zu welcher A die Y auch bestimmt hat. Fraglich ist jedoch, ob A mit Anstiftervorsatz gehandelt hat. Er stellte sich vor, Y werde vor Gericht gutgläubig falsch aussagen. Damit wollte er Y nicht zu einer vorsätzlichen Tat veranlassen. Sein Vorsatz war vielmehr der eines mittelbaren Täters. Dieser Vorsatz umfasst jedoch im Hinblick auf das wesentlich geringere Strafmaß des § 160 nicht als sog. „Minus" auch den Anstiftervorsatz.

Damit ist der subjektive Tatbestand zu verneinen. A hat sich nicht wegen Anstiftung zum versuchten Meineid strafbar gemacht.

2. Strafbarkeit gemäß § 160

A könnte sich wegen Verleitung zur Falschaussage gem. § 160 strafbar gemacht haben, indem er Y davon überzeugte, vor Gericht für ihn auszusagen.

Y hat den objektiven Tatbestand des § 153 verwirklicht. Fraglich ist jedoch, ob A die Y dazu auch verleitet hat. Problematisch ist, dass Y tatsächlich wusste, dass sie etwas falsches aussagt und damit A gegenüber Y keine tatsächliche Tatherrschaft besaß. Da § 160 aber geschaffen wurde, um die sich aus der Eigenhändigkeit des Delikts ergebende Strafbarkeitslücke bei der mittelbaren Täterschaft zu schließen, könnte man verlangen, dass ein Verleiten immer die Gutgläubigkeit des Opfers voraussetzt. Diese Auffassung wird in der Literatur

Übungsfall Nr. 3

vertreten mit der Folge, dass in Fällen der vorliegenden Art eine Strafbarkeit wegen vollendetem Verleiten nicht möglich ist. Da jedoch der Tatentschluss des Täters auf ein Verleiten eines Gutgläubigen gerichtet ist, soll eine Bestrafung wegen Versuchs erfolgen. Die Rechtsprechung hält dieser Auffassung entgegen, dass es den Täter nicht entlasten solle, wenn der Aussagende „mehr tue" als der Täter geplant habe, weswegen dieser Ansicht zufolge das Verleiten keine Gutgläubigkeit voraussetzt. Im vorliegenden Fall hätte A mithin den objektiven Tatbestand verwirklicht. Die Auffassung der Rechtsprechung steht allerdings im Widerspruch zum Zweck des § 160 und ist aus kriminalpolitischen Gründen nicht erforderlich, da der Versuch gem. Abs. 2 strafbar ist, das Verhalten des Täters also strafrechtlich erfasst werden kann. Es ist daher der Ansicht der Literatur zu folgen (a.A. selbstverständlich vertretbar).

Der objektive Tatbestand ist damit nicht verwirklicht.

3. Strafbarkeit gemäß §§ 160, 22, 23

A könnte sich wegen versuchter Verleitung zu einer Falschaussage strafbar gemacht haben, indem er Y bat, für ihn auszusagen.

a) Vorprüfung

Vollendung ist, wie soeben festgestellt, nicht eingetreten. Die Strafbarkeit ergibt sich aus Abs. 2.

b) Tatentschluss

Der Vorsatz des A war darauf gerichtet, die seiner Ansicht nach gutgläubige Y zu einer unvorsätzlichen Falschaussage vor Gericht zu bewegen. Der Tatentschluss liegt damit vor.

> **Hinweis**
>
> Es handelt sich vorliegend um einen untauglichen Versuch am untauglichen Objekt.

c) Unmittelbares Ansetzen

Mit seinem Gespräch mit Y hat A auch entsprechend unmittelbar angesetzt, da er seine eigene Tathandlung vornahm.

d) Rechtswidrigkeit und Schuld

A handelte auch rechtswidrig und schuldhaft. Er hat sich damit gem. §§ 160, 22, 23 strafbar gemacht.

4. Strafbarkeit gemäß §§ 263, 22, 23, 25 Abs. 1 Alt. 2

A könnte sich ferner wegen eines versuchten Betruges in mittelbarer Täterschaft strafbar gemacht haben, indem er Y dazu bewog, bei Gericht für ihn auszusagen.

a) Vorprüfung

Der Betrug ist nicht vollendet. Die Strafbarkeit des Betruges ergibt sich aus § 263 Abs. 2.

b) Tatentschluss

Dann müsste der Tatentschluss des A auf die Begehung eines Betruges durch Y gerichtet gewesen sein.

Seiner Vorstellung nach sollte Y gutgläubig vor Gericht eine falsche Aussage zu seinen Gunsten tätigen. Damit sollte der Richter über eine tatsächlich nicht stattgefundene Aufklärung getäuscht werden. Fraglich ist, ob die Handlung der Y dem A gem. § 25 Abs. 1 Alt. 2 hätte zugerechnet werden können. Da A nach seiner Vorstellung gewusst hat, dass die Aufklärung nicht erfolgt ist, aber zugleich davon ausging, dass Y sich insoweit irre, war er ihr im Wissen überlegen. Diese Überlegenheit hätte dazu geführt, dass er Tatherrschaft gehabt hätte und diese Tatherrschaft hätte wiederum dafür gesprochen, dass er animus auctoris gehabt hätte. Damit wäre die Täuschungshandlung der Y dem A zuzurechnen gewesen.

Da A wie Y auch von dem tatsächlichen Bestehen eines zivilrechtlichen Anspruchs der P ausging, war der Tatentschluss auch auf die Vornahme einer Vermögensverfügung und den dadurch eintretenden Vermögensschaden bei P gerichtet. Zudem ging es ihm um seine eigene Bereicherung durch Abwehren des vermeintlichen Schadensersatzanspruches.

Der Tatentschluss ist damit gegeben.

c) Unmittelbares Ansetzen

Da Y die Aussage selbst getätigt und damit unmittelbar angesetzt hat, hat auch A nach allen Theorien unmittelbar angesetzt.

d) Rechtswidrigkeit und Schuld

A handelte auch rechtswidrig und schuldhaft.

A hat sich damit gem. §§ 263, 22, 23, 25 Abs. 1 Alt. 2 strafbar gemacht.

Gesamtergebnis

Y hat sich wegen uneidlicher Falschaussage gem. § 153 strafbar gemacht.

A hat sich wegen tateinheitlich verwirklichter versuchter Anstiftung zur uneidlichen Falschaussage gem. §§ 159, 30 Abs. 1, 26, 153 und versuchter Verleitung zur uneidlichen Falschaussage gem. §§ 160, 22, 23 in Tateinheit mit versuchtem Betrug in mittelbarer Täterschaft gem. §§ 263, 22, 23, 25 Abs. 1 Alt. 2 strafbar gemacht.

5. Teil
Urkundendelikte

A. Einführung

343 Die Urkundendelikte sind in den §§ 267 ff., 348 geregelt. Einige von Ihnen sind von großer Klausurrelevanz, zumal sie häufig in Zusammenhang mit Vermögensdelikten, insbesondere dem Betrug, in der Klausur zu prüfen sind.

Beispiel A fälscht einen Darlehensvertrag, aufgrund dessen B verpflichtet sein soll, ein am 1.1.2008 fälliges Darlehen in Höhe von 15 000 € zurückzuzahlen und erhebt Klage vor dem *LG Köln*. Der Richter gibt der Klage statt, da er von der Echtheit des Dokuments überzeugt ist.

Hier hat A sowohl einen (Prozess-)Betrug als auch eine Urkundenfälschung gem. § 267 Abs. 1 Alt. 1 und 3 begangen. ■

344 Das **geschützte Rechtsgut** ist allgemein die Sicherheit und Zuverlässigkeit von Urkunden, technischen Aufzeichnungen oder Daten als Beweismittel im Rechtsverkehr.[1] Die einzelnen Normen schützen dabei unterschiedliche Aspekte dieser Sicherheit und Zuverlässigkeit.

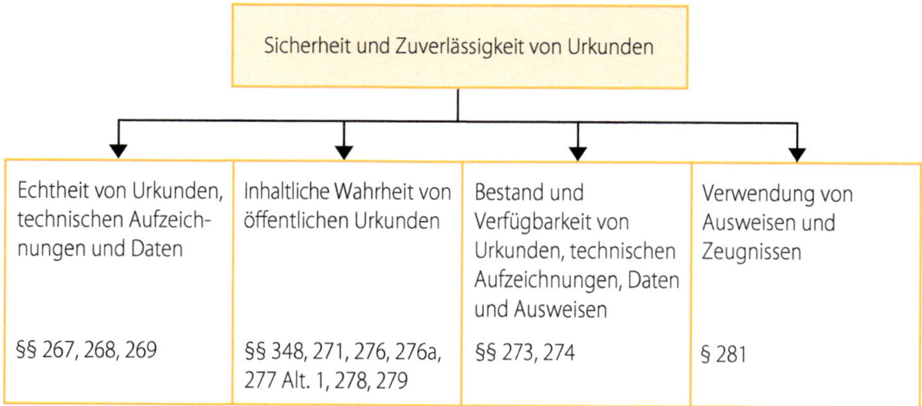

Wir werden uns nachfolgend ausführlich mit den §§ 267, 268, 269, 271 (348) und 274 beschäftigen. Hinsichtlich der übrigen Normen reicht es aus, wenn Sie diese **aufmerksam lesen.** Sie sind nur selten Gegenstand einer gutachterlichen Prüfung.

Hinweis

Der **Corona Pandemie** nachfolgend sind in den letzten Jahren (2022 beginnend) verschiedene Entscheidungen der *Oberlandesgerichte* zu den **§§ 277-279 a.F.** ergangen. Diese stellten die Fälschung von **Gesundheitszeugnissen**, das Ausstellen unrichtiger Gesundheitszeugnisse und den Gebrauch unrichtiger Gesundheitszeugnisse nur dann unter Strafe, wenn Behörden oder Versicherungsgesellschaften getäuscht werden sollten.

1 *Wessels/Hettinger/Engländer* Strafrecht BT 1 Rn. 775.

Nach einer vornehmlich in der Literatur[2] vertretenen Auffassung entfalteten diese Normen gegenüber den §§ 267 ff. eine Sperrwirkung, so dass Täter, die gefälschte Impfpässe außerhalb von Behörden verwendeten, straflos bleiben sollten. Die **Rechtsprechung** hat sich zunehmend von dieser Position abgewandt und die Sperrwirkung verneint.[3]

Die Eingrenzung auf Behörden oder Versicherungen hat der Gesetzgeber Ende 2021 aufgehoben. Zudem sind die **jetzigen § 277 und § 279 StGB** subsidiär gegenüber den sonstigen Urkundendelikten. Aufgrund des sich aus Art. 103 Abs. 2 GG ergebenden Rückwirkungsverbots sind Sachverhalte, die sich vor Inkrafttreten der neuen Regeln ergeben haben, aber nach altem Recht zu begutachten.

Auch wenn die Fälle keine allzu große Klausurrelevanz haben dürften, möchten wir Ihnen kurz folgende mögliche Konstellationen vorstellen, die nach neuem Recht zu lösen wären:

- Trägt Ärztin A eine nicht stattgefundene Impfung im Impfpass des F ein, dann kommt nur eine Strafbarkeit gem. § 278 StGB in Betracht. § 267 StGB scheidet aus, da keine Täuschung über den Aussteller vorliegt. Es liegt nur eine schriftliche Lüge vor, die aber von § 267 Abs. 1 StGB nicht strafbar ist.
- Stellt der Medizinstudent A eine entsprechende Bescheinigung unter dem Namen eines approbierten Arztes Z aus, dann hat er sich gem. § 267 Abs. 1 Var. 1 strafbar gemacht, der nunmehr den § 277 Abs. 1 verdrängt. Das gilt auch dann, wenn er den bereits von Z ausgestellten Impfpass verändert, indem er eine nicht stattgefunden habende Impfung hinzufügt. Hier hat er sich erneut gem. § 267 Abs. 1 Var. 1 strafbar gemacht, da jede einzelne Eintragung eine Urkunde ist. Ein Verfälschen einer Urkunde käme nur dann in Betracht, wenn der Impfpass eine Gesamturkunde wäre, was aber abzulehnen ist, da er keine Abgeschlossenheits- oder Vollständigkeitserklärung beinhaltet. Sofern F diesen Impfpass anschließend verwendet, hat er sich gem. § 267 Abs. 1 Var. 3 StGB strafbar gemacht, der den § 279 StGB verdrängt.

B. Urkundenfälschung, § 267

I. Überblick

Nach § 267 Abs. 1 wird bestraft, wer zur Täuschung im Rechtsverkehr eine unechte Urkunde herstellt, eine echte Urkunde verfälscht oder eine unechte oder verfälschte Urkunde gebraucht. Damit ist das **geschützte Rechtsgut** – wie soeben gesehen – das Vertrauen des Rechtsverkehrs in die Echtheit der Urkunde.[4] 345

2 *Erb* NStZ 2022, 742.

3 *OLG Schleswig* NStZ 2022, 689; *OLG Celle* BeckRS 2022, 12898.

4 *Wessels/Hettinger/Engländer* Strafrecht BT 1 Rn. 775.

346 Die Struktur des § 267 sieht wie folgt aus:

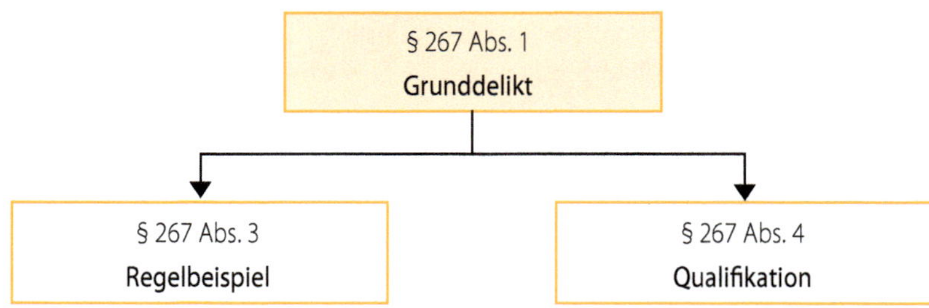

§ 267 Abs. 1 ist das **Grunddelikt** der Urkundenfälschung. Gem. Abs. 2 ist der **Versuch** der Urkundenfälschung **strafbar**.

§ 267 Abs. 3 enthält eine **Strafzumessungsnorm für besonders schwere Fälle** der Urkundenfälschung, die Sie in der Klausur nach der Schuld prüfen müssen. Danach erhöht sich die Freiheitsstrafe in besonders schweren Fällen auf eine Strafe von sechs Monaten bis zu zehn Jahren.

Im Gegensatz zu sonstigen Strafzumessungsnormen, z.B. § 212 Abs. 2, hat der Gesetzgeber mit Regelbeispielen deutlich gemacht, wann er „in der Regel" einen besonders schweren Fall als verwirklicht ansieht. Die **Aufzählung** ist **lediglich exemplarisch,** mit der Folge, dass es jenseits der im Gesetz benannten Beispiele auch **unbenannte schwere Fälle** gibt. Denkbar ist auch, dass ein **Regelbeispiel zwar verwirklicht** ist, die **Gesamtwürdigung der Tat** allerdings eine schwere Bestrafung nicht rechtfertigt.

» Sollten Sie die Thematik nicht mehr oder noch nicht kennen, so können Sie an dieser Stelle die Gelegenheit nutzen und sich bei § 243 das Thema „Versuch und Regelbeispiel" ansehen, dargestellt im Skript „Strafrecht BT II". «

347 Aufgrund des Ermessens, welches der Richter hat, wird deutlich, dass Regelbeispiele **keine Straftatbestände** sind. Trotzdem muss **analog § 15** auch der **Vorsatz des Täters** auf die Verwirklichung eines besonders schweren Falls gerichtet sein. Unterliegt der Täter einem **Irrtum**, so ist **§ 16 analog** anzuwenden.[5]

Hinweis

In diesem Zusammenhang können Ihnen sämtliche Probleme begegnen, die mit den Regelbeispielen und deren Rechtsnatur einhergehen, so z.B. das Problem des Versuchs des Regelbeispiels. **Die Probleme sollten Ihnen von § 243 bekannt sein**, da sie in der Klausur zumeist in Zusammenhang mit dieser Norm geprüft werden.

§ 267 Abs. 4 ist eine **Qualifikation** zu der einfachen Urkundenfälschung gem. § 267 Abs. 1. Mit einem Jahr bis zu zehn Jahren wird demnach die gewerbsmäßige Bandenbegehung bestraft.

5 Schönke/Schröder-*Sternberg-Lieben/Schuster* § 15 Rn. 27.

Der Aufbau des § 267 sieht wie folgt aus: 348

Urkundenfälschung, § 267

I. Objektiver Tatbestand

1. Tatobjekt: Urkunde
   - Reproduktionen Rn. 365
   - Abgrenzung Kennzeichen – Beweiszeichen Rn. 354
2. Tathandlung:
   a) Herstellen einer unechten Urkunde
      - Stellvertretung Rn. 383
      - Geistiger Diebstahl Rn. 385

   b) Verfälschen einer echten Urkunde
      - Verfälschen durch den Aussteller Rn. 389

   c) Gebrauchen einer hergestellten oder verfälschten Urkunde
      - Verhältnis zum Herstellen und Verfälschen Rn. 399

II. Subjektiver Tatbestand

1. Vorsatz, dolus eventualis reicht
2. Täuschungsabsicht

III. Rechtswidrigkeit

IV. Schuld

V. Besonders schwerer Fall gem. § 267 Abs. 3

PRÜFUNGSSCHEMA

II. Objektiver Tatbestand

Im objektiven Tatbestand sind **drei Handlungsalternativen** zu unterscheiden: 349

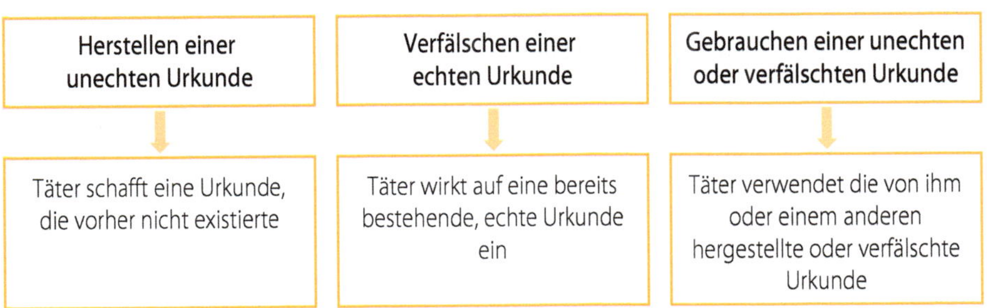

Das **Tatobjekt** sämtlicher Handlungsalternativen und damit zentraler Begriff – nicht nur des § 267, sondern auch des § 274 – ist die **Urkunde**.

1. Tatobjekt: Urkunde

In der Klausur besteht die erste und zumeist auch größte Herausforderung in der Subsumtion des Tatobjekts unter das Tatbestandsmerkmal der Urkunde. Zu unterscheiden sind **drei Formen der Urkunde**: 350

- Die „normale" Urkunde,
- die zusammengesetzte Urkunde und
- die Gesamturkunde.

a) Die „normale“ Urkunde

351 **Urkunden** sind verkörperte Gedankenerklärungen, die geeignet und bestimmt sind, im Rechtsverkehr Beweis zu erbringen, und die ihren Aussteller erkennen lassen.[6]

352 In dieser Definition kommen die **drei Funktionen der Urkunde** zum Ausdruck, nämlich die

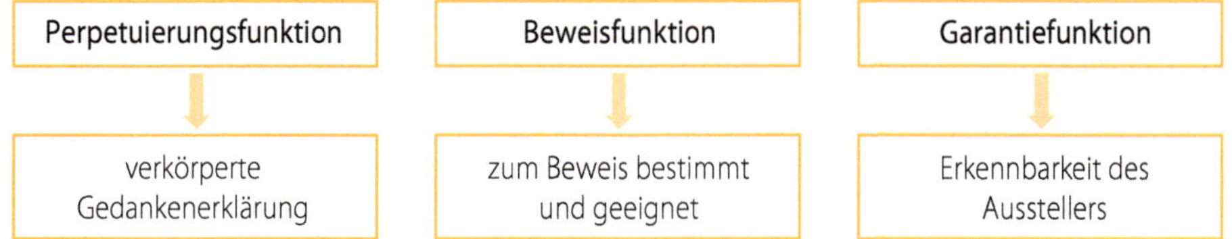

Beispiel Klassische Urkunden sind Schriftstücke wie Zeugnisse, Steuerbescheide, Verträge, ärztliche Rezepte, Ausweise. ■

aa) Verkörperte Gedankenerklärung

353 Damit überhaupt von einer Urkunde gesprochen werden kann, muss dem fraglichen Gegenstand eine **menschliche Willensäußerung über einen bestimmten Sachverhalt** entnommen werden können.

Insoweit unterscheiden sie sich von bloßen **Augenscheinsobjekten**, die durch ihre Beschaffenheit lediglich in der Lage sind, über bestimmte Tatsachen Auskunft zu geben (sog. **sachliche Beweismittel**).[7]

Beispiel In Ihrem Examenszeugnis steckt die Erklärung der Prüfer über die Bewertung Ihrer Leistungen. Es liegt mithin eine menschliche Gedankenerklärung vor.

Stellt die Polizei hingegen am Tatort Fingerabdrücke an der Tatwaffe sicher, so kann diesen Fingerabdrücken zwar die Aussage entnommen werden, dass derjenige, von dem die Abdrücke stammen, die Tatwaffe in der Hand gehalten hat. Hierbei handelt es sich jedoch nicht um eine Willensäußerung dieses Menschen, so dass es sich bei den Fingerabdrücken nicht um Urkunden, sondern vielmehr um bloße Augenscheinobjekte handelt. ■

Da der Schriftverkehr heutzutage zunehmend automatisiert stattfindet, stellt sich die Frage, inwieweit **maschinell gefertigte Schriftstücke** wie z.B. Kontoauszüge, Steuerbescheide etc. als Urkunden oder nur als technische Aufzeichnungen gem. § 268 Abs. 2 anzusehen sind.

Beispiel A parkt ihren Wagen in der Kölner Innenstadt in einem Bereich, in welchem an einem Automaten für die Dauer des Parkens ein Parkschein zu ziehen ist. Um die Parkgebühr zu sparen, nimmt A einen alten Parkschein, überklebt das alte Datum und setzt ein neues Datum ein, in der Hoffnung, dass die Politesse die Manipulation nicht bemerken und darauf verzichten werde, einen Bußgeldbescheid zu veranlassen. ■

Um der Automatisierung Rechnung zu tragen, wird überwiegend nicht verlangt, dass die Verkörperung der menschlichen Gedankenerklärung unmittelbar auf diese folgen muss. Es

6 Vgl. BGHSt 13, 235; *Jäger* Strafrecht BT Rn. 628.
7 Schönke/Schröder-Heine/Schuster § 267 Rn. 3.

reicht vielmehr eine sog. **„potenzielle Aussageherrschaft"**[8], die dann vorliegen kann, wenn der Erklärende seine **später verkörperte Erklärung antizipiert autorisiert** hat.[9]

Beispiel Im vorangegangenen *Beispiel* läge die potenzielle Aussageherrschaft bei der Stadt Köln, die auch zugleich Ausstellerin der Urkunde wäre. Indem die Stadt Köln den Parkscheinautomaten aufstellte und entsprechend programmierte, autorisierte sie im Vorhinein die spätere Erklärung über das bezahlte Zur Verfügung stellen der Parkfläche. Da der Parkschein auch zum Beweis im Rechtsverkehr bestimmt und geeignet ist, ist er eine Urkunde, die A verfälscht haben könnte. Daneben liegt nach h.M. auch ein Verfälschen einer technischen Aufzeichnung vor, die zu der Urkundenfälschung in Tateinheit steht.[10] ■

Die Willensäußerung muss über die bloße körperliche Existenz des Gegenstandes hinausgehen. Die Urkunde muss also eine Erklärung beinhalten, die außerhalb ihrer selbst liegt. Darin unterscheidet sie sich von reinen **Kennzeichen**. Kennzeichen dienen in erster Linie der Unterscheidung von Objekten.[11] 354

Beispiel Um Kennzeichen und nicht um Urkunden (als „Beweiszeichen") handelt es sich bei Wäschemonogrammen, Eigentümerstempeln in Büchern, Garderobenmarken. Sie dienen lediglich der Identifizierung, enthalten aber keine dem Beweis dienende Erklärung z.B. über die Eigentumsverhältnisse o.ä.

Um Beweiszeichen und damit Urkunden handelt es sich z.B. bei Preisschildern, die auf Waren geklebt sind und bei Nummernschildern, die am Auto befestigt sind. Auch Striche auf einem Bierdeckel sind Beweiszeichen. ■

JURIQ-Klausurtipp

Kennzeichen sind vor allem von solchen **Beweiszeichen** abzugrenzen, die zusammengesetzte Urkunden darstellen – dazu mehr unter Rn. 374. Die Differenzierung ist schwierig und kann allein anhand der Funktion des Zeichens vorgenommen werden. Sofern der **Rechtsverkehr** in dem Zeichen eine beweiserhebliche Erklärung sieht, auf deren Echtheit er **vertraut**, liegen Beweiszeichen und damit Urkunden vor. Um den eventuell unbekannten Fall lösen zu können, sollten Sie sich die o.g. „Normalfälle" beider Kategorien merken und dann das Tatobjekt in Ihrer Klausur damit vergleichen.

Des Weiteren muss die Gedankenerklärung mit einer Sache fest verbunden, mithin **verkörpert** sein. 355

Beispiel Hieran fehlt es etwa beim Versenden einer E-Mail, da der Inhalt der E-Mail nicht stofflich fixiert ist. ■

Diese Verkörperung erfordert auch eine gewisse **Dauerhaftigkeit**. Die Gedankenerklärung muss daher auf absehbare Zeit den Naturgewalten standhalten und allenfalls durch gezielten menschlichen Eingriff vorzeitig unkenntlich gemacht werden können.[12] 356

8 NK-*Puppe* StGB § 267 Rn. 30; *OLG Köln* StraFo 2001, 252; Schönke/Schröder-Heine/Schuster § 267 Rn. 4.
9 NK-*Puppe* StGB § 267 Rn. 30; *OLG Köln* StraFo 2001, 252; *Jäger* Strafrecht BT Rn. 657.
10 *Jäger* Strafrecht BT Rn. 657; *Hecker* JuS 2002, 224.
11 *Wessels/Hettinger/Engländer* Strafrecht BT 1 Rn. 792.
12 BGHSt 34, 376.

Hinweis

Diese Anforderung ist besonders **bei zusammengesetzten Urkunden** von großer Bedeutung.

Beispiel Wenn A in den Sand schreibt, dass er B tausend Euro schulde, dann ist das zwar eine menschliche Gedankenerklärung, mangels Dauerhaftigkeit aber keine Urkunde, da es an der Verkörperung fehlt.

Anders der Einlassstempel einer Diskothek, der die Eintrittskarte ersetzt. Da dieser zumeist nur mittels Wasser und Seife wieder entfernt werden kann, besitzt er eine Dauerhaftigkeit, die für den Urkundenbegriff ausreicht.[13] ■

Schließlich muss die Gedankenerklärung **optisch-visuell wahrnehmbar** sein,[14] so dass Audio-Medien wie etwa Kassetten oder CDs keine Urkunden sind. Ebenso wenig elektronisch gespeicherte Daten. Bei Manipulationshandlungen müssen Sie jedoch an § 269 denken.

bb) Zum Beweis im Rechtsverkehr bestimmt und geeignet

357 Die Gedankenerklärung muss objektiv geeignet und subjektiv dazu bestimmt sein, Beweis über rechtliche erhebliche Tatsachen zu bringen.[15]

Die **Beweiseignung** ist allein **nach objektiven Kriterien** zu beurteilen. Sie liegt vor, wenn die Gedankenerklärung für sich allein oder in Verbindung mit anderen Umständen bei der Überzeugungsbildung relevant werden kann.[16]

Beispiel Ihre Examensklausur ist objektiv geeignet, Beweis über Ihre fulminanten Kenntnisse im Strafrecht zu erbringen. Im Falle der Unechtheit dieser Klausur (sie stammt nicht von Ihnen) ist die Beweiseignung immer unter der gedachten Voraussetzung der Echtheit zu prüfen. Es muss also folgende Frage beantwortet werden: Würde die Klausur, wenn sie das wäre, was sie zu sein scheint – nämlich eine von Ihnen geschriebene Klausur – bei der Überzeugungsbildung über Ihre Befähigung im Strafrecht relevant werden? ■

358 An der objektiven Beweiseignung fehlt es nur selten, so etwa bei offensichtlich **nichtigen Urkunden** oder so **unfachmännisch verfälschten Urkunden**, bei denen die Manipulation sofort auffällt.

Beispiel Da gemäß § 2247 BGB das Testament handschriftlich verfasst sein muss, um auch tatsächlich die Rechtsfolge der gewillkürten Erbfolge herbeizuführen, stellt derjenige keine – unechte – Urkunde her, der ein Testament für einen anderen computerschriftlich herstellt. In einem solchen Falle müssen Sie aber an einen – untauglichen – Versuch (abzugrenzen an dieser Stelle vom Wahndelikt) des § 267 denken. ■

359 Die **Beweisbestimmung** kann durch den Aussteller oder nachträglich durch einen Dritten erfolgen. Zu unterscheiden sind die Absichts-, die Zufalls- und die Deliktsurkunde.

---

13 *Rengier* Strafrecht BT II 7. Kapitel § 32 Rn. 3.
14 *Wessels/Hettinger/Engländer* Strafrecht BT 1 Rn. 780.
15 *Jäger* Strafrecht BT Rn. 630.
16 *Wessels/Hettinger/Engländer* Strafrecht BT 1 Rn. 781.

Eine **Absichtsurkunde** ist eine Urkunde, die von dem Aussteller gerade zu dem Zweck hergestellt wurde, im Rechtsverkehr über eine bestimmte Tatsache Beweis zu erbringen.[17]

Beispiel Verträge, Zeugnisse und notarielle Stempel auf kopierten Zeugnissen sind Absichtsurkunden. Private Tagebuchaufzeichnungen hingegen sollen – jedenfalls nach Auffassung des Verfassers – zumeist nicht dem Beweis dienen. ■

Eine **Deliktsurkunde** ist ein besonderer Fall der Absichtsurkunde. Unter diesen Begriff wer- **360**
den zumeist Schriftstücke subsumiert, die **zu deliktischen Zwecken verfasst** werden. Da es bei der Absichtsurkunde keines zielgerichteten Handelns bezüglich der **Beweisrichtung**, sondern nur bezüglich der **Beweiseignung** bedarf (insofern ist die Terminologie irreführend), genügt das Bewusstsein, dass eine rechtliche Reaktion auf die Urkunde erfolgen und sie zu Beweiszwecken benutzt werden könnte.

Beispiel A verfasst unter dem Namen des B einen an C adressierten Drohbrief, mit welchem er C zur Zahlung einer Geldsumme an ihn bewegen möchte. Die Zahlung erfolgt nicht, der Brief wird jedoch zum Beweis der Drohung im gerichtlichen Verfahren gegen A verwendet.

Hier ergibt sich die objektive Beweiseignung des Briefes daraus, dass mit ihm im Strafverfahren gegen A Beweis über die versuchte Erpressung geführt werden kann (sog. Deliktsurkunden[18]). Die Beweisbestimmung kann nicht mit dem Argument abgelehnt werden, dass es A beim Abfassen des Briefes gerade nicht auf die Schaffung eines derartigen Beweismittels ankam (im Sinne von Absicht). Es reicht aus, dass A sich der Möglichkeit der Schaffung eines Beweismittels bewusst war (weswegen er wohl auch den falschen Namen verwendete). ■

Von einer **Zufallsurkunde** wird gesprochen, wenn die Beweisbestimmung erst im Nachhi- **361**
nein entweder durch den Aussteller selbst oder durch einen Dritten getroffen wird.[19]

Beispiel A und B führen einen Zivilprozess vor dem *Amtsgericht*. B hat den A auf Zahlung einer Forderung verklagt, deren Bestehen A leugnet. Beim unbeteiligten C entdeckt B nunmehr einen privaten Tagebucheintrag, in welchem er das Bestehen der Forderung gegenüber A bestätigt. Wenn B nunmehr das Tagebuch vor Gericht vorlegt, um das Bestehen der Forderung zu beweisen, so handelt es sich hierbei um eine (Zufalls-) Urkunde. Die Beweisbestimmung ist im Nachhinein durch B getroffen worden. ■

cc) Erkennbarkeit des Ausstellers

Schließlich muss die Urkunde den Aussteller, also denjenigen, der hinter dem gedanklichen **362**
Inhalt der Urkunde steht, erkennen lassen.

Wer der Aussteller der Urkunde ist, bestimmt sich nach überwiegender Auffassung nach der so genannten **„Geistigkeitstheorie"**.

17 *Wessels/Hettinger/Engländer* Strafrecht BT 1 Rn. 783.
18 *Wessels/Hettinger/Engländer* Strafrecht BT 1 Rn. 785.
19 *Wessels/Hettinger/Engländer* Strafrecht BT 1 Rn. 783.

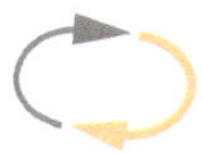

Aussteller der Urkunde ist demnach derjenige, der geistig hinter dem gedanklichen Inhalt steht, sich also nach außen hin ausdrücklich zu der Urheberschaft bekennt oder sich diese nach den Umständen zurechnen lassen muss.[20]

Nach dieser Definition kommt es nicht auf den **Hersteller** der Urkunde an, also denjenigen, der die Urkunde körperlich angefertigt hat. Bedeutung hat die Vergeistigung des Ausstellerbegriffs vor allem bei den Fällen der Stellvertretung und dem Einsatz eines Schreibgehilfen.

Beispiel Geschäftsführer G der X GmbH diktiert ein Schreiben an die Arbeitnehmer der Gesellschaft. Seine Sekretärin S verfasst den Brief und legt ihn G zur Unterschrift vor. Obwohl hier S das Schreiben körperlich hergestellt hat, muss G als Aussteller des Briefs angesehen werden. Denn es ist für jedermann erkennbar, dass es der G ist, von dem die Erklärungen geistig herrührten und der damit als Garant für diese einstehen will.

Hinweis

Verinnerlichen Sie die Geistigkeitstheorie und den in ihr enthaltenen **Unterschied zwischen Hersteller und Aussteller!** Das wird Ihnen die später bei der ersten Tathandlung vorzunehmende Unterscheidung zwischen tatsächlichem und aus der Urkunde ersichtlichen Aussteller (Merkmal: unecht) erleichtern.

Da G und nicht S der Aussteller ist (obwohl S die Urkunde hergestellt hat) kann S auch eine Urkundenfälschung begehen, wenn sie ohne Wissen des G den Mitarbeitern in diesem Schreiben zur Belohnung für treue Dienste einen zusätzlichen Urlaubstag zusagt. Hier liegt das Herstellen einer unechten Urkunde vor, da der aus der Urkunde ersichtliche Aussteller der G ist, der diese Erklärung aber nicht abgegeben hat. Der tatsächliche Aussteller der Erklärung „Urlaubstag" ist S, die aber wiederum nicht als Aussteller der Urkunde erkennbar ist. ■

An die **Erkennbarkeit** des Ausstellers werden allerdings keine großen Anforderungen gestellt. Es reicht aus, wenn der Aussteller **aus dem Gesamtzusammenhang** ermittelt werden kann.

Beispiel Gastwirt G macht in seiner Kneipe für jedes getrunkene Kölsch auf einem Bierdeckel Striche. Dieser Bierdeckel dient am Ende der Abrechnung. A, der zwar schon 8 Kölsch getrunken aber nur Geld für 4 Kölsch eingesteckt hat, radiert 4 dieser Striche vom Bierdeckel und zahlt unter Vorlage des Deckels 4 Kölsch.

Hier könnte sich A der Urkundenfälschung gem. § 267 Abs. 1 Alt. 2 strafbar gemacht haben, indem er eine echte Urkunde verfälschte. Dafür müsste der Bierdeckel eine Urkunde sein. Der Bierdeckel enthält die Erklärung, dass A 8 Kölsch getrunken hat. Er ist hinsichtlich dieser Tatsache auch zum Beweis geeignet und bestimmt. Allerdings hat G den Bierdeckel nicht unterzeichnet. Insoweit soll es aber ausreichen, dass sich die Ausstellererkennbarkeit aus der Verkehrssitte ergibt. Der Bierdeckel ist mithin eine Urkunde, die A, indem er die Striche wegradierte, verfälscht hat. ■

20 BGHSt 13, 382; *Jäger* Strafrecht BT Rn. 632.

Keine Urkunde hingegen liegt bei sog. offener und versteckter Anonymität vor. **Offene Anonymität** wird angenommen, wenn der Aussteller entweder überhaupt nicht angegeben worden ist oder der Verfasser einen Fantasienamen benutzt, wodurch er nicht individualisierbar wird. Bei Verwendung eines Fantasienamens fehlt es jedoch an der Anonymität, wenn der Verfasser stets unter diesem Fantasienamen auftritt und er dementsprechend auch mit diesem Namen identifiziert werden kann.[21] **363**

Beispiel M unterschreibt einen Protestaufruf gegen Rassismus mit „Malcom X". Da M unter diesem Namen allgemein bekannt ist, kann eine Urkunde angenommen werden, da der Rechtsverkehr die Erklärung einer bestimmten Person zuweisen kann. ■

Versteckte Anonymität wird angenommen, wenn jemand einen Allerweltsnamen verwendet, ohne dabei weitere Angaben zu machen, die zu seiner Individualisierung führen können. In diesen Fällen ist das Garantieelement der Urkunde nicht erfüllt.[22] **364**

Beispiel A unterschreibt das Anmeldeformular mit „Max Mustermann". Eine Urkunde liegt nur dann vor, wenn z.B. zusätzlich das Geburtsdatum angegeben wird. ■

b) Reproduktionen als Urkunde

Klausurrelevant ist die Beantwortung der Frage, ob **Reproduktionen** von Urkunden ihrerseits Urkunden darstellen. Zu unterscheiden sind **Durchschriften, Abschriften, Fotokopien und Telefaxe**. **365**

Durchschriften sind Urkunden, da sie die Originalurkunde verkörpern und gerade zu dem Zweck hergestellt wurden, mehrere Exemplare der Urkunde als Beweismittel zu produzieren.[23] **366**

Einfache **Abschriften** sind keine Urkunden. Sie sind nichts Weiteres als eine Reproduktion des Originals. Etwas anderes gilt nur für **beglaubigte Abschriften**. Hier erklärt der Beglaubigungsvermerk zusammen mit der Abschrift, dass die Abschrift mit dem Original übereinstimmt (zusammengesetzte Urkunde). Hinter dieser Gedankenerklärung steht der Beglaubigende, z.B. der Notar als Aussteller.[24] **367**

Problematisch ist die Urkundseigenschaft von Fotokopien. **368**

Beglaubigte Fotokopien stellen zunächst wie beglaubigte Abschriften auch eine (zusammengesetzte) Urkunde dar.

Einfache Fotokopien, die als Fotokopie im Rechtsverkehr verwendet werden, stellen wie die einfache Abschrift keine Urkunde dar. Die Fotokopie enthält weder eine eigenständige, von dem reproduzierten Original abgrenzbare Erklärung noch lässt sie den Aussteller der Kopie erkennen. Außerdem ist der Beweisverkehr hier nicht schutzbedürftig, da einfachen Kopien kein besonderes Vertrauen entgegengebracht wird.[25]

---

21 *Wessels/Hettinger/Engländer* Strafrecht BT 1 Rn. 788.

22 BGHSt 5, 149; *Wessels/Hettinger/Engländer* Strafrecht BT 1 Rn. 788.

23 BGHSt 2, 35.

24 Schönke/Schröder-*Heine/Schuster* § 267 Rn. 40a.

25 *Joecks/Jäger* § 267 Rn. 46 ff.

Gleiches gilt grundsätzlich für den Ausdruck eines zuvor eingescannten Dokuments, welches der Täter im Computer manipuliert.[26]

Beispiel A macht von seinem Examenszeugnis eine Kopie, in welcher er die Note von „ausreichend" zu „vollbefriedigend" ändert. Davon erstellt er wiederum eine Kopie, die er bei seiner Bewerbung bei den Rechtsanwälten „Advocatus und Liebling" vorlegt. Hier hat A keine unechte Urkunde erstellt, da der Kopie die Urkundseigenschaft fehlt.

Etwas anderes gälte, wenn A geschickt sein Originalzeugnis manipuliert hätte und danach die Kopie bei der Bewerbung vorgelegt hätte. Hier hätte er zunächst eine echte Urkunde verfälscht und dann durch das Vorlegen der Kopie diese Urkunde gebraucht. (Abgestellt wird mithin auf das Original!) Das gilt allerdings nur solange das Original nach der Manipulation noch die Urkundseigenschaft besitzt, was dann nicht der Fall ist, wenn die Manipulation sofort auffällt und deswegen die Beweiseignung fehlt. ■

369 In Anbetracht der heutigen technischen Möglichkeiten und der Kopierqualität wird allerdings die Urkundseigenschaft bei **Kopien oder Computerausdrucken, die den Anschein der Originalurkunde erwecken („scheinbare Urkunde")** bejaht. Voraussetzung ist, dass aufgrund der Qualität die Möglichkeit einer Verwechselung mit dem Original nicht mehr auszuschließen ist, und dass dieser Anschein nach dem Willen des Erstellers auch erweckt werden soll.[27] Begründet wird dies mit dem Schutz des Beweisverkehrs, der einer solchen Kopie ein erhöhtes Vertrauen entgegenbringt, da er davon ausgeht, es handele sich um das Original. Wegen der Originaltreue wird dadurch der Aussteller der Originalurkunde als Aussteller der Reproduktion, die als Original betrachtet wird, angesehen. Gleiches gilt für die Gedankenerklärung.

Beispiel A manipuliert zunächst wie im o.g. *Beispiel* sein Zeugnis und fertigt dann mit dem entsprechenden Papier ein originalgetreues Zeugnis an, welches er bei seiner Bewerbung vorlegt. Die Anwälte gehen davon aus, dass es sich um das Original handelt und stellen A zu einem fürstlichen Gehalt ein.

Hier gilt als Aussteller das Justizprüfungsamt, die Gedankenerklärung liegt in der Benotung der erbrachten Leistung. ■

JURIQ-Klausurtipp

Achten Sie in einer Klausur genau darauf, mit welcher Kopie Sie es zu tun haben. Handelt es sich um eine täuschend echt aussehende Kopie, so stellen Sie die grundsätzliche Problematik bei einfachen Kopien dar und arbeiten anschließend die **Unterschiede zur „scheinbaren Urkunde"** heraus.

370 Das **Telefax** wird vor allem von der Rechtsprechung als Fernkopie und damit nicht als Urkunde angesehen.[28] In der Literatur wird hingegen vertreten, dass etwas anderes dann gelte, wenn das Fax im Rechtsverkehr nach dem Willen der Beteiligten die Funktion des früheren Schriftstücks übernommen habe und die Absenderkennung des absendenden Faxge-

26 *BGH* Beschluss vom 27.1.2010, 5 StR 488/09, abrufbar unter www.bundesgerichtshof.de.

27 *BGH* Beschluss vom 27.1.2010, 5 StR 488/09, abrufbar unter www.bundesgerichtshof.de.

28 *OLG Zweibrücken* NJW 1988, 2918; *BGH* Beschluss vom 27.1.2010, 5 StR 488/09, abrufbar unter www.bundesgerichtshof.de.

rätes eingeschaltet sei.[29] In diesen Fällen handele es sich um ein technisch hergestelltes, für den Empfänger bestimmtes Original. Die Erkennbarkeit des Ausstellers ergebe sich aus der Absenderkennung.

Beispiel Rechtsanwalt L legt form- und fristgerecht Berufung gegen das erstinstanzliche Urteil des *AG Köln* ein. Die Gegenseite schickt wenige Tage später ein weiteres Fax mit der angeblichen Faxkennung des L und dessen angeblicher Unterschrift, mit welcher die Berufung zurückgenommen wird.

Sieht man das Fax grundsätzlich als Fernkopie an, so scheidet eine Urkundenfälschung aus. Berücksichtigt man allerdings, dass es heutzutage Usus ist, Schriftsätze bei Gericht per Fax einzulegen und dass diese Telefaxe auch als ausreichend angesehen werden zur Erfüllung der Formvorschriften, so kann man ausnahmsweise auch die Urkundsqualität des Faxes, welches wie ein Original vom Rechtsverkehr behandelt wird, annehmen. ■

Beim **Computerfax** wird das Schreiben am Computer als Datei erstellt und ggf. mit einge- 371
scannter Unterschrift dem Empfänger übermittelt. Der vom Empfänger hergestellte Ausdruck kann dann als eine vom Absender hergestellte Urkunde angesehen werden, wenn der **Ausdruck in den Verkehrskreisen üblich** ist und vom Absender erwartet wurde.[30] Gleiches kann für die **E-Mail** gelten, sofern sie ausgedruckt wird.[31] Ohne Ausdruck fehlt es an der Verkörperung und damit an der Urkundenqualität.

c) Zusammengesetzte Urkunde

Eine besondere und häufig vorkommende Form der Urkunde ist die zusammengesetzte 372
Urkunde.

Eine **zusammengesetzte Urkunde** liegt vor, wenn eine verkörperte Gedankenerklärung mit einem Bezugsobjekt räumlich fest zu einer Beweismitteleinheit verbunden ist, so dass beide zusammen einen einheitlichen Erklärungsinhalt ergeben.[32]

Die Besonderheit der zusammengesetzten Urkunde liegt darin, dass die einzelnen Teile für 373
sich genommen häufig keine Urkunde darstellen. Die Urkundseigenschaft ergibt sich erst aus der **Zusammenfügung** des Bezugsobjektes mit der Gedankenerklärung.

Beispiel Bei der beglaubigten Fotokopie ist das Bezugsobjekt die Fotokopie, der Träger der Gedankenerklärung das Siegel bzw. der Stempel mit Unterschrift des Notars, mit welchem er erklärt, dass die Fotokopie vom Original angefertigt wurde und mit diesem übereinstimmt. ■

Gedankenerklärungen müssen nicht unbedingt in Wort und Schrift verfasst sein. Häufig wer- 374
den sie durch Zeichen oder Symbole verkörpert. Man spricht in diesem Fall von **„Beweiszeichen“**, die sowohl den Inhalt der Erklärung als auch den Aussteller wiedergeben können. Wie bereits ausgeführt (Rn. 354) sind die Beweiszeichen von den Kennzeichen zu unterscheiden. Die Beweiszeichen werden zusammen mit einem Bezugsobjekt als zusammengesetzte

29 LK-*Gribbohm* § 267 Rn. 123 m.w.N.; Schönke/Schröder-*Cramer* § 267 Rn. 43.
30 LK-*Gribbohm* § 267, Rn. 123; *Joecks/Jäger* § 267 Rn. 52.
31 *Mankowski* NJW 2002, 2822.
32 BGHSt 5, 79.

Urkunde angesehen, sofern **Erklärung und Erklärender nach Gesetz, Herkommen oder Vereinbarung der Parteien** zumindest **für Beteiligte und Eingeweihte erkennbar** sind.[33]

Beispiel So enthält eine TÜV-Plakette, die auf ein Autokennzeichen aufgeklebt ist, welches wiederum fest mit dem Auto verbunden ist, den Aussagegehalt, dass das Fahrzeug einer entsprechenden Untersuchung unterzogen worden ist und seine Verkehrstauglichkeit festgestellt wurde. Das Kennzeichen selbst erklärt in Verbindung mit dem Stempel der Straßenverkehrszulassungsbehörde und dem Fahrzeug, dass das Fahrzeug im Straßenverkehr auf einen bestimmten Halter zugelassen ist.[34] Etwas anderes gilt für ein rotes Kennzeichen, § 16 FZV, da es mit dem Fahrzeug nicht fest verbunden ist.[35]

Weitere *Beispiele*: Motor- und Fahrgestellnummern an Kraftfahrzeugen, Stempel des Fleischbeschauers, Pfandsiegel am Pfandobjekt, Künstlerzeichen des Malers, Preisauszeichnungen an Waren.[36] ■

375 Wichtig ist, dass die **Verbindung** zwischen Bezugsobjekt und Gedankenerklärung **hinreichend fest** ist (Perpetuierung), wobei eine Untrennbarkeit nicht vorausgesetzt wird.

Beispiel So handelt es sich bei Preisetiketten, die unmittelbar an den Waren in Kaufhäusern befestigt sind, um zusammengesetzte Urkunden. Eine zusammengesetzte Urkunde ist allerdings mangels fester Verbindung abzulehnen, wenn das Preisetikett nur an der Verpackung, z.B. auf einer Klarsichthülle, welche eine Krawatte beinhaltet, nicht aber an der Ware befestigt ist und zwischen Verpackung und Ware nur eine lose Verbindung besteht (Klarsichthülle ist nicht verschweißt, sondern offen).[37] ■

Streitig ist, inwiefern für das Bezugsobjekt eine **„räumliche Überschaubarkeit"** erforderlich ist, also z.B. Straßenschilder mit dem Bezugsobjekt „Straße" noch unter den Urkundebegriff gefasst werden können.

Beispiel A überklebt auf der Landstraße ein Schild, mit dem die Geschwindigkeit auf 70 km/h herabgesetzt ist mit einer Folie, auf der 100 km/h aufgedruckt ist.

Sofern es sich bei dem Verkehrsschild um eine Urkunde handelt, könnte ein Verfälschen einer echten Urkunde in Betracht kommen. Problematisch ist, dass das Bezugsobjekt „Straße" evtl. mehrere Kilometer lang ist. ■

Nach Auffassung der Rechtsprechung und Teilen der Literatur entfernt man sich mit dieser Auslegung so weit vom ursprünglichen Urkundenbegriff, dass dem **Bestimmtheitsgebot des Art 103 Abs. 2 GG** nicht mehr Genüge getan ist und man in den Bereich der verbotenen Analogie gelangt.[38] Demzufolge bedarf es also einer räumlichen Überschaubarkeit zur Erfüllung des Urkundenbegriffs. Die Gegenauffassung verweist auf die Bestimmtheit der Beweiskraft von Verkehrszeichen und bejaht die Merkmale einer zusammengesetzten Urkunde.[39]

33 BGHSt 13, 235; 16, 94, *Küper/Zopfs* Strafrecht BT Rn. 553.
34 *BayOLG* NJW 66, 748; BGHSt 18, 66.
35 BGHSt 34, 376.
36 *Wessels/Hettinger/Engländer* Strafrecht BT 1 Rn. 803.
37 *OLG Köln* NJW 79, 729.
38 *OLG Köln* NJW 1999, 1042; *Böse* NStZ 2005, 371.
39 *Rengier* Strafrecht BT II 7. Kapitel § 32 Rn. 18a.

d) Gesamturkunde

Eine **Gesamturkunde** liegt vor, wenn mehrere einzelne Urkunden in dauerhafter und fester Form derart miteinander verbunden worden sind, dass dadurch ein über die Beweiskraft der einzelnen Urkunde hinausgehender, weiterer Aussagegehalt der Zusammensetzung entnommen werden kann und die Gesamturkunde nach Gesetz, Herkommen oder Vereinbarung dazu bestimmt ist, ein erschöpfendes Bild über einen bestimmten Kreis fortwährender Rechtsbeziehungen zu vermitteln.[40] 376

Dies ist insbesondere dann der Fall, wenn durch die Zusammenfügung der **Eindruck der Abgeschlossenheit** erweckt wird und wenn durch die Verbindung der einzelnen Urkunden nicht nur die **Existenz der angegebenen Urkunden bzw. Schriftstücke** bekundet wird, sondern darüber hinaus auch das **Nichtbestehen weiterer rechtserheblicher Tatsachen** signalisiert werden soll.

Beispiel Typische Gesamturkunden sind die Handelsbücher eines Kaufmanns. Jede einzelne Eintragung ist eine verkörperte Gedankenerklärung, die den Aussteller erkennen lässt und zum Beweis geeignet und bestimmt ist. Die Aussagekraft der Handelsbücher geht über diesen Inhalt der einzelnen Erklärungen jedoch hinaus und bringt gleichzeitig die Vollständigkeit der erfassten Vorgänge zum Ausdruck.

Weitere *Beispiele*: Sparbücher, Postein- und Ausgangsbücher in Anwaltskanzleien, das Einwohnermeldeverzeichnis.[41] ■

2. Tathandlung

Als mögliche Tathandlungen kommen in der Klausur in Betracht: 377

- Das Herstellen einer unechten Urkunde,
- das Verfälschen einer echten Urkunde,
- das Gebrauchen einer unechten oder verfälschten Urkunde.

a) Herstellen einer unechten Urkunde

Im Gegensatz zum Verfälschen, bei welchem der Täter auf eine bereits bestehende, echte Urkunde einwirkt, besteht das Herstellen in dem **Hervorbringen einer bislang noch nicht existenten Urkunde**. Damit die erste Handlungsalternative verwirklicht ist, muss diese hervorgebrachte Urkunde **unecht** sein. 378

Eine Urkunde ist **unecht**, wenn der Erklärungsinhalt nicht von demjenigen stammt, der aus der Urkunde als Aussteller = Erklärender hervorgeht.[42]

Hergestellt ist eine unechte Urkunde, wenn erstmals sämtliche Merkmale einer Urkunde vorliegen.[43]

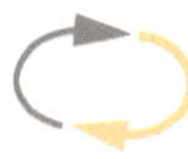

40 BGHSt 4, 60.

41 *Joecks/Jäger* § 267 Rn. 37.

42 *Jäger* Strafrecht BT Rn. 633.

43 *BGH* NStZ 2003, 543.

379 Bei dieser Tathandlung geht es also um die **Täuschung über der Identität des Urhebers**. Es wird nach außen hin der Anschein erzeugt, dass die in der Urkunde enthaltene Erklärung auch tatsächlich von dem in der Urkunde ausgewiesenen Urheber stammt, obwohl dies nicht der Fall ist.

Beispiel A fertigt eine Bürgschaftserklärung im Namen des B an und unterschreibt diese auch mit dem Namen des B, obwohl dieser überhaupt nichts von den Vorgängen weiß. Nach außen hin erscheint B als Erklärender = Aussteller der Urkunde, wohingegen tatsächlich A die Erklärung abgegeben hat. Die Urkunde ist damit unecht. ■

380 Dagegen ist die **inhaltliche Richtigkeit** der Urkunde – jedenfalls bei der 1. Alternative - nicht Gegenstand des Schutzes durch § 267. Vielmehr ist denkbar, dass eine echte Urkunde einen unwahren Erklärungsinhalt hat, eine unechte Urkunde dagegen einen den objektiven Gegebenheiten entsprechenden Erklärungsgehalt besitzt.

Beispiel In einer schriftlichen, von A unterzeichneten Erklärung versichert dieser, dass er zum Zeitpunkt der Verübung eines Banküberfalls mit dem Tatverdächtigen T bei einem Fußballspiel gewesen sei.

Obwohl diese Erklärung nicht der Wahrheit entspricht, A also eine schriftliche Lüge verfasst hat, macht er sich nicht wegen einer Urkundenfälschung gemäß § 267 Abs. 1 Alt. 1 strafbar. Entscheidend ist, dass der in der Urkunde ausgewiesene Aussteller (A) mit dem wahren Aussteller (A) personenidentisch ist. ■

Beispiel A schuldet B 10 000 € aus einem ausgezahlten Darlehen. Als B den A zur Rückzahlung des Betrages auffordert, erklärt A, das Geld niemals von B erhalten zu haben. Um seine Beweisnot zu beseitigen, setzt B einen Darlehensvertrag auf, in welchem auch der Erhalt des Geldes quittiert wird. Den Vertrag unterzeichnet B mit seinem eigenen und dem Namen des A.

Hier entspricht der Inhalt den tatsächlichen Gegebenheiten. Für § 267 ist dies allerdings irrelevant. Es liegt eine Urkundenfälschung in der ersten Variante vor, da der aus der Urkunde ersichtliche Aussteller (neben B auch A) nicht mit dem tatsächlichen Aussteller (nur B) identisch ist. ■

381 Bei **Schriftstücken** geschieht das Herstellen einer unechten Urkunde für gewöhnlich **durch Zeichnen mit falschem Namen**. Nur ausnahmsweise führt die Verwendung des eigenen Namens zur Unechtheit einer Urkunde.

Beispiel A, der eigentlich Alfons Schubert heißt, unterzeichnet einen Wechsel mit seinem normalerweise nicht gebräuchlichen Zweitnamen Klaus-Maria.[44] ■

382 Allerdings führt die Verwendung eines falschen Namens nicht zwangsläufig zur Urkundenfälschung, sofern der aus der Urkunde ersichtliche Aussteller sich an seinem falschen Namen festhalten lassen möchte. Man spricht in diesen Fällen von einer **Namenstäuschung**.[45]

Beispiel Wenn im obigen Fall „Malcolm X" unter diesem Namen einen Kaufvertrag abschließt, liegt zwar eine Täuschung über den Namen vor, wenn er tatsächlich Charlie Brown heißt. Sofern Charlie sich aber im Rechtsverkehr an diesem Namen festhalten lassen möchte, liegt ein Herstellen einer unechten Urkunde nicht vor. ■

---

44 BGHSt 40, 203.

45 *OLG Celle* NJW 1986, 2772.

Hinweis

Unterscheiden Sie in diesen Fällen sorgfältig die Frage nach dem Bestehen einer Urkunde (Ausstellererkennbarkeit) von der Frage nach der Echtheit der Urkunde (Auseinanderfallen von tatsächlichem und aus der Urkunde ersichtlichem Aussteller).

Problematisch sind die Fälle der **Stellvertretung**. Hier gibt jemand zwar eine **eigene Erklärung** ab, sie erfolgt aber **in fremdem Namen** und soll auch bestimmte Rechtsfolgen für und gegen einen Anderen zur Folge haben. Nach überwiegender Auffassung[46] liegt dann **keine unechte Urkunde** vor, wenn 383 

- die Stellvertretung rechtlich zulässig ist,
- der Unterzeichner den Namensträger vertreten will,
- und letzterer sich auch tatsächlich vertreten lassen will.

Beispiel A, ein viel reisender Geschäftsmann, bittet B, in seinem Namen ein Auto für ihn zu verkaufen und ermächtigt ihn, mit seinem Namen zu unterzeichnen.

Aufgrund der Wirkungen der Stellvertretung ist der tatsächliche Aussteller A, der auch aus der Urkunde als Aussteller ersichtlich ist.

An diesem Ergebnis ändert sich auch im Fall des Missbrauchs der Vertretungsmacht nichts. Auch diese Erklärungen werden dem Vertretenen grundsätzlich zugerechnet, da er das Risiko des Missbrauchs gesetzt hat. Eine Ausnahme gilt jedoch für das kollusive Zusammenwirken, § 138 Abs. 1 BGB.[47]

Verabreden also B und der Käufer K einen weit unter dem Marktpreis liegen Kaufpreis und wollen sie sich anschließend den durch den Weiterverkauf erzielten Gewinn teilen, dann hat B einen sittenwidrigen Vertrag geschlossen und nicht „im fremden Namen" sondern „unter fremden Namen" gehandelt mit der Folge, dass eine unechte Urkunde vorliegt. ■

Unzulässig ist eine Stellvertretung, wenn die **eigenhändige Herstellung** gesetzlich vorgeschrieben ist (z.B. beim Testament) oder im Rechtsverkehr vorausgesetzt wird. Typisches und Ihnen wohlbekanntes 384

Beispiel Der hilfsbedürftige Jura-Student J lässt sich bei der Anfertigung der Examensklausuren durch den am Lehrstuhl arbeitenden Korrekturassistenten K „vertreten", dem er während des einjährigen Klausurenkurses näher gekommen ist.

Wenn K nunmehr die Arbeiten unter dem Namen des J anfertigt, so liegt mangels Zulässigkeit der Stellvertretung eine unechte Urkunde vor. Der aus der Urkunde ersichtliche Aussteller ist J wohingegen derjenige, der tatsächlich die Erklärung abgegeben hat, der K ist. ■

Eine Differenzierung muss nach h.M. vorgenommen werden in den Fällen der **„scheinbaren Stellvertretung"**, vor allem wenn der vermeintliche Vertreter mit den Zusätzen **„i.V."** oder **„i.A."** unterzeichnet. Hier verwendet er seinen eigenen Namen erweckt aber den Anschein, dass die Erklärung im Namen eines anderen erfolgt.

---

46 *Wessels/Hettinger/Engländer* Strafrecht BT 1 Rn. 861.
47 *Rengier* Strafrecht BT II 7. Kapitel, § 33 Rn. 18.

Die h.M. differenziert nach dem Vertretenen: Handelt es sich um eine **juristische Person, eine Behörde oder Firma**, so wird eine Identitätstäuschung über den Aussteller angenommen. Nach Außen werde in diesen Fällen der Anschein erweckt, die Erklärung habe der Vertretene abgegeben. Als Aussteller wird also nach außen der Vertretene ausgewiesen und nicht der Unterzeichnende. Erfolgt die Erklärung jedoch nur für eine **natürliche Person**, sieht die h.M. den (scheinbaren) Vertreter als den nach außen erscheinenden Aussteller an mit der Folge, dass in diesen Fällen keine Identitätstäuschung vorliegt, die Urkunde also echt, wenn auch inhaltlich falsch ist (schriftliche Lüge). Begründet wird diese Differenzierung damit, dass bei juristischen Personen, Firmen oder Behörden für den Rechtsverkehr die Person des Erklärenden nicht wichtig sei und hinter der Rechtspersönlichkeit des Vertretenden zurücktrete.[48]

Nach der Gegenauffassung soll diese Differenzierung jedenfalls dann nicht gelten, wenn ein Stempel der natürlichen Person mitverwendet wird.[49]

Beispiel A arbeitet als Verkäuferin bei der „Hell und Bunt GmbH". Um ihrer Freundin F, bei der eingebrochen wurde und die den Schaden der Versicherung melden möchte, einen Gefallen zu tun, stellt sie eine fingierte Rechnung über den Erwerb einer Stehlampe über 1500 € aus. Die Rechnung unterschreibt sie mit „i.A. Abert". Nach h.M. hat A hier eine unechte Urkunde hergestellt. Obgleich sie mit Ihrem eigenen Namen unterzeichnet hat, erscheint aus der Urkunde die Firma „Hell und Bunt GmbH" als Ausstellerin. Da diese die Erklärung aber nicht abgegeben hat, fallen der aus der Urkunde ersichtliche und der tatsächliche Aussteller auseinander.

Anders wäre es nach h.M., wenn A die fingierte Rechnung unter dem Briefbogen ihres Lebensgefährten L ausgestellt hätte. Hier wäre nach außen hin nach h.M. die A und nicht der L als Ausstellerin zu erkennen. Damit wären nach außen ersichtlicher und tatsächlicher Aussteller identisch, so dass keine unechte Urkunde vorliegt. Da jedoch niemals eine Stehlampe verkauft wurde, liegt eine schriftliche Lüge vor, die jedoch für § 267 Alt. 1 irrelevant ist. ■

385 Ein weiteres Problem stellen die Fälle des **geistigen Diebstahls** dar, bei denen der Täter sich eine fremde Erklärung lediglich zu Eigen macht.[50] Hier werden für gewöhnlich keine unechten Urkunden sondern schriftliche Lügen hergestellt, die vom Schutzbereich des § 267 wie bereits gesehen nicht erfasst sind.

Beispiel Wenn im obigen Fall K dem J die Klausur zwar auf der Toilette geschrieben, diesem dann jedoch vor Abgabe zurückgegeben hätte, und J dann selbst die Klausur mit seiner Kennziffer und ggf. Unterschrift versehen hätte, läge keine Urkundenfälschung vor! J hätte sich in diesem Fall durch das „Signieren" den geistigen Inhalt zueigen gemacht. Er ist derjenige, der sich gegenüber dem Prüfungsamt an dieser Erklärung festhalten lassen möchte und dementsprechend als „Garant" hinter der Erklärung steht. (Das ergibt sich zwingend daraus, dass er – bei Nichterreichen des gewünschten Ergebnisses – wohl kaum darauf hinweisen wird, er habe die Klausur nicht geschrieben.)

---

48 *BGH* NJW 1993, 2759; *Joecks/Jäger* StGB § 267 Rn. 69.

49 *Rengier* Strafrecht BT II 7. Kapitel § 33 Rn. 11.

50 *Jäger* Strafrecht BT Rn. 636.

Tatsächlicher und aus der Klausur hervorgehenden Aussteller (nicht Hersteller, Achtung: Geistigkeitstheorie!) ist mithin der J. Es liegt lediglich ein Fall der **schriftlichen Lüge** vor, da konkludent miterklärt wird, dass J die Klausur eigenhändig angefertigt habe. ■

JURIQ-Klausurtipp

In der Klausur wird in diesen Fällen häufig voreilig die fehlende Echtheit bejaht. Sofern Sie die **Geistigkeitstheorie** verinnerlicht haben, dürften Sie jedoch keine Schwierigkeiten haben.

b) Verfälschen einer echten Urkunde

Die zweite Tathandlungsalternative besteht in dem Verfälschen einer echten Urkunde. 386

Ein **Verfälschen** ist jede nachträgliche Änderung des gedanklichen Inhalts und damit der Beweisrichtung einer echten Urkunde.[51]

Im Unterschied zum Herstellen bezieht sich das Verfälschen auf eine **echte Urkunde als Tatobjekt**. Die 2. Alternative kommt also nicht in Betracht, wenn entweder gar keine oder aber eine unechte Urkunde vorgelegen hat.

Beispiel A entwendet kurz vor Ende der Klausur die bereits vorne auf den Abgabestapel gelegte Klausur des Überfliegers X, radiert dessen Namen aus und setzt seinen eigenen Namen ein. Diese Klausur übergibt er dann der Aufsichtsperson.

Es wäre falsch, in diesen Fällen ein Verfälschen einer echten Urkunde anzunehmen. Zwar stellte die Klausur des X zunächst eine echte Urkunde dar. In dem Augenblick, in dem der A die Unterschrift entfernte, vernichtete er jedoch die Urkunde, da nunmehr der Aussteller nicht mehr erkennbar war. Zum Zeitpunkt des Eintragens seines Namens lag mithin keine Urkunde mehr vor! A hat sich jedoch gem. § 274 der Urkundeunterdrückung strafbar gemacht. Eine Urkundenfälschung gem. § 267 Abs. 1 Alt. 1 muss von Ihnen angeprüft, aber verneint werden, da erneut ein Fall der schriftlichen Lüge vorliegt.

51 Schönke/Schröder-*Heine/Schuster* § 267 Rn. 64.

Anders wäre der Fall zu beurteilen, wenn A nicht den Namen wegradiert hätte, sondern einzelne Teile der Klausur entfernt hätte, um X zu schaden. Diese Manipulation hätte keine Auswirkung auf die Urkundeneigenschaft gehabt, sondern lediglich den gedanklichen Inhalt geändert. Ein Verfälschen könnte in einem solchen Fall bejaht werden. ■

387 Durch die vom Täter vorgenommene Manipulation wird der Eindruck erweckt, dass der Aussteller die Erklärung gerade so verfasst hat, wie sie sich nun aus der veränderten Urkunde ergibt. Dem Aussteller wird also eine Erklärung „untergeschoben". Damit fallen im Normalfall wieder der aus der Urkunde ersichtliche Aussteller und der tatsächliche Aussteller (derjenige, der die Veränderung vorgenommen und damit die neue Erklärung abgegeben hat) auseinander. Es liegt also erneut eine **Täuschung über die Echtheit der Urkunde** vor. Damit stellt der Normalfall des Verfälschens einer echten Urkunde zugleich ein Herstellen einer unechten Urkunde dar. Allerdings tritt § 267 Abs. 1 Alt. 1 im Wege der Gesetzeskonkurrenz hinter der 2. Alternative zurück.[52]

Beispiel Student S ist mit seiner Zwischenprüfungsklausur nicht fertig geworden. Seine Freundin F, die als Assistentin am Lehrstuhl des Klausur ausgebenden Professors arbeitet, nimmt in einem unbeobachteten Moment die Klausur an sich, ergänzt die fehlenden StPO-Teile und legt die Klausur zur Korrektur zurück.

Die Klausur stellte eine echte Urkunde dar, die durch das Hinzufügen des StPO Teils inhaltlich verändert wurde. Damit ist der aus der Urkunde ersichtliche Aussteller (S) nicht mehr der tatsächliche Aussteller (F). Es liegt eine Urkundenfälschung in der 2. Alternative vor. ■

388 Notwendig ist stets eine **Veränderung der Beweisrichtung**, so dass ein Verfälschen ausgeschlossen ist, wenn lediglich Rechtschreibfehler korrigiert werden. Auch genügen Manipulationen am Aussteller nicht. Wird also aus „Schmitz" der Name „Schmitt", dann liegt kein Verfälschen vor. In Betracht kommt aber § 274, sofern der Name entfernt wird und § 267 Abs. 1 Alt. 1 wenn der neue Name eingesetzt wird.[53]

Wichtig ist, dass **nach dem Verfälschen wieder/noch eine Urkunde** vorliegt. Fehlt es hieran, so ist eine Strafbarkeit gem. § 267 ausgeschlossen. In der Klausur müssen Sie dann jedoch an die Prüfung des § 274 denken.

Beispiel A wollte sein Fahrzeug betanken, ohne anschließend zu zahlen. Dabei war ihm bewusst, dass Tankstellen in der Regel über eine Videoüberwachung verfügen und er somit bei der Verwendung des auf sein Fahrzeug ausgestellten Kennzeichens alsbald als Täter überführt zu werden drohte. Um einen solchen Rückschluss zu vermeiden, fasste er den Entschluss, das Kennzeichen seines Fahrzeuges vor jeder Tatausführung mit gelber Folie und schwarzen Buchstaben zu überkleben, um so für Dritte den Anschein eines in Holland oder Großbritannien von den dort zuständigen Behörden ordnungsgemäß zugelassenen Fahrzeugs zu erwecken.

Das *OLG Frankfurt*[54] hat ein Verfälschen einer Urkunde abgelehnt. Er hat ausgeführt, dass das Kfz-Kennzeichenschild zusammen mit dem Dienststempel der Zulassungsbehörde und dem Fahrzeug zwar eine zusammengesetzte Urkunde sei, deren gedanklicher Inhalt

52 *Wessels/Hettinger/Engländer* Strafrecht BT1 Rn. 830.

53 Schönke/Schröder-*Heine/Schuster* § 267 Rn. 72.

54 *OLG Frankfurt* NStZ 2020, 619.

auch nachträglich verändert worden sei. Durch das jeweilige Überkleben des Kfz-Kennzeichenschildes habe A aber auch den Dienststempel der Zulassungsbehörde, mithin den Aussteller unkenntlich gemacht, so dass keine Urkunde mehr vorläge. A hat aber eine echte Urkunde unterdrückt gem. § 274 Abs. 1 Nr. 1. ■

Hinweis

Bei zusammengesetzten Urkunden kommt ein Verfälschen also nur dann in Betracht, wenn die feste Verbindung erhalten bleibt. Wird sie aufgelöst, liegt § 274 vor, ggfs. in Tateinheit mit § 267 Abs. 1 Alt. 1.

Umstritten sind die Fälle, in denen der **Aussteller** einer Urkunde selbst **Änderungen am Inhalt** der von ihm erstellten Urkunde vornimmt. 389

Beispiel Im obigen *Beispielsfall* nimmt nicht F die späteren Ergänzungen an der Klausur vor, sondern S selbst, als er F am Lehrstuhl auf eine Tasse Kaffee besucht. ■

Teilweise wird in der **Literatur** unter Verweis auf das geschützte Rechtsgut – Vertrauen in die Echtheit der Urkunde - verlangt, dass auch bei § 267 Abs. 1 Alt. 2 stets eine Täuschung über die Identität des Ausstellers vorliegen müsse, so dass bei einer Veränderung der Urkunde durch den Aussteller selbst eine Strafbarkeit wegen Urkundenfälschung nicht in Betracht kommt, da tatsächlicher und aus der Urkunde ersichtlicher Aussteller identisch sind.[55] 390

Die **herrschende Meinung** bewertet hingegen nachträgliche Inhaltsänderungen durch den Aussteller als Verfälschen. Zur Begründung wird angeführt, dass andernfalls die Alternative des Verfälschens echter Urkunden überflüssig wäre, da der Fall des Manipulierens einer Urkunde durch Dritte immer auch die Herstellung einer unechten Urkunde bedeute. Voraussetzung dafür ist allerdings, dass der Täter in der Zwischenzeit seine **Dispositionsbefugnis** über die entsprechende Urkunde **verloren** hat.[56] Dies ist dann anzunehmen, wenn er die Urkunde in den Rechtsverkehr eingebracht hat bzw. wenn ein Dritter einen Anspruch auf die Unversehrtheit der Urkunde erlangt hat.[57] Die h.M. erweitert damit das geschützte Rechtsgut. Geschützt werden soll nach dieser Auffassung nun auch das Interesse an der Integrität eines echten Beweismittels. Dieses Interesse wird aber grundsätzlich über § 274 geschützt.[58] 391

Beispiel S wäre folglich im obigen *Beispiel* unter Zugrundelegung der Auffassung der herrschenden Meinung wegen einer Urkundenfälschung gemäß § 267 Abs. 1 Alt. 2 strafbar, da er zum Zeitpunkt des Zugriffs auf seine eigene Klausur die Dispositionsbefugnis hierüber verloren hatte. Zu denken wäre weiterhin an eine Strafbarkeit gemäß § 133 Abs. 1 (Verwahrungsbruch). ■

c) Gebrauchen einer unechten oder verfälschten Urkunde

Die dritte in § 267 Abs. 1 aufgeführte Tathandlungsmodalität ist das Gebrauchen einer unechten oder verfälschten Urkunde. 392

55 SK-*Hoyer* § 267 Rn. 68; Schönke/Schröder-*Heine/Schuster* § 267 Rn. 68.
56 BGHSt 13, 382; *Fischer* § 267 Rn. 34.
57 *Jäger* Strafrecht BT Rn. 645; *Wessels/Hettinger/Engländer* Strafrecht BT 1 Rn. 833.
58 Schönke/Schröder-*Heine/Schuster* § 267 Rn. 68.

Eine Urkunde wird gebraucht, wenn sie dem zu Täuschenden auf eine Weise zugänglich gemacht wird, dass dieser die Möglichkeit hat, über ihren Inhalt Kenntnis zu erlangen.[59]

393 Da die Möglichkeit ausreicht ist es **unerheblich**, ob jemand **tatsächlich Kenntnis** vom Inhalt der unechten oder verfälschten Urkunde erlangt hat. Wesentlich ist jedoch, dass die Urkunde zugänglich gemacht wird. Das bloße Beisichführen reicht also nicht.

Beispiel A hat den ihm von B überlassenen Scheck dahin gehend geändert, dass er an den Betrag in Höhe von 100 € eine weitere Null angehängt hat. Diesen Scheck wirft er nunmehr zusammen mit dem Einreichformular in den Briefkasten der Deutschen Bank. Aufgrund einer Nachlässigkeit der den Briefkasten leerenden Bankangestellten geht der Scheck jedoch verloren, bevor er von einem Sachbearbeiter wahrgenommen wird.

Hier liegt gleichwohl ein Gebrauchen des Schecks vor, da der Scheck in den Machtbereich der Bank gelangt war und somit die Möglichkeit der jederzeitigen Kenntnisnahme bestand.

Nicht ausreichend wäre das Einstecken des Schecks in die Hosentasche gewesen, da es hier noch an dem erforderlichen Zugang gefehlt hätte. ■

394 Die gebrauchte **Urkunde muss unecht oder verfälscht sein**. Nicht erforderlich ist, dass der Täter, der die Urkunde gebraucht, sie vorher auch hergestellt oder verfälscht hat. Vielmehr liegt die Bedeutung dieser Tatbestandsalternative gerade in den Fällen, in denen die unechte oder verfälschte Urkunde von einem unbeteiligten Dritten gebraucht wird. Handelt es sich bei den Tatbestandsalternativen um dieselbe Person, so wird überwiegend eine tatbestandliche Handlungseinheit angenommen (dazu mehr unter Rn. 399).

III. Subjektiver Tatbestand

395 Im subjektiven Tatbestand setzt § 267 Abs. 1 voraus, dass der Täter vorsätzlich bezüglich aller objektiven Tatbestandsmerkmale handelt, wobei dolus eventualis ausreicht.

Darüber hinaus muss die Absicht vorliegen, den Rechtsverkehr zu täuschen.

Die Täuschungsabsicht liegt vor, wenn ein Irrtum über die Echtheit bzw. Unverfälschtheit der Urkunde erregt und der Getäuschte dadurch zu einem rechtserheblichen Verhalten bestimmt werden soll.[60]

Dabei genügt nach herrschender Auffassung hinsichtlich des Eintritts des vorgestellten Täuschungserfolges **dolus directus 2. Grades**.[61]

---

59 *Fischer* § 267 Rn. 36 m.w.N.
60 BGHSt 5, 149; BGHSt 33, 105.
61 *BayObLG* NJW 1998, 2917; *Küper/Zopfs* Strafrecht BT Rn. 502.

IV. Rechtswidrigkeit und Schuld

Es gibt keine deliktsspezifischen Besonderheiten, so dass die allgemeinen Grundsätze gelten. **396** Beachten Sie, dass aufgrund des geschützten Rechtsgutes eine rechtfertigende Einwilligung nicht möglich ist, da ein Einzelner nicht in die Verletzung der Rechtsgüter der Allgemeinheit einwilligen kann (es fehlt an dem disponiblen Rechtsgut).

V. Besonders schwerer Fall gemäß § 267 Abs. 3

In § 267 Abs. 3 hat der Gesetzgeber Regelbeispiele für besonders schwere Fälle der Urkun- **397** denfälschung normiert.

» Beim Lesen dürfte aufgefallen sein, dass die meisten der im Rahmen des § 267 Abs. 3 genannten Regelbeispiele mit denen des schweren Betruges und des schweren Diebstahls übereinstimmen, dargestellt im Skript „Strafrecht BT II". Sofern Sie sich schon mit diesen Normen beschäftigt haben, können Sie an dieser Stelle die Gelegenheit zur Wiederholung nutzen. «

Ein **gewerbsmäßiges Handeln** gem. § 267 Abs. 3 Nr. 1 liegt vor, wenn der Täter die Urkundenfälschung in der Absicht begeht, sich durch wiederholte Begehung eine Einnahmequelle von gewisser Dauer und Erheblichkeit zu verschaffen.[62]

Eine **bandenmäßige Begehung** gem. § 267 Abs. 3 Nr. 1 liegt vor, wenn sich wenigstens drei Personen zusammengeschlossen haben, um fortgesetzt Urkundenfälschungen oder Betrugstaten, die im Einzelnen noch ungewiss sein dürfen, zu begehen.[63]

Ein **Vermögensverlust großen Ausmaßes** gem. § 267 Abs. 3 Nr. 2 tritt ein bei einer Schadensumme ab 50 000 €.[64]

Eine **erhebliche Gefährdung einer großen Zahl** gem. § 267 Abs. 3 Nr. 3 wird teilweise schon bei 20 Personen,[65] teilweise erst bei 50 Personen[66] gesehen.

Die für § 267 Abs. 3 Nr. 4 erforderliche **Amtsträgereigenschaft** wird in § 11 Abs. 1 Nr. 2 näher beschrieben.

VI. Qualifikation gemäß § 267 Abs. 4

Begeht der Täter **als Mitglied einer Bande** die Urkundenfälschung **gewerbsmäßig**, so ver- **398** wirklicht er die Qualifikation gem. § 267 Abs. 4.

Hinweis

Nur ein besonders schwerer Fall gem. § 267 Abs. 3 Nr. 1 liegt vor, wenn der Täter die Urkundenfälschung **entweder** gewerbsmäßig **oder** als Mitglied einer Bande begeht.

62 *Joecks/Jäger* § 267 Rn. 101.
63 *Fischer* § 267 Rn. 49.
64 BGHSt 48, 360.
65 *Fischer* § 267 Rn. 54.
66 *Joecks/Jäger* § 267 Rn. 104.

VII. Konkurrenzen

399 Fraglich ist, wie sich die einzelnen Handlungsalternativen der Urkundenfälschung zueinander verhalten.

In den meisten Fällen liegt zwischen dem **Herstellen einer unechten Urkunde** und dem **Verfälschen einer echten Urkunde** ein Spezialitätsverhältnis vor, da in jedem Verfälschen einer echten Urkunde auch die Herstellung einer unechten Urkunde gesehen werden kann (wenn nicht der Aussteller selbst die Manipulation vornimmt). Die zweite Alternative verdrängt dann die erste Alternative.

Schwieriger ist das Verhältnis der ersten und zweiten Tathandlungsalternative zum **Gebrauchen der unechten oder verfälschten Urkunde** durch denselben Täter.

Nach überwiegender Auffassung ist eine **tatbestandliche Handlungseinheit** anzunehmen.[67] In der Herstellung oder Verfälschung liegt die Vollendung der Tat, das Gebrauchen stellt die Beendigung dar. Es liegt **nur eine Urkundenfälschung**, d.h. eine einheitliche Tat im Rechtssinn vor. Dies gilt allerdings nur, wenn der Täter von Anfang an die unechte Urkunde hergestellt bzw. die echte Urkunde verfälscht hat, um sie anschließend zu gebrauchen. Fasst der Täter der ersten beiden Alternativen des § 267 Abs. 1 erst im Nachhinein den neuen Tatentschluss, die unechte bzw. verfälschte Urkunde nunmehr auch zu gebrauchen, so kommt eine Realkonkurrenz in Betracht. Dieser Fall dürfte jedoch nur selten vorliegen.

JURIQ-Klausurtipp

Da nur eine Tat vorliegt, kommt es in der Klausur nicht zu einer Konkurrenzfeststellung gem. §§ 52 oder 53, da Voraussetzung für eine Konkurrenz das Vorliegen von mindestens zwei Taten ist.

Sofern der Täter eine unechte Urkunde hergestellt oder eine echte Urkunde verfälscht und diese Urkunde(n) danach gebraucht hat, sollten Sie **schon im Obersatz deutlich machen**, dass es sich um eine Tat handelt, indem Sie beide Varianten aufnehmen. Der Obersatz könnte mithin lauten: *„A könnte sich wegen einer Urkundenfälschung gem. § 267 Abs. 1 Alt. 1 und 3 strafbar gemacht haben, indem er den Namen des B unter den Vertrag setze und bei Gericht einreichte."*

Auch der **mehrfache selbständige Gebrauch** einer unechten Urkunde bildet mit dem Herstellen der unechten Urkunde eine tatbestandliche Handlungseinheit und damit eine materiell-rechtliche Tat, wenn der mehrfache Gebrauch dem schon bei der Fälschung bestehenden konkreten Gesamtvorsatz des Täters entspricht.

Beispiel A hatte an seinem Kraftfahrzeug ein Kennzeichen angebracht, das er von einem anderen Fahrzeug abmontiert und mit amtlichen Siegeln versehen hatte. Im Zuge seiner Fahrt rammte mehrere Straßenpoller. Nach Anhalten und Verlassen des Fahrzeugs setzte er seine Fahrt fort.

Das *Landgericht* hatte zu Recht in dem Unfall eine Zäsur gesehen, die grds. zur Folge hat, dass das Geschehen vor dem Unfall mit dem Geschehen nach dem Unfall zueinander in

67 *Wessels/Hettinger/Engländer* Strafrecht BT 1 Rn. 839; BGHSt 5, 291; a.A. *OLG Nürnberg* MDR 51, 53, wonach das Gebrauchen eine mitbestrafte Nachtat darstellt.

Tatmehrheit steht und dementsprechend A wegen Urkundenfälschung in zwei tatmehrheitlichen Fällen verurteilt. Der *BGH* hat hingegen festgestellt, dass das Geschehen als eine Tat der Urkundenfälschung zu bewerten sei, da der mehrfache selbständige Gebrauch einer unechten Urkunde mit dem Herstellen der unechten Urkunde eine tatbestandliche Handlungseinheit und damit eine materiell-rechtliche Tat bilde, wenn der mehrfache Gebrauch dem schon bei der Fälschung bestehenden konkreten Gesamtvorsatz des Täters entspreche.[68] ■

Ebenso verhält es sich im **umgekehrten Fall**, wenn der Täter mehrere Urkunden herstellt, um sie dann einmal zusammen zu gebrauchen.[69]

Beispiel Der erfolglose Jurastudent A fertigt sich 2 schöne Zeugnisse, die ihm bescheinigen, dass er erfolgreich sowohl das erste als auch das zweite Staatsexamen abgelegt hat, und bewirbt sich wie geplant bei der Kanzlei der erfolgreichen X. ■

C. Fälschung technischer Aufzeichnungen, § 268

I. Überblick

Auch bei § 268 ist das **geschützte Rechtsgut** die Sicherheit und Zuverlässigkeit des Beweis- 400
verkehrs. Die Allgemeinheit soll darauf vertrauen können, dass ein als technische Aufzeichnung präsentierter Gegenstand in dieser Form, also ohne Manipulation, entstanden ist und gerade deshalb die Vermutung der inhaltlichen Richtigkeit besitzt.

Die Vorschrift ist in das Gesetz aufgenommen worden, um angesichts der fortschreitenden technischen Entwicklung Lücken im Strafrechtsschutz zu schließen.

Der Tatbestandsaufbau entspricht weitgehend dem des § 267.

Als **Tathandlungen** nennt § 268 Abs. 1 wie § 267 Abs. 1 auch das Herstellen einer unechten, 401
das Verfälschen einer echten oder das Gebrauchen einer unechten oder verfälschten technischen Aufzeichnung. Zusätzlich wird in **Abs. 3** die störende Einwirkung auf den Aufzeichnungsvorgang dem Herstellen einer unechten technischen Aufzeichnung gleich gestellt.

Das Tatobjekt der technischen Aufzeichnung ist in Abs. 2 legal definiert.

Da Abs. 5 auf § 267 Abs. 2 und 4 verweist, gelten die **Regelbeispiele und Qualifikationen** auch für § 268.

68 *BGH* NStZ 2022, 227.
69 *Wessels/Hettinger/Engländer* Strafrecht BT 1 Rn. 839.

402 Der Aufbau des § 268 sieht demnach wie folgt aus:

PRÜFUNGSSCHEMA

Fälschung technischer Aufzeichnungen, § 268

I. Objektiver Tatbestand
1. Tatobjekt: technische Aufzeichnung gem. Abs. 2
   - Darstellung Rn. 405
   - Selbsttätig bewirkt Rn. 408
2. Tathandlung:
   a) Unechte technische Aufzeichnung herstellen, beachte Abs. 3: Einwirkung auf den Aufzeichnungsvorgang
   b) Echte technische Aufzeichnung verfälschen
   c) Gebrauchen der technischen Aufzeichnung

II. Subjektiver Tatbestand
1. Vorsatz, dolus eventualis reicht
2. Täuschungsabsicht

III. Rechtswidrigkeit

IV. Schuld

V. Besonders schwerer Fall gem. §§ 268 Abs. 5 i.V.m. 267 Abs. 3

II. Objektiver Tatbestand

403 Der objektive Tatbestand besteht in dem Herstellen einer unechten, dem Verfälschen einer echten oder dem Gebrauchen einer unechten oder verfälschten technischen Aufzeichnung. Gemäß Abs. 3 kann die Herstellung auch durch eine störende Einwirkung auf den Aufzeichnungsvorgang erfolgen.

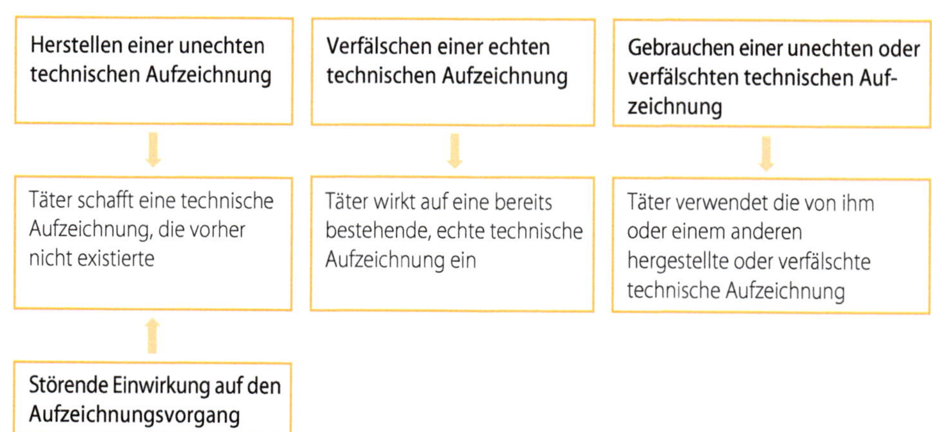

1. Technische Aufzeichnung

Die technische Aufzeichnung ist **in Abs. 2 legal definiert**. Danach handelt es sich um eine Darstellung von Daten, Mess- oder Rechenwerten, Zuständen oder Geschehnisabläufen, die durch ein technisches Gerät ganz oder zum Teil selbsttätig bewirkt wird, den Gegenstand der Aufzeichnung allgemein oder für Eingeweihte erkennen lässt und zum Beweis einer rechtlich erheblichen Tatsache bestimmt ist, gleichviel ob ihr die Bestimmung schon bei der Herstellung oder erst später gegeben wird. 404

Daten sind speicherbare Informationen aller Art, die einer weiteren Verarbeitung in einer Datenverarbeitungsanlage unterliegen.[70]

Unter **Messwerten** versteht man Messergebnisse, unter **Rechenwerten** Produkte von Rechenoperationen.[71]

Zustände sind reale Gegebenheiten jeglicher Art, **Geschehensabläufe** Vorgänge während eines bestimmten Zeitraums.[72]

Umstritten ist, was unter einer **„Darstellung"** zu verstehen ist. Einigkeit besteht insoweit, als dass eine **Verkörperung von gewisser Dauerhaftigkeit** erforderlich ist. 405

Beispiel Eine Personenwaage, deren Zeiger nach Verlassen der Waage wieder auf Null geht, stellt keine technische Aufzeichnung dar. ■

Fraglich ist jedoch, ob auch sog. **„Nur-Anzeigengeräte"**, bei denen sich der Zählerstand fortlaufend durch Addition verändert, unter den Begriff der technischen Aufzeichnung fallen.

Beispiel Gas- und Wasseruhren, Strom- und Kilometerzähler ■

Einer in der **Literatur** vertretenen Auffassung zufolge reicht jede Darstellung von einer gewissen Dauerhaftigkeit, deren Verwendbarkeit als Beweismittel über ihren Entstehungszeitpunkt hinaus erhalten bleibt. Es wird darauf verwiesen, dass die jeweiligen Messwerte als Teil der fortlaufend sich verändernden Summe erhalten und damit perpetuiert bleiben.[73] 406

Die **herrschende Meinung** verlangt, dass die geräteautonom produzierte **Information in einem selbstständig verkörperten, vom Gerät abtrennbaren Stück enthalten** ist.[74] Zur Begründung wird auf die Anlehnung des § 268 an den § 267 und damit an das Erfordernis der Perpetuierung verwiesen, die eine derartige, eigenständige Verkörperung verlange. Darüber hinaus wird angeführt, dass Manipulationen an Anzeigegeräten schon nach §§ 242, 248c, 263, 266 erfasst werden könnten, mithin kein weiteres Strafbedürfnis bestehe. 407

70 Schönke/Schröder-*Heine/Schuster* § 268 Rn. 8.
71 Schönke/Schröder-*Heine/Schuster* § 268 Rn. 12–12a.
72 Schönke/Schröder-*Heine/Schuster* § 268 Rn. 12b–12c.
73 Schönke/Schröder-*Heine/Schuster* § 268 Rn. 9; *Joecks/Jäger* § 268 Rn. 10.
74 BGHSt 29, 204; *Wessels/Hettinger/Engländer* Strafrecht BT 1 Rn. 849.

Hinweis

Hinsichtlich der **Kilometerzähler** sind die unterschiedlichen, in Rechtsprechung und Literatur vertretenen Auffassungen irrelevant geworden, da der Gesetzgeber durch Gesetz vom 14.8.2005 eine Manipulation in § 22b StVG unter Strafe gestellt hat.

Aus dem Umstand, dass der Gesetzgeber es für erforderlich hielt, diese Norm zu schaffen, können Sie den Rückschluss ziehen, dass er Anzeigegeräte wie den Kilometerzähler eben nicht zu den technischen Aufzeichnungen zählte.

408 Weitere Voraussetzung der technischen Aufzeichnung ist, dass die Darstellung **durch ein technisches Gerät ganz oder zum Teil selbsttätig bewirkt** wird. Was darunter zu verstehen ist, ist wiederum **umstritten**.

Teilweise wird es im **Schrifttum** als ausreichend angesehen, wenn das zwischen Aufzeichnungsobjekt und Aufzeichnung geschaltete Gerät die Art der Aufzeichnung wenigstens mitbestimmt.[75] Der Vorteil dieser Auffassung besteht darin, dass sie Manipulationen an Kopien erfasst.

409 Nach **herrschender Auffassung** ist eine Darstellung nur dann selbsttätig bewirkt, wenn nicht nur der technische Aufzeichnungsvorgang selbstständig abläuft, sondern das technische Gerät ohne wesentliche menschliche Mitwirkung einen neuen, geräteautonomen Aufzeichnungsinhalt hervorbringt. Geschützt ist das **Vertrauen in die technische Informationsgewinnung,** die eine gewisse Selbstständigkeit des Geräts bei der Informationsgewinnung voraussetzt.[76]

Beispiel Nach herrschender Meinung scheiden damit die Produkte all jener Geräte als technische Aufzeichnungen aus, die sich in der bloßen Nachahmung des Originals erschöpfen, so z.B. Fotokopien, Fotografien, Tonbandaufzeichnungen, Film- und Fernsehaufnahmen.[77]

Positive *Beispiele* für das Vorliegen technischer Aufzeichnungen sind dagegen die schriftlich fixierten Messergebnisse eines Seismografen, die auf einer Diagrammscheibe niedergelegten Informationen durch einen Fahrtenschreiber, das erstellte Protokoll durch einen Lügendetektor oder das durch einen Starenkasten bewirkte Foto eines Rasers. In all diesen Fällen liegt die Selbsttätigkeit des Geräts darin, dass es aufgenommene Impulse in geräteautonomer Weise umsetzt und verarbeitet. ■

410 Schließlich muss die Aufzeichnung ihren **Aufzeichnungsgegenstand jedenfalls für Eingeweihte erkennen lassen** und **zum Beweis im Rechtsverkehr bestimmt und geeignet** sein. Die Erkennbarkeit kann sich unmittelbar aus der Aufzeichnung oder aus einem ergänzenden Vermerk ergeben.[78]

Beispiel Das Röntgenbild stellt erst dann eine technische Aufzeichnung dar, wenn der Abgelichtete kenntlich gemacht wird. ■

75 *Joecks/Jäger* § 268 Rn. 19.
76 BGHSt 24, 140; *Wessels/Hettinger/Engländer* Strafrecht BT 1 Rn. 853.
77 BGHSt 24, 140; Schönke/Schröder-*Heine/Schuster* § 268 Rn. 17.
78 *Wessels/Hettinger/Engländer* Strafrecht BT 1 Rn. 856.

2. Tathandlungen

Die in § 268 Abs. 1 Nr. 1 und 2 genannten alternativen **Tathandlungen stimmen mit denen des § 267 Abs. 1 überein**. Insofern wird auf die dortigen Ausführungen Bezug genommen. 411

Der Täter kann sich zunächst gem. § 268 Abs. 1 Nr. 1 strafbar machen, wenn er eine **unechte technische Aufzeichnung herstellt**. 412

Eine **unechte** technische Aufzeichnung liegt vor, wenn sie entweder überhaupt nicht oder nicht in ihrer konkreten Gestalt aus einem in seinem Ablauf unberührten Herstellungsvorgang eines technischen Geräts stammt.[79]

Beispiel Arzthelferin A möchte bei der „Lange Leben AG" eine Lebensversicherung abschließen. Leider hat sie einen erblich bedingten Herzfehler, weswegen sie zu Recht befürchtet, dass ihr Antrag auf Abschluss eines entsprechenden Vertrages abgelehnt werden wird. Aus diesem Grund fertigt sie auf dem entsprechenden Papier, welches sie aus der Praxis mitgenommen hat, mittels einer gekonnten handschriftlichen Zeichnung ein EKG an, welches sie zusammen mit den anderen Untersuchungsergebnissen bei der Versicherung einreicht.

Das EKG ist eine technische Aufzeichnung. Aufgrund der Manipulation erweckt A den Eindruck, als ob dieses aus dem entsprechenden Gerät stamme, obwohl es tatsächlich von ihr gefertigt wurde. Wie Sie sehen, fallen erneut der aus der Unterlage ersichtliche Aussteller – das Gerät – und der tatsächliche Aussteller – die A – auseinander. ■

Auch bei § 268 Abs. 1 ist das Herstellen einer unechten technischen Aufzeichnung abzugrenzen von der straflosen **schriftlichen Lüge**. Letztere liegt insbesondere dann vor, wenn das Gerät lediglich mit falschen Informationen „gefüttert" wird, ansonsten aber wie vorgesehen autonom arbeitet und keine weiteren Manipulationen im Rahmen des Verarbeitungsvorgangs erfolgen. 413

Beispiel Bei einem Fitnesscheck durch einen Fitnessautomaten gibt A fälschlicherweise an, er sei 20 cm größer als in Wirklichkeit. Dadurch ermittelt das Fitnessgerät in dem anschließend ausgedruckten Gutachten, dass A normalgewichtig sei, obwohl bei Beachtung seiner wahren Größe A stark übergewichtig ist.

A hat hier keine unechte technische Aufzeichnung hergestellt, da es sich bei dem schriftlichen Gutachten tatsächlich um ein solches des Fitnessgerätes handelt. Auch eine Manipulation im Sinne des § 268 Abs. 3 liegt hier nicht vor, da die bloße Eingabe falscher Daten insoweit nicht tatbestandsmäßig ist. ■

Die **störende Einwirkung auf den Aufzeichnungsvorgang gem. Abs. 3** ist ein Unterfall des Herstellens einer unechten technischen Aufzeichnung. Hierunter fallen sämtliche Manipulationen, die den selbstständig-fehlerfreien Funktionsablauf des technischen Gerätes beeinflussen.[80] 414

---

79 BGHSt 29, 204.
80 BGHSt 28, 300.

Beispiel A ist Lkw-Fahrer und an die Einhaltung einer bestimmten Höchstgeschwindigkeit gebunden. Das Einhalten dieser Höchstgeschwindigkeit wird durch ein entsprechendes Gerät, einen Fahrtenschreiber, dokumentiert. Damit das Gerät eine geringere Geschwindigkeit dokumentiert als tatsächlich gefahren, verändert A die Vorspannung des Geräts, so dass die gefahrene Geschwindigkeit geringer als tatsächlich gefahren angegeben wird.

Die so zustande gekommenen Dokumentationen des Fahrtenschreibers stellen unechte technische Aufzeichnungen im Sinne des § 268 Abs. 1 Alt. 1 i.V.m. § 268 Abs. 3 dar. Hergestellt wird die unechte technische Aufzeichnung durch Ingangsetzen des Fahrzeugs. ■

Das **Abschalten des Geräts** oder die **Verhinderung der Aufzeichnung** sind keine Einwirkung gem. § 268 Abs. 3, da in diesen Fällen keine Manipulation vorliegt.

Beispiel Autofahrer A bringt auf der Rückseite seiner Sonnenblende einen Spiegel an, der beim Blitzen durch eine Verkehrsüberwachungsanlage dazu führt, dass kein brauchbares Foto erstellt werden kann, da A aufgrund der Reflexion nicht zu erkennen ist.[81] ■

415 Beim **Verfälschen einer technischen Aufzeichnung** wird eine bereits vorhandene technische Aufzeichnung auf beweiserhebliche Weise verändert, so dass in der Folge der Eindruck erweckt wird, als trüge sie im veränderten Zustand die Gestalt, in der sie nach ordnungsgemäßem Herstellungsvorgang des technischen Geräts vorlag.[82]

Beispiel Nachdem ein Seismograf Aufzeichnungen über erdtektonische Bewegungen erstellt hat, malt A weitere Kurven in das entsprechende Dokument hinein, um wesentlich stärkere Erschütterungen der Erdoberfläche zu simulieren. ■

Beim **Tatbestandsmerkmal des Gebrauchens** genügt – wie im Rahmen des § 267 Abs. 1 – die bloße Möglichkeit der Kenntnisnahme durch Dritte.

III. Subjektiver Tatbestand

416 Der subjektive Tatbestand des § 268 Abs. 1 stimmt mit dem des § 267 Abs. 1 überein. Erforderlich ist Vorsatz bezüglich sämtlicher objektiver Tatbestandsmerkmale und zusätzlich ein Handeln zur Täuschung im Rechtsverkehr. Insoweit wird auf die obigen Ausführungen Bezug genommen.

IV. Strafzumessungsregeln und Qualifikation

417 Gemäß § 268 Abs. 5 gelten § 267 Abs. 3 und 4 entsprechend. Somit können die Regelbeispiele für besonders schwere Fälle der Urkundenfälschung sowie die Qualifikation wegen gewerbsmäßiger Begehung einer Urkundenfälschung als Mitglied einer Bande im Sinne des § 267 Abs. 4 auch bei § 268 Anwendung finden.

81 *OLG München* NJW 2006, 2123.
82 *Fischer* § 268 Rn. 21.

D. Fälschung beweiserheblicher Daten, § 269

I. Überblick

Geschütztes Rechtsgut ist auch hier die Sicherheit und Zuverlässigkeit des Beweisverkehrs. Nach den Vorstellungen des Gesetzgebers soll § 269 bei der Bekämpfung der Computerkriminalität eine zentrale Bedeutung zukommen.[83] **418**

Bestraft wird das Speichern oder Verändern von beweiserheblichen Daten. Da diese **Daten nicht unmittelbar wahrnehmbar** sind oder **keine menschliche Gedankenerklärung aus sich heraus erkennen lassen**, sind sie keine Urkunden gem. § 267. Da – wie soeben gesehen – die Verwendung unrichtiger Daten keine Herstellung einer unechten technischen Aufzeichnung ist, scheidet auch eine Strafbarkeit gem. § 268 aus.

JURIQ-Klausurtipp

In der Klausur sollten Sie **beide Normen kurz anprüfen** und aufgrund der soeben genannten Überlegungen an den entsprechenden Stellen verneinen.

Beispiel A hatte mehrere pfandfreie Plastikflaschen bei sich, auf die er nachträglich das DPG-Pfandzeichen aufgeklebt hatte. Dieses Zeichen besteht zum einen aus dem Symbol für Pfandflaschen und zudem aus dem Strichcode und der sich darunter befindlichen 13-stelligen Nummer. Diese Flaschen warf er in der Absicht, sich rechtswidrig zu bereichern, in den Pfandannahmeautomaten und forderte per Knopfdruck den Pfandbon über 9,75 EUR an.

Das *OLG Zweibrücken*[84] hat sich zunächst mit § 267 Abs. 1 Alt. 1 befasst, die Urkundenfälschung aber im Ergebnis verneint, da die Flasche mit dem DPG-Pfandzeichen jedenfalls dann keine Urkunde sei, wenn der Täter die Flasche in einen Pfandautomaten einwerfen wolle. Die in dem DPG-Pfandzeichen gespeicherten Informationen zum auszuzahlenden Pfandbetrag seien einer unmittelbaren menschlichen Wahrnehmung nicht zugänglich. Die Daten stellten aber eine unechte Urkunde im Falle ihrer Wahrnehmung dar, da sie erklärten, der Hersteller habe diese Flasche als Pfandflasche mit einem auszuzahlenden Pfandbetrag in den Verkehr gebracht. ■

Da § 269 Abs. 3 auf § 267 Abs. 3 und 4 verweist, gelten die **Regelbeispiele und Qualifikationen** auch für § 269.

83 *Joecks/Jäger* § 269 Rn. 2.
84 *OLG Zweibrücken* NStZ 2022, 550.

419 Der Aufbau sieht wie folgt aus:

PRÜFUNGSSCHEMA

Fälschung beweiserheblicher Daten, § 269

I. Objektiver Tatbestand
1. Tatobjekt: beweiserhebliche Daten
2. Tathandlung:
   a) Speichern, so dass bei Wahrnehmung eine unechte Urkunde vorliegen würde
   b) Verändern, so dass bei Wahrnehmung eine verfälschte Urkunde vorliegen würde
   c) Gebrauchen

II. Subjektiver Tatbestand
1. Vorsatz, dolus eventualis reicht
2. Täuschungsabsicht

III. Rechtswidrigkeit

IV. Schuld

V. Besonders schwerer Fall gem. §§ 269 Abs. 3 i.V.m. 267 Abs. 3

II. Objektiver Tatbestand

420 Die Tatobjekte des § 269 sind beweiserhebliche Daten.

Daten sind Informationen, die Gegenstand eines Datenverarbeitungsvorgangs sein können und die elektronisch, magnetisch oder sonst nicht unmittelbar wahrnehmbar gespeichert oder übermittelt werden.[85]

421 Daneben müssen die Daten **beweiserheblich** sein. Das sind sie, wenn sie **alle Elemente einer Urkunde** aufweisen. Sie müssen also im Falle der gedachten Wahrnehmbarkeit eine menschliche Gedankenerklärung beinhalten, den Aussteller, also denjenigen, dem die Daten geistig zugerechnet werden, erkennen lassen und zum Beweis bestimmt und geeignet sein.

Beispiel Erfasst werden Stammdaten von Geschäftskunden, Angaben über den Kontostand, Eigentumsverhältnisse an Grundstücken, E-Mails u.v.m.[86] ■

422 Die **Tathandlungen** liegen im Speichern, Verändern oder Gebrauchen dieser Daten.

Daten werden **gespeichert**, wenn sie über die Konsolmaschine oder in anderer Weise, etwa durch Übertragung von einem anderen Computer, in eine EDV-Anlage eingegeben werden.[87]

85 *Wessels/Hettinger/Engländer* Strafrecht BT 1 Rn. 871.
86 *Wessels/Hettinger/Engländer* Strafrecht BT 1 Rn. 871.
87 Schönke/Schröder-*Heine/Schuster* § 269 Rn. 16.

Beispiel A eröffnet unter dem Mitgliedsnamen „Master18" einen Account bei eBay und verwendet, um seine Identität zu verbergen, falsche Personaldaten bei der Anmeldung. Nachdem eBay die Daten bei der Schufa abgeglichen hat, ersteigert A verschiedene Gegenstände, deren Bezahlung problemlos erfolgt, da sie nur unter Vorkasse geliefert werden.

Das *KG Berlin*[88] hat im Gegensatz zum *OLG Hamm*[89], welches einen ähnlichen Fall zu entscheiden hatte, eine Strafbarkeit gem. § 269 bejaht. Problematisch ist, ob die von A eingegebenen Personaldaten (Name, Anschrift) als beweiserhebliche Daten anzusehen sind. Nach Ansicht des *OLG Hamm* fehlten bei einer solchen Anmeldung sowohl die Garantie- als auch die Beweisfunktion, da im offenen Medium Internet die Eingabe des Namens und der Adresse keinen hinreichenden Rückschluss auf die Authentizität des Nutzers gäben, da sich jeder Nutzer auch unter fiktivem Namen anmelden könne. Das *KG Berlin* hingegen hat ausgeführt, dass der Anmeldevorgang eine nach außen gerichtete, rechtlich wirksame Erklärung darstelle, da mit dieser Anmeldung unter Zugrundelegung der AGB ein Nutzungsvertrag zustande komme. Dass eBay ein Interesse an der Authentizität des Nutzers habe, ergebe sich schon aus der Schufa Überprüfung. ■

Hinweis

Da ein *Oberlandesgericht* nicht ohne weiteres von einer Entscheidung eines anderen *Oberlandesgerichts* abweichen darf, hätte das *KG Berlin* die Sache eigentlich dem *BGH* vorlegen müssen, vgl. § 121 Abs. 2 GVG. Das *KG* hat sich allerdings insofern „beholfen", indem es feststellte, dass „... angesichts der unzureichenden Tatsachenfeststellungen des Landgerichts...der Senat nicht zuverlässig beurteilen (kann), ob die vorliegende Fallgestaltung vergleichbar ist ...".

Daten werden **verändert**, wenn deren Bestand so geändert wird, dass bei ihrer visuellen Darstellung ein anderes Ergebnis als das vom Betreiber der Anlage durch die Festlegung des Programms gewollte Ergebnis erreicht wird.[90] 423

Beispiel Das Wiederaufladen bereits abtelefonierter Telefonkarten stellt eine Datenveränderung dar. Benutzt der Täter anschließend die Karte, macht er sich zudem gem. § 263a strafbar. ■

Das **Ergebnis der Manipulation** muss ein Datenbestand sein, der, würde er sichtbar gemacht werden, eine unechte oder verfälschte Urkunde wäre. Von daher ist von einer hypothetischen Datendarstellung auszugehen. Sie muss eine Erklärung beinhalten, die auch Inhalt einer Urkunde sein könnte.

Beispiel Dies ist der Fall, wenn sie sich als Verwaltungsakt (Bewilligung von Kindergeld, Steuerbescheid), als Kontoauszug, Rechnung usw. darstellt, soweit es sich insoweit nicht bloß um den Entwurf einer Urkunde handeln würde.[91] ■

88 *KG Berlin* NRÜ 2011, 507.
89 *OLG Hamm* StV 2009, 475.
90 Schönke/Schröder-*Heine/Schuster* § 269 Rn. 17.
91 Beispiele aus Schönke/Schröder-*Heine/Schuster* § 269 Rn. 19.

Hinsichtlich der Tathandlungsalternative des **Gebrauchens** gelten die Ausführungen bei § 267 entsprechend.

III. Subjektiver Tatbestand

424 Im subjektiven Tatbestand verlangt § 269 wie § 267 auch neben dem **Vorsatz** hinsichtlich aller objektiven Tatbestandsmerkmale ein **Handeln zur Täuschung** im Rechtsverkehr, so dass auf die dortigen Ausführungen verwiesen wird.

IV. Strafzumessungsregeln und Qualifikation

425 Durch den Verweis auf § 267 Abs. 3 und 4 finden auch bei § 269 die Regelbeispiele eines besonders schweren Falls einer Urkundenfälschung und die entsprechende Qualifikation für ein gewerbsmäßiges Handeln als Bandenmitglied Anwendung.

E. Urkundenunterdrückung, § 274

I. Überblick

426 § 274 Abs. 1 Nr. 1 **schützt** den Bestand von Urkunden und technischen Aufzeichnungen. In § 274 Abs. 1 Nr. 2 geht es um den Bestand beweiserheblicher Daten.

Anders als bei den §§ 267 und 268 geht es dem Täter damit nicht um die Erlangung sondern um die Beseitigung eines Beweismittels und die damit einhergehende **Beeinträchtigung des Beweisführungsrechts** eines anderen. Ist derjenige, der berechtigt ist, mit der Urkunde oder der technischen Aufzeichnung Beweis zu führen, mit dieser Beeinträchtigung einverstanden, so wird nach überwiegender Auffassung eine **rechtfertigende Einwilligung** angenommen.[92]

Von äußerst geringer Examensrelevanz ist **§ 274 Abs. 1 Nr. 3**. Danach wird die **Beeinträchtigung eines Grenzsteins** oder eines anderen zur Bezeichnung einer Grenze oder eines Wasserstandes bestimmten Merkmals unter Strafe gestellt.

92 *Wessels/Hettinger/Engländer* Strafrecht BT 1 Rn. 874.

Der Aufbau des klausurrelevanten § 274 Abs. 1 Nr. 1 sieht wie folgt aus: 427

Urkundenunterdrückung, § 274 Abs. 1 Nr. 1

PRÜFUNGSSCHEMA

I. Objektiver Tatbestand
1. Tatobjekt
   a) echte Urkunde oder technische Aufzeichnung,
   b) die dem Täter entweder überhaupt nicht oder nicht ausschließlich gehört
2. Tathandlung
   a) vernichten
   b) beschädigen
   c) unterdrücken

II. Subjektiver Tatbestand
1. Vorsatz, dolus eventualis reicht
2. Nachteilszufügungsabsicht

III. Rechtswidrigkeit

IV. Schuld

II. Objektiver Tatbestand des § 274 Abs. 1 Nr. 1

Als Tatobjekte kommen gem. § 274 Abs. 1 Nr. 1 eine Urkunde oder eine technische Aufzeichnung in Betracht, welche dem Täter entweder überhaupt nicht oder nicht ausschließlich gehören. Da das Beweisführungsrecht geschützt ist, müssen die Urkunden oder technischen Aufzeichnungen echt sein. 428

Die Tatbestandsmerkmale der Urkunde und der technischen Aufzeichnung werden wie in den §§ 267, 268 definiert.

Das Merkmal des **Gehörens** wird nicht im Sinne zivilrechtlicher Eigentumsverhältnisse verstanden. Nach dem geschützten Rechtsgut des § 274 sieht die Definition vielmehr wie folgt aus: 429

> Eine Urkunde oder eine technische Aufzeichnung **gehört** demjenigen, der das Recht innehat, mit ihr im Rechtsverkehr Beweis zu erbringen.[93]

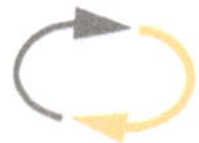

93 BGHSt 6, 251; *Wessels/Hettinger/Engländer* Strafrecht BT 1 Rn. 877.

430 Von daher kann **auch der Eigentümer einer Urkunde** selbst Täter des § 274 Abs. 1 Nr. 1 sein, soweit andere ein Beweisführungsrecht am Tatobjekt haben.[94] Ein solches Beweisführungsrecht kann für gewöhnlich angenommen werden, wenn der Eigentümer Dritten gegenüber herausgabe- oder vorlegungspflichtig ist.

Beispiel Arzt A vernichtet die Krankenakte der B, die ihn wegen fehlerhafter Behandlung auf Zahlung eines Schmerzensgeldes verklagt hat. B hat hier aufgrund des Behandlungsvertrages einen Herausgabeanspruch gegenüber A, so dass dieser sein alleiniges Beweisführungsrecht verloren hat. ■

Beispiel A überklebt sein Nummernschild mit einer reflektierenden Folie, um beim Blitzen die Ablesbarkeit des Nummernschildes zu verhindern.

Das Nummernschild „gehört" nicht nur dem A, auch wenn dieser Eigentümer desselben ist. Das Kennzeichen „gehört" auch den am Straßenverkehr teilnehmenden Dritten, die mit diesem nach einem Unfall den Halter ermitteln wollen, sowie den verkehrsüberwachenden Behörden.[95] ■

431 Mögliche **Tathandlungen** des § 274 Abs. 1 Nr. 1 sind das Vernichten, Beschädigen, oder Unterdrücken der Urkunde bzw. der technischen Aufzeichnung.

Unter einem **Vernichten** versteht man die völlige Zerstörung der beweiserheblichen Substanz, das Beweismittel hört also auf, als solches zu existieren.[96]

Beispiel Das Entfernen des Nummernschilds vom Auto führt zur Vernichtung der zusammengesetzten Urkunde, da das Nummernschild ohne Bezugsobjekt keine Erklärung abgibt. ■

432 Das **Beschädigen** ist eine Vorstufe zum Vernichten. Eine Urkunde bzw. technische Aufzeichnung ist beschädigt, wenn sie derart verändert worden ist, dass sie in ihrem Wert als Beweismittel mehr als nur unerheblich beeinträchtigt ist.[97]

Beispiel Das obige Aufbringen der reflektierenden Folie stellt ein Beschädigen dar, da das Nummernschild nicht mehr jederzeit lesbar und damit in seinem Beweiswert beeinträchtigt ist. ■

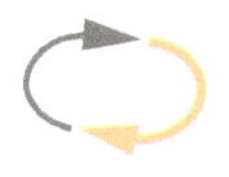

433 Ein **Unterdrücken** der Urkunde bzw. der technischen Aufzeichnung liegt vor, wenn der Täter eine Handlung vornimmt, durch die dem Berechtigten die Nutzung der Urkunde als Beweismittel zumindest zeitweilig entzogen oder vorenthalten wird.[98]

Dazu bedarf es keiner Ortsveränderung des Tatobjekts, vielmehr kommt es entscheidend darauf an, ob dem Beweisführungsberechtigten die Möglichkeit entzogen worden ist, die Urkunde oder technische Aufzeichnung zu nutzen.

Beispiel Wäre A geblitzt worden, so hätte auch ein Unterdrücken vorgelegen. ■

---

94 BGHSt 29, 192.
95 BGHSt 45, 197.
96 Schönke/Schröder-*Heine/Schuster* § 274 Rn. 7.
97 Schönke/Schröder-*Heine/Schuster* § 274 Rn. 8.
98 Schönke/Schröder-*Heine/Schuster* § 274 Rn. 9.

III. Objektiver Tatbestand des § 274 Abs. 1 Nr. 2

Ähnlich ist auch § 274 Abs. 1 Nr. 2 zu handhaben. Die möglichen Tathandlungen sind im Rahmen des § 274 Abs. 1 Nr. 2 den Besonderheiten des Tatobjekts anzupassen. Danach können beweiserhebliche Daten neben der Unterdrückung und Unbrauchbarmachung auch gelöscht oder verändert werden. 434

Gelöscht sind die Daten, wenn sie vollständig unkenntlich gemacht werden, also auch nicht mehr rekonstruiert werden können.[99]

Verändert sind Daten, die einen anderen Informationsgehalt erhalten haben.[100]

Auch bei den Tathandlungen der Nr. 2 wird in erster Linie darauf abgestellt, ob der Verfügungsberechtigte Einbußen in seinem Beweisführungsrecht erleidet.

IV. Subjektiver Tatbestand

Zunächst einmal verlangt § 274 Abs. 1 Nr. 1 und 2 Vorsatz hinsichtlich aller objektiven Tatbestandsmerkmale, wobei **dolus eventualis** ausreicht. 435

Darüber hinaus muss der Täter in der **Absicht** handeln, einem anderen einen **Nachteil zuzufügen.**

Nach überwiegender Auffassung genügt **dolus directus 2. Grades**, da es dem klassischen Täter des § 274 in erster Linie nicht um die Herbeiführung eines Nachteils, sondern zumeist um die eigene oder fremde Besserstellung geht.[101] 436

Beispiel A hat dem B zur Begleichung einer Kaufpreisschuld einen Wechsel übergeben. In einem unbeobachteten Augenblick nimmt er den Wechsel aus der Schreibtischschublade des B und verbrennt ihn.

Hier kam es A in erster Linie auf den eigenen Vorteil an. Würde man dolus directus 1. Grades verlangen, so müsste man § 274 ablehnen. ■

Der Begriff des Nachteils ist weit zu verstehen. Es muss sich nicht um einen Vermögensschaden handeln, vielmehr wird **jeder Beweisnachteil** erfasst, der **gerade durch das Vorenthalten der Urkunde** entsteht.[102]

Will der Täter lediglich die **Verhängung einer Strafe bzw. eines Bußgeldes** verhindern, ist nach herrschender Meinung die Nachteilszufügungsabsicht zu verneinen. Dies wird mit einem Hinweis auf § 258 Abs. 5 begründet, der insoweit einen abschließenden Charakter haben soll.[103]

Beispiel Im obigen Nummernschild-Fall ist somit eine Urkundenunterdrückung abzulehnen. Das Aufkleben der Folie diente dazu, das Nummernschild unkenntlich zu machen

99 *Joecks/Jäger* § 274 Rn. 13.
100 Schönke/Schröder-*Heine/Schuster* § 274 Rn. 22e.
101 *BGH* NStZ 2021, 430; Schönke/Schröder-*Heine/Schuster* § 274 Rn. 15.
102 SK-*Hoyer*, § 274 Rn. 17.
103 *Wessels/Hettinger/Engländer* Strafrecht BT 1 Rn. 883.

und damit zu verhindern, dass der Staat ein Bußgeld wegen einer Geschwindigkeitsüberschreitung verhängen kann. Aus § 258 ergibt sich, dass eine Strafvereitelung (erst recht die Vereitelung einer Ordnungswidrigkeit, die von § 258 gar nicht erst erfasst wird) zu eigenen Gunsten straflos ist. Damit diese Wertung erhalten bleibt, muss die Nachteilszufügungsabsicht abgelehnt werden. ■

V. Konkurrenzen

437 Verfälscht der Täter eine echte Urkunde bzw. eine technische Aufzeichnung, dann liegt häufig auch eine Beschädigung derselben vor. Insoweit **verdrängen** dann die §§ 267, 268 den Straftatbestand der Urkundenunterdrückung. Gleiches gilt für das Verhältnis zwischen § 274 zu § 269.

Soweit Strafvorschriften außerhalb der Urkundendelikte betroffen sind, insbesondere der allgemeine Straftatbestand der Sachbeschädigung, so ist § 274 hinsichtlich der Vernichtung bzw. Beschädigung von Urkunden oder technischen Aufzeichnungen **spezieller**.

F. Mittelbare Falschbeurkundung, § 271

I. Überblick

438 Im Gegensatz zu den §§ 267 ff. schützen die §§ 271, 348 die inhaltliche Richtigkeit von – allerdings nur öffentlichen – Urkunden. Damit soll die besondere **Beweiskraft öffentlicher Urkunden** und das in sie gesetzte Vertrauen gesichert werden.

» Da § 348 verständlicher gefasst ist, sollten Sie ihn parallel zu § 271 lesen! «

439 Wird die **Falschbeurkundung durch einen bösgläubigen Amtsträger** vorgenommen, so ist dieser gem. **§ 348** zu bestrafen. Die Veranlassung oder Unterstützung bei der Falschbeurkundung ist dann eine Beihilfe oder Anstiftung gem. §§ 26, 27, wobei dem Teilnehmer, sofern er nicht Amtsträger ist, § 28 Abs. 1 zu Hilfe kommt.

Eine Mittäterschaft oder mittelbare Täterschaft kommt nur in Betracht, wenn auch der Mittäter oder mittelbare Täter ein Amtsträger ist, da § 348 ein Sonderdelikt ist.

440 **Veranlasst ein Nichtbeamter eine falsche Beurkundung**, indem er sich eines **gutgläubigen Amtsträgers** bedient, so ist **§ 271** einschlägig. Sie können daran erkennen, dass § 271 die Fälle der **mittelbaren Täterschaft durch einen Nicht-Amtsträger** erfasst.

Hinweis

Klausurrelevant ist vor allem § 271, weswegen diese Vorschrift nachfolgend dargestellt wird. Sollte Ihnen **§ 348** in der Klausur begegnen, so können Sie mit dem im Rahmen des § 271 erworbenen Wissen mühelos den Sachverhalt subsumieren. Der Begriff des Amtsträgers ist in § 11 Abs. 1 Nr. 2 legal definiert.

§ 271 Abs. 3 ist eine **Qualifikation**, wonach eine erhöhte Strafe zu verhängen ist, wenn der Täter gegen Entgelt oder mit Bereicherungsabsicht handelt. In der Klausur sollten Sie die Qualifikation zusammen mit dem Grunddelikt prüfen.

Der **Aufbau des § 271** sieht demnach wie folgt aus: 441

Mittelbare Falschbeurkundung, § 271

PRÜFUNGSSCHEMA

I. Objektiver Tatbestand
1. Tatobjekt
   öffentliche Urkunden, Bücher, Dateien, Register
2. Tathandlung
   a) Bewirken einer Falschbeurkundung, Abs. 1
      - bei Bösgläubigkeit des Amtsträgers Rn. 451
      - rechtlich erhebliche Tatsache Rn. 446
   b) Gebrauchen, Abs. 2
   c) Handeln gegen Entgelt bei Abs. 3 Alt. 1

II. Subjektiver Tatbestand
1. Vorsatz, dolus eventualis reicht
2. Täuschungsabsicht bei Abs. 2
3. Bereicherungs- oder Schädigungsabsicht bei Abs. 3 Alt. 2

III. Rechtswidrigkeit

IV. Schuld

II. Objektiver Tatbestand

442 Lassen Sie sich nicht davon beeindrucken, dass der Gesetzestext auf den ersten Blick kompliziert formuliert ist. Vereinfacht ausgedrückt muss der Täter **bewirken**, dass ein **Amtsträger etwas Unwahres beurkundet oder speichert.**

Täter — bewirkt → Beurkundung oder Speicherung | einer rechtlich erheblichen, unwahren Tatsache | durch einen Amtsträger

443 **Tatobjekt** sind öffentliche Urkunden, Bücher (Geburtenbücher), Dateien oder Register (Handelsregister).

> Die Tatobjekte sind **öffentlich**, wenn sie für den Verkehr nach außen bestimmt sind und dem Zweck dienen, für und gegen jedermann Beweis zu erbringen.[104]

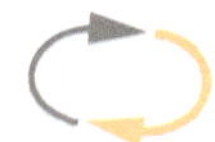

104 *Fischer* § 271 Rn. 4.

Hinsichtlich des Begriffs der öffentlichen Urkunde können Sie sich an **§§ 415**, **417** und **418 ZPO** orientieren, den Sie in der Klausur benennen sollten. Demnach sind Urkunden öffentlich, wenn

- sie von einer öffentlichen **Behörde** innerhalb der Grenzen ihrer Befugnisse oder von einer mit öffentlichem Glauben versehenen Person (z.B. Notar, § 20 BNotO),
- im Rahmen ihrer **Zuständigkeit** und
- in der vorgeschriebenen **Form** errichtet worden sind.

Beispiel *Beispiele* für das Vorliegen einer öffentlichen Urkunde etc. sind das Grundbuch, die Einwohnermeldeliste, Pfändungs- und Versteigerungsprotokolle des Gerichtsvollziehers.

444 Von den öffentlichen Urkunden sind die **schlicht amtlichen Urkunden** zu unterscheiden. Diese sind nur für den **inneren Dienstbetrieb** bestimmt und dienen in erster Linie der Kontrolle oder Ordnung.

Beispiel Dienstpläne, Zulassungskarteien und Kassenbücher werden lediglich für die innere Organisation geführt.

445 Dem Schutz des § 271 unterfallen im Hinblick auf den Schutzzweck nicht alle Bestandteile der öffentlichen Urkunde, sondern nur solche Erklärungen, Vorgänge und Tatsachen, auf die sich die **Beweiskraft der jeweiligen öffentlichen Urkunde** erstreckt.[105] Die Beweiskraft ergibt sich aus den einschlägigen Vorschriften sowie ergänzend aus der Verkehrsanschauung.

Beispiel Die Beweiskraft eines Führerscheins erstreckt sich auf die Erteilung der Fahrerlaubnis und auf den Nachweis, dass sein Inhaber mit der im Führerschein bezeichneten Person identisch ist, nicht aber z.B. die Berechtigung zum Führen eines Doktortitels.[106]

JURIQ-Klausurtipp

In der Klausur wird die Beweiskraft der **maßgebliche Prüfungspunkt** sein. Um ein Gefühl für die Problematik zu bekommen, sollten Sie sich die einschlägige Kasuistik in der Kommentarliteratur ansehen.[107]

446 In diesen, der Beweiskraft unterfallenden Teilen der öffentlichen Urkunde muss es zu einer Falschbeurkundung gekommen sein. Die **Falschbeurkundung** muss also **rechtlich erheblich** sein und darf **mit den tatsächlichen Gegebenheiten nicht übereinstimmen**. Im Gesetzestext wird dies sehr umständlich ausgedrückt mit der Formulierung: *„...während sie überhaupt nicht oder in anderer Weise oder von einer Person in einer ihr nicht zustehenden Eigenschaft oder von einer anderen Person..."*

447 Dabei kann wie folgt unterschieden werden:

Wird zu öffentlichem Glauben nur beurkundet, **dass** jemand eine Erklärung **abgegeben** hat, so umfasst die Beweiskraft nur die Abgabe aber nicht den Inhalt.

105 BGHSt 22, 201.
106 *BGH* NJW 55, 839.
107 *Fischer* § 271 Rn. 6.

Beispiel A sagt als Zeuge vor Gericht aus, er habe den Angeklagten B zum Tatzeitpunkt am Tatort gesehen, obwohl dieser sich dort niemals aufgehalten hat. Diese Aussagen werden auch im Gerichtsprotokoll notiert.

A hat in diesem Fall keine mittelbare Falschbeurkundung begangen, da das Gerichtsprotokoll lediglich Auskunft darüber gibt, was der einzelne Zeuge von sich gegeben hat, nicht jedoch, dass die Aussagen auch inhaltlich tatsächlich der Wahrheit entsprechen.[108] ■

Wird zu öffentlichem Glauben beurkundet, dass eine **bestimmte Person** eine Erklärung abgegeben hat, so unterfällt auch die Personenidentität der Beweiskraft. **448**

Beispiel A schließt mit B einen Kaufvertrag über das Grundstück des C ab, wobei er sich gegenüber dem Notar unter Vorlage eines gefälschten Personalausweises als C ausgibt.

Hier liegt eine mittelbare Falschbeurkundung vor, da der öffentliche Glaube sich auch auf die Identität der Erklärenden bezieht. Nicht umsonst lässt sich der Notar den Ausweis vorlegen.[109] ■

Wird des Weiteren auch beurkundet, dass die Erklärung **ihrem Inhalt nach** richtig ist, bezieht sich die Beweiskraft auch auf die inhaltliche Richtigkeit. **449**

Beispiel A erklärt vor dem Standesbeamten, dass er ledig sei, obgleich er bereits in Norwegen verheiratet war.

Gem. § 12 Abs. 2 Nr. 4 PStG sind bei der Eheanmeldung auch Angaben über den Familienstand zu machen, so dass sich die Beweiskraft auch auf diese Angaben erstreckt.[110] ■

Beispiel Ausländer A beantragt gem. § 60a AufenthG eine vorübergehende Aussetzung der Abschiebung und gibt dabei falsche Personalien an. Die Ausländerbehörde stellt ihm eine entsprechende Bescheinigung nach §§ 60a Abs. 4, 78 Abs. 7 AufenthG aus.[111]

A hat sich nur dann nach § 271 strafbar gemacht, wenn die Personalien rechtlich erhebliche Tatsachen sind. Da für gewöhnlich solche Bescheinigungen einen Hinweis erhalten, dass die Personalangaben auf den Angaben des Ausländers beruhen, ist für den Rechtsverkehr unmissverständlich klar, dass die Zeugnisurkunde gem. § 418 ZPO keine Beweiskraft hinsichtlich der Personalien hat. § 271 scheidet damit aus. ■

Ist es zu einer fehlerhaften Eintragung von Tatsachen gekommen, auf die sich gerade auch die erhöhte Beweiskraft der öffentlichen Urkunde erstreckt, so ist weiter erforderlich, dass diese Falschbeurkundung durch den Täter **bewirkt** worden ist oder dass der Täter sie gem. Abs. 2 zur Täuschung im Rechtsverkehr **gebraucht**. **450**

Unter **Bewirken** versteht man jede irgendwie geartete Verursachung der unwahren Beurkundung oder Speicherung.[112]

108 RGSt 46, 112; *OLG Hamm* NJW 77, 592.
109 RGSt 66, 356.
110 BGHSt 6, 380 zu den alten Voraussetzungen des Personenstandsregisters, wonach auch Angaben über den Beruf zu machen waren.
111 *BGH* Beschluss vom 2.9.2009, 5 StR 266/09 – abrufbar unter www.bundesgerichtshof.de.
112 Schönke/Schröder-*Heine/Schuster* § 271 Rn. 25.

451 Ähnlich wie bei § 160 ist **umstritten**, ob die Falschbeurkundung auch bewirkt wurde, wenn der **Amtsträger** entgegen der Vorstellung des Täters **bösgläubig** ist.

Beispiel Beim obigen Abschluss des notariellen Kaufvertrages weiß der Notar, dass A nicht der C ist, beurkundet aber, ohne den A über sein Wissen aufzuklären, gleichwohl den Vertrag (zur umgekehrten Fallgestaltung vgl. Rn. 454).

Der Notar hat sich gem. § 348 strafbar gemacht. In Betracht käme mithin eine Anstiftung. Allerdings weiß A nicht, dass der Notar eine vorsätzliche, rechtswidrige Haupttat begehen wird, so dass der Anstiftervorsatz fehlt. Fraglich ist mithin, ob eine Strafbarkeit gem. § 271 angenommen werden kann. ■

» Sollten Sie die Problematik bei § 160 noch nicht oder nicht mehr kennen, sollten Sie sich an dieser Stelle damit auseinandersetzen. «

452 Da mit § 271 die Fälle der mittelbaren Täterschaft erfasst werden sollen, eine solche mittelbare Täterschaft objektiv aber bei Bösgläubigkeit nicht vorliegt, verneint **eine Auffassung** das Bewirken. Grundsätzlich läge in solchen Fällen objektiv die Situation der Anstiftung vor. Da der Täter allerdings den Vorsatz des mittelbaren Täters habe, habe er keinen Anstiftervorsatz. Ähnlich wie bei den Aussagedelikten soll der Anstiftervorsatz auch nicht als „Minus" im Tätervorsatz mitenthalten sein. Begründet wird dies wie bei § 160 auch mit dem geringen Strafrahmen des § 271. Es wird mithin eine versuchte mittelbare Falschbeurkundung gem. § 271 Abs. 1, Abs. 4 angenommen.[113]

Die **Gegenauffassung** bejaht das Bewirken, da es den Hintermann nicht entlasten solle, wenn der Vordermann „mehr tue", als der Hintermann annehme. Ein Bewirken liegt mithin auch in der Veranlassung der Falschbeurkundung durch einen bösgläubigen Hintermann.[114]

453 Das **Gebrauchen** einer falschen Beurkundung bzw. Datenspeicherung ist identisch mit dem Gebrauchen einer unechten oder verfälschten Urkunde, so dass auf die dortigen Ausführungen verwiesen wird.

III. Subjektiver Tatbestand

454 Der subjektive Tatbestand des § 271 Abs. 1 setzt bezüglich des Abs. 1 lediglich Vorsatz voraus, wobei **dolus eventualis** ausreicht. Bei Abs. 2 hingegen muss der Täter zudem mit **Täuschungsabsicht** gehandelt haben. Diese Täuschungsabsicht entspricht jeder des § 267, so dass auf die dortigen Ausführungen Bezug genommen werden kann.

Streitig ist, ob es sich bei dem **Vorsatz** um jenen eines **mittelbaren Täters** handeln muss.

Beispiel Beim obigen Abschluss des notariellen Kaufvertrages weiß der Notar dieses Mal nicht, dass A nicht der C ist. A wiederum nimmt irrig an, der Notar erkenne, dass er nicht C sei.

Hier will A Anstifter sein, ist aber tatsächlich mittelbarer Täter, da der Notar gutgläubig ist, es liegt also genau die umgekehrte Irrtumssituation zum Beispiel unter Rn. 451 vor. ■

Sofern man davon ausgeht, dass das „Bewirken" objektiv nicht die Situation der mittelbaren Täterschaft voraussetzt, muss man spiegelbildlich dazu für den Vorsatz auch nicht verlangen,

113 *Joecks/Jäger* § 271 Rn. 18.
114 *Rengier* Strafrecht BT II 7. Kapitel § 37 Rn. 9.

dass es ein solcher des mittelbaren Täters ist.[115] Schränkt man den Anwendungsbereich des § 271 auf die Fälle der mittelbaren Täterschaft ein, dann setzt das auch einen entsprechenden Vorsatz voraus.[116] Es käme also keine Strafbarkeit gem. § 271 in Betracht. Auch eine versuchte Anstiftung scheidet aus, da die Voraussetzungen des § 30 Abs. 1 („Verbrechen") nicht vorliegen.

IV. Qualifikationstatbestände nach § 271 Abs. 3

§ 271 Abs. 3 enthält eine **Qualifikation** zum Grundtatbestand der mittelbaren Falschbeurkundung. **455**

Ein **Handeln gegen Entgelt** liegt vor, wenn der Täter eine vermögenswerte Gegenleistung für seine Tat von einem Dritten erlangt.[117]

Mit **Bereicherungsabsicht** handelt der Täter, wenn er wie bei § 263 nach einem rechtswidrigen Vermögensvorteil strebt.[118]

Schließlich liegt **Schädigungsabsicht** vor, wenn es dem Täter gerade darauf ankommt, einem anderen Schaden zuzufügen.[119]

V. Konkurrenzen

Bewirkt der Täter eine Falschbeurkundung, um sie anschließend gem. Abs. 2 zu gebrauchen, so liegt – wie bei § 267 auch – schon **tatbestandlich nur eine mittelbare Falschbeurkundung** vor Ansonsten ist **Tateinheit** möglich mit den §§ 267 (sofern die Irreführung mittels einer Urkunde bewirkt wird), 169, 172. **456**

Online-Wissens-Check

Was ist der Unterschied zwischen Zeichnen mit fremden und in fremden Namen?

Überprüfen Sie jetzt online Ihr Wissen zu den in diesem Abschnitt erarbeiteten Themen. Unter **www.juracademy.de/skripte/login** steht Ihnen ein Online-Wissens-Check speziell zu diesem Skript zur Verfügung, den Sie kostenlos nutzen können. Den Zugangscode hierzu finden Sie auf der Codeseite.

115 *Rengier* Strafrecht BT II 7. Kapitel §37 Rn. 10.
116 Schönke/Schröder-*Heine/Schuster* § 271 Rn. 30.
117 Schönke/Schröder-*Heine/Schuster* § 271 Rn. 40.
118 *Rengier* Strafrecht BT II § 37 Rn. 27.
119 *Rengier* Strafrecht BT II § 37 Rn. 27.

G. Übungsfall Nr. 4

457 „Gewusst wie"

Leo Lustig (L) versucht zum dritten Mal die Zwischenprüfung im Strafrecht zu bestehen. Gemeinsam mit den anderen Studenten sitzt er im großen Hörsaal und wartet auf seinem Platz sitzend ab, bis die Zeit für die Anfertigung der Klausurlösung abgelaufen ist. Als die ersten Kommilitonen ihre Klausurlösungen auf das Pult der Klausuraufsichtsperson niedergelegt und den Raum verlassen haben, schleicht sich L nach vorne und entwendet in einem günstigen Augenblick die Klausur des Überfliegers X. Sodann begibt er sich zurück an seinen Platz, reißt das Deckblatt ab, auf dem sich der Name des Bearbeiters befindet, und entfernt das letzte Blatt der Klausur, auf welcher sich die Unterschrift befindet. Danach heftet er ein neues Deckblatt mit seinem eigenen Namen auf die oberste Seite der Klausur und unterschreibt am Ende mit seinem Namen. Vor seine eigene Klausur heftet er das abgerissene Deckblatt des X und unterschreibt mit dem Namen des X. Beide Klausuren legt er sodann auf den Stapel zurück.

Bei der Wiedergabe freut sich L über ein „vollbefriedigend". In bester Stimmung fährt er in seinem schnittigen Sportwagen sitzend mit 70 km/h durch die Kölner Innenstadt, wo er von einem fest installierten „Starenkasten" (Geschwindigkeitskontrollgerät) geblitzt wird. Da er jedoch zuvor sein Nummernschild mit einer „Anti-Blitz-Folie" überklebt hat, weiß er, dass die Ordnungsbehörden ihn nicht als Halter ermitteln können, da sein Nummernschild auf dem Foto nicht zu erkennen sein wird, so dass seine gute Laune ungetrübt bleibt.

Wie hat sich L strafbar gemacht (eventuell erforderliche Anträge sind gestellt)?

458 Lösung

Erster Handlungsabschnitt: Im Hörsaal

I. Diebstahl gemäß § 242

L könnte sich wegen Diebstahls gem. § 242 strafbar gemacht haben, indem er die Klausur des X vom Pult nahm.

1. Objektiver Tatbestand

Dann müsste L eine fremde bewegliche Sache weggenommen haben.

Bei der Klausur des X handelt es sich zunächst um eine bewegliche Sache. Darüber hinaus stand sie im Eigentum des X, so dass sie für L auch eine fremde Sache darstellte.

Diese Klausur müsste L nun weggenommen haben.

Unter Wegnahme versteht man den Bruch fremden und Begründung neuen Gewahrsams gegen oder ohne den Willen des Gewahrsamsinhabers. Gewahrsam ist die von einem natürlichen Herrschaftswillen getragene Sachherrschaft, deren Grenzen von den Anschauungen des täglichen Lebens bestimmt wird.

Ursprünglich stand die Klausur im Gewahrsam des X. Nach Abgabe der Klausur wurde die Sachherrschaft über die Klausur dann von X an die Aufsichtsperson übertragen. Durch Ergreifen und Verbringen der Klausur zu seinem Platz hat L diesen Gewahrsam der Klausuraufsichtsperson gebrochen und neuen, eigenen Gewahrsam an der Klausur begründet. Eine Wegnahme ist somit gegeben.

2. Subjektiver Tatbestand

L handelte vorsätzlich bezüglich aller objektiven Tatbestandsmerkmale.

Darüber hinaus müsste er auch mit Zueignungsabsicht gehandelt haben.

Hierunter versteht man die gewollte Anmaßung einer eigentümerähnlichen Position durch dauerhafte Enteignung des bisherigen Berechtigten und der zumindest vorübergehenden Einverleibung der Sachsubstanz oder des Sachwertes (Vereinigungstheorie) in das eigene Vermögen. Hinsichtlich der Enteignung genügt Eventualvorsatz, die Aneignung muss der Täter dagegen beabsichtigen.

L wollte die Klausur zwar an die Aufsichtsperson, nicht jedoch an den Eigentümer X zurückgeben. Da die Klausur bei der Rückgabe seinen eigenen Namen trug, bezog sich der Vorsatz auf die dauerhafte Verdrängung des X aus seiner Eigentümerposition. Zugleich kam es L darauf an, sich selbst an die Stelle des bisherigen Eigentümers X zu setzen und mit der Klausur einen Nachweis über seine strafrechtliche Befähigung zu erbringen, so dass die Aneignungsabsicht und damit insgesamt die Zueignungsabsicht bejaht werden kann.

Da L keinen fälligen und einredefreien Anspruch auf die Klausur des X hatte, war die erstrebte Zueignung auch rechtswidrig, was L wiederum wusste.

Der subjektive Tatbestand des § 242 ist damit verwirklicht.

3. Rechtswidrigkeit und Schuld

L handelte auch rechtswidrig und schuldhaft.

4. Strafantragserfordernis

Fraglich ist, ob hier gemäß § 248a wegen Geringfügigkeit des Wertes des Tatobjekts ein Strafantrag erforderlich ist.

Die Wertgrenze für die Geringwertigkeit wird in der Regel bei ca. 50 € angesetzt. Stellt man lediglich auf den Wert des Papiers ab, so handelt es sich unzweifelhaft um eine geringwertige Sache.

Allerdings ist hier zu berücksichtigen, dass der Wert der Klausur weit über den Wert ihrer Sachsubstanz hinausgeht. Mit dem Inhalt erbringt der Student den Nachweis, dass er im Besitz der Fähigkeiten für den Erwerb eines bestimmten Scheins ist. Damit unterfällt die Klausur nicht dem Anwendungsbereich des § 248a.[120]

Deshalb bedarf es keines Strafantrages zur Verfolgung des durch L begangenen Diebstahls.

L hat sich folglich gemäß § 242 wegen Diebstahls strafbar gemacht.

II. Verwahrungsbruch gemäß § 133 Abs. 1

Weiterhin könnte sich L durch die Ansichtnahme der auf dem Pult liegenden Klausur wegen eines Verwahrungsbruchs gem. § 133 Abs. 1 strafbar gemacht haben.

1. Objektiver Tatbestand

Dann müsste sich die Klausur in dienstlicher Verwahrung befunden haben.

Dies ist der Fall, wenn sich die Klausur zu dem Zweck, sie vor unbefugtem Zugriff zu bewahren, im Besitz eines Hoheitsträgers bzw. eines Repräsentanten befand.

Die Klausuren lagen zum Zeitpunkt der Tat auf dem Pult der Aufsichtsperson. Sie waren folglich von den Studenten abgegeben worden und befanden sich im Besitz der Universität, deren Repräsentant die Aufsichtsperson ist und den Besitz für sie ausübt.

Neben dem Zweck, die Klausuren einer Bewertung durch einen Korrektor zuzuführen, erfüllte diese Inbesitznahme die Funktion, die Klausur vor fremdem Zugriff zu schützen. Es soll gerade ausgeschlossen werden, dass nach Abgabe der Klausur weitere Manipulationen am Inhalt der Klausurlösung vorgenommen werden. Folglich befand sich die Klausur in dienstlicher Verwahrung.

Durch das Ergreifen der Klausur hat L die Klausur der dienstlichen Verwahrung entzogen. Unerheblich ist, dass die Entziehung nur vorübergehend sein sollte.

L hat somit den objektiven Tatbestand des § 133 Abs. 1 erfüllt.

120 Ebenso bei Akten, Führerscheinen und Ausweisen, vgl. *Fischer* § 248a Rn. 4.

2. Subjektiver Tatbestand

L handelte mit Wissen und Wollen und damit auch vorsätzlich.

3. Rechtswidrigkeit und Schuld

Er handelte darüber hinaus auch rechtswidrig und schuldhaft, so dass er sich auch wegen Verwahrungsbruchs gemäß § 133 Abs. 1 strafbar gemacht hat.

III. Urkundenunterdrückung gemäß § 274 Abs. 1 Nr. 1

L könnte sich einer Urkundenunterdrückung gem. § 274 Abs. 1 Nr. 1 schuldig gemacht haben, indem er die erste und letzte Seite entfernte.

1. Objektiver Tatbestand

Dazu müsste es sich bei der Klausur zunächst um eine Urkunde handeln.

Eine Urkunde ist eine stofflich fixierte Gedankenerklärung, die zum Zwecke der Beweisführung im Rechtsverkehr geeignet und bestimmt ist und ihren Aussteller erkennen lässt.

Die Klausur enthält die durch einen Bearbeiter entwickelte Lösung zu einem Problem. Sie ist dazu geeignet und bestimmt, den Nachweis über das Vorhandensein bestimmter Fähigkeiten zu erbringen. Durch die Niederschrift auf den Klausurblättern ist auch eine stoffliche Fixierung gegeben. Da die Klausur auch mit einem Namen beschriftet und unterzeichnet war, handelt es sich um eine Urkunde im Sinne des § 274.

Die Klausur dürfte auch nicht dem L gehören, wobei es darauf ankommt, wer das Beweisführungsrecht an dem Dokument innehat. Hier hatte nicht L, sondern der tatsächliche Ersteller der Klausur, nämlich X bzw. die Universität ein Beweisführungsrecht in Bezug auf die Klausur, so dass die Urkunde nicht dem L gehörte.

Diese Urkunde müsste L beschädigt, vernichtet oder unterdrückt haben. In Betracht kommt ein Vernichten der Urkunde. Ein Vernichten liegt vor, wenn die Urkunde als Beweismittel völlig unbrauchbar wird.

Nach dem Abreißen der ersten und letzten Seite hörte zumindest vorübergehend die Klausur als Urkunde auf zu existieren, da sie ihren Aussteller nun nicht mehr erkennen ließ. L hat daher die Urkunde vernichtet.

Der objektive Tatbestand des § 274 Abs. 1 Nr. 1 ist damit erfüllt.

2. Subjektiver Tatbestand

L handelte vorsätzlich. Daneben müsste er eine Nachteilszufügungsabsicht gehabt haben. Da nach herrschender Auffassung hierfür dolus directus 2. Grades ausreicht, muss L den Nachteil für den Betroffenen als sichere Folge seines Handelns vorhersehen, wobei Nachteile jedweder Art in Betracht kommen.

Hier wusste L, dass X infolge seines Handelns nicht mehr in der Lage sein wird, mithilfe seiner eigenen Klausur den Beweis anzutreten, dass er die geprüften strafrechtlichen Themen beherrscht. Dadurch sollte X um die Möglichkeit des ihm angemessenen Leistungsnachweises gebracht werden.

Da hierin ein Nachteil liegt, dessen Eintritt L sicher vorhersah, ist der subjektive Tatbestand erfüllt.

3. Rechtswidrigkeit und Schuld

L handelte auch rechtswidrig und schuldhaft.

Er hat sich dementsprechend wegen Urkundenunterdrückung gemäß § 274 Abs. 1 Nr. 1 strafbar gemacht.

IV. Sachbeschädigung gemäß § 303 Abs. 1

L hat weiterhin, indem er die erste und die letzte Seite abriss, eine für ihn fremde Sache, nämlich die Klausur, beschädigt, da die Klausur als Nachweis für den Grad des Lernerfolgs beim Studenten nicht mehr tauglich war. Dies geschah auch vorsätzlich, rechtswidrig und schuldhaft. Allerdings tritt § 303 Abs. 1 hinter § 274 Abs. 1 zurück, da es sich bei der Urkundenunterdrückung um den spezielleren Tatbestand handelt.

V. Unterschlagung gemäß § 246

Durch das Abreißen der Blätter könnte sich L weiterhin wegen einer Unterschlagung gem. § 246 strafbar gemacht haben.

Dazu müsste sich L eine fremde bewegliche Sache zugeeignet haben.

Wie bereits festgestellt, handelt es sich bei der Klausur um eine fremde bewegliche Sache. Das Abreißen der Blätter könnte nun eine Manifestation des Zueignungswillens darstellen, so dass L sich damit die Klausur zugeeignet haben könnte.

Problematisch ist jedoch, dass L bereits zuvor die Klausur durch Wegnahme in Zueignungsabsicht erlangt hat und es dementsprechend fraglich ist, ob eine Zueignung dann noch möglich ist.

Nach der so genannten Tatbestandslösung[121] scheidet eine doppelte Zueignung bereits begrifflich aus. Sobald der Täter nämlich die Herrschaft über eine Sache hergestellt habe, könne die bloße Ausnutzung dieser Stellung nicht mit der Begründung der Sachherrschaft und damit einer Eigentümerposition gleichgestellt werden.

Dagegen hält es die so genannte Konkurrenzlösung[122] für möglich, dass der Täter nach einer bereits erfolgten Zueignung weitere Verhaltensweisen an den Tag legt, die als erneute Zueignungshandlungen verstanden werden können. Ist der Täter bereits wegen der Erstzueignung strafrechtlich belangt worden, so können nach dieser Auffassung Doppelbestrafungen dadurch vermieden werden, dass auf Konkurrenzebene die späteren Zueignungshandlungen als mitbestrafte Nachtat erfasst werden.

Dieser Auffassung muss jedoch entgegen gehalten werden, dass dadurch die Verjährung unzulässig ausgedehnt wird. Stiehlt jemand einen Gegenstand und nutzt ihn über Jahrzehnte hinweg, so müsste nach der Konkurrenzlösung die tägliche Nutzung des Gegenstandes jeweils als erneute Zueignung verstanden werden. In der Folge wäre der Täter, obwohl die Ersttat längst verjährt ist, wegen der späteren Nutzungen strafbar. Ein solches Ergebnis verstößt aber gegen die Rechte des Straftäters in verfassungsrechtlich bedenklicher Weise, so dass der Tatbestandslösung zu folgen ist.

L hat sich mithin nicht wegen einer Unterschlagung nach § 246 strafbar gemacht.

VI. Urkundenfälschung gemäß § 267 Abs. 1 (bzgl. der Klausur des X)

L könnte sich ferner wegen einer Urkundenfälschung gemäß § 267 Abs. 1 strafbar gemacht haben, indem er die Klausur des X mit dem eigenen Namen unterzeichnete, sein Deckblatt anbrachte und danach die Klausur zurücklegte.

Die Klausur ist wie bereits festgestellt wurde eine Urkunde.

In Betracht kommt hier zunächst das Herstellen einer unechten Urkunde gemäß § 267 Abs. 1 Alt. 1.

Indem L die Klausur mit einem Deckblatt versieht, auf welchem sein Name steht und sie zugleich unterzeichnet, produziert er zunächst eine Urkunde, da die Klausur nunmehr wieder einen Aussteller erkennen lässt.

Fraglich ist jedoch, ob diese Urkunde unecht ist.

Eine Urkunde ist dann unecht, wenn die in ihr verkörperte Gedankenerklärung nicht von demjenigen stammt, der in der Urkunde als Aussteller ausgewiesen ist.

Nach der Manipulation ist nunmehr der L als Aussteller der Urkunde auf der Klausur vermerkt. Die Klausurlösung wurde allerdings von einem anderen Studenten angefertigt, so dass man meinen könnte, der tatsächliche und aus der Urkunde ersichtliche Aussteller fielen auseinander.

Zu berücksichtigen ist jedoch, dass der Aussteller nicht der Hersteller, sondern nach der Geistigkeitstheorie derjenige ist, der gedanklich hinter der Erklärung steht, sie sich also im Rechtsverkehr auch zurechnen lassen möchte.

Hier will sich L aber durchaus den Inhalt der Klausur zurechnen lassen. Aus diesem Grund entfernt er ja gerade das Deckblatt des X und heftet sein eigenes Deckblatt an die Klausur. Damit macht er sich den Inhalt der Klausur zu

121 BGHSt 14, 38; *BGH* NStZ-RR 96, 131.
122 Schönke/Schröder-*Eser* § 246 Rn. 19.

eigen und wird zum Aussteller der Klausur. Zwar hat L hier die Universitätsmitarbeiter insoweit getäuscht, als dass er die von ihm abgegebene Lösung nicht mittels eigener Denkleistung erstellt hat, dies stellt jedoch einen Fall der straflosen schriftlichen Lüge dar.

Hinweis

Sie sehen, wie wichtig es ist, den Aussteller von dem Hersteller zu unterscheiden.

Auch die in Betracht kommende zweite Alternative des § 267 Abs. 1 ist hier nicht erfüllt. Denn dazu müsste L eine echte Urkunde verfälscht haben.

Eine Fälschung setzt zwingend voraus, dass der Täter Einfluss auf den Inhalt der Gedankenerklärung nimmt. Hier hat L jedoch ausschließlich den auf der Urkunde ausgewiesenen Aussteller vertauscht, ohne die Gedankenerklärung in ihrem inhaltlichen Bestand zu manipulieren. Zudem existierte in dem Zeitpunkt, als L das Deckblatt aufbrachte, die Urkunde nicht mehr. Folglich scheidet auch ein Verfälschen einer echten Urkunde im Sinne des § 267 Abs. 1 Alt. 2 aus.

L hat sich folglich nicht wegen Urkundenfälschung strafbar gemacht.

VII. Urkundenfälschung gemäß § 267 Abs. 1 (bzgl. der Klausur des L)

L könnte sich aber wegen einer Urkundenfälschung gem. § 267 Abs. 1 Alt. 1 und 3 strafbar gemacht haben, indem er auf seine Klausur das Deckblatt des X heftete, die Klausur mit dem Namen des X unterschrieb und danach auf das Pult zurücklegte.

1. Objektiver Tatbestand

Die Klausur stellt erneut eine Urkunde dar. Durch Verbindung mit dem Deckblatt hat L diese vorher wegen mangelnder Ausstellererkennbarkeit nicht existente Urkunde auch hergestellt. Fraglich ist, ob sie unecht ist. Unecht ist sie dann, wenn der tatsächliche und der aus der Urkunde ersichtliche Aussteller auseinanderfallen. Der tatsächliche Aussteller der Klausur ist L, der aus der Urkunde ersichtliche Aussteller allerdings nunmehr der X, der jedoch geistig nicht hinter dem von L erstellten Inhalt steht. Damit liegt eine unechte Urkunde vor.

Diese unechte Urkunde hat L auch gebraucht als er sie vorne am Pult abgab. Da er dieses Gebrauchen bereits beim Herstellen beabsichtigte, liegt nach herrschender Meinung in der Herstellung die Vollendung, in dem Gebrauchen die Beendigung des Delikts und damit eine einheitliche Urkundenfälschung vor.

Der objektive Tatbestand ist verwirklicht.

2. Subjektiver Tatbestand

L handelte vorsätzlich und mit dem Vorsatz, den korrigierenden Professor über die von X erbrachte Leistung zu täuschen. Der subjektive Tatbestand ist damit ebenfalls verwirklicht.

3. Rechtswidrigkeit und Schuld

Rechtfertigungs- und Entschuldigungsgründe sind nicht ersichtlich.

L hat sich somit wegen Urkundenfälschung gem. § 267 Abs. 1 Alt. 1 und 3 strafbar gemacht.

Zweiter Handlungsabschnitt: Mit dem Auto auf der Straße

I. Strafbarkeit gemäß § 267 Abs. 1 Alt. 2

L könnte sich der Urkundenfälschung gem. § 267 Abs. 1 Alt. 2 strafbar gemacht haben, indem er sein Nummernschild mit der Anti-Blitz-Folie überklebte.

Dann müsste er eine echte Urkunde verfälscht haben.

Unter einer Urkunde ist eine verkörperte Gedankenerklärung zu verstehen, die zum Beweis im Rechtsverkehr bestimmt und geeignet ist und ihren Aussteller erkennen lässt.[123] Bei dem Nummernschild könnte es sich um eine besondere Form der Urkunde, nämlich um eine zusammengesetzte Urkunde handeln. Von einer zusammengesetzten Urkunde spricht man, wenn eine verkörperte Gedankenerklärung mit einem Bezugsobjekt räumlich

123 BGHSt 13, 235.

fest zu einer Beweismitteleinheit verbunden ist, so dass beide zusammen einen einheitlichen Erklärungsinhalt ergeben.[124]

Das Nummernschild erklärt zusammen mit dem Stempel der Zulassungsbehörde sowie dem Kraftfahrzeug, dass dieses Kraftfahrzeug auf einen bestimmten Halter im Straßenverkehr zugelassen ist. Es ist sowohl den Behörden als auch sonstigen Dritten, z.B. Verkehrsteilnehmern, gegenüber zum Beweis im Rechtsverkehr bestimmt und geeignet und lässt aufgrund des Stempels den Aussteller erkennen. Da es des Weiteren fest am Auto angebracht ist, stellt es eine zusammengesetzte Urkunde dar.

Diese Urkunde müsste L verfälscht haben. Ein Verfälschen liegt vor, wenn nachträglich der gedankliche Inhalt und damit die Beweisrichtung der Urkunde verändert wird.

Um feststellen zu können, ob der Erklärungsinhalt verändert wurde, bedarf es zunächst der Klärung der Frage, welchen Erklärungsinhalt ein Nummernschild beinhaltet.

Wie bereits oben ausgeführt, erklärt ein Nummernschild, dass das Fahrzeug auf einen Halter im Straßenverkehr zugelassen ist. Diese Erklärung wurde durch das Aufbringen der Folie nicht verändert. Die Folie führte lediglich dazu, dass die Erklärung für den Fall des Geblitztwerdens nicht sichtbar wäre. Dies ist jedoch tatbestandlich ein Fall der Urkundenunterdrückung gemäß § 274. Darüber hinaus gehende Erklärungen, insbesondere jene, wonach das Nummernschild gemäß § 10 FZV ordnungsgemäß sei, liegen nicht in dem Nummernschild. In Ansehung des weiteren Schicksals eines Nummernschildes ist die Straßenverkehrsbehörde nicht in der Lage, diese Erklärung abzugeben.[125] Eine nachträgliche Veränderung des gedanklichen Inhalts des Nummernschildes liegt damit nicht vor. Der objektive Tatbestand des § 267 Abs. 1 Alt. 2 ist nicht verwirklicht.

124 BGHSt 5, 79.

125 So allerdings *OLG Düsseldorf* NJW 1997, 1793; ablehnend BGHSt 45, 197.

II. Strafbarkeit gemäß § 274 Abs. 1 Nr. 1

L könnte sich durch Überkleben des Nummernschildes wegen einer Urkundenunterdrückung gem. § 274 Abs. 1 Nr. 1 strafbar gemacht haben.

1. Objektiver Tatbestand

Voraussetzung dafür ist, dass er auf eine Urkunde, die ihm nicht oder nicht ausschließlich gehört, eingewirkt hat.

Wie bereits oben festgestellt, stellt das Nummernschild eine Urkunde dar. Fraglich ist, ob L diese Urkunde nicht oder nicht ausschließlich gehörte. Gehören ist dabei nicht im zivilrechtlichen Sinne zu verstehen. Vor dem Hintergrund des Schutzzwecks der Norm gehört vielmehr demjenigen die Urkunde, der berechtigt ist, mit ihr Beweis zu führen.

Sicherlich stand hier dem L das Recht der Beweisführung zu. Neben L haben aber auch die Straßenverkehrs- und Ordnungsbehörden, die Polizei sowie jeder andere Straßenverkehrsteilnehmer, der evtl. in einen Unfall mit L verwickelt sein könnte, ein Recht, mit dem Nummernschild des L Beweis zu führen. Es handelt sich mithin bei dem Nummernschild um eine Urkunde, welche nicht ausschließlich dem L gehört.

Als Tathandlungen kommen das Vernichten, das Beschädigen und das Unterdrücken in Betracht.

Vorliegend könnte L das Nummernschild durch Aufbringen der Folie beschädigt haben. Ein Beschädigen liegt vor, wenn die Urkunde derart verändert worden ist, dass sie in ihrem Wert als Beweismittel mehr als nur unerheblich beeinträchtigt ist.

Durch das Aufbringen der reflektierenden Folie ist der Beweiswert des Nummernschildes im Fall des Blitzens erheblich beeinträchtigt, da das Nummernschild nicht mehr lesbar ist, mithin auch der Halter des Fahrzeuges nicht ermittelt werden kann. Somit stellt das Aufbringen der Folie schon ein Beschädigen der Urkunde dar, ohne dass es darauf ankommt, dass der Kraftfahrzeugführer auch tatsächlich geblitzt wird.[126]

126 BGHSt 45, 197; a.A. *Jäger* Strafrecht BT Rn. 664.

Darüber hinaus hat L das Nummernschild unterdrückt, da er es im Augenblick des Blitzens dem Beweisführungsberechtigten vorenthalten hat.

Der objektive Tatbestand ist damit verwirklicht.

2. Subjektiver Tatbestand

L müsste vorsätzlich und in der Absicht gehandelt haben, einem anderen einen Nachteil zuzufügen.

Hinsichtlich des Vorsatzes bestehen keinerlei Bedenken. Problematisch erscheint jedoch die Nachteilszufügungsabsicht. Da L die Folie aufbrachte, um im Fall des Geblitztwerdens nicht als Halter ermittelt und damit auch nicht mit einem Bußgeld belegt werden zu können, könnte man eine Nachteilszufügungsabsicht annehmen.

Zu bedenken ist jedoch, dass L die Folie präventiv aufbrachte, um einer Verfolgung durch die Ordnungs- oder Strafverfolgungsbehörden zu entgehen. Damit hat er eine präventive Strafvereitelung zu eigenen Gunsten begangen, die jedoch gemäß § 258 Abs. 5 nicht strafbar ist. Um die Wertung des § 258 Abs. 5 nicht zu unterlaufen, müssen Nachteile, die sich aus der Vereitelung von Straf- und Bußgeldansprüchen ergeben, aus dem Anwendungsbereich des § 274 herausgenommen werden.[127]

L hat sich mangels Nachteilszufügungsabsicht damit auch nicht wegen einer Urkundenunterdrückung gemäß § 274 Abs. 1 Nr. 1 strafbar gemacht.

III. Strafbarkeit gem. § 268 Abs. 1 i.V.m. Abs. 3

Eine Strafbarkeit gem. § 268 Abs. 1 i.V.m. Abs. 3 kommt nicht in Betracht, da L nicht auf den Aufzeichnungsvorgang eingewirkt hat. Der Aufzeichnungsvorgang selbst hat unbeeinflusst stattgefunden, manipuliert wurde lediglich das Objekt des Fotografierens, nämlich das Nummernschild.

127 *Fischer* § 274 Rn. 6.

IV. Strafbarkeit gemäß § 303 Abs. 1

L hat sich nicht wegen Sachbeschädigung gem. § 303 Abs. 1 an dem „Starenkasten" strafbar gemacht, indem er die Folie aufbrachte.

Der „Starenkasten" ist zwar eine fremde Sache. Diese hat L aber nicht beschädigt.

Zwar führte das Aufbringen der Folie dazu, dass auf dem Foto das Nummernschild nicht mehr erkennbar war. Gleichwohl liegt kein Beschädigen des „Starenkastens" vor. Ein solches Beschädigen könnte nur angenommen werden, wenn der bestimmungsgemäße Gebrauch mehr als nur unerheblich beeinträchtigt ist. Der bestimmungsgemäße Gebrauch, der in dem Erstellen von Fotos liegt, ist jedoch nicht beeinträchtigt. Die Beeinträchtigung der Erkennbarkeit reicht insofern nicht aus, da sich andernfalls auch derjenige strafbar machen würde, der zu Karneval mit einer Maske Auto fährt und dabei geblitzt wird.

V. Strafbarkeit gemäß § 22 Abs. 1 Nr. 3 StVG

L hat sich jedoch durch Überkleben des Nummernschildes gemäß § 22 Abs. 1 Nr. 3 StVG strafbar gemacht, da die Erkennbarkeit des Nummernschildes nachteilig beeinträchtigt war.

Gesamtergebnis

L hat sich im 1. Handlungsabschnitt gem. §§ 242, 133, 274 und 267 strafbar gemacht. Die Delikte stehen zueinander in Tateinheit gem. § 52.

In Tatmehrheit dazu hat sich L im 2. Handlungsabschnitt gem. § 22 Abs. 1 Nr. 3 StVG strafbar gemacht.

Sachverzeichnis

Die Zahlen verweisen auf die Randnummern.